Furchtlos in Tibet

Das Leben des Mystikers Tertön Sogyal

Matteo Pistono

MANJUGHOSHA

EDITION

Impressum

Die Originalausgabe erschien unter dem Titel:
Fearless in Tibet – The Life of the Mystic Tertön Sogyal
von Matteo Pistono
bei
Hay House, Inc.
Carlsbad, California; New York City
www.hayhouse.com
© 2014 Matteo Pistono

Übersetzung ins Deutsche: Erika Bachhuber und Karin Behrendt
Lektorat: Erika Bachhuber, Karin Behrendt, Doris Wolter
Korrektorat: Gundula Stark

© der deutschen Ausgabe:
Manjughosha Edition Verlagsgesellschaft m.b.H
Eislebener Str. 16 – 10789 Berlin
www.manjughosha.de
Alle Rechte vorbehalten
1. Auflage 2015

Layout und Umschlagdesign: Jeannette Zeuner, BookDesigns, Potsdam;
Umschlag angelehnt am Entwurf von Grigoriou
Titelfoto: Alak Gurong
Foto des Autors: Barry Beckett
Zeichnung des Spiegels: Robert Beer (www.tibetanart.com); mit Erlaubnis des Künstlers
Landkarte gezeichnet von Jocelyn Slack
Gesetzt in Adobe Devanagari
Gesamtherstellung: Manjughosha Edition, Berlin
Druck: CPI buch bücher.de gmbh
Gedruckt auf 80 g Munken Premium
Printed in Germany

ISBN 978-3-945731-12-3

Furchtlos in Tibet

Das Leben des Mystikers Tertön Sogyal

Matteo Pistono

Mit einem Vorwort von Sogyal Rinpoche,
Autor des spirituellen Klassikers
Das tibetische Buch vom Leben und vom Sterben

Übersetzung:
Erika Bachhuber und Karin Behrendt

MANJUGHOSHA
EDITION

Vorwort

Etwas mehr als fünfzig Jahre sind verstrichen, seit die Zerstörung in unserem Heimatland Seine Heiligkeit den Dalai Lama und Abertausende von Tibetern zur Flucht ins Exil trieb und Tibet und seine Kultur plötzlich ins Bewusstsein der Welt rückten. Mittlerweile haben Menschen überall auf der Welt die einzigartige und lebendige Tradition des tibetischen Buddhismus kennengelernt, die schon über 1000 Jahre in den Regionen des Himalaya, speziell in Tibet, verankert ist und oft als eine der letzten altehrwürdigen Weisheitskulturen der Erde gilt. Dank ihrer bemerkenswerten Kenntnis des Geistes und ihrer tiefgründigen Studien- und Praxisprogramme hat die buddhistische Tradition Tibets zahllose einflussreiche Meister und verwirklichte spirituelle Praktizierende hervorgebracht. Zu ihnen zählte auch Tertön Sogyal oder Lerab Lingpa, ein außergewöhnlicher Mensch, der vor über einem Jahrhundert, zur Zeit des 13. Dalai Lama, gelebt hat.

Während ich diese Worte schreibe, sehe ich das Kupferdach des Tempels hier in Lerab Ling – dem Retreat-Zentrum in Frankreich, das ich im Namen von Tertön Sogyal gegründet habe – im Sonnenlicht erstrahlen. Wenn ich heute über Tertön Sogyal nachdenke, wird mir klar, wie viele unterschiedliche Facetten und Dimensionen sein Leben besaß. Auf den ersten Blick kann man ihn als bedeutenden spirituellen Meister bezeichnen, dem das zukünftige Wohl der Welt und ihrer Bewohner sowie die spirituelle Weiterentwicklung der gesamten Menschheit zutiefst am Herzen lagen. Aus der Perspektive der Nyingma-Schule, der ältesten Tradition des tibetischen Buddhismus, war er ein überragender Meister, Mystiker, Visionär, Prophet und *Tertön,* das heißt ein Schatzenthüller, dessen Entdeckungen mehr als 20 umfangreiche Bände füllen. Aus Sicht der Historiker war er ein Lehrer, Freund und Verbündeter des 13. Dalai Lama (1876–1933) und ein Beschützer des tibetischen Reiches, der sich mit seinen Enthüllungen, seinen Prophezeiungen und seiner spirituellen Präsenz dafür einsetzte, Tibet als heiligen Zufluchtsort für das Studium und die Praxis des Vajrayana-Buddhismus zu bewahren.

Um besser zu verstehen, was Tertön Sogyal antrieb und inspirierte, müssen wir uns für einen Moment ins 8. Jahrhundert zurückversetzen, als der außergewöhnliche Meister Guru Padmasambhava, den die Tibeter liebevoll ‚Guru Rinpoche‘, ‚kostbarer Meister‘, nannten, die buddhistischen Lehren in Tibet etablierte. Den gemeinsamen Anstrengungen von Padmasambhava, dem großen indischen Abt Shantarakshita sowie Tibets König Trisong Detsen haben wir den Bau des ersten Tempels in Samye, die erste Ordination von sieben tibetischen Mönchen und die Übersetzung der buddhistischen Lehren ins Tibetische zu verdanken. Seinen 25 engsten Schülern, darunter seiner Gefährtin Yeshe Tsogyal und König Trisong Detsen, übertrug Padmasambhava die innersten Lehren des geheimen Mantra-Vajrayana und verbarg als Segen für ganz Tibet und das Himalaya-Gebiet unzählige spirituelle Schätze, so genannte *Termas*. Sie sollten in der Zukunft von einer Reihe von Reinkarnationen seiner wichtigsten Schüler genau dann wiederentdeckt werden, wenn ihre Wirkung und ihr Nutzen am größten sein würden. Diese Termas haben die Form von Statuen, heiligen Objekten und Texten oder können als Belehrungen direkt aus dem Geist eines Schatzenthüllers zutage gebracht werden. Einmal entschlüsselt entfalten sie sich zu ganzen Zyklen spiritueller Praktiken und Lehren. Unter diesen engen Schülern Guru Rinpoches befand sich auch Nanam Dorje Dudjom, ein verwirklichter Praktizierender und Minister, der das Vertrauen des Königs genoss und zu der Delegation gehörte, die ausgesandt worden war, um Padmasambhava nach Tibet einzuladen. Tertön Sogyal oder Lerab Lingpa – wie sein Tertön-Name lautet – war die Inkarnation Nanam Dorje Dudjoms.

Ich glaube, der erste, der mir von Tertön Sogyal erzählte, war Jamyang Khyentse Chökyi Lodrö, mein eigener geliebter Meister, der mich wie einen Sohn aufzog, mir den Namen ‚Sogyal‘ gab und mich als eine Inkarnation

Lerab Lingpas erkannte. Tatsächlich gehörte Jamyang Khyentse zu den engsten Schülern Tertön Sogyals, den so genannten ‚Herzenssöhnen'. Er pflegte zu sagen, als er den Namen des großen Tertön zum ersten Mal hörte, habe ihn unvermutet ein Gefühl der Sehnsucht überflutet, eine spontane Woge der Hingabe, obwohl er ihn noch nie zuvor gesehen hatte. Als er ihm schließlich begegnete – die erste Gelegenheit, der noch weitere folgen sollten, ergab sich 1920 – war er zutiefst beeindruckt von Tertön Sogyals unglaublichen Qualitäten, seiner Gelehrsamkeit und Verwirklichung. Tertön Sogyal ernannte Jamyang Khyentse zum Halter all seiner Schatzlehren und erschien ihm wiederholt klar und lebendig in Träumen und Visionen.

Nachdem Jamyang Khyentse 1959 im Exil in Sikkim verstorben war, setzte ich meine Studien bei anderen großen Meistern der Tradition fort und erfuhr nach und nach immer mehr über Tertön Sogyal. In meiner Kinder- und Jugendzeit erzählten mir auch die Mitglieder meiner Familie, die Lakartshang, die in Tibet zu den großzügigsten Wohltätern des Buddhismus gehört und die Klöster und Meister aller Traditionen gefördert hatten, zahlreiche Geschichten über ihn. Im Laufe der Jahre wurden mir Tertön Sogyals Enthüllungen immer vertrauter und inspirierten mich so sehr, dass sie schließlich zu einem Grundpfeiler meines Lebens, meiner Praxis und meiner Belehrungen wurden.

Unter Tertön Sogyals Lehrern befanden sich die bedeutendsten Lamas seiner Zeit, außergewöhnliche Meister wie Jamyang Khyentse Wangpo und Jamgön Kongtrul, und er hatte Patrul Rinpoches mündliche Übertragungslinie des Dzogpachenpo, der ‚Großen Vollkommenheit' erhalten, den tiefgründigsten Belehrungsstrom der tibetisch-buddhistischen Tradition. Ein Blick in Tertön Sogyals Lebensgeschichte offenbart uns die Fülle seiner schier unablässigen Visionen, Voraussagungen und Enthüllungen von Padmasambhava und zeigt, dass er sein gesamtes Leben ganz und gar in der heiligen Sichtweise und reinen Wahrnehmung der Vajrayana-Lehren verbrachte.

Das Ende des 19. und der Beginn des 20. Jahrhunderts waren von Instabilität und ständigen Unruhen geprägt. Vor diesem historischen Hintergrund kämpften der Dalai Lama und Tertön Sogyal darum, die Integrität Tibets zu bewahren, eines Landes, das von allen Seiten durch die Großmächte China, Russland und das damals britische Indien bedroht wurde. Auf Befehl des Dalai Lama reiste Tertön Sogyal zwischen 1888 und 1904 fünfmal aus seiner osttibetischen Heimat in die Hauptstadt Lhasa in Zentraltibet. In enger Zusammenarbeit mit dem Nechung-Kloster des Staatsorakels schöpfte er die gesamte Tiefe, Kraft und Vielschichtigkeit der umfangreichen geschickten Mittel des Vajrayana aus, um Tibet durch seine Rituale zu verteidigen. Er entdeckte Terma-Schätze und empfing Prophezeiungen, die den Dalai Lama oder Tibet betrafen und oft spezifische Anweisungen enthielten, so zum Beispiel für den Bau von Tempeln und Stupas, die das Land vor Invasionen schützen sollten. Zwei der bekanntesten Termas, die mit Tibets Wohlergehen verknüpft sind, sind die Statue des ‚Wunscherfüllenden Juwels‘, die mittlerweile im Jokhang-Tempel steht, und der ‚Herz-Lebens‘-Stein, den ich im Besitz des 14. Dalai Lama gesehen habe. Manchmal scheint es mir fast wie eine bewusste Wiederholung der Ereignisse, die sich vor 1000 Jahren abgespielt hatten: Der Dalai Lama, eine Inkarnation des Königs Trisong Detsen, folgte mit Hilfe von Tertön Sogyal, der Inkarnation Dorje Dudjoms, erneut Padmasambhavas Führung und Anweisungen – dieses Mal, um Tibet in einer unsicheren und gefährlichen Zeit zu beschützen.

Eines der von Tertön Sogyal enthüllten Termas erlangte besondere Bedeutung: ‚Die scharfe Klinge der innersten Essenz‘, *Yang Nying Pudri*, in dessen Mittelpunkt die Gottheit Vajrakilaya steht, die zornvolle Verkörperung erleuchteter Handlung. Eine Prophezeiung erklärte den 13. Dalai Lama zum Erben dieses Belehrungs- und Praxiszyklus‘, und so begannen er und seine Mönche im Namgyal-Kloster die Praxis regelmäßig durchzuführen. Ziel der Yang Nying Pudri-Praxis ist es, weltliche und spirituelle Hindernisse zu beseitigen, Unglück und Negativität abzuwehren und vor allem die Dalai Lamas und Tibet zu schützen. Sie gehört zu den wichtigsten Praktiken des derzeitigen 14. Dalai Lama. Im Jahr 2000 gewährte er in Lerab Ling eine Einweihung in diese Schatzbelehrungen und leitete eine damit verbundene intensive Gruppenpraxis an, um den Standort des zukünftigen Tempels zu segnen. Ein weiteres einzigartiges Terma Tertön Sogyals, für das ebenfalls der Dalai Lama als Halter bestimmt war, ist *Tendrel Nyesel*, ‚Das Beseitigen der Fehler im gegenseitig abhängigen Entstehen‘, eine Praxis, die speziell darauf abzielt, durch das Beseitigen, Verhindern, Fernhalten und Verwandeln von Unheil und Konflikten Harmonie und Frieden in der Welt zu schaffen.

Je mehr ich über Tertön Sogyal erfuhr und je mehr ich ihn verstand, umso präsenter wurde er für mich, und ich begann, eine Ahnung davon zu bekommen, wie sein Leben ausgesehen haben mag. Vor 20 Jahren begegnete ich der zweiten Inkarnation Tertön Sogyals, dem großen Gelehrten und Visionär Khenpo Jikme Phuntsok Rinpoche (1933–2004). Mit seinem buddhistischen Institut in Larung Gar hat Khenpo Jikphun der buddhistischen Lehre und Praxis wahrlich zu einer neuen Renaissance in Osttibet verholfen. Das Institut hat sich als herausragendes Bildungszentrum erwiesen und Tausende von Schülern angezogen, darunter zahlreiche Chinesen und Chinesinnen. Während seines Besuchs in Lerab Ling in Frankreich erzählte Khenpo Jikphun viel über Tertön Sogyals Leben und Mission. „Es gab eine Prophezeiung", erklärte er, „dass Tibet zwölf Invasionen erleiden würde und dass die neunte zu Lebzeiten Tertön Sogyals stattfinden würde. Der 13. Dalai Lama betraute ihn mit der Aufgabe, diese neunte Invasion zu verhindern und die Gefahren abzuwenden, die Tibet bedrohten. Tatsächlich nahm Tertön Sogyal unvorstellbare Härten auf sich, um die Lehren zu schützen und den fühlenden Wesen in Tibet zu helfen." Khenpo Jikme Phuntsok zitierte auch einige Prophezeiungen, die offenbarten, dass Tertön Sogyal in seinem nächsten Leben zwei Hauptinkarnationen haben würde: eine wäre ein ordinierter Mönch mit reinen Gelübden und die andere ein Yogi, ein Praktizierender des Mantra. Eine der Voraussagen lautete:

Nanam Dorje Dudjom wird zweifellos zu zwei Früchten heranreifen: die eine ein türkiser Drache, der für alle sichtbar ein Juwel hochhält; die andere mit einer Stimme, die überall erschallt wie das Gebrüll eines Löwen.

Khenpo Jikme Phuntsok sah sich selbst und mich als diese beiden Inkarnationen an und verkündete, dass sein Geist und meiner untrennbar seien. Da heutzutage nur sehr wenig über Tertön Sogyal bekannt ist, kommt ein Buch wie dieses von Matteo Pistono in der Tat zur rechten Zeit. Matteo ist einer meiner Schüler und hat über viele Jahre Belehrungen von den höchsten tibetisch-buddhistischen Lamas sowohl in Tibet wie auch im Exil erhalten. In diesem Buch lässt er nicht nur Tertön Sogyals Geschichte für uns lebendig werden, sondern führt uns gleichzeitig eine ganz eigene Welt und einen historischen Zeitabschnitt vor Augen. Die Basis dafür bilden seine unermüdlichen Recherchen, zu denen ich ihm gratulieren möchte, und die Biographie des großen Tertöns, die von seinem Schüler verfasst wurde, dem bemerkenswerten Tulku Tsullo, einem der Lieblingsautoren des gegenwärtigen Dalai Lama.

In letzter Zeit denke ich oft über Tertön Sogyals Vermächtnis nach und stelle mir vor, dass er das Leben des Dalai Lama immer noch beschützt und vorausgesehen haben muss, dass Seine Heiligkeit eine einflussreiche Persönlichkeit werden würde, geliebt und respektiert von Millionen von Menschen überall auf der Welt. Tertön Sogyal sagte auch voraus, seine eigenen Lehren würden zu seinen Lebzeiten keine große Bekanntheit erlangen; im Leben seiner künftigen Inkarnation würden sie sich jedoch „in der ganzen Welt verbreiten. Ihr Einfluss, ihre Kraft und ihr Segen werden sich hundertfach verstärken und sie werden 500 Jahre lang unvermindert Bestand haben." Sie leben ganz zweifellos fort in der eindrucksvollen Arbeit von Khenpo Jikme Phuntsok Rinpoche in Tibet, der eine ganze Generation tibetischer Gelehrter ausgebildet hat. Allein in den ersten 20 Jahren seines Bestehens gingen aus dem Zentrum in Larung Gar 600 vollständig ausgebildete *Khenpos* bzw. Professoren hervor, die nach ihrem Studium in ihre Heimatregionen und andere Gebiete Asiens reisten, um dort zu lehren. Hinzu kommen die bescheidenen Bemühungen meiner selbst – der ich zumindest den Namen Tertön Sogyals trage – die Lehren, für die mein Vorgänger ein so großartiges Beispiel war, lebendig zu halten.

Doch vor allem bete ich: Möge Tertön Sogyals Segen weiterhin die ganze Welt durchdringen, um den Dalai Lama mit Inspiration und Kraft zu erfüllen und sein langes Leben sicherzustellen; möge er die kostbaren Lehren des Buddha gedeihen und sich verbreiten lassen, weltweit Konflikte, Leid und Negativität beseitigen, Tibet Frieden und Ruhe schenken und den fühlenden Wesen überall zu Wohlergehen und Glück verhelfen.

Sogyal Rinpoche

Anmerkung des Autors

Meine erste Begegnung mit Tertön Sogyal fand in Rigpas Meditationszentrum in London statt, wo mir sein eindrucksvolles Foto ins Auge fiel; am gleichen Abend traf ich auch Sogyal Rinpoche zum ersten Mal. Ich war gerade in England angekommen, um an der *School of Oriental and African Studies* der Universität London mein Studium der buddhistischen Philosophie zu beginnen. Tertön Sogyals Foto hatte mich neugierig gemacht, doch als ich versuchte, mehr über sein Leben zu erfahren, konnte mir keiner der Lamas, westlichen Gelehrten und tibetischen Historiker, die ich befragte, viel über ihn erzählen, außer, dass er der Lehrer des 13. Dalai Lama und ein vollendeter Vajrakilaya-Praktizierender gewesen war. Trotz dieser eher spärlichen Informationen spürte ich eine unerklärliche Verbundenheit mit dem Tertön und fühlte mich zu seinen Lehren hingezogen, die ich auf eindrucksvolle Weise in Sogyal Rinpoche verkörpert sah – diesem vorbildlichen Dzogchen-Yogi, der uns in seiner grenzenlosen Güte die Weisheitstradition Tibets durch seine Belehrungen offenbart.

Nach Abschluss meines Studiums in London reiste ich nach Tibet, um auf Tertön Sogyals Spuren zu wandeln, in den Einsiedeleien und Höhlen zu sitzen, in denen er meditiert hatte, und mit den Haltern seiner Übertragungslinie zu sprechen. Einer von ihnen war Khenpo Jikme Phuntsok, der mir half, einige der heiligen Plätze des Tertöns zu besuchen. Ab Ende der 90er Jahre bis 2008 reiste ich ein Dutzend Mal nach Tibet, jeweils für ein bis drei Monate. Ich saß in klapprigen Bussen nach Golok, Nyarong und Rebkong, fuhr von Kham und Amdo aus per Anhalter nach Lhasa und war wochenlang zu Fuß unterwegs, um zu alten Pilgerstätten auf der tibetischen Hochebene zu gelangen, bis ich schließlich fast jeden Ort aufgesucht hatte, an dem Tertön Sogyal gelebt und gelehrt hatte. Sogyal Rinpoches Empfehlungsschreiben und Geschenke, die ich den Lamas in Tibet überbrachte, eröffneten mir eine Welt, die mir andernfalls verschlossen geblieben wäre. Im Jahr 2006 ermutigte mich Sogyal Rinpoche, Tertön Sogyals Biographie niederzuschreiben.

Meine Schilderung von Tertön Sogyals Leben in *Furchtlos in Tibet* basiert auf mehreren maßgeblichen Quellen: in erster Linie auf Tulku Tsultrim Zangpos (Tsullos) umfangreicher spiritueller Biographie Tertön Sogyals, die in den 1940ern, etwa 15 Jahre nach Tertön Sogyals Tod, in hölzerne Druckstöcke geschnitzt worden war. Dieser Text mit dem Titel *Die wunderbare Girlande aus weißen Lotosblüten* ist wahrscheinlich Tertön Sogyals einzige Biographie. Sie basiert auf mystischen Prophezeiungen von Padmasambhava und anderen Heiligen über das Leben Tertön Sogyals. Tsullos traditionelle Heiligengeschichte hat wenig mit westlicher Geschichtsschreibung gemein, doch liest man sie in Verbindung mit anderen historischen Quellen – tibetischen, chinesischen und westlichen, die teilweise auch in den Literaturangaben dieses Buches aufgeführt sind – wird klar, dass sich Tertön Sogyals mystische Visionen und spirituelle Enthüllungen vor dem Hintergrund ganz bestimmter Vorfälle in den politisch turbulenten Zeiten im Tibet des späten 19. und frühen 20. Jahrhunderts ereigneten. Der Ehrwürdige Tenzin Choephel aus dem Nechung-Kloster nahm sich sechs Wochen Zeit, um mich in Dharamsala und Washington D.C. durch Tsullos 725-seitige Biographie zu leiten. Ich habe auch sehr von Lotsawa Adam Pearceys unveröffentlichter Inhaltsangabe zu Tsullos Biographie profitiert sowie von den vielen Gesprächen, die ich mit ihm über Tertön Sogyal führen konnte. *Furchtlos in Tibet* hätte ohne die kundigen Übersetzungen und die endlose Geduld des Ehrwürdigen Tenzin Choephel und ohne Lotsawa Adams Gelehrsamkeit nicht entstehen können.

Ich habe in *Furchtlos in Tibet* vieles mit einfließen lassen, was mir von großen Lamas und betagten Einsiedlern, die Tertön Sogyals Segen in sich tragen, in ihrem tibetischen Heimatland oder im Exil mündlich berichtet wurde. Die meisten der Lamas, denen ich in Tibet lauschen durfte, sind inzwischen verstorben. Sie haben mir ihre phantastischen Geschichten über Tertön Sogyal bei Buttertee und Tsampa in heiligen Höhlen, Klöstern und Holzhütten in Nyarong, Kandze, Golok und Lhasa erzählt. Meine Reisen haben mich in 15 Jahren auch nach China, Indien, Nepal, Frankreich, England und Amerika geführt, wo mir Lamas und Gelehrte Einzelheiten aus Tertön Sogyals Leben berichteten. Einige Geschichten, die Dilgo Khyentse Rinpoche und andere Meister über Tertön Sogyal erzählt hatten, fand ich im Rigpa-Archiv in Lerab Ling. Mein besonderer Dank gilt den inzwischen verstorbenen Nyoshul Khenpo Rinpoche und Khamtrul Rinpoche in Dharamsala, die in ihren Schriften und mündlichen Erzählungen Tertön Sogyals Mystik, yogische Ausdauer und Unerschrockenheit lebendig werden ließen.

Ein weiterer roter Faden, der *Furchtlos in Tibet* durchzieht, ist die heilige Landschaft, die mit Tertön Sogyal verbunden ist. Als ich mit tiefgläubigen Mönchen und Nonnen und hartgesottenen Nomaden zu weit abgelegenen Kraftorten unterwegs war, erlebte ich, wie dabei gleichzeitig eine Pilgerschaft auf innerer Ebene stattfindet, die eine Veränderung unserer Wahrnehmung bewirkt: Das Gelände, das man durchquert, verwandelt sich von einer Wildnis in eine heilige Landschaft, in der die Berge und Flüsse, Bäche und Gletscher, ja selbst die Kiesel unter den Füßen Teil eines Mandala werden. Dies waren die Orte, an denen sich Tertön Sogyals visionäre Welt entfaltet und schützende Wächter ihm verborgene Schätze ausgehändigt hatten – eine Umgebung, die der Tertön so tief mit Segen durchtränkt hat, dass er noch heute spürbar ist, trotz aller politischen Umwälzungen der letzten 60 Jahre.

Tsullo schreibt im Kolophon seiner Biographie, dass es nahezu unmöglich ist, über Tertön Sogyals Leben zu berichten, weil es jeglichen konzeptuellen Rahmen sprengt. Tsullo sollte es wissen – der vollendete Gelehrte und Praktizierende lebte und studierte mehr als 15 Jahre mit Tertön Sogyal. Doch gleichzeitig führt uns Tsullo auch vor Augen, dass Tertön Sogyals Lebensgeschichte es verdient, erzählt zu werden. Dieses Paradox kam mir immer wieder in den Sinn, während ich *Furchtlos in Tibet* schrieb. Mir ist bewusst, dass sich letztlich nicht in Worte fassen lässt, wer Tertön Sogyal ist. Der letztendliche Guru kann nicht beschrieben, sondern nur erkannt und verwirklicht werden. Doch um Tertön Sogyals Geschichte überhaupt erzählen zu können, kam ich nicht umhin, sie vor ihrem turbulenten sozio-politischen Hintergrund darzustellen, ihr einen chronologischen historischen Verlauf zu geben und seine Herausforderungen und scheinbaren Frustrationen zu schildern. Ich bete, dass der Leser trotz alledem den Tertön Sogyal kennenlernen wird, der über alle Konzepte hinausgeht, dass er den nicht-verweilenden Mystiker sieht und einen Schimmer des Yogi erhascht, der den Tod überwunden hat. Für alle Unzulänglichkeiten in *Furchtlos in Tibet*, besonders allzu verfestigte Sichtweisen gegenüber Tertön Sogyal, übernehme ich die volle Verantwortung und bitte die Meister und Linienhalter, Sie, die Leser, und insbesondere die Schützer der kostbaren Lehren Tertön Sogyals um Vergebung.

Auf meiner letzten Forschungsreise 2008 begab ich mich in das abgelegene Nyagar-Tal in einem dünn besiedelten Nomadengebiet in Golok, um den Ort zu besuchen, an dem Tertön Sogyal verstorben war. Wie ich in meinem ersten Buch *In the Shadow of the Buddha* (2011) berichtet habe, hatte man dort zu Ehren des Tertöns gerade einen kegelförmigen, drei Stockwerke hohen Stupa erbaut. Er war mit Hunderten von brokatumwickelten heiligen Schriftbänden gefüllt worden, mit Statuen von Buddha, Padmasambhava und Vajrakilaya, mit Arzneien, die mit Mantras aufgeladen wurden, und wohlriechendem Wacholderpulver. Ich trug die letzten Gegenstände bei mir, die ihren Platz in dem Stupa erhalten sollten: eine Sammlung heiliger Reliquien, die ich von Seiner Heiligkeit dem Dalai Lama, Sogyal Rinpoche, Khamtrul Rinpoche, Khenpo Namdrol Rinpoche und anderen Meistern empfangen hatte. Nachdem das in Seide eingeschlagene Bündel in das Herzzentrum des Stupas gelegt worden war, schloss ich eine Steintür, die den Segen darin versiegelt, so dass er viele Generationen lang in die Welt ausstrahlen kann. Bevor ich die Leiter hinunterkletterte, brachte ich ein hölzernes Schild neben der Tür an, in das der Name eingelassen war, den Sogyal Rinpoche dieser Stätte gegeben hatte: *Der Erleuchtungs-Stupa von Tertön Sogyal, Lerab Lingpa, siegreich in allen Richtungen*.

In gewisser Hinsicht war dies der letzte Schritt auf meiner Jahrzehnte währenden Pilgerreise; ähnlich wie das Schreiben dieses Buches meinen lange gehegten Wunsch, Tertön Sogyals Lebensgeschichte zu erzählen, zur Vollendung bringt. Doch wenn wir dem Beispiel des Meisters folgen – sei es, dass wir seine Schritte im wahrsten Sinne des Wortes oder auf den Seiten eines Buches nachvollziehen – kehren wir letztlich an den Ort zurück, an dem wir uns bereits befunden haben, bevor unsere Reise begann, und den uns der Meister die ganze Zeit aufgezeigt hat: in den Raum innewohnender

Wachheit, unser eigenes Potential des Erwachens. Aus diesem Zustand heraus können wir mit den Worten des fast 100 Jahre alten Wunschgebets Tertön Sogyals bitten: „Möge ich, hier und jetzt, direkt das Angesicht des letztendlichen Guru – meine eigene Natur des Geistes – erkennen."

Matteo Pistono

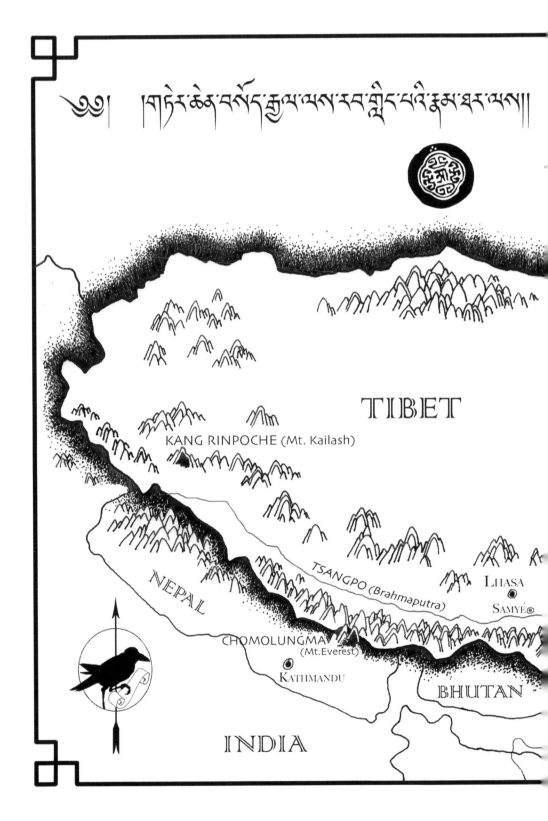

Einleitung

In der Mitte des 19. Jahrhunderts nahm das Leben eines berittenen Banditen in Kham, einer Region im Osten Tibets, eine dramatische Wendung, die die Zukunft des tibetischen Buddhismus verändern sollte. Der junge Mann weigerte sich, den Forderungen seines Vaters nachzukommen und ein Leben zu führen, das anderen Leid zufügte. Stattdessen vertraute er sich weisen Einsiedlern und gelehrten Mönchen an, die ihm halfen, sich in abgelegenen Höhlen und heiligen Tempeln seiner spirituellen Entwicklung zu widmen. Während sein Geist sich von weltlichen Zielen ab- und den Belehrungen des Buddha zuwandte, erfuhr er, wie man grenzenloses Mitgefühl entwickelt und das eigene, innewohnende, erleuchtete Potential erkennt. Immer wieder zog er sich in Retreats zurück – insgesamt mehr als zehn Jahre – in denen er seine Meditation vollendete und die tiefgründigsten buddhistischen Lehren verstand und verwirklichte. Schon bald brach ein Schatz von Visionen und spirituellen Enthüllungen aus seinem Weisheitsgeist hervor: Er wurde zum Paradebeispiel eines tantrischen Yogi. Schließlich erwählte ihn der 13. Dalai Lama zu seinem Guru und bat ihn, seine spirituellen Enthüllungen zur Verteidigung Tibets einzusetzen. Der Name dieses Yogi lautete Tertön Sogyal.

Tertön Sogyal manifestierte sich als kraftvoller spiritueller Meister zu einem Zeitpunkt, als sich Tibet starkem weltpolitischem Druck ausgesetzt sah und das Leben des Dalai Lama bedroht war. Äußere Mächte – das britische Indien, die Qing-Dynastie und das zaristische Russland – kämpften um die Vorherrschaft über das buddhistische Land. Tibets Armee in Lhasa mit ihren veralteten Musketen und Lanzen und die spärlich bewaffneten Stämme, die über Osttibet verstreut waren, konnten sich mit den fremden Streitkräften nicht messen. Gefährlicher als Tibets eroberungswütige Nachbarn waren jedoch die internen Konflikte unter den tibetischen Buddhisten sowie innerhalb der Riege von Regierungsbeamten in Lhasa, die zu Zeiten Tertön Sogyals aufgeflammt waren. Einige einflussreiche Klöster und Äbte waren dem religiösen Sektierertum anheimgefallen. Vetternwirtschaft und das Veruntreuen von Mitteln zur eigenen Bereicherung waren gang und gäbe. Der spirituelle Verfall schwächte Tibet und machte das Land umso anfälliger für Angriffe von außen.

Padmasambhava hatte vorausgesagt, dass Tibet gegen Ende des 19. Jahrhunderts schwierige Zeiten erleben würde. Als der indische Guru im 8. Jahrhundert den Buddhismus in Tibet etablierte, machte er Prophezeiungen über das Zeitalter des Verfalls – das *Kaliyuga* –, in dem negative Zustände wie Verlangen, Wut, Stolz und Eifersucht den Geist der Tibeter beherrschen und Konflikte und Kriege auslösen würden. In dieser Zeit des Niedergangs würde sich ganz allgemein die Qualität aller Dinge verschlechtern, angefangen bei der Intelligenz der Menschen bis hin zum Nährwert des Essens. Den Laien- und tantrischen Praktizierenden in Tibet sagte Padmasambhava voraus, sie würden ihre religiösen Gelübde und Regeln übertreten und schwächen – und letztendlich sogar den Anweisungen ihrer spirituellen Lehrer zuwider handeln. Dieser Verfall und die dahinter stehende selbstsüchtige Einstellung sei der Ursprung des Leids, das Tibet im 19. Jahrhundert befallen würde.

Doch es würden in dieser Zeit des Niedergangs Gegenmittel in Form seiner spirituellen Lehren erscheinen, die den Praktizierenden neuen Antrieb geben und den Buddhismus in Tibet auch zukünftig gedeihen lassen könnten. Padmasambhava verbarg diese Gegenmittel als ‚Schätze‘ bzw. *Termas* – es handelte sich dabei um Texte, die Sadhanas, religiöse Praktiken und Ratschläge umfassten – und versiegelte sie mit dem Ziel, sie dann enthüllen zu lassen, wenn sie am dringendsten gebraucht würden. Er kündigte an, dass zukünftige Yogis diese verborgenen Schätze als *Tertöns* bergen würden. Im Laufe der Geschichte Tibets erschienen diese Tertöns einer nach dem anderen, wie eine Girlande kostbarer Ornamente für die Lehren des Buddhismus, den Buddha-Dharma. Zu Beginn des 20. Jahrhunderts, nach dem Verscheiden der beiden großen Tertöns und spirituellen Koryphäen Jamyang Khyentse Wangpo und Jamgön Kongtrul, galt Tertön Sogyal als der bedeutendste Tertön seiner Zeit. Die Schätze, die er enthüllte, waren von Padmasambhava speziell darauf zugeschnitten, die buddhistischen Lehren zu schützen, Tibet gegen fremde Invasionen zu verteidigen und das Leben des spirituellen und politischen Oberhaupts, des Dalai Lama, zu sichern.

Tertön Sogyals spirituelle Enthüllungen haben eine zeitlose Qualität und sprechen sowohl einen Meditierenden im abgeschiedenen Retreat wie auch jene an, die sich aktiv für sozialen Wandel einsetzen. Seine Belehrungen sind heute genauso relevant und notwendig wie zu jener Zeit, als der Tertön sie zum ersten Mal auf den Hochebenen Tibets enthüllte. Und Tertön Sogyals eigenes Leben, in dem er scheinbar unüberwindbare Hindernisse bezwang, ist ein inspirierendes Beispiel dafür, wie die Weisheit, die der spirituellen Praxis entspringt, geschickt mit dem mitfühlenden Wunsch verbunden werden kann, allen fühlenden Wesen zu nutzen. Dies ist das Leben eines tibetischen Mystikers. Dies ist die Geschichte von Tertön Sogyal.

1. Kapitel

Geboren in einer rauen Gegend

Das Dorf Shiwa, Nyarong, Osttibet

Vom Jahr des Feuer-Drachens bis zum Jahr des Eisen-Pferdes, 1856–1870

Dargye hatte zur Feier der Geburt seines ersten Sohnes ein paar Krüge Gerstenwein einschenken lassen, um sie mit seinen Kumpeln aus Nyarong zu leeren. Er schnippte einige Tropfen des selbstgebrannten Gebräus in die Luft und rief aus: „Bei der Macht des Stammesfürsten Amgon: Möge mein Junge, geboren im Feuer-Drachen-Jahr, diesem bescheidenen Dorfhaushalt in Shiwa Glück und Wohlstand bringen!"

„Sollen wir ihn vom Meister Nyala Pema Dündul[1] im Kloster segnen und ihm einen zeremoniellen Namen geben lassen?", fragte einer seiner Vettern.

„Nein. Ich habe schon dem alten Einsiedler im ‚Tempel der Reinigung' etwas Butter hochgeschickt. Er hat gesagt, der Junge soll Sonam Gyalpo heißen. Ich will nicht riskieren, dass Pema Dündul auf die Idee kommt, mein Kind könne bei ihm im Kloster mitsingen."

Dargye hatte nicht die geringste Absicht, seinem Sohn zu erlauben, sich dem Dharma, den Lehren des Buddha, zu widmen. Stattdessen sollte der Junge ihn baldmöglichst von den Flüchen erlösen, mit denen ihn einige Dorfbewohner verwünscht hatten.

„Mein Sohn Sonam Gyalpo wird kein Mönch – er wird reiten lernen und mein Gehilfe sein.“[2]

Dargye stammte aus einer wohlhabenden Familie der Oberen-Nyarong-Region in Kham, doch er hatte die großen Erwartungen seiner Vorfahren nicht erfüllt. In den dicht mit Kiefern bewaldeten Tälern Nord-Nyarongs ging vielmehr das Gerücht um, er hätte, bevor er Orgyen Drolma zur Frau nahm, einer berittenen Räuberbande angehört, die man die ‚Meisterschützen‘ nannte. Sie trieb ihr Unwesen auf der nord-südlichen Handelsroute entlang des Nyachu-Flusses, der die Region in ihrer gesamten Länge durchzog. Der Weg durch die enge Felsschlucht war gefährlich; Karawanen kamen nur langsam voran und waren für Banditen eine leichte Beute. In zehn Jahren nächtlicher Raubzüge und Hinterhalte auf den Maultierpfaden hatten sich die ‚Meisterschützen‘ in Nyarong einiges an Gold und Silber unter den Nagel gerissen und im Zuge ihrer Überfälle mehr als ein Dutzend Händler und Bauern getötet.

Immer wieder versuchte Dargye, die anderen Dorfbewohner davon zu überzeugen, dass er nicht zur Bande der ‚Meisterschützen‘ gehört, sondern für einen Teehändler im westchinesischen Chengdu gearbeitet habe. Die bescheidenen Verhältnisse, in denen er lebte, ließen auch nicht auf ein jahrelanges einträgliches Banditenleben schließen. Doch das Gerede im Dorf kann aus dem ärmsten Teehändler einen ehemals reichen Banditen und aus dem frommsten Mönch einen Betrüger machen.

„Er wird ein erstklassiger Schütze und gerissener Händler werden und sich ein Mädchen aus der Stadt zur Frau nehmen. In Sonam Gyalpo wird der Geist unseres Kriegsfürsten Amgon weiterleben“, verkündete Dargye stolz.

Amgon[3] war ein legendärer Kämpfer gewesen, der berühmteste Stammesfürst in ganz Nyarong, einer unwegsamen Region, in der die Beziehungen zwischen den Dörfern über Generationen hinweg von Blutfehden bestimmt wurden und die Kämpfe an den Grenzen viele Narben und Wunden hinterließen. Seine Feinde fürchteten Amgon im selben Maß, wie seine Gefährten ihn respektieren. Er führte viele erbitterte Kämpfe, unter anderem gegen die Regierung im weit entfernten Zentraltibet;[4] die Königreiche Derge und Nangchen im Osten Tibets mussten sich ihm beugen, und er lieferte sich sogar Schlachten mit den militärischen Vorposten der Qing-Regierung. Im Jahr 1863 beschloss die tibetische Regierung schließlich, Amgons Treiben ein Ende zu bereiten. Der Stammesfürst aus Nyarong hatte nicht nur den Königshof in Derge gestürmt und ihn mitsamt einigen angesehenen Lamas in seine Gewalt gebracht, er hatte auch die Kontrolle über die bedeutenden Teehandelsrouten nach Zentraltibet an sich gerissen. In einem Überraschungsangriff setzte ein Reiterregiment der tibetischen Regierung die Festung des Stammesfürsten in Brand, und Amgon erlitt mit seiner Frau, seinen zwei Söhnen sowie seinen wichtigsten Männern den Feuertod.[5]

Amgons Vermächtnis lag wie ein Schatten über Sonam Gyalpos Jugend. Dargye war ganz versessen darauf, in seinem Sohn die wilde Kühnheit des Stammesfürsten zu wecken. Drolma, Sonam Gyalpos Mutter, hörte mit großer Besorgnis zu, wenn Dargye von seinen Plänen erzählte, denn sie wusste, dass der Junge etwas Besonderes war. In der Nacht seiner Zeugung war Drolma im Traum eine wunderschöne himmlische Frauengestalt erschienen, die zu ihr gesagt hatte: „Er wird nicht lange bei dir bleiben. Überschütte ihn mit deiner Liebe, solange es dir möglich ist." Als das Himmelswesen verschwand, lösten sich Glocken und andere sakrale Gegenstände in Drolma hinein auf, und als sie erwachte, spürte sie, dass ihre Familie gesegnet worden war. Gleichzeitig befürchtete sie, die Vorhersage könne bedeuten, dass ihr Sohn bereits im Kindesalter sterben würde.

Kaum hatte der kleine Sonam Gyalpo sprechen gelernt, erzählte er seiner Mutter Geschichten aus seinen vergangenen Leben und bezeichnete Padmasambhava, den Guru aus Indien, der im 8. Jahrhundert den Buddhismus nach Tibet gebracht hatte, als seinen Vater.[6] Eines Tages kam ein umherziehender Praktizierender, der von Almosen lebte, zum Haus der Familie und bat um Essen. Er hatte sein langes Haar auf dem Kopf hochgebunden und hielt einen Dreizack in der Hand. Sein Anblick erfüllte Sonam Gyalpos Herz spontan mit tiefer Hingabe, und er fragte seine Mutter, warum Padmasambhava um Essen bettelte. Sie lächelte nur und bot dem Bettler Tee und Tsampa an.

Als sich der Bettler nach seinem Mahl ein wenig ausruhte, ging Sonam Gyalpo zu ihm, zupfte ihn an seinem wollenen Umhang und fragte:

„Was ist ein Buddha?"

Der Bettler antwortete mit einem Zitat des buddhistischen Heiligen Shantideva, der im 8. Jahrhundert gelebt hatte: „Die Buddhas arbeiten für das Wohl anderer. Gewöhnliche Menschen arbeiten für ihr eigenes Wohl. Sieh nur den Unterschied zwischen ihnen."

Obwohl Sonam Gyalpo erst sechs Jahre alt war, dachte er lange über Shantidevas Worte nach. Bevor der Bettler weiterzog, schrieb er diesen vier-zeiligen Vers für Sonam Gyalpo auf:

Begehe keine einzige unheilsame Tat,
kultiviere einen Schatz an Tugend,
diesen unseren Geist zu zähmen,
das ist die Lehre aller Buddhas.[7]

Überrascht stellte Drolma fest, dass Sonam Gyalpo den Vers lesen konnte.[8] Dargye hatte seinem Sohn verboten, lesen zu lernen, aus Angst, es könnte ihn dazu verleiten, Mönch zu werden. Doch Sonam Gyalpo hatte ohne das Wissen seiner Eltern einen Einsiedler in der Gegend gebeten, ihm das Alpha-bet beizubringen. Der Einsiedler unterrichtete ihn mit Hilfe von Seiten aus alten, ausgedienten Gebetsbüchern, die von Dorfbewohnern – in dem Glau-ben, der Segen der sich auflösenden Texte werde in die Erde übergehen – in hochgelegenen Berggrotten zurückgelassen wurden. Sonam Gyalpo kamen diese Buchseiten aus den Bergen, so zerschlissen sie auch sein mochten, ge-rade recht, um lesen und schreiben zu lernen. Über einige der Verse, die er auf den Seiten fand, meditierte und kontemplierte er auch, während er Schafe und Yaks auf die Weide trieb.

Eines Tages kam der große Meditierende und berühmteste aller Nyarong-Lamas, Nyala Pema Dündul, durch das Dorf. Drolma lud den angesehen Yogi ein, sich im Wohnzimmer ihres Hauses etwas auszuruhen, und reichte ihm Buttertee, den Pema Dündul nach einer kurzen Segnung wortlos trank. Dann trat – sehr zu Dargyes Unbehagen – schweigsame Stille ein, die erst unterbrochen wurde, als Sonam Gyalpo, hinter einem Kätzchen herjagend, ins Zimmer stürzte.

„He, dich kenne ich doch?", platzte er beim Anblick von Pema Dündul heraus.

Auf dem Gesicht des Meisters machte sich ein strahlendes Lächeln breit – wie bei einem Großvater, der zum ersten Mal seinen Enkel sieht.

„Was fällt dir ein, so zu reden!", schalt Drolma ihren Sohn. „Erweise dem Meister deine Ehrerbietung."

Sonam Gyalpo verneigte sich vor Pema Dündul. Als er sich wieder aufgerichtet hatte, blickten die beiden einander an wie alte Freunde, die sich seit Jahrzehnten nicht begegnet waren. Pema Dündul sah nicht nur ein Kind vor sich, sondern er sah gleichzeitig Sonam Gyalpos frühere Leben: als Prajapati Gotami, Buddha Shakyamunis Tante und Begründerin des ersten Nonnenordens, sowie als verschiedene Heilige in Tibet und Indien.[9] Pema Dündul erinnerte sich auch daran, dass sie beide, er und Sonam Gyalpo, in einem vergangenen Leben Schüler von Padmasambhava gewesen waren und gemeinsam studiert hatten. Er war überglücklich, seinen spirituellen Bruder wiederzusehen.

Sonam Gyalpo lief aus dem Zimmer und verschwand hinter Drolma in der Küche.

„Du solltest wissen, dass Padmasambhava deinem Jungen einen Auftrag mitgegeben hat", sagte der Meister zu Dargye. „Er wird für den Buddhismus und für viele Wesen von großem Nutzen sein."

Entgeistert starrte Dargye Pema Dündul an, der fortfuhr: „Ich fürchte, du wirst Sonam Gyalpo nur schwer dazu bringen, deinen Wünschen zu folgen."

Dargye traute seinen Ohren nicht. Wenn er Sonam Gyalpo gehen ließ, um den Dharma zu studieren, würden ihm zwei Hände für die Feldarbeit und die Versorgung der Tiere fehlen.

„Ich glaube, es ist an der Zeit für dich zu gehen, alter Lama. Ich muss die Yaks vom Berg heruntertreiben."

„Auch wenn du mir deinen Sohn jetzt nicht mitgeben willst, werde ich doch sehr bald sein Guru werden – worauf wartest du also noch?"

Dargye schwor sich, Drolma niemals zu verraten, was Pema Dündul gesagt hatte; stattdessen versuchte er, das Gespräch zu vergessen, als wäre es ein schlechter Traum gewesen.

2. Kapitel

Padmasambhava und Dorje Dudjom

Zentraltibet

Vom Jahr des Eisen-Tigers bis zum Jahr des Holz-Affen, 810–864

Der große Guru Padmasambhava hatte Sonam Gyalpos Geburt und spirituellen Werdegang bereits vorhergesagt. So steht in einer alten Schrift, dem *Spiegel der erstaunlichen Manifestationen*, dass Dorje Dudjom aus dem Nanam-Klan, ein tantrischer Meister des 8. Jahrhunderts, als der Schatzenthüller Sogyal – eine Kurzform von Sonam Gyalpo – wiedergeboren würde.

> *Eine Emanation des tantrischen Eingeweihten Dorje Dudjom*
> *wird im oberen Nyarong-Gebiet Khams [in Osttibet] erscheinen,*
> *auf der rechten Seite eines großen Flusses, vor einem*
>   *schneebedeckten Berg mit drei Gipfeln;*
> *der Schatzenthüller Sogyal – er, der furchtlos handelt –*
> *wird im Drachen-Jahr geboren werden und*
> *auf dem äußerst geheimen, unübertroffenen Pfad [des Vajrayana]*
>   *verweilen.*[10]

Dorje Dudjom hatte entscheidend dazu beigetragen, dass der Buddhismus in Tibet Fuß fassen konnte. Zu einer Zeit, als Tibets militärische Macht ihren Höhepunkt erreicht hatte, zählte er zu den Ministern König Trisong Detsens. Trisong Detsen war mit vielen tibetischen Stammesführern Bündnisse eingegangen und konnte so seinen territorialen und militärischen Einfluss ausweiten. Tibets Kavallerie, die über die unerschrockensten Reiter der Welt verfügte, eroberte Chinas Hauptstadt Xian im Sturm, bezwang arabische Armeen im Norden Persiens, besiegte die Türken in Ostturkestan und hinterließ auf ihren Feldzügen in den Süden Siegessäulen bis hin nach Bodhgaya im heutigen indischen Bundesstaat Bihar.

In dieser Zeit versuchte König Trisong Detsen, den Buddhismus in Tibet einzuführen. Doch obwohl die Mitglieder der tibetischen Stammesbündnisse dem König politische Treue geschworen hatten, gab es eigensinnige Stammesfürsten, unbelehrbare Nomaden, halsstarrige Händler und einheimische Schamanen, die sich der neuen Religion widersetzten. Auch früher hatten einige Könige bereits buddhistische Tempel erbaut; ihre Versuche, die Tibeter zum Studium und zur Praxis des Dharma zu bewegen, waren jedoch erfolglos geblieben. Der Widerstand der Bevölkerung war zu groß; sie wollten den Geistern und Naturgöttern der Berge, Täler und Seen treu bleiben und diese nicht aufgeben.

Als Trisong Detsen versuchte, einen Mönchsorden zu gründen und das erste buddhistische Kloster zu errichten, gaben Schamanen bösartigen Geistern den Befehl, alles, was am Tag erbaut worden war, nachts wieder zu zerstören. Mit Zaubersprüchen und Flüchen beschworen sie Dürren, Überschwemmungen, Hungersnöte und Krankheiten herauf. Trisong Detsen wandte sich an den ehrwürdigen bengalischen Abt Shantarakshita, der sich auf seine Einladung hin in Tibet aufhielt: „Habe ich nicht genug Verdienst, um diese Aufgabe zu vollenden? Ist dein Segen nicht stark genug?"

Der Abt erwiderte: „Dem König mangelt es nicht an Verdienst und meinem Segen nicht an Kraft. Doch unsere Mittel sind friedvoll, und die böswilligen tibetischen Götter und Dämonen können nicht auf friedvolle Weise unterworfen werden. Dafür sind zornvolle Mittel vonnöten."[11]

Shantarakshita riet König Trisong Detsen, einen tantrischen Meister namens Guru Padmasambhava aufzufinden und um Hilfe zu bitten. Padmasambhavas Leben war voller Wunder und yogischer Heldentaten. Er wurde in Oddiyana – im Swat-Tal an der heutigen Grenze zwischen Pakistan und Afghanistan – geboren und ging in jungen Jahren bei den berühmtesten spirituellen Meistern seiner Zeit in die Lehre. Unter großen Entbehrungen bereiste er den gesamten indischen Subkontinent, um dort bei verschiedenen tantrischen Meistern zu studieren. Darüber hinaus hatte er Visionen, in denen er weitere Ermächtigungen und Belehrungen erhielt.[12] Auf die Frage nach seiner Herkunft antwortete Padmasambhava:

Mein Vater ist das reine Gewahrsein von Rigpa, Samantabhadra,
meine Mutter der Raum aller Dinge, Samantabhadri,
meine Ahnen sind die Untrennbarkeit von Gewahrsein und Raum,
mein Name ist der glorreiche Lotosgeborene,
meine Heimat der ungeborene Dharmadhatu,
meine Nahrung das Verzehren dualistischer Gedanken,
meine Bestimmung das Vollbringen der Handlungen der
*   Buddhas der Vergangenheit, Gegenwart und Zukunft.*[13]

Im *Tantra der vollkommenen Verkörperung der unübertroffenen Natur* verkündete Buddha Shakyamuni selbst: „Acht Jahre nach meinem Verscheiden ins Nirvana werde ich unter dem Namen Padmasambhava im Lande Uddiyana wiedererscheinen. Ich werde der Herr der Lehren des Geheimen Mantra sein."[14]

König Trisong Detsen schickte sieben Abgesandte über den Himalaya, die Padmasambhava Gold und Seide als Geschenke überbringen und ihn nach Tibet einladen sollten. Dorje Dudjom – Sonam Gyalpos vorherige Inkarnation – führte diese Gruppe an. In seiner Hellsichtigkeit wusste Padmasambhava von der Gesandtschaft und reiste ihr entgegen, so dass sie bereits an der Grenze zwischen Nepal und Tibet aufeinandertrafen. Doch kaum hatte Padmasambhava Tibet betreten, erhoben sich die Elementarkräfte und Geister, um gegen sein Vorhaben, die buddhistische Lehre in Tibet einzuführen, anzukämpfen. Der indische Guru ließ sich davon nicht beeindrucken; unerschrocken nahm er die Herausforderung an.

Padmasambhava und Buddha Shakyamuni verkörpern beide den unwandelbaren Zustand des Erwachens, die Buddhaschaft, doch sie unterscheiden sich in den von ihnen gelehrten Methoden. Der historische Buddha ist für seine Lehren über diszipliniertes Verhalten, friedvolles Verweilen in der Meditation und die philosophische Untersuchung der Natur der Wirklichkeit bekannt. Im schrittweisen Ansatz des Buddha, wie er in den Sutras formuliert ist, entwickelt man Entsagung und Mitgefühl als Gegenmittel gegen negative Geisteszustände wie Wut und Aggression.[15]

Guru Padmasambhavas Ansatz war kompromissloser: Er lehrte die kraftvollen Methoden des Geheimen Mantra-Vajrayana – des Tantra – um Hindernisse auf dem Pfad zum Erwachen zu beseitigen. Das Leben und die Lehren des Großen Guru illustrieren, wie ein Praktizierender des Tantra all seine Gedanken, Worte und Handlungen in den Pfad zur Erleuchtung verwandeln kann – nicht, indem er scheinbar negative Situationen ablehnt oder unangenehme Emotionen unterdrückt, sondern indem er durch die Weisheit des Tantra jegliche Situation im Leben in spirituelle Einsicht verwandelt. Ein Praktizierender auf dem Vajrayana-Pfad lehnt nichts ab, sondern verwandelt stattdessen seine Wahrnehmung der Wirklichkeit: Er reinigt Geist und Karma und nutzt Erfahrungen als Ansporn für spirituellen Fortschritt. Alle Erfahrungen, ‚gute‘ wie ‚schlechte‘, werden in den spirituellen Pfad eingebracht, wie im Sinnbild des Pfaus, welcher der Legende nach Gift frisst, um es in die Farbenpracht seiner Federn zu verwandeln und so zum majestätischsten Vogel des Waldes zu werden.

Padmasambhava gelang es, die unzähligen Geister und Naturkräfte, die sich ihm entgegenstellten, unter Kontrolle zu bringen. Tantrische Buddhisten trachten nicht danach, heimtückische oder boshafte Kräfte vollständig zu vernichten, sondern versuchen, ihre Energie zu verwandeln und ihr eine neue Richtung zu geben. Böse Geister werden gebändigt und zum Schutz des Dharma eingesetzt oder zumindest mit der weltlichen Aufgabe betraut, spirituell Praktizierende zu unterstützen. In seinen außerweltlichen Duellen mit den Geistern fesselte Padmasambhava, der Große Guru, ihre Lebenskraft und stellte sie vor die Wahl: „Werdet vernichtet oder gelobt, buddhistischen Praktizierenden jetzt und in der Zukunft zur Seite zu stehen."[16] Die Wahl fiel den Geistern, die ihm ausnahmslos unterlegen waren, nicht schwer: Alle Geister und Kräfte in der Erde, im Himmel und im Wasser schworen Padmasambhava ihre Treue und legten damit den Grundstein für die Verbreitung des Dharma in Tibet und im gesamten Himalaya-Gebiet.[17]

Nanam Dorje Dudjom war ein enger Schüler Padmasambhavas
und eine der früheren Inkarnationen von Tertön Sogyal.

Dorje Dudjom war Padmasambhava während dessen Zeit in Tibet
stets zu Diensten und wurde einer seiner engsten Schüler. Seinem Namen
‚Unzerstörbarer Bezwinger der Dämonen' getreu erlangte Dorje Dudjom
spirituelle Meisterschaft durch tantrische Rituale der zornvollen Gottheit

Vajrakilaya. Man sagt, dass er mit seinem Phurba-Dolch durch massives Felsgestein schneiden konnte, als sei es weiche Butter; er konnte so schnell fliegen wie der Wind, und in der Nähe des Samye-Klosters durchquerte er ungehindert einen Berg.

Dorje Dudjom gehörte neben König Trisong Detsen, Padmasambhavas Gefährtin Yeshe Tsogyal und einigen anderen zu einer kleinen Gruppe von Padmasambhavas engsten Schülern. Um das Vertrauen der Tibeter in die buddhistischen Lehren zu stärken, stellten der Große Guru und seine Schüler ihre spirituellen Errungenschaften öffentlich zur Schau: Sie liefen auf Sonnenstrahlen, erweckten Leichname wieder zum Leben und durchschritten Felswände.

Während seiner Zeit in Tibet legte Padmasambhava überall im Land unzählige Verstecke an, in denen er Schätze, so genannte *Termas*, verbarg. Terma-Schätze bestehen aus Ritualobjekten wie zum Beispiel Statuen oder aus goldgelben Schriftrollen mit geheimnisvoller Dakini-Schrift. Diese Schriftrollen sind aus Baumrinde, Baumwollstoff oder Pergament hergestellt. Gemeinsam mit Yeshe Tsogyal bereitete Padmasambhava diese Erdschätze vor und versteckte sie in Höhlen, Felswänden und Seen sowie in Tempelsäulen und kleinen Schatzkästchen aus Stein. Padmasambhava verbarg auch Geistesschätze – Texte, Prophezeiungen und Beschreibungen der Terma-Verstecke – im Geistesstrom seiner 25 engsten Schüler. Zudem verkündete er, dass die zukünftigen Inkarnationen dieser 25 Schüler seine Repräsentanten wären und die Aufgabe hätten, seine Erd- und Geistesschätze wieder zu entdecken. Man würde sie *Tertöns* nennen: Schatzenthüller.

Termas dienen als Schlüssel zum tiefgründigen Dharma, da die kontinuierliche Enthüllung dieser Schätze und der damit verbundenen Dharma-Lehren die Dynamik und Kraft der Lehren Padmasambhavas lebendig hält.[18] Padmasambhava hinterließ Anweisungen für jede nur erdenkliche Situation. Doch da er wusste, dass nicht all seine Anweisungen im Tibet des 8. Jahrhunderts von Nutzen sein würden, verbarg er viele davon, legte den zukünftigen Zeitpunkt und den Ort der Enthüllung eines jeden Schatzes fest und ordnete ihm jeweils einen Tertön zu. Dann verpflichtete der Große Guru bestimmte Geister als Schatzhüter und gab ihnen den Auftrag, die Termas zu bewachen, bis der zukünftige Schatzenthüller kommen würde, um sie hervorzuholen.[19]

Die Tibeter haben Padmasambhava viel zu verdanken: Er schuf die spirituelle und politische Grundlage für ihre Nation und stellte sie unter seinen

Schutz.[20] Nachdem er 56 Jahre unter den Tibetern gelebt hatte, verließ Padmasambhava das Land. Der König und weitere seiner Schüler, die ihn bis an die nepalesische Grenze begleiteten, flehten ihn an, in Tibet zu bleiben, doch Padmasambhava wies ihre Bitte zurück. Stattdessen rief er ihnen in Erinnerung, was Buddha Shakyamuni seinen Schülern gesagt hatte, bevor er ins Nirvana verschied: „Es ist die Natur aller Dinge, die Form angenommen haben, sich wieder aufzulösen. Bemüht euch aus ganzem Herzen, Vollendung zu erlangen."[21] Dann verkündete Padmasambhava sein Vermächtnis an die Tibeter künftiger Generationen:

> *Vergesst nicht, dass das Leben vorüberflackert und ihr dann sterbt.*
> *Was zusammenkommt, muss sich trennen; kämpft also nicht und*
> *   verursacht keinen Streit.*
> *Was gesammelt wurde, muss wieder aufgegeben werden; strebt also*
> *   nicht zügellos nach Wohlstand.*
> *Anhaften ist Gebundensein; hegt also nicht maßlose Anhänglichkeit.*
> *Was geboren ist, muss sterben; denkt also an das nächste Leben.*[22]

Daraufhin sprang Padmasambhava auf einen Sonnenstrahl und gab dem König, Dorje Dudjom und den anderen diese letzten Anweisungen:

> *Habt ihr dies verstanden, König und Untertanen?*
> *Wenn ihr kein aufrichtiges Vertrauen empfindet,*
> *wird die Weisheit der Gewissheit nicht aufscheinen.*
> *Wenn die Weisheit der Gewissheit nicht entsteht,*
> *werdet ihr die Unterweisung des Meisters nicht verwirklichen.*
> *Ohne Verwirklichung der Unterweisung des Meisters*
> *werdet ihr euren Geist nicht als Buddha erkennen.*
> *Übt die Anweisung des Meisters*
> *mit Vertrauen, Hingabe und Verehrung.*[23]

Schließlich entschwand Padmasambhava in den Raum. Vom Himmel ergossen sich Lichtstrahlen voll unermesslicher liebender Güte und Segen auf die Versammelten und verliehen ihnen die tiefe Zuversicht, Padmasambhavas Anweisungen erfüllen zu können. Padmasambhavas Abgesandte, welche die Anweisungen des Großen Guru in der Zukunft ausführen sollten, waren jeweils Inkarnationen seiner wichtigsten Schüler. Etwa elf Jahrhunderte später war für den Jungen Sonam Gyalpo die Zeit gekommen, die Erinnerungen an sein früheres Leben wachzurufen und die Aufgabe zu erfüllen, die ihm als Dorje Dudjom übertragen worden war.

3. Kapitel

Die Schützerin ist erzürnt

Nyarong und Tromge, Osttibet

Jahr des Eisen-Schafes, 1871

Als Sonam Gyalpo groß genug war, um mit ruhiger und sicherer Hand ein Gewehr zu halten, brachte ihm sein Vater bei, wie man Schießpulver einfüllte, ein Ziel anvisierte und nachlud. Sonam Gyalpo zeigte schon bald großes Geschick im Schießen: Er traf jedes Ziel, das sein Vater in den Fichten- und Wacholderwäldern für ihn aufstellte. Doch wann immer er ein Reh oder Bergschaf erlegen sollte, das Dargye erspäht hatte, schoss er regelmäßig daneben. [24]

„Aber Vater, jedes Mal wenn ich auf einen Fasan ziele, sehe ich im Visier nur Dakinis, die mir mit ihren Schals zuwinken", sagte Sonam Gyalpo. „Und manchmal sind auf dem Gewehrlauf Mantras aufgereiht und versperren mir die Sicht."

Dargye spuckte auf den Boden und schüttelte ungläubig den Kopf.

Die Dakinis wichen Sonam Gyalpo nicht von der Seite und drängten ihn, seiner spirituellen Bestimmung zu folgen.

Als Dargye und sein Sohn eines Tages am ‚Hirschhorn-Zusammenfluss' vorbeiritten, sahen sie den Tempel, in dem der Meister Nyala Pema Dündul lebte.

„Vater, lass uns den kostbaren Lama besuchen."

„Dafür ist keine Zeit. Wir müssen vor Sonnenuntergang zu Hause sein."

„Ach bitte, nur ein kurzer Besuch, damit er uns segnet! Er ist doch unser Buddha!"

Dargye willigte schließlich ein, und so ließen er und Sonam Gyalpo die Pferde auf der Weide grasen und gingen den Berghang hinauf zum Kloster. Als sie Pema Dünduls Zimmer betraten, fanden sie ihn in einer hölzernen Meditationskiste sitzend vor, die nur knapp über einen Meter lang und breit war. Wenn er sein Lager nicht unter freiem Himmel aufgeschlagen hatte, saß der alte Meister Tag und Nacht aufrecht in einer dieser Kisten.

Pema Dündul winkte Sonam Gyalpo zu sich heran und zog ein kleines, goldgelbes Pergamentpapier aus seinem Gebetsbuch. Neugierig starrte Dargye auf das längliche Blatt.

„Weißt du, was das hier heißt?", Pema Dündul deutete auf die fremdartige Schrift, mit der das Papier beschrieben war.

„Das ist das Schriftzeichen für *Erde*", erwiderte Sonam Gyalpo.

Er hatte die Zeichen als *Lantsha*-Schrift erkannt, die in Tibet oft verwendet wurde, um Sanskrit-Mantras niederzuschreiben.[25] Verwundert fragte sich Dargye, woher sein Sohn so etwas bloß wissen konnte. Pema Dündul nickte zustimmend. Für ihn war Sonam Gyalpos Antwort ein erster Hinweis darauf, dass er in Zukunft eine spirituelle Kraft entwickeln würde, die in ganz Tibet ohnegleichen wäre. Der Lama segnete Sonam Gyalpo, gab ihm ein Stück Kandiszucker und schickte ihn nach draußen, um die Pferde zu holen. Dann wandte er sich an Dargye und mahnte ihn erneut, dass sein Sohn ein inkarnierter Lama sei und eine religiöse Ausbildung erhalten müsse.

„Ich werde darüber nachdenken", log Dargye und verließ das Zimmer.

Auf dem Heimweg stießen Dargye und Sonam Gyalpo auf eine kleine Herde von Moschustieren, die auf einer Wiese in der Nähe ihres Hauses weidete. Dargye befahl seinem Sohn, eines der größeren Tiere zu erlegen. Gehorsam kniete der Junge nieder und nahm seine Beute ins Visier.

Klatsch! Sonam Gyalpos Kopf schnellte zurück.

„Padmasambhava hat mich geschlagen!", rief er, ließ das Gewehr fallen und presste eine Hand auf sein Auge.

Dargye schüttelte ungehalten den Kopf.

„Jetzt reicht es! Los, steig wieder aufs Pferd!

Zuhause angekommen rannte Sonam Gyalpo sofort zu seinem Freund, um ihm von der Begegnung mit Pema Dündul zu erzählen und den Kandiszucker mit ihm zu teilen. Dargye saß derweil in einer Ecke der verräucherten Küche und kaute missmutig auf einem Stück Trockenfleisch herum. Während Drolma Kohlsuppe kochte, erzählte er ihr von Sonam Gyalpos Fortschritten beim Schießen und dass er jedes Ziel traf – solange es nicht lebendig war. Dargye nahm einen kräftigen Schluck vom Gerstenbier.

„Er behauptet, Dakinis zu sehen und Padmasambhava. Was für ein Unsinn!"

Drolma schürte das Herdfeuer und verbarg ihre Freude darüber, dass sich das spirituelle Potential ihres Sohnes zu offenbaren begann. Sie hatte schon immer geahnt, dass Sonam Gyalpo etwas Besonderes war, hatte ihrem Mann jedoch nie etwas davon erzählt. Um Dargye zu beschwichtigen, fragte sie ihn, wie der Besuch im Kalzang-Tempel verlaufen war. Dabei hoffte sie, Dargye werde nicht schlecht über Pema Dündul reden.

„Ich hatte mir schon sowas gedacht", lachte Dargye höhnisch. „Der alte Lama meinte, unser Junge soll ins Kloster gehen. Aber das können wir uns nicht leisten. Wir brauchen ihn hier, damit er sich um die Yaks kümmert. Außerdem wird er ja wohl bald aufhören, diese verdammten Dakinis zu sehen, und dann ist er im Handumdrehen ein guter Schütze." Dargye beschloss, seiner Frau lieber nichts davon zu sagen, dass Pema Dündul ihren Sohn als inkarnierten Lama erkannt hatte und bereit war, ihn zu unterrichten.

In dieser Nacht überfiel Sonam Gyalpo plötzlich hohes Fieber. Dargye genehmigte sich einen Krug selbstgebrautes Bier, während Drolma zum Lager eines umherziehenden Bettelmönchs in der Nähe des Nyachu-Flusses eilte, um eine Divination zu erbitten. Der Mönch versenkte sich in einen Zustand tiefer Konzentration, rezitierte ein Mantra und schob dabei die Perlen seiner Mala mit dem Daumen weiter.

„Im Moment kann man nichts tun. Doch sobald sich der Junge vom Fieber erholt hat, müsst ihr ihn an einen Ort schicken, an dem er den Dharma studieren kann."

Der Mönch nahm Feder und Tinte zur Hand und schrieb folgendes Zitat des Buddha auf:

Wir sind, was wir denken.
Alles, was wir sind, entsteht mit unseren Gedanken.

Mit unseren Gedanken schaffen wir die Welt.
Sprich oder handle mit einem unreinen Geist
und Schwierigkeiten werden dir folgen,
wie das Rad dem Ochsen, der den Karren zieht.

Wir sind, was wir denken.
Alles, was wir sind, entsteht mit unseren Gedanken.
Mit unseren Gedanken schaffen wir die Welt.
Sprich oder handle mit einem reinen Geist
und Glück wird dir folgen,
wie dein Schatten, unerschütterlich.[26]

„Achte auf Ursache und Wirkung, Mutter Drolma", sagte der Bettelmönch. „Dein Sohn ist krank, weil er mit Gewehren und anderen tödlichen Waffen hantiert. Sorge dafür, dass er stattdessen Unterweisungen in der Tradition Padmasambhavas erhält." Drolma kehrte nach Hause zurück, wagte es aber nicht, Dargye von den Ratschlägen des Mönchs zu berichten.

Sonam Gyalpo sehnte sich danach, zu Pema Dündul zurückzukehren. Obwohl er sich langsam erholte, musste er ständig weinen – nicht wegen seines körperlichen Zustands, sondern aus Verzweiflung über das, was sein Vater mit ihm vorhatte. Es dauerte mehr als zwei Monate, bis Sonam Gyalpo wieder zu Kräften kam.

Als sein Sohn endlich genesen war, verkündete Dargye, dass es nun höchste Zeit sei, einen ganzen Kerl aus ihm zu machen. Dargye kannte einen zwielichtigen Gesellen aus Tromge, zu dem er ihn in die Lehre schicken wollte. Mit ihm und seinen Kumpanen sollte Sonam Gyalpo für einige Zeit das harte Leben auf der Tromthar-Hochebene kennenlernen, weit weg von Nyarong. Sonam Gyalpo und seine Mutter wagten nicht, sich Dargyes Dickköpfigkeit zu widersetzen.

Sonam Gyalpo hatte im Grunde nichts dagegen einzuwenden, über Tromthars Steppen zu reiten und nachts im Wind unter freiem Sternenhimmel zu schlafen. Doch als er auf seinen Lehrmeister und die anderen Männer traf, die ganz offensichtlich Banditen waren, wurde ihm klar, dass er hier vollkommen fehl am Platz war. Sie erzählten ihm von der Beute aus ihren Überfällen auf den Maultierpfaden, von Yak- und Pferde-Diebstählen und von den Frauen, die sie sich bei ihren Raubzügen in den kleinen Städten gefügig machten.

„Wie kann ich unschuldige Menschen berauben, schänden und bestehlen und gleichzeitig für ihr Wohlergehen beten?", dachte er.

Als er in dieser ersten Nacht neben der erlöschenden Glut des Lagerfeuers lag, brannte er innerlich vor Wut auf seinen Vater, der ihn in diese ausweglose Situation gebracht hatte. Irgendwann schlief er schließlich ein. Früh am nächsten Morgen ritt er mit den neun Schurken los. Sie bezogen Position oberhalb einer engen Schlucht, die Reisende auf dem Weg nach Derge passieren mussten. Der Anführer der Bande bestand darauf, dass der Neuling sich beweisen müsse und den ersten Schuss auf die nächste Karawane abfeuern solle.

„Ihr drückt erst ab, wenn ich geschossen habe", ordnete Sonam Gyalpo nach kurzem Zögern an, da er es nicht wagte, sich dem Befehl des Anführers zu widersetzen.

Als eine lange Karawane durch die Schlucht auf sie zukam, nahm Sonam Gyalpo einen der Reiter ins Visier.[27] Gerade wollte er schießen, doch – *zack!* flog Sonam Gyalpos Kopf nach hinten. Er krümmte sich vor Schmerz; das Gewehr entglitt seinen blutigen Händen und fiel krachend die Schlucht hinab. Durch das Getöse gewarnt machte sich die Karawane schleunigst aus dem Staub.

„Was zum Teufel soll das?", brüllte der Anführer der Bande. „Du hast ihnen unsere Stellung verraten, du nichtsnutziger Wicht!"

„Er hat mir eine geknallt", verteidigte sich Sonam Gyalpo, dem Blut aus der Nase lief. „Padmasambhava ist aus meinem Gewehrlauf heraus gekommen! Er hat gesagt: ‚Du hast dein Potential, Erleuchtung zu erlangen, immer noch nicht erweckt! Wann kommst du endlich zur Vernunft?' Und dann hat er zugeschlagen!"

Der Gedanke, dass Padmasambhava ihr verbrecherisches Tun beobachtete, ließ die Räuber erschaudern. Aus Angst, den Zorn des Großen Guru auf sich zu ziehen, machte sich die Bande auf den Weg zurück in die Stadt. Als sie eine Berghöhe entlang ritten, erspähte einer der Banditen in der Ferne einen alten Pilger in Mönchsroben.

„Er hat bestimmt Tsampa bei sich, und mir knurrt der Magen", rief er aus und gab seinem Pferd die Sporen.

„Vielleicht hat er in Tromge auch ein paar Silberstücke bekommen", fügte ein anderer hinzu.

Die Banditen kreisten den Mönch mit ihren Pferden ein und der Anführer befahl dem neuen Bandenmitglied abzusteigen. Sonam Gyalpo schwang sein Bein über den Sattelknauf und sprang zu Boden. Die anderen warteten auf seine nächste Aktion: dass er den Mönch aufforderte, sein Geld herauszurücken, oder sich einfach seine Tasche schnappte. Doch der sanfte Blick des Mönchs überflutete Sonam Gyalpo mit einer Woge des Segens, und er warf sich vor den staubbedeckten Stiefeln des Pilgers nieder.

„Oh Lama, bitte gewähre mir deinen Segen."

Der Mönch hob seinen Wanderstab über Sonam Gyalpos Kopf. Sofort zogen zwei der Banditen ihre Schwerter. Doch der Mönch warf ihnen einen meditativen Blick zu, der ihre Gedanken stocken und ihre Hände erstarren ließ. Dann berührte er mit seinem Stab leicht Sonam Gyalpos Scheitel und sagte:

Oh erhabenes und kostbares Bodhichitta,
möge es in jenen erwachen, in denen es nicht erwacht ist,
möge es niemals abnehmen, wo es erwacht ist,
sondern weiter und weiter anwachsen![28]

Als sich Sonam Gyalpo erhob, schaute ihn der Mönch an und sagte: „Mögest du alle widrigen Umstände bezwingen und anderen Glück und Liebe schenken."

Das *Bodhichitta*-Gebet – der Wunsch, zum Wohle anderer vollständige Erleuchtung zu erlangen – hatte Sonam Gyalpo mitten ins Herz getroffen und hielt die Banditen davon ab, dem Mönch etwas anzutun. Der packte seinen Wanderstab mit festem Griff und humpelte, beschützt von der Kraft seines Bodhichitta, an den Banditen vorbei und von dannen.

Am nächsten Morgen stattete die Bande dem Krämerladen in Tromge einen Besuch ab. Ein paar von ihnen begutachteten das Schießpulver, das Zaumzeug, die Seile aus Yak-Haar und die chinesischen Kupfertöpfe, die draußen von der Holzverkleidung herabhingen. Andere schwangen ihre Lassos und versuchten, Zaunpfähle damit zu treffen. Einer der Banditen forderte seinen Kumpanen zu einem Zweikampf im Messerwerfen heraus. Der erste schleuderte sein Messer Klinge über Griff und traf mitten in einen Holzpflock. Das

Messer des zweiten Banditen hingegen verfehlte sein Ziel: Die riesige Klinge schoss am Pflock vorbei und schlitzte einer trächtigen Stute, die bei den Heuballen stand, den Bauch auf. Sonam Gyalpo und ein paar andere, die herbeigerannt waren, mussten mit ansehen, wie ihr das ungeborene Fohlen aus dem Bauch heraushing. Die verletzte Stute streckte ihren Hals und stupste und leckte ihr totes Fohlen in dem Versuch, es wieder zum Leben zu erwecken. Dann – mit einem letzten Blick in die Augen des Messerwerfers, der sie wie betäubt anstarrte – fiel ihr Kopf zu Boden und sie starb. [29]

„Das ist mit selbstlosem Handeln gemeint: Man versucht selbst im Tode noch, anderen zu helfen", dachte Sonam Gyalpo und Tränen stiegen ihm in die Augen.

Damit war Sonam Gyalpos Banditenleben beendet. Er galoppierte auf und davon und bewegte sich in der folgenden Woche langsam gen Süden Richtung Shiwa. Abends schlug er sein Lager an Flussufern auf und betete im Mondschein für alle, denen er Leid zugefügt hatte. Er bereute die Taten, die er in letzter Zeit begangen hatte, von ganzem Herzen und gelobte, Methoden zu erlernen, um seine negativen Handlungen der Vergangenheit zu bereinigen und unaufhörlich Mitgefühl zu erwecken. Er dachte zurück an die Stute, die sich trotz ihrer eigenen Not so liebevoll um ihr lebloses Fohlen gekümmert hatte, und gelangte zu der tiefen Überzeugung, dass der Sinn des Lebens einzig und allein darin bestand, anderen zu helfen. Es war genau so, wie Nyala Pema Dündul einst geschrieben hatte: „Wenn du mit größter Sorgfalt auf deine Taten und ihre Wirkung achtest und dir angewöhnst, positiv zu handeln und Negatives zu unterlassen, ist das ein Zeichen, dass du den Pfad gefunden hast, auf dem die Stufen zur Befreiung rasch erklommen werden." [30]

Dargye traute seine Augen nicht, als er seinen Sohn nach nicht einmal zwei Monaten auf das Haus zureiten sah. Beim Abendessen eröffnete Sonam Gyalpo seinen Eltern, dass er zu Nyala Pema Dündul gehen und bei ihm leben wolle.

„Du Dummkopf! Was weißt du schon! Wenn du zu diesem Lama gehst, wirst du in Zukunft am Hungertuch nagen!"

Dargye schimpfte auf seinen Sohn ein und befahl ihm, am nächsten Tag etwas für das Abendessen zu jagen. [31] Er blieb felsenfest bei seinem Entschluss, dass Sonam Gyalpo den Meister Pema Dündul auf keinen Fall besuchen durfte.

Sonam Gyalpo fügte sich dem Befehl seines Vaters und machte sich früh am nächsten Morgen daran, den Berg hinaufzusteigen. Bevor er das Haus verließ, gab ihm Drolma noch etwas Joghurt als Proviant mit und strich ihm zum Abschied übers Haar. Insgeheim hoffte sie, ihr Junge würde auch dieses Mal ohne Beute zurückkehren und stattdessen neue Geschichten über tanzende Dakinis erzählen, die ihm beim Schießen die Sicht verstellten. Vielleicht würde ihr Mann dann endlich begreifen, dass ihr Sohn kein gewöhnlicher Yak-Hirte aus Nyarong war.

Sonam Gyalpo kannte jedes Fleckchen in den Wäldern oberhalb von Shiwa. Von Kindesbeinen an war er die Berge hinauf- und hinuntergerannt; ab seinem siebten Lebensjahr hatte er die Yaks mit seiner Steinschleuder und mit Pfiffen auf die großen Weiden ins Tal von Luba Drako getrieben. Im Sommer waren er und seine Freunde barfuß durch die mit Blumen übersäten Wiesen rund um das Puntse-Kloster gelaufen. Sobald einer von ihnen „Stop!" schrie, ließen sich alle auf den Rücken fallen, streckten die Beine hoch in die Luft und zählten kichernd die Mohnblumen und Margeriten, die zwischen ihren wackelnden Zehen steckten. An diesem Herbsttag war Sonam Gyalpo das Herz jedoch schwer, als er mit einem Gewehr über der Schulter den Berg hinaufwanderte. Von der Freude seiner Kindertage war nichts zu spüren, stattdessen fühlte er sich hilflos dem Willen seines Vaters ausgeliefert. Die Gefühle, die in seinem Herzen tobten, raubten ihm alle Kraft. Er wollte seinen Vater nicht erzürnen, aber gleichzeitig wollte er auch keine Tiere töten.

Sonam Gyalpo kam an einer Pilgerstätte mit einer langen Mauer aus aufgestapelten Schieferplatten vorbei, in die Mantras eingemeißelt waren; einige der gesegneten Steine waren mit orangem und grünem Moos übewachsen. Mantras sind heilige Silben, die im Vajrayana benutzt werden, um den Geist des Praktizierenden vor Negativität zu schützen oder eine der verschiedenen erleuchteten Gottheiten anzurufen. 100 Jahre zuvor hatte ein Einsiedler einem Hirten geraten, den Rest seines Lebens der Ansammlung tugendhafter Handlungen zu widmen: Anstatt Tiere zu hüten und zu jagen, solle er Mantras in Steine meißeln. Der Hirte wandte ein, dass er weder Essen noch Geld haben werde, wenn er seine Yaks nicht auf die Felder trieb oder hin und wieder ein Reh oder ein Wildschwein erlegte. Doch der Einsiedler beruhigte den Hirten, er müsse sich – solange er einem authentischen spirituellen Pfad folge – niemals Sorgen machen, nicht genug zu essen zu haben.

Dakini-Schrift auf Pergament.

„Wahre spirituelle Praktizierende müssen niemals hungern", versicherte er ihm.

Er bat den Hirten, seine Tiere zu ihm zu bringen, nahm einen Wacholderzweig und besprengte sie mit gesegnetem Wasser. Anschließend flocht er einen roten Faden in ihr zotteliges Fell, damit jeder sehen konnte, dass man diesen Yaks und Ziegen die Freiheit geschenkt hatte – die Tiere durften den Rest ihrer Tage auf den Berghängen leben, statt Pflüge über Äcker zu ziehen, täglich gemolken und schließlich geschlachtet zu werden.

„Meiße *Om Mani Padme Hum*, das Mantra des Buddha des Mitgefühls, in den Schiefer, den du hier findest, und staple die Mani-Steine anschließend aufeinander, damit auch andere sie sehen können. Sie werden jeden an Buddhas Lehren erinnern und die Umgebung segnen."

Würde der Hirte dies voller Anteilnahme für seine Tiere tun und sich beim Meißeln den Buddha des Mitgefühls über seinem eigenen Kopf und über den Köpfen der Tiere vorstellen, dann – so versprach ihm der Einsiedler – würde er nicht nur ausreichend versorgt sein, sondern auch einen nie gekannten geistigen Frieden erfahren. Seit jener Zeit hatten weitere ehemalige Hirten an diesem Ort Mantras und Schriften in die Steine gemeißelt und sie der Gebetsmauer hinzugefügt, die mittlerweile auf 800 Meter angewachsen war. [32]

Sonam Gyalpo wanderte an der gewaltigen Mauer entlang, als er plötzlich zwischen zwei Steinen über seinem Kopf eine kleine goldgelbe Pergamentrolle hervorlugen sah. Er stellte sich auf Zehenspitzen, zog das Papier heraus, rollte es auseinander und sah, dass es mit Dakini-Zeichen beschrieben war.[33] Da er spürte, dass es mit diesem Stück Pergament etwas Besonderes auf sich hatte, öffnete er das Silberamulett, das er um den Hals trug, und legte das Papier zu den anderen gesegneten Reliquien, die er darin aufbewahrte.

Sonam Gyalpo marschierte weiter durch die Berge, bis er zum kleinen Chakpur-Tempel kam. Er machte drei Niederwerfungen, bevor er in den Schreinraum eintrat, in dem es nach Holz und Wacholder-Weihrauch duftete. Auf den Sitzen lag ein halbes Dutzend abgetragener, noch warmer Filzumhänge der Mönche, die gerade eine Pause in ihren Vormittagsgebeten machten. Die schräg einfallenden Sonnenstrahlen und der Schein der Butterlampen erhellten den Altar. Sonam Gyalpo betrachtete die Statuen von Avalokiteshvara, Manjushri und Vajrapani, den Repräsentanten der erleuchteten Qualitäten von Mitgefühl, Weisheit und Kraft. Er suchte in seiner Ledertasche nach einer Gabe, die er ihnen darbringen könnte, fand aber lediglich ein paar Schrotkugeln. Da fiel ihm die Pergamentrolle ein, die er kurz zuvor zwischen den Gebetssteinen in der Mauer entdeckt hatte. Die Dakini-Schrift barg großen Segen in sich, das wusste er. Er beschloss, sie nicht für sich zu behalten, sondern sie den Buddhas darzubringen. Ehrfürchtig berührte er mit dem Papier seinen Kopf und betete, dass es ihm möglich sein würde, bei Nyala Pema Dündul zu studieren. Dann legte er die Papierrolle auf den Schrein.

Beim Hinausgehen griff er nach der Muskete, die er gegen die Tempelmauer gelehnt hatte. Am liebsten hätte er sich sofort auf den Weg zu seinem Meister gemacht, doch um seinem Vater zu gehorchen, musste er auf die Jagd gehen. Mit tränenüberströmtem Gesicht zog er weiter. Als er an den Rand einer Klippe kam, beschloss er, sich ein wenig auszuruhen, und nickte sofort ein. Im Halbschlaf hörte er eine Stimme, die, einem bedrohlichen Echo gleich, seinen Namen rief. Er hatte das Gefühl, in ein Loch zu fallen, in dem schwarze Wolken seine Arme und Beine umschlossen und ihn daran hinderten, sich zu bewegen. Flammenwirbel ließen die Wolken verdunsten und aus dem Feuermeer trat die furchterregendste Gestalt hervor, die Sonam Gyalpo jemals gesehen hatte – die zornvolle Einäugige Schützerin der Mantras, die Wächterin der innersten Dzogchen-Lehren. So wie sie einst zu Nyala Pema Dündul gesagt hatte:

Ich habe versprochen, die Yogis der Großen Vollkommenheit [Dzogchen],
die den natürlichen Zustand der ursprünglichen Natur manifestiert
    haben,
fortwährend zu bewachen und zu begleiten.
Ich bin es, die das Gefolge des Praktizierenden vor Fehlern bewahrt.
Und ich gewähre Schutz vor Hindernissen, die zu Konflikten führen.[34]

Die Einäugige Schützerin hielt Sonam Gyalpo mit dem durchdringenden Blick ihres einen Auges im Bann. Ihre einzelne Brust hing tief herab, und von ihrem bedrohlichen Reißzahn tropfte scharlachrotes Blut. Bedrohlich und nackt stand sie auf einem Teppich aus verfaulenden, halb verwesten Leichen. Sonam Gyalpo wandte die Augen von diesem furchterregenden Anblick ab. Eiserne Berge schossen um ihn herum aus dem Boden und hielten ihn gefangen.

„Niemand darf meinen Auftrag auf die leichte Schulter nehmen!", verkündete sie. „Jede Schatzbelehrung hat ihre Zeit, ihren Ort und ihren Enthüller." Sonam Gyalpo war nicht klar gewesen, dass die Pergamentrolle, die er aus der Steinmauer gezogen und dann im Tempel zurückgelassen hatte, ein Wegweiser zu einer Schatzbelehrung war, die Padmasambhava im 8. Jahrhundert verborgen hatte – und dass sie für ihn bestimmt war.

Die Einäugige Schützerin wurde in ihrem Zorn immer gewaltiger und einschüchternder; ihr türkisfarbenes, zerzaustes Haar wallte in alle Richtungen.

„Wie kannst du es wagen, die Schatzkarte zurückzuweisen, die ich dir übergeben habe? Ich werde dein Herz verschlingen, auf der Stelle!"

Ihr riesiger Reißzahn wuchs zur Größe des gesamten Universums an. Die Einäugige Schützerin stürzte sich auf Sonam Gyalpo, stieß ihm den Reißzahn mitten ins Herz und nagelte ihn damit am Berghang fest.[35]

Schweißgebadet wachte Sonam Gyalpo auf und blickte hilfesuchend um sich. Mit jedem Herzschlag durchzuckte ihn ein unerträglicher Schmerz. Mühsam richtete er sich auf und sah, dass er von herabgestürzten Felsbrocken umgeben war. Dort, auf einem von ihnen, lag sie: dieselbe goldgelbe Schriftrolle, die er zuvor entdeckt und im Tempel zurückgelassen hatte. Noch einmal war sie ihrem rechtmäßigen Besitzer überbracht worden. Er griff nach dem Pergament, *seinem* Pergament; niemals mehr wollte er von dessen Segen getrennt sein. Dann schleppte er sich mit letzter Kraft zu seinem Elternhaus und brach auf der Türschwelle bewusstlos zusammen.

Sonam Gyalpo war außerstande zu essen. Schier endlose Fieberanfälle ließen ihn bis auf Haut und Knochen abmagern. Die Dorfheiler verabreichten ihm Kräuterarzneien, und Yogis versuchten, die Ursache seiner Krankheit durch Feuerrituale zu bereinigen, doch nichts half. Drolma befürchtete das Schlimmste. Ein Dorf-Lama riet ihnen, Sonam Gyalpo solle sich in die Chopu-Einsiedelei begeben – genau wie ein verwundetes Reh sich in die Einsamkeit zurückzieht, um zu genesen. Drolma folgte dem Rat und brachte ihren Sohn nach Chopu, wo er von einem Mönch gepflegt wurde und langsam wieder zu Kräften kam. Nachdem er eines Morgens eine Vision hatte, in der ihm Padmasambhava Belehrungen erteilte, ging es mit seiner Gesundheit zusehends bergauf.[36]

Nach einem Monat kehrte Sonam Gyalpo zu seinen Eltern zurück. Drolma beschwor ihren Mann, ihrem Sohn endlich eine spirituelle Ausbildung zuteilwerden zu lassen. Sie erzählte ihm von der Divination, die sie erbeten hatte, als Sonam Gyalpo das erste Mal erkrankt war. Die Divination des Bettelmönchs stimmte genau mit dem überein, was Dargye von Pema Dündul gehört hatte.

„Unser Junge ist dazu bestimmt, den Dharma zu praktizieren. Wir sind es ihm und den vielen Menschen, denen er als Lama helfen wird, schuldig", sagte sie.

Auch Dargye sah nun ein, dass er seinem Sohn nicht länger das Leben eines Yak-Hirten aufzwingen konnte.

4. Kapitel

Der Buddha aus Nyarong

Nyarong und Derge, Osttibet

Vom Jahr des Wasser-Affen bis zum Jahr des Holz-Affen, 1872–1884

Sonam Gyalpo hatte es eilig, den steilen Pfad zum Kalzang-Tempel hinaufzukommen. Er fühlte sich wie befreit – endlich musste er sich dem Willen seines Vaters nicht mehr beugen! Seine Mutter Drolma folgte ihm mit den Pferden, deren lederne Satteltaschen mit Butter, getrocknetem Käse, geröstetem Gerstenmehl und Rüben gefüllt waren – Geschenke für Nyala Pema Dündul, die sie ihm mit der Bitte überreichen wollte, Sonam Gyalpo auf dem spirituellen Pfad anzuleiten.

Während sie ihrem halbwüchsigen Sohn zusah, der leichtfüßig vor ihr den Pfad hinaufeilte, erinnerte sich Drolma an ihren Traum aus jener Nacht, in der sie Sonam Gyalpo empfangen hatte. Jetzt verstand sie seine Bedeutung.

„Möge unser Buddha aus Nyarong, der vollendete Meister Pema Dündul, sich jetzt und in all deinen Leben deiner annehmen", sang sie vor sich hin.

Sie folgten dem moosbewachsenen, gewundenen Pfad bis zum Tempel am Fuße des Lhangdrak-Gipfels, einem gewaltigen, glänzenden Bergkamm aus Granit, der hoch über dem gesamten Tal aufragte.[37] Pema Dündul hatte auf seiner lebenslangen Wanderschaft in vielen Einsiedeleien und Höhlen

gewohnt, doch er hatte die ‚Höhle der lodernden Weite großer Glückseligkeit' auf der südöstlichen Seite dieses Bergkamms als den Ort auserkoren, an
dem er fast ein Jahrzehnt im Retreat verbrachte. Er ernährte sich in diesen
Jahren von dem Wasser, das von den Wänden seiner nicht allzu tiefen Höhle
herabtropfte, und von den wilden Kräutern, die vor dem Eingang wuchsen.
Pema Dünduls entbehrungsreiches Leben glich dem Milarepas, des tibetischen Heiligen aus dem 11. Jahrhundert. In den letzten Jahren seines Retreats
in dieser Höhle hatte Pema Dündul eine alchemistische Praxis gemeistert, die
es ihm ermöglichte, nur von wilden Rhabarberblüten und Beeren zu leben.
Am Ende genügte es ihm dank seiner Mantras, yogischen Übungen und
Konzentration sogar, Kiesel zu lutschen und sich von der Lebensessenz der
darin enthaltenen Stoffe zu ernähren, was ihm den Spitznamen ‚Steinesser'
einbrachte.[38]

Eines Tages im Eisen-Affen-Jahr (1860), kurz nach Abschluss seines neunten Retreat-Jahres, hatte Pema Dündul unter dem kobaltblauen Himmel in
der Nähe seines Heimatdorfes in Khangtseg am Fuße des Lhangdrak-Gipfels meditiert. Er ließ seinen Blick im Raum vor dem hoch aufragenden
Gipfel ruhen, und schon bald füllte sich der Himmel mit Regenbögen, einem
nach dem anderen. Lichtwirbel sausten in alle Richtungen, und ein Schauer
fünffarbiger Lichtkugeln strömte herab wie ein Frühlingsregen. Funkeln-
de Lichter schlugen weitere Bögen und schnellten durch die Luft, während
der Klang tosender Becken und Trompeten ganz Nyarong mit Anrufungs-
hymnen erfüllte und sich feinster Sandelholzduft vom Himmel herabsenkte.
Plötzlich zog sich die gesamte Vision wie ein Blitz zu einer Lichtkugel zusammen und verschwand in einer grasbewachsenen Hügelkuppe unterhalb des
Gipfels. In der darauf folgenden Stille sah Pema Dündul, wie sich Tausende
von Buddhas, erleuchteten Gottheiten und indischen und tibetischen Heiligen der Vergangenheit einer nach dem anderen in den Berghang auflösten.

Pema Dündul zögerte nicht lange und machte sich sogleich auf die Suche
nach Wohltätern, um an genau diesem Ort den Kalzang Sangye Chöling-
Tempel zu bauen, das ‚Dharma-Refugium der 1.000 Buddhas dieses glücklichen Zeitalters'.[39] Er gab Anweisungen für die sakrale Bauweise und führte
die Rituale aus, die bei einem Tempelbau erforderlich sind: Bevor die Erde
ausgehoben wurde, streute er Sand-Mandalas der himmlischen Bereiche
auf den Boden, vergrub mit Heilmitteln und Reichtümern gefüllte Vasen

als Gabe an die Geister des Landes und bat den herrschenden Berggeist um Erlaubnis, den Tempel bauen zu dürfen. Für ihre Einwilligung, das gesamte Gelände langfristig nutzen zu dürfen, brachte Pema Dündul den lokalen Geistern im Gegenzug Reiswein dar und verbrannte Essen für diejenigen unter ihnen, die sich nur von Gerüchen ernähren konnten. Alle Rituale wurden mit dem Darbringen riesiger Mengen visualisierter Opfergaben verbunden. Den widerspenstigen Elementarkräften befahl er, zukünftige Praktizierende zu unterstützen, indem er ihnen drohte, sie für mehrere qualvolle Lebenszeiten an die Torpfosten des Klosters zu bannen, sollten sie es wagen, sich dieser Anweisung zu widersetzen. Die wenigen Geister, die Pema Dündul trotzten, nahm er im Raum seiner Meditation gefangen und vergrub sie neun Körperlängen unter dem Boden in einer versiegelten Gruft, zusammen mit zerlegten Musketen, stumpf gemachten Messern und zerbrochenen Geweihen.

Sonam Gyalpo und Drolma banden ihre Pferde am Stall neben dem Kalzang-Tempel fest. Ihre bescheidene, fast unbemerkte Ankunft ließ nichts von der glanzvollen spirituellen Zukunft erahnen, die Sonam Gyalpo bevorstand. Hätte Pema Dündul in Nyarong öffentlich verkünden lassen, dass Sonam Gyalpo eine bedeutende Inkarnation war, hätte man dem Jungen ein zeremonielles Geleit gegeben und seine Ankunft mit schweren Wolken wohlriechenden Weihrauchs und dem Erschallen langer Hörner angekündigt. Man hätte ihn im Tempel auf einen hohen Thron gesetzt und Dorfbewohner wie Mönche hätten sich vor ihm niedergeworfen, ihm seidene Schals – ‚das Tuch der Götter‘ – dargebracht und ihn mit gefalteten Händen gebeten, sie zur Erleuchtung zu führen. Doch zu diesem Anlass gab es keinen derartigen Empfang. Mutter und Sohn überquerten einen Hof, in dem Dorfkinder spielten und streunende Hunde in der Morgensonne dösten. Sonam Gyalpo wusste, dass er bei seiner Zuflucht angelangt war, in den Armen eines Buddha, in der Obhut von Nyala Pema Dündul.

„Du hast in diesem Leben nicht lange gebraucht, um deine Bindung an weltliche Belange zu durchtrennen“, sagte Pema Dündul zu seinem spirituellen Sohn, der von jetzt an nur noch Sogyal heißen würde, ‚König des Verdienstes‘.

„Du wirst das Feuer deines erleuchteten Potentials wieder aufflammen lassen, und wenn die günstigen Bedingungen heranreifen, wird die Schatzkammer der Lehren, die tief in deinem Geist verborgen ist, aufbrechen wie ein zerborstener Bienenstock.“

Pema Dündul beschloss, Sogyal vorerst bei seinem Herzenssohn Lama Sonam Thaye studieren zu lassen.[40] Die Praktizierenden ihrer Übertragungslinie waren keine ordinierten Mönche, die in großen Klöstern lebten, sondern tantrische Laien-Yogis, die nicht an Konventionen gebunden waren. Einige von ihnen zogen von einem abgelegenen heiligen Ort zum anderen, fanden in Einsiedeleien und Höhlen in Tibets Bergen Unterschlupf und machten nur ab und an in einem der Dörfer Halt; andere wiederum heirateten, gründeten eine Familie und führten ein Dorfleben. Das Klosterleben mit seinen Ordinationsgelübden – die unter anderem das Zölibat verlangen und vorschreiben, sich nicht zu berauschen – bieten sicherlich einen Schutzraum, um den Verlockungen des weltlichen Lebens zu entgehen, doch Yogis wie Pema Dündul und Sonam Thaye waren sie waren weder an hierarchische Zwänge gebunden, noch darauf aus, herausfordernde Situationen zu vermeiden. Sie übten sich in einem flussgleichen Yoga, dem kontinuierlichen Aufrechterhalten nicht-konzeptuellen Gewahrseins, sei es in der Meditation, bei ihren Haushaltspflichten oder bei der Durchführung von Dorfzeremonien. Dabei lässt der Praktizierende alles, was ihm begegnet, in seinem Gewahrsein genau so erscheinen, wie es ist, wie in einem Spiegel, ohne jegliche Anhaftung oder Abneigung. Formen, Gerüche, Klänge, Gefühle und Emotionen können auftauchen, ohne den Praktizierenden zu stören oder zu erfreuen; stattdessen ruht er oder sie im Gewahrsein all dessen, was vor ihm auftaucht.

Pema Dündul verbrachte den Großteil seines Lebens auf Wanderschaft; nur wenn er im Retreat war, hielt es ihn an einem Ort. In seiner unbeständigen Lebensweise kamen die Lehren des Buddha über die Vergänglichkeit zum Ausdruck: Er schlug sein Lager stets nur für kurze Zeit auf und zog weiter, noch bevor Routine, Gewohnheiten und Anhaftung an den Ort entstehen konnten. Er und seine Schüler lebten ein genügsames und einfaches, erdverbundenes Leben: Ihre Kleidung waren die Wolken und ihre Nahrung der Nektar der Meditation.[41] Pema Dünduls Verhalten war eine Manifestation seiner glückseligen Verwirklichung; weltliche Vergnügungen hatten für ihn keinerlei Reiz. Wo immer er hinging, scharten sich Einsiedler mit langem Haar und Meditierende in weißen Roben um ihn wie Bienen, die blühende Bergblumen umschwärmen. Yogis saßen in Wiesen, vor Höhleneingängen oder in großen Nomadenzelten und lauschten Pema Dünduls Unterweisungen über die Methoden, die ihre Buddha-Natur zum Vorschein

Eine Statue von Nyala Pema Dündul im Kalzang-Tempel.

bringen konnten. Pema Dündul stimmte oft spontane Gesänge der Verwirklichung an oder rezitierte Gedichte. Seine Worte wirkten wie ein Meißel, der die harte Schale der Selbstzentriertheit seiner Schüler aufbrach.

Ob die Dunkelheit der Verblendung beseitigt ist,
wird deutlich, sobald wir am Abend schlafen gehen.

Ob die Flammen der Wut gelöscht sind,
wird deutlich, sobald man uns beschimpft und beleidigt.

Ob der Berg des Hochmuts abgetragen ist,
wird deutlich, sobald jene mit geringerem Wissen uns ehren.

Ob der See des Verlangens vertrocknet und verschwunden ist,
wird deutlich, sobald wir Zeit mit einem schönen Mädchen verbringen.

Ob der Wirbelsturm des Neids sich gelegt hat,
wird deutlich, sobald unsere Rivalen im Vorteil sind.

Ob der enge Knoten des Geizes gelockert ist,
wird deutlich, sobald wir zu Reichtum gelangen.

Ob die Blume der Disziplin sich entfaltet hat,
wird deutlich, sobald wir uns unter gewöhnliche Menschen mischen.

Ob wir die Rüstung der Geduld angelegt haben,
wird deutlich, sobald uns plötzlich ein Unglück trifft.

Ob das Ross des Eifers sich zum Besten entwickelt hat,
wird deutlich, sobald wir zur Vollendung tugendhafter Taten
schreiten.

Ob die Festung der Meditation gesichert ist,
wird deutlich, sobald uns eine ernsthafte Krankheit befällt.

Und ob das Schwert der Weisheit geschärft ist,
wird deutlich, sobald sich destruktive Emotionen erheben und sich in
uns breitmachen.[42]

Nyala Pema Dündul schickte Sogyal zu einem entlegenen Lager in Drikok, wo er Lama Sonam Thaye antreffen würde. Er trug ihm auf, mutig zu sein wie ein Löwe und sich von Schwierigkeiten und schlechten Nachrichten nicht beirren zu lassen. Stattdessen solle er „mit Eifer jede Anweisung in die Praxis umsetzen, die Sonam Thaye dir gibt!"

Der alte Lehrer legte seine Stirn an die seines Schülers und übertrug ihm seinen Segen und seine Verwirklichung. Trotz seiner jungen Jahre wusste Sogyal: Pema Dünduls liebende Güte war so weitreichend, dass räumliche Entfernung keine Rolle spielte. Als er aus Kalzang fortritt, winkte er seiner Mutter Drolma zum Abschied zu. Mehr als zehn Jahre sollten vergehen, bis sie sich wiedersehen würden.

Sogyal folgte zunächst dem Nyachu-Fluss nach Norden, bevor er sich nach Westen wandte, um durch die Bergschluchten Richtung Drikok zu reiten. Er war noch nie in dieser Gegend gewesen, und so fragte er eine Gruppe von Jägern, die ihm begegneten, nach dem Weg. Die Jäger kannten Dargye, und da sie vermuteten, dass Sogyal von Zuhause weggelaufen war, hatten sie nicht vor, ihm weiterzuhelfen.

„Ihr müsst mir sagen, wie ich zum Drikok-Lager komme."

„Drikok liegt im Westen, hinter dem Bergpass von Ase Tu – aber dort oben sind schon viele umgekommen. Haben sich verirrt sich. Sind erfroren", sagte einer der Jäger und deutete auf einen Pass zwischen zwei schneebedeckten Gipfeln.[43]

„Außerdem will ich es mir mit Dargye nicht verscherzen. Wenn du dich aus dem Staub machen willst, musst du selbst sehen, wie du dort hinkommst."

Sogyal zog also alleine weiter, durch verlassene Landschaften und über verschneite Pässe, wo nur Schneeleoparden hausten – so wie die Heiligen der Vergangenheit, die sich genau dort niederließen, wo andere sich fürchteten. Einem Heiligen, der den spirituellen Pfad auf reine Weise praktiziert, wird immer Beistand gewährt. Auch Sogyal erschienen Dakinis und lokale Schützer und führten ihn zu wilden Beeren und Pilzen, die ihm als Nahrung dienten; sie halfen ihm, gefährliches Gelände zu durchqueren, und wiesen ihm den Weg bis zu Sonam Thayes Lager in Drikok.

Sogyal hatte tiefes Vertrauen, dass Lama Sonam Thayes Belehrungen das Fundament für seine zukünftige Meditationspraxis legen würden. Er verneigte sich zu Füßen des Yogi und bat ihn darum, ihn als Schüler anzunehmen.

Der 1860 von Nyala Pema Dündul gegründete Kalzang-Tempel liegt an den Hängen des Lhangdrak-Gipfels und wurde später zum Sitz Tertön Sogyals.

Sonam Thaye willigte ein und wies seinen neuen Schüler an, sich in ein striktes Retreat zu begeben, um die Grundlagen des spirituellen Pfades zu studieren und zu kontemplieren.[44] Sogyal begann jede seiner Meditationssitzungen mit Rezitationen aus der Praxis der *Vajra-Herzessenz der lichtvollen Weite* und betete zu den Lehrern der Übertragungslinie:

> *Gewährt euren Segen, so dass mein Geist sich dem Dharma zuwenden möge;*
> *gewährt euren Segen, so dass der Dharma auf dem Weg erfolgreich sei;*
> *gewährt euren Segen, so dass der Weg Verwirrung klären möge;*
> *gewährt euren Segen, so dass Verwirrung als Weisheit aufgehen möge.*

Sogyal führte sich die Kostbarkeit seiner günstigen Umstände vor Augen und schürte seine Entschlossenheit, die Anweisungen seines Lehrers mit Eifer umzusetzen, mit folgenden Gedanken:

> *Dieser illusionsgleiche Körper, der geboren wurde, trägt den Tod*
> *bereits in sich.*
> *Der Lauf dieses Menschenlebens gleicht einem Wasserfall.*
> *Alle positiven wie negativen Umstände führen letztlich zum Tod,*
> *daher will ich jetzt, in diesem Moment, meditative Stabilität*
> *entwickeln!*

Nach einer Reihe von Visualisationen, verbunden mit der Rezitation verschiedener Mantras, betete Sogyal:

> *Glorreicher Wurzelguru, der du stets untrennbar von mir*
> *inmitten meines Herzens auf einer Lotosblume verweilst,*
> *schau auf mich in deiner großen Güte*
> *und gewähre mir die spirituellen Errungenschaften von Körper,*
> *Sprache und Geist.*

Mit unerschütterlicher Beharrlichkeit meditierte Sogyal Monat für Monat in einfachen Hütten auf den windgepeitschten Hochebenen oder in Kalksteinhöhlen in den Bergen, um alle Anhaftung an weltliches Vergnügen hinter sich zu lassen und mittels verschiedener Methoden die Gewohnheitsmuster der Selbstzentriertheit zu beseitigen. Den Anweisungen seines Guru folgend begann er seine Meditation vor Sonnenaufgang und ließ den ganzen Tag und bis tief in die Nacht hinein nicht von ihr ab. Der Große Guru, Padmasambhava, hatte diese spirituelle Ausbildung bei Sonam Thaye bereits vorausgesagt, als er Nanam Dorje Dudjom erzählte, wie er den Dharma in seiner zukünftigen Inkarnation als Sogyal in Drikok praktizieren würde:

Für dich werden Heimat, Freunde, Nahrung, Kleidung oder Reichtum nicht von Bedeutung sein. Du wirst dich ausschließlich um spirituelle Belange kümmern und nicht der falschen Sichtweise anheimfallen, die Dinge als dauerhaft zu betrachten. Du wirst deinen Begierden nicht nachgeben, da du keine starke Anhaftung verspüren wirst. Du wirst niemanden mit Lob zu schmeicheln suchen, noch dich erregt an jenen rächen wollen, die danach trachten, dir zu schaden – so wirst du keine wankelmütigen falschen Freunde haben und von tückischen Feinden verschont bleiben. Du wirst negative Gedanken aufgeben, als seien sie Gift, und dich einzig und aus ganzem Herzen dem Pfad widmen, der zur Befreiung führt. In deiner Praxis des Bodhisattva-Fahrzeugs und der höheren Tantras wirst du niemals ein Gelübde übertreten; du wirst stets nur an das Wohl der anderen denken. Was immer du für andere tust, wird keinerlei Stolz in dir erwecken, noch wirst du dir für deine Taten Lob erhoffen. Da du alle Phänomene als die nicht-duale Entfaltung des Gewahrseins verstehen wirst, werden die Aktivitäten deines Körpers, deiner Sprache und deines Geistes von Bodhichitta durchdrungen sein. Du wirst die Festung des tiefgründigsten Dharma erobern, und deine Weisheit wird in alle Richtungen leuchten, den Strahlen der Sonne gleich.[45]

Das Lager in Drikok war im Laufe der Jahrhunderte von vielen meditierenden Einsiedlern und Praktizierenden des Tantra gesegnet worden. Sogyal fand im Lager nicht nur Sonam Thaye vor, seinen Guru, sondern auch eine Gemeinschaft von Praktizierenden, die dasselbe Ziel verfolgten. Er reihte sich als weiteres Kleinod in die Juwelengirlande der Yogis ein, die dort lange Zeit im Retreat verbrachten. Wie Pema Dündul zu Sogyal gesagt hatte: „In Drikok wirst du nicht das Gefühl haben, es den Reichen und Berühmten recht machen zu müssen, noch wird man dich dort tyrannisieren, weil du ein Neuling bist."[46]

Es sprach sich schnell herum, dass Sogyal Annehmlichkeit wie Unannehmlichkeit, Glück wie Leid mit der gleichen geistigen Gelassenheit willkommen hieß, ohne sich je aus der Ruhe bringen zu lassen. Er konzentrierte sich nicht auf die Fehler in jenen, denen es an Achtsamkeit und Gewahrsein mangelte, noch hielt er sich unnütz damit auf, voller Hoffnung oder Furcht in die Zukunft zu blicken. Er kontemplierte darüber, dass er letztlich erst dann glücklich sein konnte, wenn das Leid aller fühlenden Wesen ein Ende gefunden hatte, bis ihm das Wohl der anderen tatsächlich wichtiger war als sein eigenes. An materiellem Reichtum hatte er nur wenig aufzuweisen, doch er besaß den Schmuck der inneren Zufriedenheit, das Zeichen wahrer Entsagung.[47]

Sogyal soll später gesagt haben: „Dein materieller Reichtum wird entsprechende Hindernisse heraufbeschwören. In dem Maße, in dem du deinen Wohlstand vergrößerst, sicherst du dir auch Ruin und Schande. So viel Arbeit du in die Vermehrung deines Vermögens steckst, so viel Bitterkeit und böse

Blicke erntest du. Selbst wenn dir derartige Negativität in diesem Leben er-
spart bleiben sollte, werden deine Angehörigen und Kinder unaufhörlich von
Krankheiten und Problemen heimgesucht werden. Was immer du also an
Reichtum anhäufst, bringe ihn zum Wohle anderer deinem kostbaren Lehrer
dar. Das wird deine Tugend und dein Verdienst anwachsen lassen. Es ist von
weitaus größerem Wert, Reichtum zu nutzen, um das Ziel der Erleuchtung
entschlossen zu verfolgen. Daher solltest du auf der Stelle aufhören, ständig
nach weiterem Besitz zu streben. Was du brauchst, ist der Reichtum der Verwirklichung der Lehren und heilige Bücher für dein Studium – alles andere hat
nicht den geringsten Wert. Verschenke alles – bringe es deinem Guru dar."[48]

In den fünf Jahren, die Sogyal in Drikok im Retreat verbrachte, erschien
ihm Nyala Pema Dündul regelmäßig in Visionen, in denen er ihm tantrische
Ermächtigungen und Meditationsanweisungen gab.[49] Pema Dündul und Sonam Thaye leiteten Sogyal in zwei Stufen auf dem tantrischen Pfad des geheimen Vajrayana an: Auf der ersten Stufe empfängt der Schüler oder die
Schülerin eine Ermächtigung, die ihn oder sie zur Reife bringt und in eine
bestimmte Meditationspraxis einführt. Genau wie eine Kerze Licht spendet,
sobald man sie anzündet, ruft eine Ermächtigung das erleuchtete Potential
eines Schülers wach. Im zweiten Schritt erhält der Schüler Anweisungen –
das präzise praktische Wissen, das ihn befreit.

„Als ich meinen Guru Pema Dündul in Visionen sah, erschien alles, was
er sagte und prophezeite, in der Schrift der Dakinis", sagte Sogyal. Und Sogyal praktizierte genau so, wie es in einem Lied seines Meisters hieß:

Emaho!
Die Sicht ist wie der Himmel,
nachher stets, was sie vorher war,
für immer unbeweglich und unverändert,
und Dzogchen ist einfach dies.

Emaho!
Meditation ist wie ein weiter Ozean,
unergründlich, endlos,
nichts zu beseitigen, nichts aufrechtzuerhalten,
und Dzogchen ist einfach dies.

Emaho!
Handlung ist wie ein Speer, durch leeren Raum geschleudert,
unbehindert in jeder Richtung;
alles, was sich erhebt, befreit sich von selbst,
und Dzogchen ist einfach dies.

Emaho!
Die Frucht ist wie ein großer Adler, der durch die Lüfte gleitet,
von Natur aus keine Hoffnung, keine Furcht,
Samsara und Nirvana befreit im Grund des Seins,
und Dzogchen ist einfach dies.[50]

An einem frühen Morgen im vierten Monat des Wasser-Affen-Jahres (1872) hatte Sogyal in einem seiner Meditations-Retreats eine ungewöhnliche Vision von Pema Dündul. Der ältere Meister erschien ihm als Körper aus Licht, in Meditationshaltung sitzend, die Hände im Schoß und nur in ein dünnes Baumwolltuch gehüllt. Dann löste er sich wie eine Lichtspirale in Sogyals Herz auf. Als Sogyal aus diesem Traum erwachte, verspürte er große Freude, aber auch ein Gefühl von Verlust. Ein paar Monate verstrichen, bis ihm klar wurde, dass er in seiner Vision Pema Dünduls Verscheiden vorausgesehen hatte. Sogyal erfuhr später, dass Pema Dündul seine Schüler in seinen letzten Tagen gebeten hatte, ihn zu einem kleinen Zelt am Berghang zu bringen.

„Habt Entschlossenheit und Mut auf dem spirituellen Pfad", trug Pema Dündul ihnen auf. „Näht den Eingang meines Zeltes zu und haltet euch sieben Tage davon fern."

An jenem Abend zogen heftige Unwetter auf, und es regnete eine ganze Woche lang ununterbrochen, bis auf kurze Momente, in denen Regenbögen erschienen. Drei leichte Beben ließen die Erde erzittern und am Himmel erschienen kugelförmige Lichter. Nomaden aus der Gegend hörten den Klang von Trompeten und Becken, und ein süßer Duft hing in der Luft. Nach einer Woche stiegen die Schüler den Hügel hinauf und sahen einen Regenbogen, der sich von Pema Dünduls Zelt bis zu seinem Thron im Kalzang-Tempel erstreckte. Als sie den Zelteingang öffneten und ihr Blick auf Pema Dünduls Meditationsteppich fiel, verneigten sie sich auf der Stelle: Alles, was von ihrem Meister übrig geblieben war, waren sein Haarschopf und seine Fingernägel.

Sein Körper war verschwunden; er hatte sich in Licht aufgelöst: Pema Dündul hatte die höchste Verwirklichung eines Dzogchen-Yogi erlangt.

In den tibetischen Medizin-Tantras wird gelehrt, dass der Tod ein Prozess ist, nicht nur ein einzelner Moment. Das Sterben beginnt, wenn ein Mensch sich eine unheilbare Krankheit oder ein Leiden zuzieht, die schließlich zum Tode führen. In diesem Prozess lösen sich die fünf Elemente des physischen Körpers – Erde, Wasser, Feuer, Luft und Raum – schrittweise ineinander auf, bis die Sinne, die uns mit der Welt verbinden, ihre Funktion einstellen. Hört der Sterbende auf zu atmen, nähert sich der Prozess seinem Ende. Die letzte Phase des Todes kann bis zu ihrem Abschluss einige Minuten, aber auch mehrere Tage dauern.

Nach dem Tod trennt sich das Bewusstsein vom Körper und wird manchmal sofort vom karmischen Wind der Verblendung zu seiner zukünftigen Mutter getragen, in deren Schoß er bei der Empfängnis eintritt. So entsteht der Körper seiner nächsten Wiedergeburt. In anderen Fällen nimmt das Bewusstsein keine sofortige Wiedergeburt an, sondern schwebt in einem Zwischenzustand, einem sogenannten *Bardo*. In diesen *Bardo*-Zuständen kann das Bewusstsein verschiedenste Farben, Formen, Klänge und Emotionen wahrnehmen, die von großer Intensität sind und real zu sein scheinen. Diese Visionen können das Bewusstsein eines Menschen verwirren. Irgendwann wird jedoch auch dieses Bewusstsein eine Wiedergeburt annehmen – ob unter den glückseligen Göttern, den Halbgöttern, den Menschen, den Tieren oder im extremem Leid der Höllenwesen – abhängig von den vorangegangenen Handlungen des Sterbenden und seinem geistigen Zustand im Moment des Todes.

Der Prozess des Sterbens und die Zwischenzustände können einen Menschen, der mit seinem eigenen Geist nicht vertraut ist, in Angst und Schrecken versetzen. Das Bewusstsein des Sterbenden erlebt eine Reihe von unbekannten, intensiven und Furcht erregenden Visionen. Verwirklichte Praktizierende lassen sich davon jedoch nicht aus der Ruhe bringen. Da sie während der

Auflösung der Elemente ihres Körpers in einem Zustand der Meditation verweilen, fürchten sie sich nicht vor dem Tod. Die innerlichen Erfahrungen, die mit dem Tod einhergehen, können Praktizierende, die sich im Leben auf diesen Moment vorbereitet haben, nicht verwirren. Diese Yogis sind in der Lage, auf den Todesprozess einzuwirken oder ihn gar zu lenken, wenn ihr Bewusstsein den Körper verlässt. Sie werden nicht einfach in ihre künftige Existenz getrieben, sondern können bewusst steuern, wo sie wiedergeboren werden wollen. So haben sich die Dalai Lamas, Dorje Dudjom und viele weitere Meditationsmeister der Vergangenheit in Indien und Tibet über Jahrhunderte hinweg reinkarniert, um die Arbeit ihrer vorangegangenen Leben fortzusetzen. Reinkarnation, der Übergang eines Bewusstseins in einen neuen Körper, ist vergleichbar mit der Flamme einer Kerze, die eine andere Kerze anzünden kann, wobei die zweite Flamme dieselbe und doch eine andere ist als die ursprüngliche. Diese Meister wählen den Ort ihrer Wiedergeburt. Da der wichtigste Sinn und Zweck einer Wiedergeburt darin besteht, die unvollendete Arbeit des vorigen Lebens zum Abschluss zu bringen, ist Reinkarnation für Bodhisattvas eine sehr praktische Möglichkeit, ihre Aufgabe fortzusetzen – eine Aufgabe, die sich ganz einfach beschreiben lässt: alle fühlenden Wesen zur Erleuchtung zu bringen.

Pema Dünduls Verwirklichung übertraf sogar die jener Praktizierenden, die ihre nächste Wiedergeburt selbst bestimmen können, da er einen Zustand der Unsterblichkeit, den so genannten ‚Regenbogenkörper‘, erlangt hatte. Sein Bewusstsein hatte sich im Tod nicht von seinem Körper getrennt und diesen zurückgelassen. Stattdessen hatte Pema Dündul mittels bestimmter geheimer Dzogchen-Meditationen die letzten kognitiven und emotionalen Trübungen seines Geistes gereinigt, bis sich die fünf grobstofflichen Elemente seines Körpers – Erde, Wasser, Feuer, Luft und Raum – in ihre reinsten, subtilsten Aspekte auflösten: in gelbes, weißes, rotes, grünes und blaues Licht. Dann verschmolz seine Weisheit untrennbar mit diesem Licht – die Vereinigung von innewohnendem Gewahrsein und Erscheinungen. Pema Dündul hatte Buddhaschaft erlangt, die ungeborene, ursprüngliche Natur von allem, und ließ nichts als seine Haare und seine Nägel zurück: Er hatte sein Potential des Erwachens vollständig verwirklicht.[51]

Es ist möglich, Erleuchtung in diesem jetzigen Leben zu erlangen; doch wir wissen nicht, wann uns der Tod ereilen wird. Pema Dünduls Erlangen des Regenbogenkörpers ließ Sogyal entschiedener denn je danach streben, die Anweisungen seines Lehrers vollständig zu verwirklichen. Je mehr sich Sogyals Entschlossenheit und Meditation festigten und vertieften, umso mehr verwandelten sich seine ungestüme, unkonventionelle Verhaltensweise und Einstellung in tiefgründige Weisheit. Einige, die ihn in der Einsiedelei erlebten, hielten Sogyal mit seinen weit aufgerissenen Augen für einen verrückten Wandervogel, der seinen Launen folgte, während er für andere ein ernstzunehmender Einsiedler war. Niemand konnte jedoch erahnen, welch tiefe Läuterung sich in Sogyals Innerem vollzog, eine Klärung seines Geistes und seines Herzen, und niemandem war bewusst, dass Sogyal geheimnisvolle Hinweise und Schlüssel zu verborgenen Schätzen entdeckte.

Sogyal begann in dieser Zeit auch, eine Verbindung zu der Klasse von Wesen aufzunehmen, die als Schatzhüter fungieren – eine Verbindung, die sein ganzes Leben lang andauern sollte. Als Padmasambhava die Schatzlehren im 8. Jahrhundert verbarg, vertraute er sie einer Klasse von Dakini-Schützerinnen an – Schatzwächterinnen – deren Aufgabe einzig darin bestand, die Lehren sicher unter Verschluss zu halten, bis sowohl der rechtmäßige Enthüller als auch die angemessene Zeit für sie gekommen waren. Diese Schützerinnen neigten zu Trotz und Eifersucht, Eigenschaften, die ihrer Rolle als Schatzhüterinnen zugute kamen. Padmasambhava verpflichtete meist örtliche Geister, die er unterworfen hatte, zu dieser Aufgabe als Wächter. Einige von ihnen hatten die Form von Tieren, während andere dem formlosen Bereich angehörten und für die meisten Menschen unsichtbar waren. Sie lebten größtenteils in den Bergen und an anderen Orten in der tibetischen Wildnis. Die Tertöns kommunizierten mit diesen Wächtern auf vielfältige Weise: Manchmal brachten sie sie mit ihren Überredungskünsten und Geschenken dazu, ihnen zu helfen; zu anderen Zeiten erinnerten sie sie streng an ihre Gelübde, die sie vor Padmasambhava abgelegt hatten, und befahlen ihnen, den Schatz auszuhändigen.

Selbst wenn ein Tertön weiß, wo sich der Schatz befindet und wer ihn bewacht, müssen viele verschiedene Ursachen und Bedingungen zusammenkommen, bevor er ihn aus der Erde oder aus der Tiefe seines Geistes bergen kann. Es gibt keine Garantie dafür, dass ein Terma tatsächlich entdeckt wird: Fügen sich die wechselseitig abhängigen Umstände auf günstige Weise, ist eine erfolgreiche Enthüllung möglich; sind die Umstände gestört, kann der Tertön den Schatz meist nicht zum Vorschein bringen. In diesem Fall kann Padmasambhavas Anweisung erst zu einem späteren Zeitpunkt ausgeführt werden; manchmal ist die Chance auch für immer vertan.[52]

An einem Morgen im ersten Monat des Holz-Hund-Jahres (1874) saß Sogyal noch vor Tagesanbruch beim Schein einer einzigen Butterlampe und las.[53] Die eisige Winterlandschaft war in tiefes Schweigen gehüllt – ihre endlose Weite und kristallene Klarheit spiegelten die innere Welt der Yogis von Drikok wider. Der Klang von Mantras und Gebeten unterstrich die Stille in ihrem Geist. An diesem Morgen rief Sogyal Padmasambhava mit der Bitte an: „Komm herbei und gewähre mir deinen Segen", und richtete Gebete an die örtlichen Schatzhüter, um sie günstig zu stimmen. Plötzlich füllte sich sein Zimmer mit einem weißen Strahlen, das langsam in den Farben des Nordlichts zu leuchten begann. Der Duft von Sandelholz hing in der Luft. Sogyal blieb einen Moment still sitzen, gebannt vor Ehrfurcht. Dann sah er, dass die *Tormas* aus Gerste, Honig, Zucker, Joghurt und Butter, die er dargebracht hatte, verschwunden waren und an ihrer Stelle ein faustgroßes, dunkles Schatzkästchen aus Stein auf dem Schrein stand. Sein Herz barst schier vor Freude. Er griff nach dem Kästchen, um es genauer zu betrachten, öffnete es jedoch nicht. Stattdessen stellte er es auf den Schrein zurück und verblieb den Rest des Tages in Meditation.

Am nächsten Morgen vor Sonnenaufgang wollte Sogyal gerade seine Gebete rezitieren, als seine gewöhnliche Wahrnehmung erneut zum Stillstand kam. Der Raum füllte sich mit hellem Strahlen und Wohlgerüchen, und aus dem klaren Licht erschienen himmlische Dakinis und vollführten einen Freudentanz um ihn herum. Er hielt an den Lichterscheinungen nicht fest, noch wurde er von der Glückseligkeit abgelenkt, die beim Anblick der Dakinis in ihm aufwallte. Stattdessen ließ Sogyal die Vision vor sich auftauchen und von selbst wieder verschwinden, während er in einem Zustand des Gleichmuts verweilte. Sogyal betete:

Hung. Padmasambhava und ihr Scharen von Dakinis, kommt herbei!
Buddhas der Vergangenheit, Gegenwart und Zukunft in den zehn
Richtungen, wendet mir eure Aufmerksamkeit zu.
Höchst verehrter zornvoller Guru Padmasambhava, bitte komm aus
dem Land der Vollendeten herbei.
Bitte denke voller Mitgefühl an diesen Ort und komm jetzt herbei.
Bis wir das Herz der Erleuchtung erlangen, unterwirf bitte alle, die
sich uns entgegenstellen, uns in die Irre führen und uns
Hindernisse bereiten.
Bitte gewähre höchste und allgemeine Errungenschaften und befreie
uns aus Samsaras Ozean des Leidens.[54]

Dann verschmolz Sogyals Geist mit dem Weisheitsgeist Padmasambhavas, und er verweilte in einem unveränderten Zustand, bis das Licht der Sonne in sein Zimmer drang. Als er noch einmal auf das steinerne Schatzkästchen auf dem Schrein schaute, sah er, dass es sich von selbst geöffnet und fünf Fächer freigelegt hatte; in jedem befand sich eine goldgelbe Pergamentrolle mit Dakini-Schrift. Wie Dampf aus einem Teekessel voll kochendem Wasser strömten friedvolle und zornvolle Gottheiten aus dem Papier und nahmen im Raum vor Sogyal ihren Platz in Form eines Mandala ein. Die Schriftzeichen auf dem goldgelben Papier waren für Sogyal der Schlüssel, der in seinem Geist den Zugang zu einer Belehrung Padmasambhavas eröffnete. Sogyal erinnerte sich, dass er in seinem Leben als Dorje Dudjom in die friedvollen und zornvollen Mandalas, die hier vor ihm erschienen, initiiert worden war. Er griff nach Stift und Papier und schrieb Praxistexte nieder, die mit zweien dieser Mandalas verbunden waren. Dann nahm er die Pergamentrollen aus dem nördlichen und südlichen Fach, entrollte sie und stellte fest, dass es sich um die prophetischen Hinweise zur Auffindung von zwei Vajrakilaya-Schatzbelehrungen handelte, die eine betitelt mit *Der allergeheimste zornvolle Vajrakilaya*, die andere mit *Die scharfe Klinge der innersten Essenz*. In der Zukunft sollten diese Anleitungen Sogyal zum Versteck dieser beiden Vajrakilaya-Praktiken führen.

Einige Tage später verließ Sogyal sein Retreat im Drikok-Lager, um sich mit Lama Sonam Thaye und einer Gruppe enger Schüler auf eine Pilgerreise nach Katok Dorje Den, einer berühmten Klosteruniversität, zu begeben und

Belehrungen von Katoks Thronhaltern zu empfangen. Auf dieser Reise besuchte Sogyal auch die Einsiedelei Dzahka Sangak Rabten Ling und erhielt Unterweisungen von Dza Choktrul Kunzang Namgyal, der einer seiner wichtigsten Lehrer wurde. Die prophetischen Schatzkarten hielt er vor allen verborgen, selbst vor den Meistern, denen er begegnete. Sogyals Vorfreude wurde immer größer, denn eine der Prophezeiungen deutete darauf hin, dass er im Katok-Kloster die Belehrung des *Allergeheimsten zornvollen Vajrakilaya* enthüllen würde.

Eines Abends, als niemand in der Nähe war, betrat Sogyal in Katok einen Raum, der als Empfangszimmer für Besucher diente. Dabei fiel sein Blick auf einen Holzstuhl und augenblicklich wusste er, dass dies der Fundort des Schatzes war. Er zog aus der Armlehne des Stuhls ein kleines Pergament hervor, rollte es auseinander und sah, dass es mit geheimen Dakini-Zeichen in der Handschrift Yeshe Togyals beschrieben war. Sie waren der Schlüssel für die Belehrung des *Allergeheimsten zornvollen Vajrakilaya*.

Die geheimen Schriftzeichen dienten als Gedächtnisstütze, die Sogyals Erinnerung an den Moment aufleben ließen, als er die Belehrung über den *Allergeheimsten zornvollen Vajrakilaya* von Padmasambhava erhalten hatte, und die es ihm ermöglichten, sie zum jetzigen Zeitpunkt erneut zu enthüllen. Die Belehrung floss nur so aus Sogyals Geist heraus, als hätte man mit der Drehung eines Schlüssels das Schloss einer Schatztruhe geöffnet. Das ist die besondere Methode der Tertöns: eine Kraft, die daraus entsteht, dass sich die Weisheit ihres Rigpa mit ihrer Erinnerung verbindet.[55] Schnell lief er in sein Zimmer zurück, nahm einen Stift zur Hand und begann, die Bedeutung der geheimnisvollen Schrift zu entziffern. Worte über Worte ergossen sich aus seinem Weisheitsgeist auf das Papier.

> *Unverändert und jenseits konzeptueller Ausführlichkeit,*
> *der ursprüngliche Buddha Samantabhadra,*
> *spontan vollkommene, illusionsgleiche Manifestation,*
> *der ‚sechste' Buddha Vajradhara,*
> *und, untrennbar von ihnen, der alles verkörpernde Vajrasattva,*
> *der Gebieter der Geheimnisse und alle weiteren –*
> *Gurus der Übertragungslinie, zu euch beten wir!*
> *Pema Tötreng Tsal [Padmasambhava], vollständig ermächtigt mit*

Gewahrseins-Kreativität,
Yeshe Tsogyal, glückselige Gebieterin der Geheimnisse,
Dorje Dudjom, ermächtigt zu zornvoller Praxis, und alle weiteren –
Gewahrseinshalter des Phurba, zu euch beten wir!
Glorreicher Lama, Verkörperung aller Gurus, Devas und Dakinis,
sowie Gottheiten des Vajrakilaya, magische Ausdrucksformen des
Mitgefühls,
gemeinsam mit den Vajrakilaya-Wächtern, die gut und böse abwägen,
und all ihr Schatzhüter –
zu all euch glorreichen Gottheiten des Mandala beten wir!
Auf der Basis unseres Bodhichitta-Gelübdes zu unübertroffenem
Erwachen
kultivieren wir die höchste Weisheit der großen Glückseligkeit der
Vereinigung:
Inspiriert uns, Yogis und Halter der Linie des Großen und Glorreichen,
mit eurem Segen: Gewährt uns Ermächtigung, Kraft und Fähigkeiten!
Mit dem Weisheits-Phurba: Lasst uns das Festhalten an einem Selbst
in den alles durchdringenden Raum befreien!
Mit dem Phurba der großen Glückseligkeit: Lasst uns Gewohnheits-
muster überwinden und in subtile Energie und Geist verwandeln!
Mit dem Phurba der geschickten Mittel: Lasst uns die gesamte Existenz
in den Vajra verwandeln!
Mit dem Phurba der Aktivität: Lasst uns die Lebenskraft all jener
rauben, die den Lehren schaden!
Mögen wir auf diese Weise die höchsten und erstaunlichsten
Errungenschaften erlangen,
allesamt und in diesem Moment!
Und mögen wir, stets ungetrennt vom großen und glorreichen Heruka
[Varjakilaya],
die spontane Aktivität ausführen, die tiefsten Tiefen von Samsara
zu leeren![56]

Fünf Jahre lang praktizierte Sogyal das Gottheiten-Yoga des *Allergeheimsten zornvollen Vajrakilaya* auf einsgerichtete Weise.[57] Dabei erinnerte er sich an die Anweisungen, die Padmasambhava zehn Jahrhunderte zuvor gegeben hatte, und schrieb die dazugehörigen geheimen Praxistexte, Rituale und Mantras nieder. In einer Prophezeiung, die mit dieser Belehrung verbunden war, wurde Sogyal ermahnt: „Gib die Lehre fünf Jahre lang an niemanden weiter, auch dann nicht, wenn jemand zu dir kommt und dich darum bittet." Tatsächlich hatte Padmasambhava die Tertöns gewarnt: „Wenn ihr die Unterweisungen zu früh verbreitet, werden andere Menschen neidisch sein, die Lehren begehren oder sie schmähen; bringt daher zuerst Zeichen der Verwirklichung in euer Sadhana-Praxis zum Vorschein."[58]

In Padmasambhavas tantrischer Tradition ist Vajrakilaya – unter den unzähligen Praktiken des Gottheiten-Yoga im tibetischen Buddhismus – von zentraler Bedeutung, und für Sogyal war er die wichtigste Gottheit. Viele Gottheiten des tibetisch-buddhistischen Pantheon werden als friedvoll dargestellt: Sie sitzen auf Lotosthronen in fließenden Seidengewändern, ihre Hände in der Haltung meditativer Ausgewogenheit, die Augen sanft nach unten blickend oder inspirierend geöffnet. Diese Abbildungen symbolisieren eine spezifische Art von Aktivität; so repräsentieren Gottheiten wie Avalokiteshvara, Manjushri oder Tara zum Beispiel Buddhas Qualitäten des Mitgefühls, der unübertroffenen Gelehrsamkeit oder des Gewährens der Freiheit von Furcht. Die Linie der Dalai Lamas verkörpert den Buddha des Mitgefühls, Avalokiteshvara, der oft mit 1000 helfenden Händen abgebildet wird.

Vajrakilaya hingegen schreitet stampfend und furchterregende Laute ausstoßend aus einem wütenden Feuersturm hervor; in seinen Händen rollt er einen dreischneidigen rituellen Phurba-Dolch von der Größe des gesamten Universums, und sein Leib ist mit verschiedenen Häuten und Teilen von Tieren bekleidet und geschmückt. Vajrakilaya ist der Inbegriff zornvoller erleuchteter Aktivität.

Dieser Zorn ist etwas anderes als Wut. Hinter Wut verbirgt sich die Absicht, jemandem Schmerz und Leid zuzufügen. Vajrakilayas Zorn hingegen hat den Zweck, Hindernisse auf dem spirituellen Pfad mit aller Kraft zu beseitigen und spirituelle Verschmutzung zu reinigen; daher gab Padmasambhava seinen 25 engsten Schülern als erstes eine Belehrung über Vajrakilaya.[59] Zornvolle Handlung und gewalttätige Handlung mögen ähnlich aussehen, doch die damit verbundene Motivation ist jeweils eine völlig andere. Praktizierende manifestieren Vajrakilayas zornvolle Qualitäten, um ihren eigenen selbstzentrierten Egoismus und ihre Negativität zu zerstören und so in kürzester Zeit Hindernisse für ihre innere Entwicklung zu bezwingen und die Feinde des Mitgefühls zu besiegen. Vajrakilayas wichtigste Waffe ist der Phurba-Dolch, die große Waffe des Mitgefühls, die er schwingt, um dämonische und negative Kräfte zu vernichten. In der Vajrakilaya-Praxis geht es vor allem um das Durchschneiden und Vernichten von Wut und Rachegedanken. In Zeiten heftiger und weit verbreiteter Negativität ist es wichtig, dass Mitgefühl von der Kraft des Phurba begleitet wird.

Als Sogyal das Gottheiten-Yoga praktizierte, nutzte er Mantras, Mudras – heilige Hand- und Körperbewegungen – und unerschütterliche Konzentration, um Vajrakilayas erwachte Qualitäten in sich zu stärken und letztlich mit ihnen eins zu werden. Um sich untrennbar mit Vajrakilaya vereinen zu können, hatte Sogyal innerlich die Qualitäten verwirklicht, die die Gottheit repräsentiert – intensives Mitgefühl und kraftvolle erleuchtete Handlung. Das soll nicht heißen, die Qualitäten von aktivem Mitgefühl und von Weisheit, welche die Wirklichkeit wahrnimmt, wie sie ist, wären nicht schon vorher in Sogyal vorhanden gewesen, doch das Gottheiten-Yoga brachte diese erleuchteten Qualitäten zum Vorschein, genau wie ein Diamant zu funkeln und zu strahlen beginnt, sobald man ihn schleift.

5. KAPITEL

Lehrjahre bei den Meistern

DERGE, OSTTIBET

Vom Jahr des Holz-Affen bis zum Jahr des Holz-Vogels, 1884–1885

Im Herbst des Holz-Affen-Jahres (1884) machte sich Sogyal auf den Weg zum Kloster Dzongsar Tashi Lhatse im fruchtbaren Mesho-Tal. Er wollte dort den großen Jamyang Khyentse Wangpo aufsuchen, der laut Padmasambhavas Prophezeiung zum Halter des *Allergeheimsten zornvollen Vajrakilaya* auserkoren war. Padmasambhava hatte für jede Schatzbelehrung einen Halter bzw. Hüter bestimmt, der auf die enthüllte Belehrung Acht geben und dafür sorgen sollte, dass sie studiert und praktiziert wurde. Seine Hauptaufgabe bestand darin, die Schatzbelehrungen an andere weiterzugeben und sie zu verbreiten.[60] In der prophetischen Anleitung zur Auffindung dieses Vajrakilaya-Schatzes hatte Sogyal von Padmasambhava erfahren, warum er den auserwählten Halter unbedingt finden müsse: „Wenn du Jamyang Khyentse Wangpo den *Allergeheimsten zornvollen Vajrakilaya* aushändigst, werden alle Hindernisse beseitigt und dieser tiefgründige Schatz kann seinen großen Nutzen entfalten.“[61]

Khyentse hatte gemeinsam mit seinem engen Freund Jamgön Kongtrul, der wie er selbst ein Visionär war, die so genannte Rime-Bewegung in Gang gesetzt, einen nicht-sektiererischen Ansatz, der in ganz Tibet zu einem neu erwachten Interesse an buddhistischen Studien führte.[62] Die Rime-Bewegung sollte den Machtkämpfen Einhalt gebieten, die Tibets religiöse Landschaft im vorangegangenen Jahrhundert grundlegend verändert hatten. Damals stritten rivalisierende buddhistische Traditionen – vornehmlich die Kagyü- und die Gelug-Schule – um Geldgeber und politische Macht. Die Kämpfe um die politische und territoriale Vorherrschaft vermischten sich oft mit Disputen über unterschiedliche Lehrmeinungen und Philosophien, und die komplizierte Dynamik, die sich daraus ergab, heizte die Streitigkeiten immer weiter an. Schließlich gewann die reformistische Gelug-Schule mithilfe militärischer Unterstützung aus der Mongolei die politische Vormachtstellung und setzte mittels ihres weitverzweigten Klosternetzwerks ihre eigenen intellektuellen Grundsätze durch. Der Einfluss der Gelug-Schule durchdrang alle Ebenen der tibetischen Regierungsverwaltung. Die Intoleranz der tibetisch-buddhistischen Schulen gegenüber allen anders gearteten Praktiken nahm in dieser Zeit unaufhaltsam zu und entwickelte sich zu einem unerbittlichen Sektierertum. In Zentraltibet waren diese gegenseitigen Anfechtungen besonders ausgeprägt. Vor dem Hintergrund dieses Sektierertums und der verhärteten Fronten zwischen den tibetisch-buddhistischen Schulen entstand schließlich die Rime-Bewegung.

Niemand konnte sich in der Mitte des 19. Jahrhunderts mit der philosophischen Gelehrtheit, dem enzyklopädischen Wissen und den spirituellen Fähigkeiten und Einsichten von Khyentse und Kongtrul messen. Ihre Autorität und Kompetenz verlieh ihrer nicht-sektiererischen Herangehensweise an den Dharma eine wohl fundierte Basis. Der Rime-Ansatz respektierte die zahllosen Lehr- und Praxislinien Tibets, anstatt schädliche Vorurteile zu schüren; er war im Grunde keine eigene Tradition, sondern vielmehr eine innere Einstellung.[63] Dabei ging es nicht darum, die alten Traditionen miteinander zu vermischen: Anhänger der Rime-Bewegung folgten in ihrer Praxis meist nur einer einzigen Linie, während sie gleichzeitig eine reine Wahrnehmung und respektvolle Haltung gegenüber allen Ansätzen und sämtlichen Lehren des Buddha vertraten, da jede Tradition wirksame Methoden zur Befreiung vom Leid besitzt. Während sich Sogyal immer deutlicher als Schatzenthüller manifestierte, entwickelte er eine tiefe spirituelle Verbindung mit den beiden erfahrenen Meistern Khyentse und Kongtrul und wurde schließlich selbst zu einem beispielhaften Vertreter der Rime-Bewegung, der die eigene Tradition auf vollendete Weise verkörpert und gleichzeitig die Pfade der anderen respektiert.

Sogyal hatte niemanden vorausgeschickt, um seinen Besuch bei Khyentse Wangpo im Dzongsar-Kloster, das zwei Tagesritte von Drikok entfernt lag, anzukündigen. Eine Gruppe von Mönchen und Dorfburschen beobachtete ihn, als er ohne Begleitung durch die staubigen Straßen der Stadt auf die Klosteranlage oben am Berghang zuritt. Sogyals Selbstbewusstsein und der durchdringende Blick, mit dem er die Einheimischen musterte, verrieten ihnen seine Herkunft aus Nyarong. Dzongsars Bewohner erinnerten sich nur zu gut an den Tag vor 20 Jahren, als Amgon, der Stammesfürst aus Nyarong, bei einem Angriff fast das gesamte Kloster bis auf die Grundmauern niedergebrannt hatte. Jeder Abkömmling des Nyarong-Clans stand seither in Verdacht, ein Gefolgsmann Amgons zu sein, und Sogyals stolzes Auftreten trug wenig dazu bei, dieses Misstrauen zu zerstreuen. Wie in den meisten Gegenden Tibets hatten auch die Menschen hier ein äußerst gutes Gedächtnis für Ereignisse früherer Zeiten, besonders für vergangene Gräueltaten. Drei Burschen aus dem Dorf hatten sich vorgenommen, den Nyarong-Yogi dorthin zurückzujagen, wo er hergekommen war. Sie wickelten sich faustgroße Steine in ihre langen Ärmel, bereit, ihm ein paar Prügel zu versetzen. Doch Sogyal schenkte den Raufbolden keinerlei Beachtung, und so riefen sie ihm lediglich ein paar Beleidigungen hinterher, als er weiter seines Weges ritt.[64]

Vom Berg des Dzongsar-Klosters aus konnte Sogyal den schmalen Pfad sehen, der nach Norden zu den heiligen Pilgerstätten in der Umgebung der Kristall-Lotos-Höhle führte. Im Südwesten erstreckten sich Gerstenfelder, soweit das Auge reichte, und in der Ferne sah man Pferde grasen. Auf den Feldern und unten am Flussufer waren Hunderte von Zelten aufgeschlagen. Wenn Khyentse Besucher empfing, wuchs die Anzahl der Zelte voller Pilger und Schüler, die sich den Segen des großen Meisters erhofften, manchmal auf mehr als 1000 an.

Sogyal wurde in Khyentses Zimmer geführt, den ‚Freudvollen Hain unsterblicher Errungenschaft‘, in dem der mittlerweile 64-jährige Meister zahlreiche Visionen erlebt hatte. Sogyal, dessen windgegerbtes Gesicht von seinem kantigen Kiefer und seiner hohen Stirn geprägt war, warf sich vor Khyentse nieder, brachte ihm einen weißen Schal dar und begann, von der Enthüllung des *Allergeheimsten zornvollen Vajrakilaya* zu berichten. Khyentse hörte seiner Schilderung aufmerksam zu und erkundigte sich – auf der Suche nach Glück verheißenden Zeichen – nach Sogyals meditativen Erfahrungen und Träumen im Anschluss an die Enthüllung. Schließlich überreichte ihm Sogyal die Anleitung zur Auffindung des Termas, die goldene Pergamentrolle mit Yeshe Tsogyals Dakini-Schrift sowie die Praxistexte, die er bislang verfasst hatte. Khyentse bat Sogyal, am nächsten Tag wiederzukommen. Er musste überprüfen, ob Sogyal tatsächlich ein authentischer Tertön war.

Es wäre nicht das erste Mal, dass ein so genannter Tertön Taschen voller Steine und Papierfetzen und andere womöglich selbst gefertigte Schätze vor Khyentse ausbreitete und ihn bat, deren Echtheit zu bestätigen. Mehrfach hatte Khyentse feststellen müssen, dass es sich bei den vorgelegten Schatzrollen um Fälschungen handelte; Schwindler, die sich als Tertöns ausgaben, waren in Tibet schon seit Jahrhunderten zugange. Es hieß, manche dieser Scharlatane seien Inkarnationen ehemaliger Regierungsminister, die, von Dämonen besessen, Übles gegen Padmasambhava im Schilde führten.[65]

Sogyal kam am nächsten Morgen zurück. Khyentse, der ihn um Haupteslänge überragte, zeigte auf ein Tablett mit verschiedenen goldgelben Schatzrollen.

„Ich habe die Schrift auf der goldenen Pergamentrolle, die du mir gestern gegeben hast, mit der Schrift anderer Rollen verglichen, die von drei authentischen Tertöns enthüllt wurden“, sagte Khyentse.[66] „Deine Schatzrollen haben genau die gleiche Beschaffenheit wie die zuvor enthüllten, und Yeshe Tsogyals Handschrift ist ebenfalls identisch. Ich kann daher mit vollkommener Gewissheit bestätigen, dass du ein Enthüller von Padmasambhavas Schätzen bist.“

Der große Lama schenkte Sogyal eine kostbare Gebets-Mala aus einem Terma-Schatz und verschiedene gesegnete Reliquien, die er selbst enthüllt hatte. Da Khyentse Sogyals Authentizität als Schatzenthüller und Repräsentant Padmasambhavas bestätigt hatte, trug er von nun an offiziell den Titel eines Tertöns. Wenn Tertön Sogyal bei späteren Gelegenheiten die von ihm entdeckten Schätze und seine selbst verfassten Gebete mit seinem Siegel versah, unterzeichnete er sie manchmal mit anderen Namen, zum Beispiel mit Lerab Lingpa oder mit dem geheimen Namen Trinley Thaye Tsal, ‚Potential grenzenloser erleuchteter Aktivität‘, den er von Khyentse erhalten hatte.

Tertön Sogyal und Khyentse unterhielten sich über ihre früheren Inkarnationen.[67] Khyentse hatte im 8. Jahrhundert, in seinem Leben als König Trisong Detsen, Dorje Dudjom beauftragt, Padmasambhava nach Tibet zu geleiten. Sie sprachen darüber, als sei der Tod nichts Anderes, als die Kleider zu wechseln. Zur Feier des Anlasses wurde in Khyentses Quartier ein rituelles Festopfer dargebracht. Während der Rezitation der Gebete erschien auf dem Hauptschrein spontan eine juwelenbesetzte Schatulle, überbracht von den Schatzwächtern. Khyentse bat einen Diener, die Schatulle zu holen, und berührte damit seinen Kopf, um ihren Segen zu empfangen. Anschließend legte er sie auf Tertön Sogyals Scheitel mit den Worten: „Unsere Begegnung war kein Zufall." In diesem Moment verschmolzen ihr Geist und ihre Herzen und wurden eins.

Khyentse kümmerte sich um Tertön Sogyal wie ein Vater um seinen einzigen Sohn und erteilte ihm Ratschläge zu allen entscheidenden Angelegenheiten. So erklärte er ihm zum Beispiel, wie er Termas aus seinem Geist und aus der Erde enthüllen und die idealen Gefährtinnen finden könne, die er zur Unterstützung und Inspiration brauche, und dass es zu den Pflichten eines Tertöns gehöre, seine Schüler auf dem Pfad zu innerlichem Wachstum und schließlich zur Verwirklichung der Dzogchen-Lehren zu führen.

„Bald wird eine Zeit kommen, in der dein Wohlstand und dein Ruhm immens anwachsen werden. Wenn es soweit ist, folge nicht dem Beispiel der Aristokraten, sondern bleibe deiner Bestimmung treu."[68]

Bevor das Festritual zum Abschluss kam, eröffnete Khyentse Tertön Sogyal: „In der südwestlichen Provinz Gonjo, im Hause der Khangsar-Familie, lebt eine Dakini von unvergleichlicher Schönheit, die über die Qualitäten Yeshe Tsogyals verfügt, der Königin der Glückseligkeit und spirituellen Gefährtin Padmasambhavas."

Wenn Tertön Sogyal von Khyentse und anderen Ratschläge über Dakinis erhielt, sprachen sie dabei manchmal von weiblichen Gottheiten und manchmal von halb-göttlichen weiblichen Wesen, die Tertön Sogyal auf dem spirituellen Pfad anleiten konnten. Manchmal manifestierten sich Dakinis für Tertön Sogyal auch als Frauen mit besonderen Qualitäten oder meditativen Verwirklichungen. Tertön Sogyal prüfte stets, ob die physischen Merkmale und geistigen Eigenschaften der Dakinis mit den Beschreibungen in den Tantras und mit Padmasambhavas Prophezeiungen übereinstimmten, um wirklich sicherzugehen, dass sie diejenigen waren, die ihn unterstützen und Zeremonien mit ihm praktizieren sollten.

„Wenn die rechte Zeit gekommen ist, nimm diesen Brief und mache dich auf die Reise nach Gonjo", sagte Khyentse und überreichte Tertön Sogyal ein Schreiben, das sein purpurrotes Siegel trug. „Bitte den Stammesfürsten um die Hand seiner Tochter Pumo. Sollte sie deine spirituelle Gefährtin werden, wird sich das Tor zur Schatzkammer deiner Termas unendlich weit öffnen."[69]

Khyentses Prophezeiung über Pumo aus Gonjo hebt einen Aspekt hervor, der für die erfolgreiche Aktivität eines Schatzenthüllers eine besondere Rolle spielt: die Verbindung mit einer Dakini als seiner spirituellen Gefährtin. Tertön Sogyal war sich bewusst, wie wichtig es für ihn war, Pumo zu finden. Weisheits-Dakinis sind die idealen Gefährtinnen, um im Praktizierenden die große Glückseligkeit wachzurufen, die spirituelle Verwirklichungen fördert. Diese Gefährtinnen stellen sicher, dass die Anleitungen zum Auffinden der Schätze ohne Hindernisse enthüllt werden und die Bedeutung der Belehrung fehlerlos und vollständig entschlüsselt wird.[70] Ähnlich einer Muse, die in einem Künstler die Quelle seiner Kreativität zum Sprudeln bringt oder in einem Schriftsteller das Feuerwerk seines Ideenreichtums entfacht, setzt die Gefährtin eines Schatzenthüllers die Kraft und Energie in ihm frei, die für die Enthüllung und Entschlüsselung der Schätze vonnöten sind. Während der Guru für den Praktizierenden die Quelle des Segens ist und die Gottheit die Wurzel meditativer Errungenschaft, schafft die Dakini-Gefährtin die Glück verheißenden Umstände, die dafür sorgen, dass alle wechselseitig abhängigen Faktoren zur rechten Zeit und am rechten Ort zusammentreffen.

Die Schätze im Geist eines Tertöns werden vor allem durch diese Glück verheißende Verbindung und die yogische Praxis mit einer Gefährtin offenbart.

Tibetische Yogis vom Kaliber eines Tertön Sogyal wenden ein tiefes Verständnis der subtilsten Aspekte des Körpers als Grundlage für ihre yogische
Praxis mit einer Gefährtin an. Der menschliche Körper ist von einem komplexen Netz psycho-physischer Kanäle oder Leitbahnen durchzogen, die in
Energiezentren, so genannten *Chakras*, münden bzw. aus ihnen heraustreten;
diese Chakras befinden sich im Bereich von Scheitel, Kehle, Herz, Nabel und
Geschlechtsorganen. Vertikal sind die Chakras über subtile Kanäle verbunden, durch welche die lebensnotwendigen Energien des Körpers fließen. Tertön Sogyal beherrschte Yoga-Praktiken, mit denen er den Fluss der Energien
und besonders die grundlegenden Essenzen in den feinstofflichen Kanälen
kontrollieren und auf diese Weise meditative Verwirklichung und Stabilität erlangen konnte.[71] Er hatte sich in abgeschiedenen Retreats in verschiedenen dieser Praktiken geübt, unter anderem in komplexen Atemübungen,
speziellen Körperhaltungen und in der Beeinflussung der Energien – zum
Beispiel durch das Verschließen der inneren Energiekanäle – bis sich äußere
Zeichen seiner yogischen Vollendung zeigten: So konnte er länger als zehn
Minuten den Atem anhalten und mit gekreuzten Beinen in voller Lotoshaltung in der Luft schweben. Manchmal sahen ihn Nomaden nur mit einem
Baumwolltuch bekleidet mitten in der eisigen Winterlandschaft sitzen, wo
er den Schnee anderthalb Meter um sich herum durch seine Praxis der inneren Hitze zum Schmelzen gebracht hatte. Auch innere Zeichen offenbarten
sich: Tertön Sogyal konnte die Energien und das *Prana* seines Körpers vollständig in seinem Zentralkanal sammeln, alle Gedanken zum Stillstand
bringen und auf diese Weise sein ungehindertes Gewahrsein mit dem Raum
verschmelzen lassen.[72] Die höchste seiner Errungenschaften war jedoch seine
Fähigkeit, sowohl bei Tag als auch im Schlafzustand mühelos in der direkten
Erkenntnis nicht-konzeptueller Wachheit zu verweilen. Ohne jemals von der
Erkenntnis seiner reinen Natur abgelenkt zu sein, erlangte Tertön Sogyal
yogische Meisterschaft und gewann vollständige Kontrolle über seine Winde,
Energien und seine grundlegende Essenz.

Die Zeichen in Tertön Sogyals Träumen im Anschluss an Khyentses Prophezeiung wiesen nicht darauf hin, dass er sofort nach Gonjo aufbrechen
und die Dakini Pumo ausfindig machen müsse. Obwohl Tertön Sogyal nun

offiziell als Schatzenthüller bestätigt worden war, wusste er, dass sein Studium und seine Praxis des Dzogchen noch weiterer Vertiefung bedurften. Er hatte schon seit längerem von Nyoshul Lungtok Tenpe Nyima gehört, einem der größten Meditationsmeister in Osttibet, und kam zu dem Schluss, dass er ihn unbedingt aufsuchen musste.

Nyoshul Lungtok hatte 28 Jahre mit seinem Lehrer, dem großen Patrul Rinpoche, in Dzachuka gelebt und ihm gedient und hatte von ihm die innersten Kernanweisungen zur Dzogchen-Praxis erhalten. Patrul Rinpoche war sehr direkt und gradeheraus und für seinen asketischen Lebenswandel ebenso berühmt wie für seine unübertroffene Gelehrsamkeit. Im Gegensatz zu den sektiererischen Ambitionen vieler anderer Gelehrter legte er sein Augenmerk nicht auf die jeweiligen Unterschiede zwischen den verschiedenen philosophischen Sichtweisen innerhalb des tibetischen Buddhismus, wie zum Beispiel zwischen der Nyingma- und der Gelug-Schule. Die Studienjahre der sektiererischen Gelehrten waren oft von Vorurteilen und politischen Interessen überschattet. Und wenn sie nicht gerade damit beschäftigt waren, schlecht über andere zu reden und Zwietracht in den Klostergemeinschaften zu säen, verbrachten viele Mönche ihre Zeit mit endlosen Diskussionen über die intellektuelle Bedeutung der Worte, anstatt Patrul Rinpoches Beispiel zu folgen und die Bedeutung der Lehren in ihrem Leben umzusetzen. Obwohl er ein großer Gelehrter und Meister der philosophischen Debatte war, gelang es Patrul Rinpoche beim Lehren dennoch, die raubeinigen Nomaden aus Osttibet auf ganz direkte Weise anzusprechen. Als ihn ein alter Nomade aus Golok einmal um eine Anweisung zur Meditation bat, sagte Patrul Rinpoche:

> *Verlängere die Vergangenheit nicht,*
> *lade die Zukunft nicht ein,*
> *lass den natürlichen Geist, das Gewahrsein des gegenwärtigen Moments,*
> *unverändert in seiner offenen, entspannten Einfachheit.*
> *Darüber hinaus gibt es nichts!*

Außer dem gewöhnlichen Geist des gegenwärtigen Moments,
   offen und entspannt,
    gibt es absolut nichts!

Obwohl Patrul Rinpoche unentwegt gebeten wurde, Belehrungen zu geben, nahm er sich doch immer wieder Zeit, Pilgerorte zu besuchen oder sich in die Berge zurückzuziehen, um dort in völliger Abgeschiedenheit zu meditieren. Eines Tages reiste er ganz ohne Begleitung zum Katok-Kloster.[73] Da er sich wie ein ungebildeter Nomade verhielt, ahnte niemand, dass der große Patrul Rinpoche eingetroffen war. Er verbrachte seine Tage in Katok damit, die Reliquienschreine und das Kloster zu umrunden und Mantras zu chanten. Die Mönche und Dorfbewohner, die ihn für einen einfachen alten Mann hielten, boten ihm eine Bleibe im Haus eines Lama aus Gyarong an. Auf dessen Frage, wo er herkomme, antwortete Patrul Rinpoche, er sei ein Pilger aus Dzachuka, der den Segen des ehrwürdigen Katok-Klosters empfangen wolle.

„Wie wäre es mit ein paar Dharma-Belehrungen?", fragte ihn der Gyarong-Lama.

„Aber ja, natürlich. Wer hätte keine Belehrungen nötig?", erwiderte Patrul Rinpoche.

„Seit kurzem gibt es ein ganz ausgezeichnetes Buch mit dem Titel *Die Worte meines vollendeten Lehrers*, das von einem großen Lama namens Dza Patrul Rinpoche verfasst wurde. Das wird dir bestimmt guttun! Du rezitierst Mantras und umschreitest heilige Stätten, aber ganz ohne Dharma-Wissen ist der Nutzen davon nur begrenzt", sagte der Gyarong-Lama mit einem Anflug von Stolz.

„Ah-zi!", rief Patrul Rinpoche aus. „Solch eine Belehrung brauche ich in der Tat. Bitte sei so gütig und gewähre sie mir."

Der Gyarong-Lama erklärte ihm daraufhin, Kapitel für Kapitel, *Die Worte meines vollendeten Lehrers* – das Buch, das Patrul Rinpoche selbst verfasst hatte. Als sie etwa die Hälfte des Textes durchgenommen hatten, zog Patrul Rinpoche in das Nachbarhaus zu einer alten Frau, ging aber weiterhin jeden Tag zum Lama, um Belehrungen zu erhalten.

Patrul Rinpoche half der alten Frau, das Haus zu putzen, und leerte die Nachttöpfe der Familienmitglieder. Eines Abends, als sie ihren Schrein sauber machte, betete die alte Frau mit lauter Stimme: „Oh, Patrul Rinpoche, bitte segne mich!"

„Altes Mütterchen, im Katok-Kloster gab und gibt es so viele heilige Lamas. Warum rufst du stets voller Hingabe ‚Patrul Rinpoche, Patrul Rinpoche'? Glaubst du, dieser Patrul wäre aus irgendeinem Grund ein besonders verehrungswürdiger Lama?"

Die alte Frau antwortete: „Es gibt in Tibet heutzutage keinen größeren Heiligen als Patrul Rinpoche! So viele Mönche praktizieren seine Belehrungen und studieren *Die Worte meines vollendeten Lehrers.*" Mit gefalteten Händen und geschlossenen Augen sprach sie ihr Gebet, während Patrul Rinpoche direkt vor ihr stand.

„Wenn du mich fragst", sagte er, „ist er nur dem Namen nach berühmt. Wahrscheinlich ist er nichts weiter als ein alter umherziehender Lama, an dem überhaupt nichts Besonderes oder Großartiges zu finden ist."

„Wie kannst du es wagen, so von ihm zu sprechen!", gab die alte Frau erzürnt zurück. „Wie kannst du so schlecht von Patrul Rinpoche denken? Es ist dir offensichtlich nicht vergönnt, ihn als lebenden Buddha zu sehen", fuhr sie schimpfend fort.

Eines Tages traf eine große Pilgerschar aus Dzachuka im Katok-Kloster ein. Da sie aus der gleichen Gegend wie Patrul Rinpoche stammten, erkannten sie ihn natürlich sofort und verneigten sich vor ihm: „Oh, unser ehrwürdiger Lama ist hier!"

„Bis jetzt habe ich hier eine recht glückliche Zeit verbracht; ich habe Mantras rezitiert und sogar Belehrungen empfangen!", sagte Patrul Rinpoche, verärgert darüber, dass er erkannt worden war. „Wenn ihr jetzt überall herumerzählt, dass Patrul hier ist, ist es mit meinem ruhigen Leben aus und vorbei."

Und genau so kam es. Die Nachricht, dass der große Patrul Rinpoche eingetroffen war, verbreitete sich wie ein Lauffeuer im ganzen Katok-Kloster, auch wenn niemand genau wusste, wo er sich befand.

Als der Gyarong-Lama an diesem Nachmittag nach Hause kam, wo Patrul Rinpoche bereits auf seine Belehrung wartete, rief er: „Hört alle her! Patrul Rinpoche hat Katok mit seiner Anwesenheit beehrt. Er ist hier, mitten unter uns!" Als dies der alten Frau zu Ohren kam, wandte sie sich voller Freude an Patrul Rinpoche: „Stell dir nur vor, Patrul Rinpoche ist tatsächlich im Kloster!"

„Was soll die ganze Aufregung? Was ist so besonders an diesem Patrul Rinpoche? Er ist nichts weiter als ein Dorf-Lama! Ihr solltet zu einem eurer eigenen Gurus aus Katok beten", sagte Patrul Rinpoche zu den beiden.

„Du erbärmliche Kreatur", keifte die alte Frau mit erhobener Faust. „Wie kannst du es wagen, so etwas zu sagen? Patrul Rinpoche ist ein Buddha in Menschengestalt. Du hättest nicht einmal Vertrauen, wenn der strahlende Buddha selbst, der kostbarer ist als Gold, durch meine Tür schreiten würde. Was bist du doch für ein elender Kerl!"

Am nächsten Tag ertönte der Gong des Klosters, um die Mönche und Dorfbewohner zu einer Belehrung in den Tempel zu rufen. Patrul Rinpoche verließ wie jeden Morgen das Haus. Der Gyarong-Lama und die alte Frau hatten immer noch keinen Verdacht geschöpft, wer er in Wirklichkeit war, und nahmen an, er werde wie üblich das Kloster umrunden. Die beiden zogen ihre besten Gewänder an und eilten zum Kloster. Als sie die Haupthalle betraten, trauten sie ihren Augen kaum: Dort auf dem höchsten Thron saß kein anderer als – Patrul Rinpoche!

Dem Gyarong-Lama war das Ganze so peinlich, dass er vor Beschämung den Tempel verließ, in seine Heimat aufbrach und nie wieder gesehen wurde. Auch die alte Frau hatte ein äußerst schlechtes Gewissen. Sie warf sich zu Patrul Rinpoches Füßen nieder und jammerte: „Welch negatives Karma habe ich angehäuft – ich habe dich beschimpft und fast geschlagen. Vielleicht werde ich nun in der Hölle wiedergeboren. Ich gestehe alles ein, bitte nimm mein Bekenntnis an!"

„Du hast nichts falsch gemacht", versicherte ihr Patrul Rinpoche beruhigend. „Es gibt nichts zu bekennen. Du hast einen reinen Geist und ein gutes Herz, und genau das ist die Wurzel des Dharma, die Essenz der Belehrung, die ich heute geben werde. Mehr als das brauchst du nicht."

Keiner der vielen Schüler Patrul Rinpoches besaß so tiefe Zuversicht und Hingabe wie Nyoshul Lungtok. Wenn Patrul Rinpoche von Nyoshul Lungtok sprach, nannte er ihn liebevoll seinen Sohn. Unter seiner Anleitung studierte

Nyoshul Lungtok nicht nur tiefgründige Abhandlungen und meditierte über ihre Bedeutung, sondern wurde von ihm auch immer wieder in das reine Gewahrsein eingeführt, in die Natur des Geistes. Dennoch behauptete Nyoshul Lungtok regelmäßig, dass er die Natur des Geistes noch nicht vollständig erkannt habe. Als die beiden nur wenige Kilometer vom Dzogchen-Kloster entfernt Zeit in einer Einsiedelei verbrachten, legte sich Patrul Rinpoche eines Abends ausgestreckt auf den Boden, richtete seinen Blick in den offenen Himmel und ließ sein Gewahrsein grenzenlos weit werden. An diesem besonderen Abend rief der Meister Nyoshul Lungtok zu sich. Sie waren ringsum von schattenhaft aufragenden Bergen umgeben, nur unterbrochen von einem schmalen Tal, das zum Dzogchen-Kloster führte.

„Mein lieber Lungtok, hast du nicht gesagt, du glaubst, den wesentlichen Punkt der Dzogchen-Meditation noch immer nicht verstanden zu haben, dass du die Natur des Geistes nach wie vor nicht erkannt hast?", fragte Patrul Rinpoche.

„Ja, so ist es."

„Es ist eigentlich nichts Besonderes, mein Sohn."

Patrul Rinpoche forderte Nyoshul Lungtok auf, sich neben ihn zu legen und zum Himmel hinaufzublicken.

Dann fragte er: „Siehst du den Himmel, der sich über uns wölbt?"

„Ja."

„Hörst du die Hunde bellen, drüben im Dzogchen-Kloster?"

„Ja."

„Hörst du, was ich sage?"

„Ja."

„Nun, die Natur der Meditation ist nichts anderes als das, einfach das."

In diesem Moment erlosch Nyoshul Lungtoks konzeptueller Geist.[74] Das gesamte Konstrukt dualistischer Konzepte war mit einem Mal wie ein Kartenhaus in sich zusammengefallen. Der Geist, der hinterfragt, der denkt, der konkretisiert und verfestigt – dieser gesamte Prozess – war zusammengebrochen. In dieser Auflösung des konzeptuellen Geistes enthüllte sich, völlig mühelos, Nyoshul Lungtoks Natur des Geistes, das zeitlose Gewahrsein. Nyoshul Lungtok gewann vollständige Zuversicht in das Gewahrsein, das frei ist von intellektuellen Mutmaßungen. Das erleuchtete Potential seines ursprünglichen Geistes, seine allgegenwärtige Buddha-Natur, leuchtete hervor wie die Strahlen der Sonne und beseitigte die Dunkelheit der Unwissenheit.

Nyoshul Lungtok sagte später: „Durch vollkommene Hingabe, verbunden mit dem Segen eines erleuchteten Meisters, ist es möglich, in nur einem Moment Verwirklichung zu erlangen. Praktiziere Guru Yoga, bete mit glühender Hingabe zu deinem Lama und vereine deinen Geistesstrom mit dem Geist des Guru. Das ist das Entscheidende!"

Nachdem Nyoshul Lungtok fast drei Jahrzehnte lang diese auf Erfahrung ausgerichtete Schulung bei seinem Meister durchlaufen hatte, sagte Patrul Rinpoche öffentlich über Nyoshul Lungtok: „Was die Sicht angeht, hat Nyoshul Lungtok mich übertroffen."[75]

Als Tertön Sogyal erfuhr, wie sehr der große Patrul Rinpoche Nyoshul Lungtoks Verwirklichung und Weisheit pries, bestand für ihn kein Zweifel mehr, dass er bei ihm studieren musste. Er legte seine abgetragenen Roben an, schlang sich das weiße Tuch eines Yogi um, packte ein paar Texte, seine Gebets-Mala und eine hölzerne Schale ein und machte sich ohne Begleitung auf den Weg. Nach gut einer Woche Fußmarsch erreichte er Dzongkar Nenang auf der Tromthar-Hochebene, unweit der Gegend, in der er einst als Bandit unterwegs gewesen war. Als Tertön Sogyal um Almosen bettelnd durch das Revier der Räuber zog, zu denen er früher selbst gehört hatte, war es nur seiner offenkundigen Armut zu verdanken, dass er unbehelligt blieb. Unterwegs betete Tertön Sogyal mit fester Entschlossenheit:

> Möge ich von jetzt an, bis ich die unübertroffene Erleuchtung erlange,
> den Segen der Gurus und Dakinis empfangen und unter ihrer Obhut
> stehen.
> Und mit der Unterstützung des tiefgründigen Pfades des großen
> Mantrayana
> mögen ich und alle fühlenden Wesen alle günstigen und Glück
> verheißenden Umstände erlangen.[76]

Als er Nyoshul Lungtoks Lager erreichte, suchte Tertön Sogyal sofort dessen Quartier auf und warf sich zu Füßen des Meisters nieder.[77] Nyoshul Lungtok rezitierte in diesem Moment gerade den Vers aus den Schriften, in dem es heißt: „Verankere fest das Siegesbanner des Dharma", was er als Zeichen dafür sah, dass der junge Tertön bei der Verbreitung der buddhistischen Lehre eine wichtige Rolle spielen würde. Tertön Sogyals weiße Kleidung und sein langes Haar schienen darauf hinzuweisen, dass er nicht nur ein Laien-Yogi bleiben, sondern tatsächlich ein kostbares Juwel unter den tantrischen Laienpraktizierenden werden würde.[78]

Während Tertön Sogyals frühere Ausbildung bei Nyala Pema Dündul und Lama Sonam Thaye der Morgendämmerung glich, war die Begegnung mit Nyoshul Lungtok wie das tatsächliche Aufgehen der Sonne. Ohne einen Moment zu zögern, gewährte Nyoshul Lungtok – ein reiner Mönch, dessen Gelübde vollkommen makellos und ohne die geringste Beeinträchtigung waren – Tertön Sogyal Belehrungen aus der *Herzessenz der weiten Ausdehnung*. Er begann mit Unterweisungen zu den vier Gedanken, die den Geist von weltlichen Belangen abkehren und der spirituellen Praxis zuwenden.

Als erstes bedenke, wie kostbar es ist, frei und begünstigt zu sein.
Dies ist schwer zu erlangen und leicht zu verlieren; jetzt will ich etwas
Sinnvolles tun.

Zweitens, die ganze Welt und ihre Bewohner sind vergänglich;
insbesondere gleicht das Leben der Wesen einer Seifenblase.
Der Tod kommt ohne Warnung; dieser Körper wird ein Leichnam
sein.
Dann ist der Dharma meine einzige Hilfe;
ich will ihn mit freudigem Eifer praktizieren.

Drittens, wenn der Tod kommt, werde ich hilflos sein.
Da Handlungen ihre unausweichliche Wirkung nach sich ziehen,
muss ich schlechte Taten unterlassen
und meine Zeit immer rechtem Handeln widmen.
Dies bedenkend, werde ich mich jeden Tag prüfen.

Viertens, die Anhaftung an ein Zuhause, an Freunde, Besitztümer und
die Annehmlichkeiten von Samsara
sind die ständige Qual der drei Leiden,
gleich einem Festmahl, bevor der Henker dich zum Tode führt.

Ich will Begierde und Anhaftung durchschneiden und Erleuchtung
durch ausdauernde Bemühung erlangen.[79]

Obwohl Tertön Sogyal bereits viele Jahre über diese vier Gedanken kontempliert hatte, erkannte er nun auf einer noch tieferen Ebene, wie glücklich er sich schätzen konnte, Lehrern begegnet zu sein, die ihm die kostbaren Dzogchen-Lehren übertragen konnten. Angespornt durch diese Erkenntnis legte sich Tertön Sogyal niemals schlafen, sondern meditierte die ganze Nacht hindurch und kontemplierte wieder und wieder über die Kostbarkeit seiner menschlichen Geburt, akzeptierte die Unausweichlichkeit des Todes, die Natur von Ursache und Wirkung und die Tatsache, dass in Samsara kein dauerhaftes Glück zu finden ist. Eine Praxis wie diese nennt man ‚wenn Tag und Nacht sich unaufhörlich begegnen‘, da Tertön Sogyal ununterbrochen in den tiefsten Meditationszuständen weilte. Wie schon in seinem Studium bei Nyala Pema Dündul und Lama Sonam Thaye beließ er es auch dieses Mal nicht dabei, die Belehrungen nur als bloße Worte zu verstehen, sondern setzte jede einzelne Anweisung, eine nach der anderen, in die Tat um, bis er sie verinnerlicht hatte.

So praktizierte Tertön Sogyal Schritt für Schritt alle Grundlagen des Dzogchen-Trainings. In dieser Zeit besaß er nur eine einzige Robe und nichts, was ihm als Bett hätte dienen können. Er lebte inmitten der Tiere des Waldes und schlief wie sie auf dem Boden oder auf flachen Steinen. Da er keinen Topf hatte und sich daher nichts kochen konnte, ernährte er sich von geröstetem Gerstenmehl, das er mit dem kristallklaren Wasser einer nahegelegenen Quelle anrührte. Tertön Sogyal nahm all diese Entbehrungen auf sich, ohne seinem Lehrer ein Wort davon zu sagen. Als Nyoshul Lungtok erfuhr, wie asketisch Tertön Sogyal lebte, wies er ihn an, sein Lager neben dem Küchenzelt aufzuschlagen.

Nachdem er die vorbereitenden Praktiken abgeschlossen hatte, begann Tertön Sogyal mit dem nächsten, dem außergewöhnlichen Teil seines yogischen Trainings. Nyoshul Lungtok gab ihm jeweils einen Abschnitt der Belehrung und schickte ihn dann fort, damit er darüber meditierte. Wenn Tertön Sogyal zurückkehrte, ließ Nyoshul Lungtok ihn von seinen Meditationserfahrungen und Träumen berichten und lehrte dann anhand der jeweiligen Anzeichen den nächsten Abschnitt, im Einklang mit Tertön Sogyals Erfahrungen und seiner sich vertiefenden Verwirklichung. So wie ein Wunsch erfüllendes Juwel alles gewährt, was man sich ersehnt, geht diese erfahrungsorientierte Art der Unterweisung unmittelbar auf die Veranlagung des Schülers ein und arbeitet direkt an seinem Charakter. Tertön Sogyal erhielt Nyoshul Lungtoks Belehrungen nicht in schriftlicher Form; der Meister flüsterte seinem Schüler die Kernanweisungen stattdessen ins Ohr, um so ihre einzigartige Vertraulichkeit und Tiefgründigkeit zu bewahren. Die Übertragung, die Tertön Sogyal von Nyoshul Lungtok erhielt, der sie wiederum von Patrul Rinpoche empfangen hatte, war – wie viele andere Lehren in Tibet – in einer ungebrochenen mündlichen Linie erleuchteter Wesen weitergegeben worden, die sich bis zu Padmasambhava, den Heiligen Indiens und Tibets und sogar bis in die Zeit des Buddha zurückverfolgen lässt.

Nyoshul Lungtok gewährte Tertön Sogyal immer weitere Abschnitte der außergewöhnlichen Dzogchen-Lehren, durch die ein Praktizierender die spontane Fähigkeit entwickelt, Wirklichkeit und Verblendung eindeutig unterscheiden zu können. Dank dieser Praxis wurde Tertön Sogyal zutiefst bewusst, worin die grundlegende Ursache für sein Leid und das der anderen bestand: in einem mangelnden Gewahrsein der Natur des Geistes. Im nächsten Schritt wandte er tiefgreifende Praktiken an, um die Unwissenheit, die aufgrund der unablässigen Wolkenschleier der Gedanken und Gewohnheitsmuster entstand, durchzuschneiden und die allgegenwärtige und alles durchdringende Natur des Geistes lebendig und klar zu enthüllen.

Nyoshul Lungtok schickte Tertön Sogyal zum Meditieren in einsame Wälder, in denen nachts die Rufe wilder Tiere zu hören waren, und auf Leichenplätze, in denen der Gestank der Verwesung in der Luft hing. Manchmal grub sich Tertön Sogyal einen kleinen Unterschlupf in den Berghang, in dem er monatelang ausharrte, den Blick in den weiten Himmel gerichtet und sein Gewahrsein mit dem Raum vereinend. Mit unerschütterlichem Vertrauen in die Anweisungen seines Meisters widmete sich Tertön Sogyal den yogischen Praktiken und Meditationen, bis er vor körperlicher und geistiger Erschöpfung zusammenbrach. Dann blieb er reglos wie ein Leichnam liegen, ruhte in der so entstandenen Wachheit, frei von Gedanken, und ließ die Klarheit seines lichten Gewahrseins von Angesicht zu Angesicht auf das treffen, was gegenwärtig ist, wenn das Denken aufhört.

Wann immer Tertön Sogyal zu Nyoshul Lungtok zurückkehrte, um spezifische Erfahrungen, die er in der Meditation gemacht hatte, mit ihm zu klären, erhielt er noch präzisere Kernanweisungen, die er anschließend in seiner Meditation umsetzte. Auf diese Weise reinigte er seinen Körper und seinen Geist immer weiter und befreite seine innere Weisheit von den Fesseln des subtilen Nichterkennens der Wirklichkeit. In der Einsamkeit seiner Retreats nahm er verschiedene yogische Haltungen ein, rezitierte bestimmte Mantras und visualisierte dabei, wie leuchtende Silben in alle inneren und äußeren Phänomene, einschließlich seines eigenen Körpers, eindrangen und sie auflösten. Dann ließ er von Rezitation und Visualisation ab und ruhte in dem, was gegenwärtig blieb: in der weit offenen und klaren ursprünglichen Natur des Geistes.

Nachts verlor sich Tertön Sogyal nicht in unbewussten Träumen, sondern verweilte unverändert in unverfälschtem Gewahrsein, selbst wenn sein Körper eingeschlafen war. Er ließ sich von den Bildern und Gefühlen, die im Traum in seinem Geist auftauchten, weder wie ein Ochse am Nasenring in die Irre führen, noch fürchtete er sie wie einen Alptraum. Stattdessen ließ er sie vorüberziehen wie Luftspiegelungen, die er weder festhielt noch ablehnte; er war sich deren Erscheinungen einfach lebhaft gewahr. Durch diese Form des Traum-Yoga war der mentale Speicher, aus dem Tertön Sogyals Träume gespeist wurden, schon bald geleert. Sein Gewahrsein war nicht mehr gebunden durch seine Gedanken; sie hinterließen in seinem Geist genauso wenig Spuren, als würde man mit dem Finger auf dem Wasser eines Teiches schreiben. Was übrig blieb, wenn sein konzeptueller Geist vollständig zusammenbrach, war ein ununterbrochener Strom reinen Gewahrseins – das war die Praxis des Dzogchen.

Dzogchen ist nicht lediglich eine althergebrachte Lehre; Dzogchen ist der Zustand vollkommenen Erwachens, die Buddhaschaft selbst. Dzogchen zu praktizieren heißt, in der Erkenntnis der eigenen ursprünglichen Natur zu verweilen – und das, was diesen ursprünglichen Zustand erkennt, ist die Natur des Geistes. Auch im Dzogchen werden Meditationstechniken gelehrt und Einsichten auf dem spirituellen Pfad kultiviert, doch macht man hier das Ziel des Pfades zum Pfad selbst. Erleuchtung ist der Pfad, und der Pfad ist nichts anderes als das Verweilen im natürlichen Zustand. Dzogchen-Meditation ist das Erkennen der uns innewohnenden vollkommenen Buddhaschaft, im gegenwärtigen Moment. Buddhaschaft, oder Erwachen, ist nirgendwo anders zu finden als in der Natur unseres eigenen Geistes. Dank Nyoshul Lungtoks Belehrungen erkannte Tertön Sogyal wieder und wieder, dass er vom ursprünglichen Zustand der Buddhaschaft in Wirklichkeit niemals getrennt war.

Damit ein Schüler das eigene innewohnende Buddha-Potential erkennen kann, muss er von einem verwirklichten Meister in die Natur des Geistes eingeführt werden. Als Tertön Sogyal von Nyoshul Lungtok die Einführung in die Natur des Geistes erhielt, gab der Meister dem Schüler nicht etwas Neues, das dieser nicht schon besessen hätte. Nyoshul Lungtok zeigte einfach nackt und lebendig das auf, was schon immer vorhanden, aber noch nicht erkannt worden war. Es ist, als würde der Meister dem Schüler einen Weisheitsspiegel vorhalten und sagen: „Schau, das ist deine wahre Natur. Das ist es, was du wirklich bist."

Unter Nyoshul Lungtoks Anleitung schlüpfte Tertön Sogyal in Padmasambhavas Rolle und wurde zur Verkörperung der Essenz der Dzogchen-Praxis. Auf die Frage, wie sich Yogis in zukünftigen Zeiten verhalten sollten, hatte Padmasambhava einst geantwortet:

Hört her, tibetische Yogis, die ihr Vertrauen in Sicht und Meditation
besitzt. Der wahre Yogi ist eure ungeschaffene innewohnende Natur.
‚Yogi' bedeutet, die Weisheit des reinen Gewahrseins zu verwirklichen.
So verdient ihr euch wahrlich den Namen Yogi.

Seid in der Sicht frei von Ehrgeiz; frönt nicht der Parteilichkeit.
Seid in der Meditation ohne Bezugspunkt, frönt nicht der Fixierung
eures Geistes.
Seid im Verhalten frei von Annehmen und Ablehnen; frönt nicht dem
Klammern an ein Selbst.
Seid in der Verwirklichung frei von Aufgeben und Erlangen;
frönt nicht dem Greifen nach Dingen, als seien sie wirklich.

Seid im Einhalten der Samayas frei von Begrenztheit;
frönt nicht dem Schwindel und der Heuchelei.
Seid gegenüber dem Buddha-Dharma ohne Vorurteil;
frönt nicht scholastischem Sektierertum.

Erscheinungen sind trügerisch; frönt nicht der Gewöhnlichkeit.
Nahrung dient nur zur Erhaltung eurer Lebenskraft;
lechzt nicht nach Nahrung.

Reichtum ist illusorisch; frönt nicht dem Verlangen.
Kleider dienen euch zum Schutz gegen Kälte;
frönt nicht prunkvoller Mode.
Gleichheit ist nichtdual; hängt nicht an vertrauten Gefährten.
Seid frei von Vorliebe zu einem Land; hängt nicht an eurer Heimat.

Machte eine leere Höhle zu eurem Wohnsitz;
hängt nicht am klösterlichen Leben.
Praktiziert in Einsamkeit; hängt nicht an geselligen Zusammenkünften.
Seid frei von Anhaftung und Festhalten; hängt nicht an den Dingen.
Seid ein selbstbefreiter Yogi, frönt nicht der Scharlatanerie.

Ich, Padmasambhava, werde jetzt gehen. Ob ihr gegenwärtig lebt
oder in Zukunft erscheint, tibetische Yogis zukünftiger
Generationen, bewahrt dies in eurem Herzen.[80]

Auch wenn sich Tertön Sogyal in tiefgründigen Dzogchen-Praktiken übte, musste er daneben seinen Alltagspflichten nachkommen. So gehörte es zu seinen Aufgaben, Feuerholz zu hacken und für die Küche seines Lehrers Wasser vom Fluss zu holen. Eines Tages kehrte Tertön Sogyal aus einem einwöchigen Retreat in den Bergen zurück, in dem er die *Hung*-Silbe rezitiert hatte – eine yogische Praxis, die den Geist davon befreit, die äußere Umgebung sowie Gedanken und Emotionen als real und unabhängig existierend zu begreifen. Als Tertön Sogyal nun versuchte, die Holzeimer am Fluss zu füllen, lief das Wasser ständig wieder heraus. Die Eimer schienen bei näherer Betrachtung völlig intakt zu sein, und doch sickerte das Wasser durch die Seitenwände. Tertön Sogyal wurde langsam unruhig. Er sah den Rauch aus Nyoshul Lungtoks Küchenzelt aufsteigen und wusste, dass der Koch das Wasser brauchte, um den Tee für den Meister zuzubereiten. Doch wie sehr er sich auch bemühte, das Wasser wollte einfach nicht in den Eimern bleiben. Schließlich gab er entmutigt auf.

Tertön Sogyal ging direkt zum Quartier seines Lehrers, verneigte sich vor ihm und bat ihn um Vergebung.

„Wenn ich nicht einmal imstande bin, Wasser für den Tee zu holen, wie sollte ich dann die höchsten Dzogchen-Lehren verwirklichen?"

„Sogyal, mein Sohn, du hast keinen Grund, dich zu schämen. Das passiert nun mal, wenn man die Dzogchen *Rushen*-Praxis der Silbe *Hung* zur Vollendung gebracht hat", sagte Nyoshul Lungtok schmunzelnd. „Es ist ein Zeichen dafür, dass du den Objekten keine falsche Realität mehr zuschreibst."

Als Tertön Sogyal Nyoshul Lungtok später erzählte, dass die Kraft seiner Mantra-Rezitation in der Küche einen Tontopf zum Zerspringen gebracht hatte, antwortete der Lehrer: „Als Mingyur Namkhai Dorje die *Hung*-Silbe praktizierte, gab es im gesamten Dzogchen-Kloster kein einziges Gefäß, das noch Wasser halten konnte!"

Tertön Sogyals Meditationspraxis reinigte seine psycho-physischen Aspekte: Die Knoten in den feinstofflichen Kanälen des Körpers, die dazu neigen, sich zu verengen, öffneten sich, so dass die innere Prana-Energie ungehindert fließen konnte. Als Zeichen dieser Reinigung konnte er durch feste Materie hindurchschauen und die Zukunft vorhersehen.

Eines Morgens sah Tertön Sogyal in einer Vision einen Reiter, der auf dem Weg zu ihrem Lager war. Er hatte noch einige Stunden Weges vor sich und machte zwischendurch Halt, um sich zu erleichtern. Als er vom Pferd sprang, fiel ihm seine Holzschale aus dem Mantel und landete auf dem Boden. Ohne die Schale zu bemerken, stieg der Mann schließlich wieder auf sein Pferd und ritt weiter. Nach Ankunft im Lager suchte er Nyoshul Lungtoks Zelt auf, um ihm, wie es Sitte war, seinen Respekt zu erweisen. Tertön Sogyal bot ihm Tee an und meinte dabei mit einem leisen Lachen: „Du wirst wohl eine von unseren Schalen nehmen müssen, deine eigene wirst du in deinem Mantel nicht finden!"

„Komm schon, Sogyal, verrate ihm, wo er sie verloren hat", sagte Nyoshul Lungtok.

Als der Nomade an die Stelle zurückkam, die ihm Tertön Sogyal beschrieben hatte, lag die Holzschale tatsächlich da.[81]

Unter den vielen Schülern Nyoshul Lungtoks befand sich auch Lama Ngakchen, der mit Tertön Sogyal gemeinsam studierte.[82] Schon bald nannte man die beiden Nyoshul Lungtoks Sonnen- und Mondschüler. Sie waren sich zum ersten Mal als gemeinsame Schüler von Lama Sonam Thaye begegnet und setzten jetzt bei Nyoshul Lungtok ihre Freundschaft fort. Beide hatten eine ähnliche Fähigkeit entwickelt, philosophische und wissenschaftliche Abhandlungen verstehen und erklären zu können, ohne sie lange – oder überhaupt jemals – studiert zu haben. Wenn die großen Gelehrten aus den umliegenden Klöstern wie Katok und Palyul zu Besuch kamen, waren sie zutiefst beeindruckt von Tertön Sogyals oder Lama Ngakchens Belesenheit und Wissen, die beide kein ausgedehntes Studium absolviert hatten. Wenn Dzogchen-Yogis ihre meditative Erfahrung im Retreat vertiefen und dem Meister voller Hingabe dienen, entfaltet sich ihre Weisheit von innen heraus und legt die lichte Klarheit ihres Geistes frei. Da diese durchdringende Klarheit alle Aspekte der Wirklichkeit zu erkennen vermag, können auch Yogis, die sehr wenig studiert haben, ein umfassendes Wissen erlangen, da sie die Wirklichkeit sehen, wie sie ist.

Wenn die beiden Freunde unter sich waren, machten sie sich einen Spaß daraus, sich in yogischen Wettkämpfen zu messen: wie weit sie ihre Teeschalen durch pure Geisteskraft bewegen oder wie lange sie frei in der Luft schweben konnten. Trotz ihrer hohen spirituellen Verwirklichung hatten Tertön Sogyal und Ngakchen allen möglichen Unfug im Kopf. Als Nyoshul Lungtok eines Tages fortging, um ein nahegelegenes Kloster zu besuchen, schlichen sich die beiden aus der Meditationssitzung, führten ihre Pferde unbemerkt durch eine von Bäumen gesäumte Schlucht und ritten in die Stadt. Ein Küchenbursche hatte ihnen erzählt, dass eine Gruppe chinesischer Reisender in der Gegend war. Als die beiden Yogis an deren Lager vorbeikamen, entdeckten sie zwei Mädchen, die auf einer Wiese Blumen pflückten.

„Was gibst du mir, wenn ich die beiden Mädchen dazu bringe, zu uns rüberzukommen?", fragte Tertön Sogyal seinen Dharma-Bruder.

„Was immer du willst."

„Hm, wie wär's mit der kupfernen Padmasambhava-Statue in deinem Zelt, die du zum Meditieren benutzt?"

„Gut, abgemacht", sagte Ngakchen und klopfte ihm zur Bekräftigung auf die Schulter.

Tertön Sogyal schlug die Mädchen mit einem fesselnden Blick in seinen Bann und zog sie mit Mantras der Anziehung, die lautlos aus seinem Herzen strömten, und einer langsamen, majestätischen Handbewegung wie mit einem Haken zu sich heran. Unbeschwert näherten sich die jungen Frauen den beiden Yogis. Nach einem kurzen Flirt mit ihnen ritten Tertön Sogyal und Ngakchen wieder zur Einsiedelei zurück und trafen ein, noch bevor Nyoshul Lungtok von seinen rituellen Verpflichtungen zurückgekehrt war.[83]

Eines Tages trug Nyoshul Lungtok Tertön Sogyal auf, ins Tinlung-Tal in die Nähe von Derge zu reisen.[84] In diesem Tal hatte einst eine reiche Familie gelebt, die auf ihren weitläufigen Terrassenfeldern Gerste anbaute und ihre riesigen Viehherden auf den darüber liegenden Wiesen weiden ließ. Doch dann hatte eine Reihe schwerer Naturkatastrophen und Krankheiten den Yak- und Schafbestand der Familie dezimiert und ihre Ernten zerstört. Letztendlich war ein Familienmitglied nach dem anderen gestorben. Verursacht wurde all dies durch eine der Töchter, die im Tinlung-Tal als bösartige und erbarmungslose Hexe wiedergeboren worden war. Ihre Flüche richteten in den Tälern der gesamten Umgebung schreckliche Verwüstungen an und forderten zahlreiche Todesopfer. Die Dorfbewohner hatten einen Schamanen aus der Gegend angeheuert, der den Kampf mit der Hexe aufnehmen sollte, doch das stachelte sie nur zu weiteren Gräueltaten an. Schließlich hatten die Dorfvorsteher Nyoshul Lungtok aufgesucht und ihn um Rat gebeten.

Nyoshul Lungtok rief Tertön Sogyal zu sich. Er wusste, dass dies eine Aufgabe für den selbstbewussten und manchmal etwas ungehobelten Mantra-Praktizierenden war.

„Die Menschen in dem Tal brauchen jemanden, der den vielen Gefahren ein Ende bereitet, sowohl den sichtbaren als auch den unsichtbaren. Gehe hin und hilf ihnen, das Problem zu lösen."

Tertön Sogyal überredete seinen Freund Gyawo, ihn zu begleiten. Gemeinsam ritten sie los und kamen nach einiger Zeit zu einem großen schwarzen Nomadenzelt, das völlig verlassen schien; nicht einmal das Bellen eines Wachhundes war zu hören. Als sie den Eingang zum Zelt öffneten, sahen sie, dass es geplündert worden war: Küchenutensilien, Schlafdecken und ein zerstörter Herd lagen wild durcheinander. Inmitten dieser Verwüstung entdeckten sie neun Leichen. Tertön Sogyal schaute sich das Gemetzel genauer an. Sein Blick traf die Augen eines toten Mädchens. In ihrem jungen Gesicht spiegelte sich die Angst wider, die sie im Moment des Todes empfunden haben musste. Das Entsetzen, das daraus sprach, erschien wie eine eindringliche Warnung, dass sie diesen Schauplatz des Grauens schnellstens verlassen sollten.

„Genau deshalb hat uns Nyoshul Lungtok hierher geschickt", sagte Tertön Sogyal mit ruhiger Stimme zu Gyawo. „Wir dürfen unser Mitgefühl nicht verlieren. Bezwinge deine Furcht, mein Freund, dadurch wird deine innere Kraft erstarken."

Sie ließen sich nieder und kochten Wasser für ihren Tee, während es langsam Abend wurde. Mit gedämpfter Stimme sprachen sie darüber, dass der grausame Tod der Menschen im Zelt zweifellos dem Fluch der Hexe zuzuschreiben war. Die Toten würden keinen Frieden finden, sondern qualvoll im *Bardo* umherirren, dem Zwischenzustand vor ihrer nächsten Wiedergeburt. Bis spät in die Nacht rezitierten Tertön Sogyal und Gyawo Gebete für die neun Toten.

Ein plötzlicher Windstoß und aufwirbelnder Staub in der Nähe des Zeltes kündigten die Ankunft bösartiger, leichenfressender Geister an. Gyawo hörte, wie sie seinen Namen riefen, als würden hundert Eulen in seine Ohren flüstern.

„Gyawo, Gyawo, du wirst der Nächste sein."

Gyawos Herz pochte wie wild. Ein unheimlicher, in Lumpen gekleideter Leichenfresser, der mit einem Beil bewaffnet war, betrat das Zelt. Von Todesangst gepackt sprang Gyawo auf sein ungesatteltes Pferd und galoppierte wie der Blitz davon.

Tertön Sogyal blieb gelassen und unerschüttert, wie ein von Stürmen umtoster Berg. Er wusste, dass alle Angst und alle Sorge aus einem ungezähmten Geist entstehen. Weder die Drohungen der leichenfressenden Geister noch die Gefahr, von der Hexe verflucht zu werden, konnten seine Stabilität ins Wanken bringen. Wollte er seinen Auftrag erfüllen, musste er seine Angst in all ihren Erscheinungsformen zornvoll unterwerfen und ausmerzen. Während draußen immer mehr Geister um das Zelt herumstrichen, nahm Tertön Sogyal Zuflucht zu Padmasambhavas Lehren und visualisierte Opfergaben für den Großen Guru und die Linienmeister. Dann rief er Vajrakilaya an und ließ seinen Geist mit der Weisheitsgottheit verschmelzen: *Om Vajra Kila Kilaya Hung Phät.*

Tertön Sogyal trat an einen der besessenen, leichenfressenden Dämonen heran, der gerade einen aufgedunsenen Leichnam verschlang, und durchbohrte ihn mit seinem Phurba-Dolch. Der Dämon löste sich augenblicklich auf, und Tertön Sogyal übertrug sein Bewusstsein in einen reinen Bereich.

Dann setzte sich der Tertön auf den aufgeblähten Bauch eines anderen Leichnams, etwa eine Armeslänge von dem Mädchen mit dem angsterfüllten Gesicht entfernt. Von allen Mitgliedern der Familie, die tot im Zelt lagen, war sie die einzige, deren Bewusstsein den Körper noch nicht verlassen hatte.

Tertön Sogyal holte seine Ritualgegenstände hervor. Er verweilte einige Minuten in gedankenfreiem Gewahrsein und manifestierte sich dann – aus dem Zustand der Meditation heraus, in dem Phänomene als traumgleich erkannt werden – in der Form von Vajrakilaya. Mit dem unheimlichen, tiefen Klang seiner Knochentrompete und dem Spiel seiner kleinen Handtrommel rief er die Dharma-Schützer herbei, während er sich selbst mit Knochenornamenten und Gewändern aus Menschenhaut visualisierte, Symbole für den Zorn, der zur Unterwerfung dämonischer Kräfte benötigt wird. *Om Vajra Kila Kilaya Hung Phät.* Die in Ritualen benutzte Trompete aus einem menschlichen Schenkelknochen und die Schädeltrommel erinnerten Tertön Sogyal nicht nur sehr greifbar an die Sterblichkeit, sondern dienten auch als zeremonielle Opfergabe an die zornvollen Gottheiten und zur Abschreckung weltlicher Geister.

In der Untrennbarkeit von ursprünglichem Gewahrsein und Vajrakilayas Zorn verweilend rezitierte Tertön Sogyal „*Hung, Hung, Hung. . .*" und zwang die schaurigen Geister, das Zelt zu verlassen. Gespenster, die Todesfeen ähnelten, waren aus dem ganzen Tal herbeigekommen, hatten sich um das Zelt versammelt und schrien kreischend in die dunkle Nacht hinaus, dass der langhaarige Yogi Tertön Sogyal der nächste sei, der sein Leben lassen müsse. Schließlich erschien auch die Hexe, unter deren Fluch die Familie gelitten hatte, in Gestalt von neun weiblichen Geistern mit verfilztem Haar. Diese rachsüchtigen Wesen versuchten, Tertön Sogyal abzulenken und ihn mit ihren sexuellen Verführungskünsten in die Falle zu locken. Als sie damit keinen Erfolg hatten, verwandelten sie sich in furchterregende Hündinnen, die unter lautem Gebell an Tertön Sogyals Armen und Beinen zerrten. Das ganze Chaos, das die Hexe und ihre Manifestationen veranstalteten, ließ Tertön Sogyals Mitgefühl nur umso größer werden. Unfähig, Tertön Sogyal von seinem Vorhaben abzulenken, schrumpften die Hündinnen auf die Größe eines Daumennagels zusammen, bis sie schließlich ganz verschwanden. Das war das Ende der Hexe und ihrer Flüche. Tertön Sogyal setzte seine Rezitation von „*Hung, Hung, Hung . . .*" fort und visualisierte um das Mädchen herum eine Schutzkuppel aus Licht. Mit einem lauten „*Phät!*", das die Erde erbeben ließ, schleuderte er das Bewusstsein des Mädchens mit aller Kraft durch die Fontanelle aus ihrem toten Körper heraus und hinein in eine Wiedergeburt in einem reinen himmlischen Bereich.

Tertön Sogyal betete die ganze Nacht hindurch, und als das Morgenlicht in das Tal fiel, lagen im Zelt nur noch Skelette. Zum Abschluss des Rituals löste Tertön Sogyal die Visualisation auf und rief sich in Erinnerung, dass die Gottheiten-Praxis lediglich ein geschicktes Mittel ist, um erleuchtete Handlungen zu vollbringen. Vajrakilaya ist nichts anderes als ein Name und eine Form für eine der erleuchteten Aktivitäten des Buddha: die rasche Hilfe in schwierigen Situationen.

> *Alle Formen, die erscheinen, sind die Weisheitsgottheiten,*
> *alle Klänge sind Mantra, alle Gedanken der Weisheitsgeist Vajrakilayas;*
> *diese gesamte Existenz ist die vollkommene Entfaltung wechselseitiger*
> *Abhängigkeit.*
> *In der Zuversicht dieser Erkenntnis*
> *gelobe ich, immer zum Wohle der Wesen zu arbeiten.*[85]

Nach fast zwei Jahren in Nyoshul Lungtoks Obhut war für Tertön Sogyal der Zeitpunkt gekommen, Abschied zu nehmen. Tertön Sogyal wurde ins Zelt seines Meisters gerufen. Nyoshul Lungtok hielt einen etwa 20 cm langen Phurba-Dolch aus Meteoritengestein in Händen, der einst während einer Vajrakilaya-Zeremonie in der Mitte des Schreins auf seiner Spitze herumgetanzt war.[86]

„Du wirst in Zukunft tiefgründige Vajrakilaya-Schatzzyklen enthüllen. Nimm nun diesen Aktivitäts-Phurba; schwinge ihn in der Welt, doch bleibe selbst frei von der Welt", sagte er und ermächtigte Tertön Sogyal mit dem Segen seines Weisheitsgeistes.

„Setze den Phurba ein, um das selbstzentrierte Ego in seinen mannigfaltigen Erscheinungsformen zu zerstören."

Am Ende dieser Zeit mit Nyoshul Lungtok, in der er sein Geschick in der Meditation vervollkommnet hatte, war Tertön Sogyal zutiefst davon überzeugt, dass er sich seiner Lebensaufgabe als Schatzenthüller widmen musste. Tertön Sogyal sagte: „Guru Padmasambhava verbarg vielfältige Terma-Schätze, um den Dharma in diesen degenerierten Zeiten neu zu beleben und die Wesen zu inspirieren. In seinen Prophezeiungen offenbarte er, wen er gesegnet und zum Entdecker der Schätze bestimmt hat. Padmasambhava hat Tertöns wie mir aufgetragen, unsere Aufgabe umgehend zu erfüllen und die Entdeckung der Schätze niemals, nicht einen einzigen Moment, aufzuschieben – selbst wenn es unser Leben kosten sollte!"[87]

Die Tiefe und Qualität der Verwirklichung, die Tertön Sogyal in seinen Jahren im Retreat erlangte hatte, glichen denen der alten Meister aus Indien und Tibet. Er hatte erkannt, dass die verschiedenen buddhistischen Lehren letztendlich frei von Widersprüchen waren; dass die Belehrungen des Guru der Pfad sind, durch den man den Geist von den Schleiern der Unwissenheit befreit. Er verstand, dass man die Anweisungen des Guru ausnahmslos und direkt auf den Geist und die Gewohnheiten anwenden musste und sie nicht auf der Ebene bloßer philosophischer oder intellektueller Betrachtung belassen durfte. Und da er die Kernanweisungen seines Lehrers gewissenhaft anwandte und den Geist des Buddha rasch verwirklichte, war er nie in Gefahr, vom spirituellen Pfad abzuweichen.[88]

Auch nach dieser Zeit führte Tertön Sogyal sein Leben nicht nach eigenem Gutdünken, sondern folgte Padmasambhavas Prophezeiungen und der Führung der Dharma-Schützer und Schatzwächter. Er hatte fast zehn Jahre im Retreat verbracht, unter Anleitung seiner Meister Khyentse Wangpo, Jamgön Kongtrul, Nyoshul Lungtok, Lama Sonam Thaye und Dza Choktrul, die alle die Prophezeiungen über sein Leben sehr genau kannten. Padmasambhava hatte den Verlauf von Tertön Sogyals Leben schon lange im Voraus geplant. Jeder seiner Schritte – von wem er Belehrungen erhalten sollte, an welchen Orten er praktizieren sollte, welche Menschen er aufsuchen sollte, welche Rituale er ausführen sollte, bis hin zu den Schatzentdeckungen selbst – all das war in den Prophezeiungen vorhergesagt. Ein Dharma-Praktizierender muss darauf hinarbeiten, in diesem Leben keinerlei Ambitionen mehr zu haben;[89] doch das heißt nicht, dass er jeglichen Eifer aufgibt. Eifer ist eine wichtige Eigenschaft, wenn man Positives bewirken und Großes vollbringen möchte.

Und so tat Tertön Sogyal alles, was in seinen Kräften stand, um die ihm zuge-
dachten Terma-Schätze, Prophezeiungen, verborgenen Statuen und heiligen
Substanzen erfolgreich zu enthüllen. Von nun an verbrachte er seine Tage
und Nächte entweder damit, neue Prophezeiungen und Schätze aufzufinden
oder erhaltene Prophezeiungen auszuführen und die Schatzbelehrungen zu
praktizieren.

6. Kapitel

Der Schatzenthüller entfaltet seine Fähigkeiten

Derge, Osttibet

Vom Jahr des Holz-Affen bis zum Jahr des Feuer-Hundes, 1884–1886

Tertön Sogyal blieb weiterhin in Derge, wo er sich regelmäßig für längere Zeit in Retreats zurückzog und bei seinen wichtigsten Lehrern Khyentse, Kongtrul und Nyoshul Lungtok studierte. In dieser Zeit empfing er immer häufiger Vorhersagen über die Zukunft Tibets und seiner Dharma-Praktizierenden. Die Botschaften sprachen von drohendem Unheil, von einem Zeitalter des Verfalls, dem *Kaliyuga*, in dem der Geist der Tibeter von der dunklen Macht schädlicher Emotionen wie Wut, Stolz und Eifersucht befallen würde. Dies würde sowohl interne Querelen als auch Konflikte mit anderen Ländern provozieren. Padmasambhava warnte davor, dass Tibets Wohl besonders dann in Gefahr geriete, wenn Mönche und tantrische Laienpraktizierende ihre Gelübde und Regeln missachteten und sich nicht an die Anweisungen ihrer Gurus hielten.

In einer seiner Visionen teilte Padmasambhava Tertön Sogyal mit: „Jene, die sich einen Namen als ‚Gelehrte‘ gemacht haben, werden genau das tun, was im Dharma verboten ist, und zukünftiges Sektierertum wird den Buddha-Dharma vernichten. Jene, die nur wenig praktiziert haben, werden sich Yogis nennen; sie werden andere schlecht machen und böse Worte für jene haben, die tatsächlich authentische Praktizierende sind."[90]

Immer wieder warnte Padmasambhava vor *Samaya*-Brüchen. Samayas sind eine Reihe von Verpflichtungen, die man im Zuge einer tantrischen Initiation eingeht. In der Form von Gelübden zwischen Schüler und Lehrer, gegenüber den Lehren und der Gemeinschaft von Praktizierenden, die an derselben Initiation teilgenommen haben, verspricht man, kurz gesagt, im Einklang mit der Wahrheit – dem Dharma – zu leben. Samayas sind das spirituelle Band, das eine Gemeinschaft zusammenhält, ihre reine Intention und Harmonie sichert und die Dharma-Brüder und -Schwestern anspornt, in einem einzigen Mandala Erleuchtung zu erlangen. Tertön Sogyal war sich überaus bewusst, wie unglaublich wichtig es ist, die Samayas einzuhalten, und welch fatale Konsequenzen es hat, wenn man sie bricht.

„Wenn Wesen mit fehlgeleiteten Absichten in der Gemeinschaft erscheinen, handelt es sich in Wirklichkeit um Dämonen", verkündete Padmasambhava Tertön Sogyal in einer Vision. „Es wird einige geben, die die Samayas nicht einhalten und dennoch inmitten der Gemeinschaft von Praktizierenden in Ermächtigungen sitzen. Sie werden auch in Zukunft Böses im Sinn haben."

Jamgön Kongtrul sagte einmal zu Tertön Sogyal: „Verschiedene Geister und speziell die *Damsi*-Dämonen, die Samaya-brechenden Kräfte der dunklen Seite, werden von Menschen Besitz ergreifen. Wer unter ihrem Einfluss steht, wird eine gewisse Macht und etwas Hellsichtigkeit besitzen und in der Lage sein, Halbwahrheiten zu verkünden; doch ihr Pfad ist ein Pfad des Bösen. Viele Menschen werden solche Damsi-Besessenen verehren und sogar Zuflucht zu ihnen nehmen. Wie bedauernswert sie doch sind, die Tibeter! Sie unterliegen der Täuschung!"[91]

Padmasambhava warnte davor, dass interne Streitigkeiten die Tibeter verwundbar machen und Krankheiten, Hungersnöte und ausländische Angriffe herbeirufen würden, „mit Waffen, die sie in ihrer Anzahl und Art noch nie gesehen haben".

Doch es gäbe einen Ausweg.

„Die Termas, die ich für Tertön Sogyal verborgen habe, können ein Heilmittel in dieser speziellen Zeit des Verfalls sein: Sie können diese Tendenzen rückgängig machen und in Tibet wieder positives Verhalten einkehren lassen."

Eines war klar: Würden tantrische Praktizierende, Mönche und Lamas sowie religiöse Wohltäter in Eintracht leben und kein Streit unter den Traditionen ausbrechen, würde der Dharma Bestand haben.

Eines Abends schrieb Tertön Sogyal Folgendes bei Kerzenlicht: „Wenn es in meinem Falle – der ich ein unbedeutendes Wesen bin, geboren als letzter in einer langen Reihe erhabener Dharma-Halter, die das große Glück hatten, mit der Enthüllung von Guru Padmasambhavas Termas betraut worden zu sein – irgendetwas Positives an meinen Errungenschaften der Vergangenheit, Gegenwart und Zukunft gibt, möge es dazu beitragen, dass die Linienhalter aller Traditionen ein langes Leben genießen, der Dharma gedeiht und ich in all meinen Leben von den Gurus und Dakinis gesegnet bin. Ich bete, dass durch meine tiefgründige Aktivität des Enthüllens dieser Schätze meine eigenen Bestrebungen und die der anderen erfüllt sein mögen. *Mangalam.*"[92]

Im achten Monat des Feuer-Hund-Jahres (1886) hielt sich Tertön Sogyal, inzwischen 31 Jahre alt, bei Khyentse Wangpo im Dzongsar-Kloster auf.

„Du hast eine Stufe erreicht, auf der du alle Belehrungen, Sutras und Tantras kennst. Es scheint nichts zu geben, das sich deinem Wissen entzieht. Wie kann es sein, dass du all dies weißt?", fragte Khyentse, dem bewusst war, dass Tertön Sogyal kein formelles Studium an einer der großen Klosteruniversitäten absolviert hatte.

„Ich habe lediglich die Praktiken der *Nyongtri*-Belehrungen vollendet – gemäß Nyoshul Lungtoks erfahrungsbezogenen Anweisungen. Das ist alles."

Als Khyentse dies hörte, pries er die Linienmeister mit den Worten: „Diese außergewöhnliche Nyongtri-Methode kann die innere Weisheit eines Schülers auf eine Weise erwecken, die es ihm ermöglicht, alle Lehren zu meistern, ohne sie je studiert zu haben."[93]

Eines Morgens rief Khyentse Tertön Sogyal zu sich, reichte ihm sofort ein Blatt Papier und sagte: „Schreib, schreib einfach auf, was ich sage!"

Dann fuhr er fort: „*Mahasukha jnana kaya ya!* Äußerst rein, du von großer Glückseligkeit, unerschütterlich in Vergangenheit, Gegenwart und Zukunft, nie vergehender Körper, höchster, zornvoller Gebieter, ich werde dir die Methode übertragen, die Schutz vor der Furcht vor Geburt und Tod gewährt. Samaya!"

Tertön Sogyal schrieb eilig mit, was Khyentse im Folgenden in Form einer Prophezeiung über heilige Arzneipillen sagte, die Padmasambhava als Terma-Substanz verborgen hatte. Er beschrieb, wo sie verborgen waren und wie sie mithilfe bestimmter Rituale und Mantras entdeckt und anschließend vermehrt werden konnten.

Als Khyentse fertig war, fragte ihn Tertön Sogyal: „Was ist das? Hat dir das jemand erzählt oder hast du gerade eine Anleitung zur Schatzauffindung aus deinem Geist enthüllt?"

„Nun, warum sollten wir viele Worte über das verlieren, was du gerade aufgeschrieben hast?", erwiderte Khyentse. „Ich habe einfach gesagt, was mir in den Sinn kam. Aber, ja, die Bedeutung ist fehlerfrei. Siehst du, ich weiß, wo die Terma-Substanzen zu finden sind. Die heiligen Arzneipillen sind Teil eines Schatzes, den Padmasambhava verborgen hat, damit ich ihn wieder hervorhole, doch ich war nicht in der Lage, ihn zu bergen. Die pillenförmigen Substanzen – der so genannte *Sprudelnde Tau des Nektars* und der *Essentielle Tropfen der Unsterblichkeit* – können Praktizierenden in Verbindung mit Kernanweisungen und Mantras Befreiung gewähren."

„Was muss man tun, um diese Schätze zutage zu bringen?"

„Gehe morgen zur ‚Kristallhöhle des Lotosgeborenen' und versuche, die Pillen aus der Höhlenwand zu bergen!"

Tertön Sogyal ging kurz nach Mitternacht los, um sein Ziel vor Sonnenaufgang zu erreichen. Er kletterte an einer Felswand zwölf Stufen zum Eingang der Höhle hinauf, in deren Innenraum gut ein Dutzend Mönche gepasst hätten. Tertön Sogyal zündete eine Butterlampe an und setzte sich auf den kalten Granitboden. Nachdem er eine Weile meditiert hatte, um Klarheit zu gewinnen, wo sich der Schatz befand, zog er seinen Phurba-Dolch heraus und richtete ihn auf die Wand. In diesem Moment öffnete sich, ganz von selbst, eine kleine Tür im Fels und gab den Blick auf ein rechteckiges Bronzekästchen frei. Tertön Sogyal nahm das Kästchen heraus und stellte an seine Stelle eine kleine Statue, die er in seiner Robe bei sich getragen hatte. Dann schloss er die Tür wieder, verließ die Höhle und stieg eilig den Berg hinab, um Khyentse das Kästchen zu überreichen. Sie fanden darin die Arzneipillen des *Essentiellen Tropfens der Unsterblichkeit* und eine gelbe Dakini-Schriftrolle, die ungefähr sechs Fingerbreit lang und zwei Fingerbreit hoch war.

Khyentse gab Tertön Sogyal die Schriftrolle und schickte ihn in das Zimmer, das er im Kloster bewohnte, mit dem Auftrag, die Bedeutung zu entschlüsseln. Im Verlaufe des Vormittags, als Tertön Sogyal dabei war, die Dakini-Zeichen auf der Schriftrolle zu entziffern, erschien plötzlich ein alter Mönch in seinem Zimmer und verkündete: „Sogyal, Khyentse Rinpoche hat gesagt, du sollst losgehen und ein Terma aus der Höhle des ‚Weißen Ah‘ bergen." Mit diesen Worten verließ er das Zimmer. Tertön Sogyal dachte, der Eindringling hätte sich einen Scherz mit ihm erlaubt, und ignorierte die Anordnung. Doch als er am nächsten Tag seine Morgengebete rezitierte, erschien der Mönch erneut. Während Tertön Sogyal sich noch fragte: „Wer mag das nur sein, und wo ist er hergekommen?", ging der Mönch zur Tür und verschwand wie ein verblassender Regenbogen.

„Ahh, das ist nur ein Geist, der versucht, mich zu täuschen", dachte er, rezitierte das Vajrakilaya-Mantra: „*Om Vajra Kila Kilaya Hung Phät...*", und schickte ihm den Blick einer zornvollen Gottheit nach.

Zwei Tage später erschien der Mönch wieder.

„Wer bist du?", herrschte ihn Tertön Sogyal dieses Mal an.

„Ich bin ein Gehilfe von Khyentse Rinpoche."

„Nein, das bist du nicht! Ich habe dich hier noch nie gesehen!"

„Ich gehe normalerweise nicht nach draußen. Deshalb hast du mich noch nicht bemerkt."

Als der Mönch wieder durch die Tür verschwand, hinterließ er eine Spur rauchfarbener Wolken. Tertön Sogyal stand auf, eilte zum Fenster und sah, wie sich der Mönch in Rahula verwandelte, den neunköpfigen Schützer der Dzogchen-Lehren. Mit seinem schlangenförmigen Unterkörper glitt Rahula die Treppe vor Tertön Sogyals Zimmer hinunter und überquerte den Hof. Es roch ein wenig verbrannt, und ein leichtes Erdbeben ließ die Klostergebäude erzittern. Einer der Äbte des Klosters kam aus Khyentses Wohnsitz zu Tertön Sogyals Zimmer gerannt und rief völlig außer Atem: „Jetzt! Jetzt ist der Zeitpunkt gekommen, um zur Höhle des ‚Weißen Ah‘ zu gehen!" Tertön Sogyal griff nach seinem Phurba, stürzte aus dem Zimmer und ritt direkt zu der Höhle, die in einem Seitental nordwestlich des Klosters gelegen war.

Kaum war er am Höhleneingang vom Pferd gestiegen, glitt Rahula auf ihn zu und händigte ihm einen Schatz-*Vajra*, einen Phurba und die Arzneipillen des *Sprudelnden Taus des Nektars* aus.[94]

An diesem Vorfall lässt sich erkennen, welche Art von Beziehung Tertön Sogyal und der große Khyentse hatten. Es war, als wollte der Meister sicherstellen, dass der junge Tertön die spirituellen Fähigkeiten und das Selbstvertrauen gewann, um auf die Zeit seiner bedeutsamsten Enthüllungen vorbereitet zu sein, die Tibet und dem Dalai Lama Schutz bieten würden.

Einige Monate später, nachdem Khyentse in Gegenwart von Kongtrul und anderen bedeutenden Meistern eine Reihe von Ermächtigungen und Belehrungen gegeben hatte, trug Khyentse Tertön Sogyal auf, noch einmal in die ‚Kristallhöhle des Lotosgeborenen‘ zurückzugehen, um eine Locke von Yeshe Tsogyals Haar zutage zu bringen, die dort als Schatz verborgen worden war. Tertön Sogyal kehrte mit einem kleinen Steinkästchen zu Khyentse zurück, das sich spontan öffnete und eine Haarlocke und eine Schriftrolle mit Dakini-Zeichen offenbarte. Khyentse konnte die Bedeutung der Zeichen auf der Schriftrolle unmittelbar verstehen und gab Tertön Sogyal die damit verbundene Ermächtigung und die Anweisungen.

Tertön Sogyal fragte: „Wenn du Dakini-Schrift auf den Rollen siehst, wie erscheinen dir dann die Anweisungen? Verwandelt sich jede Silbe Schritt für Schritt in andere Worte, oder erschließen sich dir alle Dakini-Silben gleichzeitig?"

Khyentse antwortete: „Glaubst du wirklich, diese Dakini-Zeichen könnten so umfangreiche Belehrungen darstellen? In Wirklichkeit erhebt sich die wahre Bedeutung dieser wenigen Silben fehlerfrei aus dem Erinnerungsvermögen des Tertöns, und alle Einzelheiten entfalten sich daraus ganz von selbst."[95]

Tertön Sogyal konnte sich nur in stiller Ehrfurcht verbeugen, denn nicht allein die Worte, die sein Guru sprach, waren eine Belehrung für ihn, sondern auch dessen Präsenz. Für Tertön Sogyal war Khyentse untrennbar eins mit Padmasambhava.

Gegen Ende des Feuer-Hund-Jahres, in Tertön Sogyals 32. Lebensjahr, gewährte Khyentse einer Versammlung von Schülern eine lange Reihe von zur Reife bringenden Ermächtigungen und befreienden Belehrungen. Nachdem Khyentse einigen engen Schülern einen Kommentar zum *Chetsün Nyingtik*

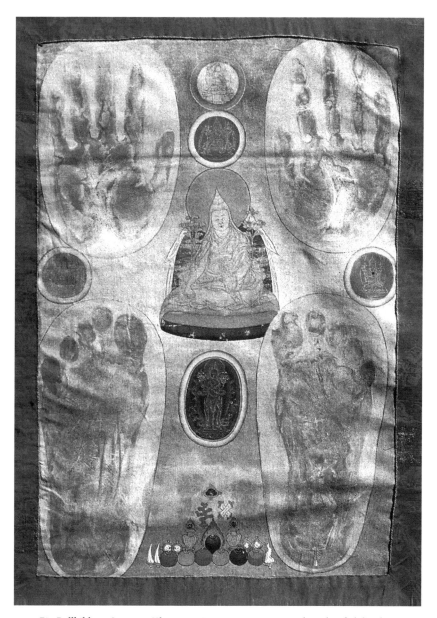

Ein Rollbild von Jamyang Khyentse Wangpo mit seinen Hand- und Fußabdrücken.

gegeben hatte, fragte er sie, welche weiteren Belehrungen sie erhalten wollten. Die Gruppe bat ihn einstimmig darum, dieselbe Belehrung zum *Chetsün
Nyingtik*, die er ihnen gerade gewährt hatte, noch einmal zu geben. Khyentse

willigte ein. Nach jeder Sitzung schrieb Tertön Sogyal aus der Erinnerung nieder, was gelehrt worden war.

Am Ende der vielen Belehrungstage überreichte Tertön Sogyal Khyentse seine Aufzeichnungen. Der schaute sie sich an und sagte: „Genau das habe ich gesagt; nichts fehlt und nichts wurde hinzugefügt. Führe von Zeit zu Zeit eine Zeremonie durch, um den Text zu segnen, um den Text zu segnen. Dann lies ihn noch einmal gründlich und mache letzte Korrekturen. In Zukunft sollte niemand mehr etwas daran ändern."[96]

Zum Abschluss der Ermächtigungen und Übertragungen verkündete Khyentse, Tertön Sogyal müsse, um die Zahl seiner Schatzenthüllungen zu vermehren, ein langes Leben haben. Daher habe er beschlossen, ein Langlebensritual für den Tertön aus Nyarong durchzuführen. Tertön Sogyal wurde vor der Versammlung von Mönchen und Yogis in Dzongsar auf einen hohen Thron gesetzt, und man brachte ihm die Symbole für den erleuchteten Aspekt von Körper, Sprache, Geist, Qualitäten und Aktivitäten dar. Mönche, die wie Dakinis gekleidet waren, vollführten um Tertön Sogyal herum rituelle Tänze, die Langlebigkeit und Vitalität herbeirufen und Hindernisse für sein Leben vertreiben sollten. Am Ende der festlichen Zeremonie wurde eine lebensgroße Figur von Tertön Sogyal, bekleidet mit einem Hemd, das er sechs Monate getragen hatte, aus der Versammlung befördert und den schädlichen Geistern als rituelles Lösegeld übergeben, damit sie den Tertön in Zukunft in Ruhe ließen.

„Ich habe in den letzten Jahren viele Monate mit Tertön Sogyal Lerab Lingpa verbracht. Unsere Verbindung ist keine weltliche, wir sind vielmehr durch die Enthüllung von Schatzlehren verbunden. Es ist uns gemeinsam gelungen, alle äußeren, inneren und innersten Aktivitäten zu vollenden", sagte Khyentse.

„Der Eifer, mit dem Sogyal den Lehren der langen mündlichen Übertragungslinie und der kürzeren Schatzübertragungslinie der Nyingma-Schule zuhört, darüber kontempliert und meditiert, hat niemals abgenommen. Ein Sprichwort besagt, dass alles um dich herum gut laufen und besänftigt sein wird, wenn du dich in der Nähe eines großen Wesens befindest. Während ich den innersten Zyklus von Ermächtigungen erteilt habe, war es genau so: Sogyal war mein Assistent für das Ritual und erfüllte seine Aufgabe nicht nur mit einem Halbwissen oder indem er etwas vortäuschte, sondern er führte alles in Vollkommenheit aus, ohne den geringsten Fehler. Und nicht nur das, er kümmerte sich auch um mich: Er zündete das Feuer an, goss mir Tee ein, machte sauber und erledigte alle möglichen anderen Dinge. Dafür bin ich ihm unendlich dankbar. Sogyal hat einen alten Lama wie mich behandelt, als sähe er Gold statt Staub vor sich. Ihn als meinen Assistenten zu haben war, als würde man kostbares Sandelholz verwenden, um ein Feuer zu entfachen."

Als der große Meister mit seiner Rede in der Zeremonie zum Abschluss kam, erinnerte sich Tertön Sogyal daran, dass er vom ersten Augenblick an, als sie sich begegnet waren und er Belehrungen von Khyentse erhalten hatte, bis jetzt niemals, für keinen einzigen Moment, einen Gedanken von Rivalität gehegt noch irgendetwas anderes für ihn gefühlt hatte als bedingungslose Liebe.[97]

7. Kapitel

Auf der Suche nach der spirituellen Gefährtin

Derge und Gonjo, Osttibet

Jahr des Feuer-Schweins, 1887

Je erfolgreicher Tertön Sogyal als Schatzenthüller wurde, desto umfassender und weitreichender wurde auch seine Aktivität. Jede Enthüllung und jede daraus hervorgehende Praxis verliehen ihm zusätzliche Kraft, dem Wohle anderer zu dienen. Doch mit zunehmender Macht wuchsen auch die Feindseligkeit und der Unmut, mit denen man ihn und seine Termas beäugte. Die Missgunst einiger Menschen lag wie der düstere Schatten eines giftigen Baumes über Tertön Sogyal und führte dazu, dass er im Jahr des Feuer-Schweins (1887) schwer erkrankte. Mit Hilfe chinesischer und tibetischer Heilkräuter versuchte man, seine geschwächte Lebensenergie wiederherzustellen, und führte spezielle Rituale zur Abwendung der schädlichen Situation durch, mit dem Ziel, die Negativität dorthin zurückzusenden, wo sie hergekommen war, und die ihr zugrunde liegende böswillige Einstellung aus der Welt zu schaffen. Einer seiner Lehrer, Dza Choktrul aus dem Katok-Kloster, und sein älterer Dharma-Bruder, Tertön Rangrik Dorje aus dem Lumorap-Kloster im Norden Nyarongs, reisten eigens in das Dorf in der Garje-Region,[98] um Tertön Sogyal beizustehen und die Ursache seiner Krankheit durch Langlebensermächtigungen, Reinigungsrituale und Arzneien zu beseitigen. Tertön Sogyal nahm seine schwere Krankheit indes zum Anlass, sich intensiv darin zu üben, sein eigenes Glück an andere zu geben und die Negativität von anderen auf sich zu nehmen. Immer wieder kontemplierte er über den Vers: „Ich bringe meine Freude und mein Glück allen muttergleichen fühlenden Wesen dar und nehme stillschweigend all ihr Unglück und ihr Leid auf mich."[99] Viele Tage meditierte er auf diese Weise in dem Bestreben, das Leid der anderen tatsächlich zu beseitigen.

Zwei Jahre zuvor hatte der große Khyentse Tertön Sogyal prophezeit: „Im Jahr des Schweins [1887], kurz vor der Vollendung gewöhnlicher und höchster Errungenschaften, werden gewaltige Hindernisse auftreten." Die Langlebenszeremonie, die Khyentse seinerzeit vollzogen hatte, sollte als Gegenmittel dienen. Er hatte Tertön Sogyal auch gewarnt, dass er sich vor den Anfeindungen und der Eifersucht anderer, selbst einiger so genannter Schüler, in Acht nehmen müsse. Wie Jamgön Kongtrul feststellte: „Heutzutage ist das Verdienst der Schüler zu gering für spontane günstige Umstände; falsche Sichtweisen sind weit verbreitet, Zweifel gibt es viele, Schüler behandeln ihren Meister wie einen gewöhnlichen Freund und missachten ihre Samaya-Verpflichtungen. In diesen Zeiten, wenn jene, die einem Meister folgen und sich auf ihn stützen, all seine Handlungen kritisieren, können günstige Umstände nur schwer zusammenkommen."[100]

Dank Khyentses Segen, den Abwehr-Ritualen der Lamas und Tertön Sogyals eigenen Reinigungsmeditationen verbesserte sich sein Zustand allmählich. Die Dorfbewohner, die befürchtet hatten, der junge Schatzenthüller würde sterben, waren erleichtert und sagten: „Der Mond ist Rahula entkommen."[101]

Sobald Tertön Sogyal sich erholt hatte, suchte er Khyentse auf. Er erzählte ihm, Zeichen hätten darauf hingewiesen, dass der richtige Zeitpunkt gekommen sei, um sich auf die Suche nach der prophezeiten Dakini-Gefährtin, Pumo aus Gonjo, zu machen. Würde Tertön Sogyal diese Gefährtin finden, so hatte Padmasambhava vorausgesagt, würden sich seine Aktivitäten vervielfachen. „Doch wenn du sie nicht antriffst oder die Begegnung sich verzögert, wird sich dein Leben verkürzen." In einer Prophezeiung, die Tertön Sogyal am Granitgrat gefunden hatte, den man ‚Weißes Steinschwert' nennt, hieß es: „Es gibt eine Gefährtin, bekannt als ‚Diejenige, die große Glückseligkeit verleiht'. Wenn du ihr begegnest, wirst du über Wohlstand und Erfolg verfügen, deine Lebensspanne wird sich verlängern und es wird in deiner Macht liegen, zahlreiche Termas zu enthüllen." Die gleiche Prophezeiung warnte Tertön Sogyal vor den Konsequenzen, sollte er sie nicht finden: „Du wirst arm sein, schnell hinfällig werden, erfolglos bleiben und die dir bestimmten Schätze nicht entdecken."

Khyentse bestätigte die Richtigkeit der Zeichen.

Tertön Sogyal erzählte Khyentse von einer Vision, in der ihm gesagt worden war: „In Gonjo wirst du eine Tochter aus dem Hause der Kangshar-Familie finden, geboren im Holz-Ochsen-Jahr [1865], die tiefe Entsagung gegenüber Samsara verspürt, einzig am Dharma interessiert ist, eine schnelle Auffassungsgabe hat und mühelos Lesen und Schreiben erlernt."[102] In der Vision sah Tertön Sogyal, dass die Eltern des Mädchens heimlich versucht hatten, sie im Alter von 16 Jahren mit einem Bezirksbeamten zu verheiraten.

„Ich will diesen alten Mann nicht heiraten", hatte das Mädchen gesagt, ein Messer geholt und ihre Eltern aufgefordert, ihr damit das Haar abzuschneiden. „Ich will stattdessen Nonne werden!"

In der Vision sah Tertön Sogyal auch, dass die Eltern das Mädchen ange-fleht hatten, den Antrag des hochrangigen Beamten anzunehmen, doch ihre Tochter war daraufhin wie ein wild gewordenes Yak durch das Haus gestürmt und auf dem gesamten Anwesen herumgerannt.

„Deine Hellsichtigkeit trügt dich nicht. Sie verfügt über alle Glück verhei-ßenden Merkmale der prophezeiten Gefährtin", sagte Khyentse. „Der Name meiner Wurzelmeisterin lautet Minling Jetsuma Trinley Chödrön. Du soll-test deiner Gefährtin einen Teil ihres Namens geben – Trinley Chödrön."[103] Tertön Sogyal verneigte sich voller Dankbarkeit für den Segen des Meisters, den er Pumo in Gonjo überbringen würde.

Tertön Sogyal kehrte in das Lager in Drikok zurück, um vor seiner Abrei-se nach Gonjo mit Lama Sonam Thaye und Nyoshul Lungtok über die Pro-phezeiung zu sprechen und auch ihren Segen zu erbitten. Sie gaben ihm ihren Schutz mit auf den Weg und versicherten ihm, dass er in Übereinstimmung mit Padmasambhavas Wünschen handelte.

Tertön Sogyal machte sich mit einigen befreundeten Praktizierenden auf den Weg nach Gonjo. Sie ritten in südwestlicher Richtung und durchquerten das Herz der ‚Vier Flüsse und sechs Gebirgsketten', das Gebiet, in dem die

Oberläufe des Saluen, Mekong, Jangtsekiang und Yalong Jiang sich ihren Weg zwischen sechs parallel verlaufenden Bergketten gebahnt hatten. Braunbären, Wildschweine, Wölfe und Murmeltiere ergriffen die Flucht, als die Gruppe in die tiefen Täler hinabritt. Auf ihren kräftigen kleinen Pferden kamen sie gut voran und zogen durch Eichen-, Birken- und tiefrote Rhododendronwälder und über Wiesen, auf denen zarte blaue Mohnblumen, leuchtendes Edelweiß und goldfarbene Kobra-Lilien wuchsen. Frühmorgens gab es für jeden eine Schale Tsampa, ein Stück Hartkäse und Buttertee, bevor sie noch vor Sonnenaufgang weiterritten. Tagsüber machten sie mehrmals Halt, um frischen Tee zu kochen. Während die anderen Holz sammelten, errichtete Tertön Sogyal aus drei Steinen eine Feuerstelle, auf die er seinen rauchgeschwärzten, zerbeulten Teekessel setzte. Während der Tee dann über dem Feuer köchelte, stocherte Tertön Sogyal gelegentlich mit seinem Phurba-Dolch an einem der Steine herum, bis eine Öffnung erschien, aus der er kleine Schätze hervorholte – manchmal eine kleine Padmasambhava-Statue oder einfach einen gesegneten Dzi-Stein aus Onyx. Diese Schätze waren nicht mit einer bestimmten Belehrung verbunden, sondern dazu gedacht, hingebungsvollen Praktizierenden als Objekte der Inspiration zu dienen. Wenn die Yogis an Bergdörfern und Zeltlagern vorbeikamen, segnete Tertön Sogyal die Bewohner mit diesen Schatzobjekten und ließ manchmal eines davon zurück, um der heiligen Landschaft zusätzliche Kraft zu verleihen.[104]

Die Einäugige Schützerin geleitete Tertön Sogyal und seine Gruppe über den Drichu-Fluss (Jangtsekiang) vorbei an den steilen Kalksteinwänden und durch die dichten Nadelwälder der Gonjo-Region. Dank ihrer Führung konnten sie die befestigten *Dzongs*, die Bastionen der lokalen Fürsten, umgehen, die über den mit Gerste bepflanzten Terrassenfeldern aufragten. Als die Männer nach einwöchiger Reise auf dem Kangshar-Anwesen eintrafen, hielt die Familie sie bei ihrem Anblick und ihrem Geruch nach öligen Ledersätteln und dem Rauch zahlreicher Lagerfeuer im ersten Moment für eine Bande von Räubern.

„Wie kannst du es wagen, um die Hand unserer Tochter anzuhalten?", fragte die Matriarchin der aristokratischen Khangsar-Familie ungläubig, als der staubbedeckte Tertön vor ihr stand. Tertön Sogyal überreichte ihr Khyentses Brief.

„Dieser Brief stammt offensichtlich vom Meister Khyentse, und den Geschichten nach, die wir über dich gehört haben, bist du angeblich ein Schatzentdecker. Doch solltest du lediglich ein Scharlatan mit langen Haaren und weißen Roben sein, wärst du nicht der Erste, den wir entlarven!"[105]

„Wenn du die Hand meiner Tochter willst," fügte Pumos Vater barsch hinzu, „musst du dich ihrer würdig erweisen."

Tertön Sogyal nahm die Herausforderung an. Die Yogis aus Nyarong schlugen ihre Zelte aus Yak-Haar auf einer der umliegenden Wiesen auf. Die Khangsar-Familie versorgte sie großzügig mit Butter, Trockenfleisch und geröstetem Gerstenmehl; Diener des Hauses holten für sie Wasser vom Fluss und halfen ihnen auch sonst mit allem, was sie brauchten. Vor Sonnenaufgang und am späten Abend konnte die schöne Pumo Tertön Sogyals Trommel und Glocke hören, während er in seinen Ritualen den Weisheitsgeist von Vajrakilaya anrief und die lokalen Schützer herbeizitierte. Pumo bändigte ihre Sehnsucht, Tertön Sogyal endlich von Angesicht zu Angesicht gegenüberzustehen. Am Nachmittag – der Zeit, in der lokale Gottheiten auf ihrer Suche nach Nahrung umherstreifen – stieg vor Tertön Sogyals Zelt Rauch von verbrannten *Sur*-Opfergaben auf, die er aus geröstetem Gerstenmehl, Butter und getrocknetem Käse hergerichtet hatte. Die Tage in Gonjo wurden zu Wochen, und immer noch wartete Tertön Sogyal auf die Glück verheißenden Bedingungen und positiven Vorzeichen, die ihm signalisierten, dass die Zeit gekommen war, seine Fähigkeiten vor Pumos Eltern unter Beweis zu stellen. Doch dann kündigten Tertön Sogyals Träume eine Schatzenthüllung an, die mit Avalokiteshvara, dem Buddha des Mitgefühls, verbunden war.

Am Morgen nach einem dieser prophetischen Träume trug Tertön Sogyal seinem Diener auf, Pumo zu holen und sie zu einem Granitfelsen am Fluss zu bringen. Sie solle einen rituellen Langlebenspfeil, geschmückt mit fünffarbigen Seidenbändern, bei sich tragen. Die Nachricht, dass sich die Khangshar-Tochter vielleicht schon bald mit dem Schatzenthüller aus Nyarong vermählen würde, verbreitete sich in Windeseile. Als Pumo beim verabredeten Treffpunkt eintraf, hatte sich schon fast das gesamte Dorf am Felsen versammelt, darunter auch Pumos Mutter, ihr Vater und sämtliche Bediensteten.

Tertön Sogyal trug den Dorfbewohnern auf, ein Rauchopfer aus Wacholderzweigen darzubringen, und bat dann alle, das Anrufungsgebet an Padmasambhava zu rezitieren:

Hung. Im Nordwesten des Landes Oddiyana,
im Herzen einer Lotosblüte,
begabt mit den wunderbarsten Fähigkeiten,
wirst du gerühmt als der ‚Lotosgeborene'
und bist umgeben von Scharen von Dakinis.
Deinem Beispiel folgend
bitte ich dich: Komm und erfülle mich mit deinem Segen!
Guru Padma Siddhi Hung.[106]

Während sie das Gebet rezitierten, stellte Atrin, Tertön Sogyals Diener, einen kleinen Kelch auf einen flachen Felsblock und goss Reiswein hinein, bis er überlief – eine Opfergabe an die Geister der Unterwelt. Anschließend warf Tertön Sogyal als Vorauszahlung für den Schatz, den er enthüllen wollte, gesegnete Gerstenkörner in das Wasser und gegen die Felswand.

Als er sich seinen Weg durch die versammelten Dorfbewohner bahnte, hielt er vor Pumo inne und schaute in ihre kastanienbraunen Augen. Die armlangen Bänder des Langlebenspfeils, den sie emporhielt, tanzten mit den wallenden Locken ihres schwarzen Haares im Wind. In diesem Moment geschah eine Verwandlung in beider Wahrnehmung: Pumo sah in Tertön Sogyal niemand anderen als Padmasambhava, und für ihn war sie Yeshe Tsogyal in Person. Noch immer hatten sie kein einziges Wort miteinander gesprochen.

Tertön Sogyal trat näher an die Felswand heran und setzte sich vor ihr auf den Boden. Pumo folgte ihm, und blies dreimal in ein Muschelhorn, bevor sie dicht hinter ihm niederkniete. Während Tertön Sogyal chantete, falteten alle die Hände und riefen Padmasambhava an. Tertön Sogyal betete: Möge er, wenn die Heirat mit Pumo zum Wohl der Wesen beitragen würde, der Familie den Beweis erbringen können, dass er ihrer würdig war. Als er am Ende des Gebets den Blick hob, sah er, wie sich im Granitfelsen langsam ein Spalt öffnete. Die Dorfbewohner hielten voller Ehrfurcht den Atem an.

Er griff in die Öffnung hinein und holte mehrere Schätze hervor, darunter einen rituellen Phurba, eine kleine Statue und eine Schrift über den Buddha des Mitgefühls. Tertön Sogyal übergab Atrin die gesegneten Objekte, der sie in Seidenschals wickelte. Dann zog er seine Teeschale aus seinem wollenen Mantel und legte sie an die Stelle, an der sich die Schätze befunden hatten, um den Ort nicht ohne Segen zurückzulassen. Er verneigte sich leicht in

Richtung Felswand als Dank an die lokalen Erd- und Wassergeister, die er mit seinen allabendlichen Opfergaben freundlich gestimmt hatte. Daraufhin schloss sich die Felsöffnung wieder.

„Padmasambhava ist immer noch unter uns", raunten nun einige in der Menge, denen es bis jetzt vor Staunen die Sprache verschlagen hatte. „Öffentliche Schatzenthüllungen vor aller Augen sind so selten wie ein weißes Yak."

Tertön Sogyal überreichte Pumos Vater den Phurba-Dolch und wies ihn an, den Schatz im Hauptscheinraum der Khangshar-Familie aufzubewahren. Die 23-jährige Pumo ging auf Tertön Sogyal zu, übergab ihm als Symbol ihrer spirituellen Vereinigung den Langlebenspfeil und war von da an als Khandro Pumo bekannt. Am nächsten Morgen brachen Tertön Sogyal und die Nyarong-Yogis ihr Lager ab und machten sich mit Khandro Pumo noch vor Sonnenaufgang auf die Heimreise nach Drikok. [107]

8. Kapitel

Der Tertön wird zum Dalai Lama zitiert

Drikok-Lager, Osttibet

Vom Jahr der Erd-Ratte bis zum Jahr des Erd-Ochsen, 1888–1889

Berichte über Tertön Sogyals spirituelle Fähigkeiten und Kraft verbreiteten sich in ganz Osttibet und erreichten schließlich auch die Marktplätze und Teehäuser in Lhasa. Fromme Pilger, die aus Kham nach Zentraltibet kamen, erzählten Geschichten über den aufstrebenden Schatzenthüller aus Nyarong, der Termas aus Granit hervorholte und in mehreren Dörfern gleichzeitig erscheinen konnte. Händler rühmten Tertön Sogyals gesegnete Glücksbringer, die sie vor gefährlichen Räubern und schweren Hagelstürmen bewahrt hatten. Selbst die Mönche und Lehrer der großen Klosteruniversitäten in der Gegend um Lhasa – Sera, Drepung und Ganden – hatten inzwischen von Tertön Sogyal gehört.

Zu Beginn des Jahres der Erd-Ratte (1888) wurde ein berittener Bote aus dem Potala-Palast des Dalai Lama mit einer Nachricht für Tertön Sogyal nach Osttibet gesandt. Der Reiter traf Tertön Sogyal in Nyoshul Lungtoks Lager in Drikok an.[108] „Du musst sofort kommen", las Tertön Sogyal in der Mitteilung des 13. Dalai Lama. „Unverzüglich!" Er zeigte Nyoshul Lungtok und Khandro Pumo den Brief.

Kurz darauf erhielt Tertön Sogyal eine weitere Aufforderung des Dalai Lama, nach Lhasa zu kommen – nicht nur, weil seine Anwesenheit Tibet und den buddhistischen Lehren im Allgemeinen nützen würde, sondern weil er sich darüber hinaus dringend mit dem tibetischen Oberhaupt treffen müsse. Khandro Pumo bereitete alles Notwendige für die fünfwöchige Reise ihres Mannes nach Lhasa vor und trug einigen im Lager auf, Sattel- und Zaumzeug bereitzustellen.

Der Dalai Lama hatte Tertön Sogyal nach Lhasa berufen, damit er dort machtvolle tantrische Rituale ausführte, die die britische Armee, die an Tibets südlicher Grenze aufmarschiert war, zur Umkehr zwingen sollten. Von Tertön Sogyal rezitierte Mantras hätten, so glaubte man, die Kraft, Tibet vor der drohenden Invasion zu schützen. Das Staatsorakel hatte dem jungen Dalai Lama zu verstehen gegeben, dass Tertön Sogyal sich in den Dienst des Landes stellen müsse. Letztendlich bedeutete das Tertön Sogyals Ernennung zum spirituellen Berater des Dalai Lama. Als tantrischer Verteidigungsminister würde Tertön Sogyal die besondere Aufgabe zukommen, seine Meisterschaft des Vajrayana zum Schutz des Dalai Lama und ganz Tibets einzusetzen. Er hatte sich also im Laufe seines kurzen Lebens vom Yak-Hirten in einen Banditen und dann in einen Yogi der Berge verwandelt, um nun zum Lehrer des Dalai Lama und Beschützer seines Reiches zu werden.

Tertön Sogyals Zusammentreffen mit dem Dalai Lama ließ die spirituelle Dynamik wieder aufleben, die im ‚Goldenen Zeitalter‘ der Geschichte Tibets das Zusammenwirken zwischen dem Großen Guru Padmasambhava und den Königen des Landes geprägt hatte. Die Dalai Lamas waren die Verkörperung von Buddhas Mitgefühl und – genau wie die Könige der Vergangenheit – dafür verantwortlich, den politischen Einfluss und die spirituelle Kraft der Nation zu sichern. Und Tertön Sogyal oblag – als Padmasambhavas Abgesandtem – die Aufgabe, Tibet zu schützen und drohende Gefahren abzuwenden, damit Dharma-Praktizierende dort weiterhin die günstigsten Bedingungen für ihren spirituellen Pfad vorfanden. Nun war es soweit, dass Padmasambhavas Terma-Lehren mit ihren detailliert beschriebenen Ritualen zum Schutz Tibets in Krisenzeiten zum Einsatz kommen mussten. Äußerst kraftvolle Praktiken, wie zum Beispiel die Phurba-Dolch-Rituale, sowie der Bau von Tempeln und Stupas an strategisch wichtigen Stellen waren vonnöten, um Angreifer abzuwehren oder sogar zu besiegen.

Als Tertön Sogyal in Lhasa ankam, begegnete er dem Dalai Lama dem äußeren Anschein nach zum ersten Mal. Doch sowohl der Tertön als auch der Dalai Lama wussten, dass dies lediglich die Erfüllung ihres Bodhisattva-Versprechens war, das sie vor vielen Leben gemeinsam abgelegt hatten.

Die Dalai Lamas sind sowohl die Hüter als auch die Schutzheiligen Tibets. In Tibet ist es üblich, dass die Menschen ihre tiefsten Gebete und innigsten Wünsche an ihren jeweiligen Meister richten. Doch wenn es um das Wohl Tibets geht, setzt das gesamte tibetische Volk seine Hoffnung in den Dalai Lama. Es gibt keinen anderen Lama und keine andere Übertragungslinie in der jüngeren Geschichte Tibets, auf die sich die Tibeter in gleicher Weise mit ihren Wünschen und Gebeten verlassen.

Die Institution des Dalai Lama gelangte Mitte des 17. Jahrhunderts zu religiöser und politischer Bedeutung, nachdem die reformistische Gelug-Schule, eine der vier Hauptschulen des tibetischen Buddhismus, an die Macht gekommen war. In den vorangegangenen vier Jahrhunderten hatten die Sakya-, Karma Kagyü- und Gelug-Schule um die Vorherrschaft in Tibet gewetteifert und sich zu diesem Zweck jeweils der Protektion durch die mongolische Yuan- (1271–1368) und chinesische Ming-Dynastie (1368–1644) versichert. Diese ausländischen Schutzpatrone des tibetischen Buddhismus gewährten – mal mehr, mal weniger – finanzielle Unterstützung und militärischen Rückhalt. Im Gegenzug verliehen die tibetischen Lamas ihrer Herrschaft spirituelles Gewicht. Diese ‚Lama-Wohltäter-Beziehung' beruhte auf Gegenseitigkeit: Die Gemeinschaft der Laien unterstützte die Gemeinschaft der Mönche und Nonnen, und die spirituellen Gruppierungen bekräftigten die Position der politischen Herrscher. Auch Tibets internationale Beziehungen zu den östlichen Nachbarn beruhten auf dieser Lama-Wohltäter-Verbindung.[109]

Im tibetischen Buddhismus wurden Politik und Religion nie als etwas Getrenntes betrachtet. Ein tibetisches Nationalbewusstsein, wie es sich zu Tertön Sogyals Lebzeiten entwickelt hatte, war erst im 8. Jahrhundert entstanden, als König Trisong Detsen mithilfe von Padmasambhavas spiritueller

*Der 13. Dalai Lama, Thubten Gyatso, war das spirituelle und politische Oberhaupt Tibets
und ein Schüler von Tertön Sogyal.*

Meisterschaft die Herrschaft über das tibetische Plateau errang. Politik und
Religion waren seit Gründung des tibetischen Staates aufs Engste verknüpft,
und jegliche Vorstellung, dass die Regierung des Landes nicht auf buddhistischen Prinzipien beruhen könne, erschien töricht. Buddhas Lehren über die
Vergänglichkeit, das Gesetz von Ursache und Wirkung – Karma – sowie über

Mitgefühl waren das Fundament für die Regierungstätigkeit jedes Amtsträgers, ob ordinierter Mönch oder Laie. Diese grundlegenden buddhistischen Prinzipien versahen die Führenden mit der notwendigen Weisheit, um erfolgreich regieren zu können. Und die Verkörperung dieser Einheit von Politik und Spiritualität zeigte sich auch in der Institution des Dalai Lama.

Die Inkarnations-Linie des Dalai Lama reicht bis ins 15. Jahrhundert zurück.[110] Die ersten vier Dalai Lamas waren Gelehrte und Meditierende, die keine bedeutende politische Macht ausübten. Doch im 17. Jahrhundert gewann der Große 5. Dalai Lama sowohl die weltliche als auch die religiöse Macht über die Nation und festigte sie – er war der erste tibetische Herrscher seit den Königen des 7. und 8. Jahrhunderts, dem dies gelang. Die Tibeter priesen die Regierung des Großen 5. Dalai Lama nostalgisch als eine Rückkehr zu den großartigen Zeiten König Trisong Detsens, der seine Entscheidungen und Anordnungen auf der Grundlage des Buddhismus getroffen hatte und dessen Einflussbereich sich bis nach China und Zentralasien erstreckt hatte.

Der Große 5. Dalai Lama ging aufgrund seiner Mystik, seiner Dichtkunst und Schriften, seines architektonischen Könnens – das er unter anderem durch den Bau des Potala-Palastes bewies – sowie seiner staatsmännischen Fähigkeiten in die Geschichte ein. Es ist kein Zufall, dass dieser Dalai Lama die politische und religiöse Oberherrschaft gewann, sondern das Resultat seiner tiefen Hingabe zu Padmasambhava und seiner spirituellen Verbindung mit dem Dzogchen-Meister Chöying Rangdrol sowie dem weißbärtigen Mindroling-Tertön Terdak Lingpa, der wie alle Tertöns ein Gesandter Padmasambhavas war.[111] Da die Inkarnationen des Dalai Lama die spirituellen Nachfahren der Könige des tibetischen Imperiums sind, gilt ihr Erfolg als gesichert, sobald sie eine Verbindung mit einem der Tertöns eingehen, den Repräsentanten Padmasambhavas. Der 1. und 2. sowie der 6. bis 12. Dalai Lama, die allesamt nicht unter dem Schutz von Tertöns standen und keine Belehrungen oder Ermächtigungen von ihnen erhalten hatten, zeigten keine nennenswerten spirituellen und politischen Aktivitäten, und einige von ihnen starben sogar eines vorzeitigen Todes.[112] Jetzt hatte der 13. Dalai Lama die Gelegenheit, seinem karmisch verbundenen Schatzenthüller zu begegnen – Tertön Sogyal.

Repräsentanten der Regierung in vollem Ornat sowie das Medium des Nechung-Orakels bereiteten Tertön Sogyal ein paar Stunden von Lhasa entfernt einen formellen Empfang und eskortierten ihn bis zum Potala-Palast. Schon von Weitem konnte Tertön Sogyal von seinem Pferd aus den weiß-roten Potala-Palast in Lhasa aufragen sehen. Mit über 1000 Räumen – Unterkünften, Gebetshallen, Reliquienzimmern, Schreinräumen, Büchereien, Räumen für zeremonielle Empfänge und Regierungssälen – war es das spektakulärste Bauwerk in ganz Tibet. Seit der Zeit des Großen 5. Dalai Lama vor über 300 Jahren hatte es allen Dalai Lamas als Wohnsitz gedient.

Als die kleine Prozession mit der Ehrengarde, die Tertön Sogyal begleitete, Lhasa erreichte, unterbrachen die Bewohner des Shol-Viertels unterhalb des Potala-Palastes ihre Gespräche und Tauschgeschäfte und schauten ihr neugierig nach. Es kam selten vor, dass der Dalai Lama einen tantrischen Laien-Yogi zu sich in den Potala bestellte, und es war noch ungewöhnlicher, dass Klostervorstände der tibetischen Regierung einem Laien das Ehrengeleit gaben. Die Bewohner reckten ihre Köpfe aus den Fenstern der weiß getünchten Gebäude, um einen Blick auf Tertön Sogyal werfen zu können, der würdevoll auf dem von der Regierung bereitgestellten Pferd vorbeiritt – einem zeremoniellen Hengst statt der trittsicheren Bergponies, die er gewöhnt war. Der Tertön machte einen selbstbewussten Eindruck; doch diese Selbstsicherheit war frei von Arroganz – sie entsprang vielmehr seiner Freude, als Padmasambhavas Abgesandter erneut die spirituelle Verbindung mit dem Herrscher Tibets aufnehmen zu können.

Tertön Sogyal, Atrin und andere aus der kleinen Gruppe erklommen die unzähligen Steinstufen zum Potala und wurden in einen kunstvoll geschmückten Empfangsraum geführt, wo ihnen köstlicher Tee und süßer Reis serviert wurden. Noch nie hatten sie etwas gegessen oder getrunken, das damit vergleichbar gewesen wäre! In jedem Raum, den sie durchquerten, waren goldene Statuen und auserlesene Wandmalereien zu sehen, und es kam ihnen vor, als würden sie von einem Buddha-Bereich zum nächsten schreiten. Anschließend wurde Tertön Sogyal in sein Quartier im Palast gebracht, und Atrin und die anderen verließen den Palast wieder, um im Stadtviertel unterhalb des Potalas zu übernachten. Tertön Sogyal hatte sich kaum den Staub aus den Kleidern geschüttelt, als er zu einem Treffen mit dem vornehmen und majestätischen Ngawang Lobsang Trinley Rabgye gerufen wurde, der Demo-Inkarnation aus dem Tengyeling-Kloster. Demo war Tibets machtvoller Regent.

Der 13. Dalai Lama war fast 20 Jahre jünger als Tertön Sogyal und hatte die politische Herrschaft über Tibet noch nicht angetreten. Da die Nachfolger per Reinkarnation gefunden wurden, gab es immer einen Zeitraum, in dem der nächste Dalai Lama noch nicht alt genug war, um zu regieren. In der Zeit bis zu seiner Volljährigkeit wurden seine politischen Pflichten daher von einem Regenten übernommen. Diese Regenten stammten aus einflussreichen, alteingesessenen Adelshäusern Zentraltibets – Tengyeling, Reting, Tshomoling und Kundeling – und wurden von Ministern der tibetischen Regierung und hochrangigen Mitgliedern der Kloster-Hierarchien ausgewählt. Obgleich sie den Auftrag hatten, den Staat anhand derselben buddhistischen Prinzipien zu regieren, wie sie in den Dalai Lamas verkörpert waren, gab man einigen Regenten der Vergangenheit die Schuld an religiösem Sektierertum, korrupter Vetternwirtschaft und sogar am vorzeitigen Tod einiger Dalai Lamas.

Als Tertön Sogyal nach Lhasa kam, hatte Demo, die 9. Inkarnation seiner Übertragungslinie und Oberhaupt des bedeutenden und wohlhabenden Tengyeling-Klosters in Lhasa, die Rolle des Regenten für den Dalai Lama inne. Er stellte auf kompetente Art und Weise sicher, dass der junge Dalai Lama in seinen anfänglichen Studien sowohl seine spirituellen als auch seine politischen Fähigkeiten entwickelte. Demo nahm die Proklamationen des Staatsorakels sehr ernst, so auch dessen Aussage, wie entscheidend es für den Dalai Lama sei, eine tief gehende Beziehung mit seinem karmisch verbundenen Tertön einzugehen. Für den Regenten, das Staatsorakel und den Tertön war es von höchster Priorität, Hindernisse für das lange Leben des Dalai Lama aus dem Weg zu räumen und die Landesgrenzen zu sichern, so dass die Lehren des Buddha in Tibet bis in das 20. Jahrhundert hinein fest verwurzelt bleiben würden.

Der Regent Demo hieß Tertön Sogyal im Namen der tibetischen Regierung willkommen, schenkte ihm einen neuen Satz wollener Roben und kündigte an, dass er den Dalai Lama am Tag darauf treffen würde. Tertön Sogyal berichtete dem Regenten von einer Prophezeiung Padmasambhavas aus dem Avalokiteshvara-Schatzzyklus, den der Tertön kurz zuvor in Osttibet entdeckt hatte.

„Der Halter des Lotos, die Manifestation allen Mitgefühls und aller Weisheit des Buddha, die Emanation der Dharma-Könige der Vorzeit, die Inkarnation des Großen Fünften, der unübertroffene Gebieter der Zuflucht

125

der Gegenwart und Zukunft für das Land des Schnees, ist der, den man Thubten Gyatso, den 13. Dalai Lama, nennt, geboren im Jahr der Feuer-Ratte", las Tertön Sogyal dem Regenten Demo aus der Prophezeiung vor. „Wenn die günstigen Bedingungen zur Reife kommen, wird Thubten Gyatso in seinem 13. Lebensjahr dem Tertön begegnen und zum Halter der Schatzlehren Padmasambhavas werden; die Pforten zum Dharma werden sich mühelos öffnen, und von diesem Zeitpunkt an wird beider Weisheitsgeist untrennbar eins sein."[113]

Tertön Sogyal wachte an seinem ersten Morgen in Lhasa früh auf. Er bereitete seine Geschenke für den Dalai Lama vor: eine Statue und heilige Substanzen, die beide Teil von Terma-Enthüllungen waren, sowie eine Reihe von Schatztexten, die er im Zuge seiner Entdeckungen aufgeschrieben hatte. Nachdem er alles in Seide gewickelt hatte, saß er still für sich in seinem Zimmer.

Meditiere anhand der Erkenntnis der Untrennbarkeit von Raum und Gewahrsein, selbst-erhellend und unveränderlich, der ursprüngliche Seinszustand. Lass allein dies das Herz deiner Praxis sein.[114]

Als er ein Klopfen an der Tür hörte, nahm er seine meditative Ausgewogenheit mit hinaus in die Welt, wie ein Krieger, der sich mit seiner Rüstung wappnet.

Tertön Sogyal wurde noch vor Sonnenaufgang durch kalte, von Fackeln erhellte Steinkorridore geführt. Auf ihrem Weg durch ein Labyrinth endloser Gänge sah er kleine Nischen, in denen einzelne Butterlampen alte Statuen oder auf Rollbilder gemalte Figuren mit weit aufgerissenen Augen beleuchteten. Aus verschiedenen Schreinräumen erklangen die tiefen Stimmen von Mönchen, die mit ihren Gesängen der Vielzahl tibetischer Dharma-Schützer täglich ihre Ehrerbietung erwiesen. Sie gingen an größeren Sälen mit hohen Stupas vorbei, in denen Knochenreliquien der Yogis und Meister des letzten Jahrtausends aufbewahrt waren. Mönche mit Torma-Gaben für die unzähligen Altäre im ganzen Potala kamen ihnen entgegen. Hier waren selbst die Wände von Segen durchtränkt und hallten wider von den Gebeten.

Als sie im Empfangssaal angekommen waren, wurden brokatbesetzte Wollvorhänge vor der Tür zurückgezogen, und Tertön Sogyal trat ein, um den Dalai Lama, die Verkörperung des Buddha des Mitgefühls, Avalokiteshvara, zu sehen, der auf einem hohen Thron saß. Zu seiner Rechten und Linken standen der Regent Demo und der Oberhofmeister. Um das Mandala vollständig zu machen, befand sich auch der Mönch mit im Raum, der als Medium für Nechung, das Staatsorakel, diente. Tertön Sogyal machte drei Niederwerfungen und entrollte als Darbringung für den Dalai Lama einen weißen Seidenschal. Der junge Mönch nahm den Schal entgegen und legte als Zeichen ihrer gegenseitigen Segnung seine Stirn an die Stirn Tertön Sogyals.

Demo machte einen Schritt auf Tertön Sogyal zu und bat ihn mit gedämpfter Stimme darum zu berichten, wie er die Schätze enthüllt hatte und welche Prophezeiungen damit verbunden waren. Assistenten wickelten die Statuen und Manuskripte aus den Seidenstoffen, und Tertön Sogyal sprach über die Bedeutung eines jeden Gegenstands. Manchmal wurde ein Übersetzer benötigt, da der Dalai Lama mit Tertön Sogyals Nyarong-Dialekt nicht vertraut war und der Tertön seinerseits nicht die in Lhasa übliche formelle und gebildete Ausdrucksweise benutzte. Doch sprachliche Einschränkungen waren von geringer Bedeutung: Der Dalai Lama und Tertön Sogyal nahmen auf der tiefsten und bedeutungsvollsten Ebene eine Verbindung auf.

Der Dalai Lama zeigte großes Interesse an den Berichten über die Terma-Enthüllungen, besonders über den Avalokiteshvara-Schatz aus Gonjo und weitere Prophezeiungen, die Tertön Sogyal erhalten hatte. In zwei unterschiedlichen Schatzenthüllungen hatte Guru Padmasambhava folgende Prophezeiungen über Tertön Sogyal gemacht: „Ich [Padmasambhava] habe grenzenlose tiefgründige Schätze, und sie sind alle die Essenz des Dharma. Unter jenen, die sie in Zukunft enthüllen werden, wird es einen aus Osttibet geben, der die Emanation Dorje Dudjoms ist. Er wird im Jahr des Feuer-Drachen geboren werden und von kleiner Statur sein; er wird über großen Wagemut und viel Weisheit verfügen; er wird wenig Anhaftung an weltlichen Besitz und tiefe Hingabe zu mir haben. Auch wenn er sich unkonventionell verhalten mag, trägt er meinen Segen im Herzen. Wenn ihn der Dämon der Hindernisse nicht überwältigt, wird er über 70 Jahre alt werden." Thubten Gyatso wurde in der Prophezeiung im Folgenden als der wichtigste Halter und Wächter der Terma-Enthüllungen Tertön Sogyals bestimmt.

„Die Emanation des Königs, im Jahr der Feuer-Ratte im Land Dakpo geboren: Wenn er [Thubten Gyatso] und die Emanation Dorje Dudjoms [Tertön Sogyal] sich begegnen und eine reine Samaya-Herzensverbindung haben, die keinerlei Beeinträchtigung unterliegt, werden Padmasambhavas Schatzlehren mühelos hervorfließen. Insbesondere werden die Schatzlehren der drei inneren Zyklen, Schatzstatuen und -substanzen, und speziell der Stein der Lebenskraft in den Besitz [Thubten Gyatsos] gelangen. Wenn die Umstände hierfür und für die Verbreitung der Terma-Lehren günstig sind, werden er [Thubten Gyatso], Tibet und die Wesen ein glückliches Leben genießen."

Der Dalai Lama war über all dies hoch erfreut und bat Tertön Sogyal auf der Stelle darum, sein Meister zu werden und ihm die tantrischen Ermächtigungen und mündlichen Übertragungen für Padmasambhavas Schatzlehren zu geben. Ohne zu zögern, gewährte Tertön Sogyal sie dem Dalai Lama, und wie Wasser, das in Wasser gegossen wird, verschmolz der Weisheitsgeist dieser beiden großen Meister zu einem.[115]

Die neuerliche Verbindung zwischen dem Dalai Lama und Padmasambhavas Abgesandtem, Tertön Sogyal, war nicht nur für die spirituelle Weiterentwicklung des tibetischen Oberhaupts, sondern auch für die Verteidigung Tibets von maßgeblicher Bedeutung. Weltpolitische Spannungen setzten Tibet im 19. Jahrhundert von allen Seiten unter Druck. Als Tertön Sogyal in der Hauptstadt eintraf, hing die Gefahr bewaffneter Konflikte wie ein Schreckgespenst über dem Land, und so hätte es für seine Anwesenheit keinen passenderen Zeitpunkt geben können.

Seit Beginn des 19. Jahrhunderts musste Tibet mit ansehen, wie das damals britische Indien nach und nach Nepal, Kashmir, Ladakh und Sikkim unter seine Kontrolle brachte. Und jetzt im Jahre 1888 hatten die Briten es nicht nur auf Bhutan, sondern auf die gesamte tibetische Hochebene abgesehen. Sie hatten zuvor bereits Spione nach Tibet gesandt, die als Pilgerreisende verkleidet das Land vermessen sollten. Die Messinstrumente, Skizzen und Aufzeichnungen hatten sie in Amulettkästchen und Gebetsmühlen versteckt. Das Ziel war, die Kontrolle über die lukrative Handelsroute zwischen China und Indien zu gewinnen, die durch Tibet führte. Großbritannien hatte bereits mehrere Handelsabkommen mit China unterzeichnet und betrachtete

Tibet als leichte Beute seiner Kolonisationspolitik. Doch damit nicht genug: Auch Pekings Repräsentant in Lhasa war der tibetischen Regierung ein ständiger Dorn im Auge, da die Qing-Dynastie ihn als verlängerten Arm ihrer Herrschaft betrachtete. Das zaristische Russland, obwohl es in größerer Ferne lag, trug ebenfalls zu dieser weltpolitischen Spannung bei, da es sich Tibet – wie zuvor schon die Mongolei – gerne als Protektorat einverleiben wollte. Während die Briten und Russen im Geheimen versuchten, die Absichten der jeweils anderen in Bezug auf Tibet auszukundschaften und gleichzeitig Einfluss auf die tibetische Regierung und den Dalai Lama auszuüben, hielt Tibet an seiner schon lange bestehenden Isolationspolitik fest.

Bis 1883 hatte der Ministerrat der tibetischen Regierung alle Nicht-Tibeter, die keine Sondergenehmigung für ihren Aufenthalt vorweisen konnten, aus Zentraltibet verbannt. Als die tibetische Armee vier Jahre später, 1887, ein kleines Kommando aussandte, das einen britischen Handelsstützpunkt nahe der Grenze mit Sikkim inspizieren sollte, drohten die Briten mit einem Vergeltungsschlag. Angesichts dieser Gefahr berief die tibetische Regierung alle tauglichen Männer ins Militär, und der Dalai Lama sowie Regent Demo ließen an den drei Klosteruniversitäten in Lhasa Gebete durchführen. Zusätzlich bat man Yogis wie Tertön Sogyal und eine Gruppe von Praktizierenden aus Rebkong im entfernten Nordosten Tibets, die sich zu dieser Zeit in Lhasa aufhielten, tantrische Rituale zur Verteidigung der tibetischen Grenzen zu vollziehen.[116] Tertön Sogyal hatte gerade mit den Ritualen begonnen und seine Mantras auf die Auseinandersetzungen ausgerichtet, als es zu kleineren Gefechten mit den Briten kam.

Während seiner ersten Wochen im Potala-Palast war Tertön Sogyal in den Schlafgemächern des Großen 5. Dalai Lama, der ‚Glückseligen Heimstätte Amitabhas', am Werk gewesen: Er hatte Terma-Lehren entschlüsselt und sie auf dem feinsten handgeschöpften Papier niedergeschrieben, das er je benutzt hatte. Dann war er in ein Zimmer auf dem Dach des Jokhang-Tempels in der Stadtmitte umgezogen.[117] Mit ihren 50 000 Einwohnern und einem ständigen Strom von Pilgern, Nomaden, nepalesischen Handwerkern, Kaufleuten aus China und Indien sowie Händlern, die entlang der Seidenstraße aus so fernen Ländern wie dem Iran und Russland anreisten, war Lhasa die kosmopolitischste Stadt, die Tertön Sogyal je gesehen hatte. Auf dem Basar wurden Werkzeuge, Töpferwaren, Pfannen, Seide und Tee aus China feilgeboten. Aus

Indien kamen Tabak, Safran, Kandiszucker, Datteln, Muscheln, Koralle und Bernstein. Wolle, Filzstoffe, Häute und Felle, Heilkräuter, Moschus und Salz wurden sortiert und verpackt, um per Kamel- und Pferdekarawanen Richtung Osten nach China gebracht zu werden.

Tertön Sogyal hatte wenig Interesse am Treiben auf dem Marktplatz oder am Lebensstil der Aristokraten; stattdessen begann er sofort mit seinen religiösen Aktivitäten zur Stärkung der tibetischen Nation. Aus dem Namgyal-Kloster des Dalai Lama wurden Mönche zum Tertön geschickt, um ihn zu unterstützen. Kaum hatten sie in den Hallen des Tempels, der von Padmasambhava selbst eingeweiht worden war, in gegenüber liegenden Reihen Platz genommen, bestieg Tertön Sogyal seinen Thron, um die Rituale anzuleiten. Laut erschallten ihre donnernden Stimmen, während eine Fülle von Opfergaben und Weihrauch dargebracht und der rituelle Phurba-Dolch geschwungen wurde, um jegliche Form von Negativität zu vernichten. Auch das Medium des Staatsorakels schloss sich ihnen an, fiel von Zeit zu Zeit unter wilden Zuckungen in Trance und stieß Prophezeiungen und Anweisungen aus, die das Leben des Dalai Lama schützen sollten. Diese Rituale erstreckten sich über mehrere Wochen.

Die tibetische Armee erlitt in der sechsmonatigen Auseinandersetzung zwar einige Verluste, doch aufgrund des Schutzschildes der Yogis und des angesammelten positiven Verdienstes der Tibeter gelang es den Briten nicht, in Lhasa einzumarschieren. Konnte Tibets Vorrat an positivem Karma die Belagerung durch die Briten dieses Mal gerade noch aufhalten, wurde er in Lhasa durch die zunehmenden sektiererischen Konkurrenzkämpfe unter den verschiedenen Schulen des tibetischen Buddhismus alsbald aufgebraucht.

Padmasambhava erklärte Tertön Sogyal in einer seiner Visionen: „In diesen Zeiten des Verfalls, in denen negative Kräfte so machtvoll sind, werden Hindernisse wie endlose Wellen über euch hereinbrechen. Diese negativen Kräfte werden sich tatsächlich aus euren eigenen Rängen erheben und darauf aus sein, euch zu zerstören. Es wird eine Zeit kommen, in der Schüler Lehren erhalten und sich zu Füßen ihrer Meister zutiefst verneigen, nur um sie im nächsten Moment hinter ihrem Rücken zu verleumden." Eine weitere Prophezeiung eröffnete Tertön Sogyal: „Die negativen Wesen, deren Geist von Damsi-Dämonen gequält ist, werden ein Lächeln im Gesicht tragen, haben dabei jedoch ein finsteres Herz und sind geschickt in Doppelzüngigkeit. Mit dem Dharma wissen sie nichts anzufangen, doch voller Schläue tun sie Unrecht. Sie besitzen keinerlei Weisheit, doch prangern sofort die Fehler anderer an. Ständig hegen sie negative Gedanken. Alle, die mehr wissen als sie, wollen sie schlecht machen, und Ebenbürtige betrachten sie mit Argwohn und Neid. Menschen, die weniger erfolgreich sind, strafen sie mit Verachtung. Die Samaya-Verpflichtungen zwischen Meistern und Schülern werden nicht eingehalten werden. Und wie stark die Kraft der Gebete auch sein mag, sie werden nur langsam Resultate zeigen."

Tertön Sogyal sah, dass diese Prophezeiungen in Form der überaus konservativen Haltung, die unter den einflussreichen Gelug-Lamas und Regierungsbeamten im Potala-Palast und in den großen Klöstern um sich gegriffen hatte, bereits Wirklichkeit wurden. Den konservativen Elementen missfiel die persönliche Beziehung des Dalai Lama mit einem eigenwilligen, geheimnisvollen tantrischen Yogi wie Tertön Sogyal und anderen Praktizierenden der Nyingma-Tradition. Viele der Lamas in Lhasa, die sich vor dem Dalai Lama verbeugten, flüsterten sich hinter seinem Rücken zu, dass die Verbindung des tibetischen Herrschers mit dem Tertön ein Fehler sei. Da Tertön Sogyal und andere Yogis wie er mit keinem der Klöster in Lhasa direkt verbunden waren und sie obendrein den Status Quo in Frage stellten, betrachteten viele ihre Anwesenheit in Lhasa als eine Bedrohung für die klösterliche Hierarchie.[118]

Dem Dalai Lama und dem Regenten Demo war klar, dass einige Vertreter der tibetischen Regierung und der Aristokratie Anstoß an Tertön Sogyals Anwesenheit nahmen. Der Regent Demo wusste, dass es sogar Mönche gab, die sich der dunklen Künste bedienten: Sie füllten Yak-Hörner mit schwarzen Senfsamen, die mit Flüchen belegt waren, sowie mit kleinen Kieseln und Pergamentstückchen, die Tertön Sogyals Namen und sein astrologisches Zeichen trugen. Diese Mischung wurde geschüttelt und sollte schwere Migräneanfälle auslösen, um Tertön Sogyal auf diese Weise aus Lhasa zu vertreiben. Um jede Art von schwarzer Magie, sei sie auch noch so harmlos, im Umfeld des Dalai Lama zu eliminieren, beschloss der Regent Demo, die öffentliche Meinung zum Positiven zu wenden. Er bat den Dalai Lama, Tertön Sogyal zu einer öffentlichen Zurschaustellung seine spirituellen Errungenschaften aufzufordern: Er solle vor aller Augen im Jokhang-Tempel einen Schatz enthüllen. Der Dalai stimmte zu, dass ein derart seltenes Ereignis wie eine öffentliche Schatzenthüllung dazu beitragen würde, die falschen Sichtweisen fehlgeleiteter Beamter und sektiererischer Mönche richtigzustellen und das öffentliche Vertrauen und die Hingabe zu Padmasambhava und Tertön Sogyal zu stärken.[119]

Man wählte einen Tag aus, an dem die Konstellation der Sterne, Planeten und Elemente günstig war. Dann gab man die Tageszeit bekannt, zu der die Schatzentdeckung stattfinden sollte, und versandte Einladungen an die wichtigsten Amtsträger. Als Lhasas Einwohner Lamas und Würdenträger in den Tempel strömen sahen, wussten sie, dass ein bedeutendes Ereignis bevorstand. Breitschultrige Mönche, die für die Disziplin im Jokhang-Tempel zuständig waren, sowie Demos private Sicherheitskräfte sorgten für Ordnung. Der Dalai Lama wurde auf einer mit Seidenvorhängen verhüllten Sänfte vom Potala-Palast zum Jokhang-Tempel gebracht. Für den jungen Herrscher hatte man einen hohen, kunstvoll geschmückten Thron aufgebaut, und für die hochrangigen Lamas, das Medium des Nechung-Orakels, die Klostervorsteher und Regierungsbeamten sowie die ausländischen Repräsentanten aus Nepal, Bhutan und China waren Plätze auf Kissen vorbereitet. Tausende hingebungsvoller Stadtbewohner umrundeten die äußeren Mauern des Tempels und rezitierten Gebete und Mantras.

Alles war perfekt arrangiert. Der Dalai Lama führte den Vorsitz über die Versammlung der Lamas und Mönche. In Brokat gekleidete, ordinierte Amtsinhaber mit einzelnen langen Türkisohrringen, das Haar auf dem Kopf zu einem geölten Knoten gebunden, und Aristokraten in festlicher Seidenkleidung nahmen ihrem Rang gemäß ihre Plätze ein. Tertön Sogyal saß in einen tiefen Zustand der Meditation versunken auf seinem mit Teppichen belegten Sitz rechts neben dem Thron des Dalai Lama. Ein volltönender, melodischer Gesang setzte ein. Anrufungsgebete wurden von Trommelwirbeln und dem Klang langer Hörner begleitet, gefolgt von vielstimmigen Sadhana-Rezitationen aus tiefen Kehlen. Der Chor aus Hunderten von Mönchsstimmen schien die Erde unter Lhasa erdröhnen zu lassen. Schrein-Diener schwenkten Weihrauchgefäße, um die Umgebung mit wohlriechenden Düften zu reinigen, und als anschließend *Guggul*, ein Myrrhe-ähnliches Harz, und Senfsamen auf der

Glut verteilt wurden, vertrieb ihr Geruch alle störenden Geister, die dieses Ereignis hätte anziehen können.

Nach einer Stunde des Chantens hatten sich noch keinerlei außergewöhnliche Zeichen eingestellt. Einige der Mönchsbeamten fingen an, sich höhnisch zuzuflüstern, der Tertön sei ein Betrüger. Das Gerücht breitete sich bis nach draußen in die Läden vor dem Tempel aus: „Tertön Sogyal ist ein Hochstapler!" Tertön Sogyal bemerkte, was im schwachen Geist der Zyniker in der Menge vor sich ging, doch er reagierte nicht darauf. Erst am Tag zuvor hatte er im Potala einer Handvoll Mönchsbeamten die Stirn geboten und sie aufgefordert, alles, was Padmasambhava ihnen in seinen Prophezeiungen auftrug, genauestens zu befolgen, um die Gefahr vor Tibets Toren abzuwenden.

„Ihr müsst die erforderlichen Reliquienschreine und Tempel bauen, die Padmasambhava in seinen Prophezeiungen erwähnt, und die spezifischen Rituale ausführen lassen; außerdem müsst ihr aufhören, das Geld, das dem Kloster gehört, zu eurer persönlichen Bereicherung zu benutzen", hatte Tertön Sogyal gesagt und den verschwenderisch ausstaffierten Mönchen mit dem Finger gedroht.

„Ach, ihr übel riechenden, so genannten Schatzenthüller aus Osttibet seid eine Plage für die Lehren des Buddha", hatte ein korpulenter Mönchsbeamter erwidert. „Geh mir aus dem Weg. Meine Versammlung von 2000 Mönchen wartet darauf, dass ich ihre Gebete anleite."

„Wenn du dich nicht an die Prophezeiungen des Großen Guru Padmasambhava hältst", gab Tertön Sogyal zurück, „werde ich dich und alle mit ähnlichen Ansichten für den Untergang unseres Staates verantwortlich machen."

Als der Gesang leiser wurde, erhob sich Tertön Sogyal, verbeugte sich vor dem Dalai Lama und ging zum Hauptaltar. Feinst ausgearbeitete Butterskulpturen, Kupferschalen mit parfümiertem Wasser und rituelle Opfergaben waren auf großen Tischen vor dem Schrein aufgebaut. Der Tertön nahm ein kegelförmiges Torma aus Gerstenteig in die rechte Hand und eine randvoll mit Gerstenbier gefüllte Schädelschale in die linke. Er ging ein paar Schritte auf ein Wandgemälde zu, auf dem Palden Lhamo abgebildet war. Die zornvolle Dharma-Schützerin der Dalai Lamas und Lhasas reitet darauf auf einem Maultier und hält einen Knüppel und eine Schädelschale voller Blut in den Händen. Sie trägt ein Tigerfell um ihre Hüften und eine Menschenhaut über den Schultern und ist umgeben von einem endlosen Flammenmeer.

In den Tragekörben ihres Maulesels sieht man einen Schädel, Gift und zwei Würfel für Divinationen.

Tertön Sogyal kommunizierte mit Palden Lhamo, während er die Schädelschale vor ihrem Abbild an der Wand kreisen ließ. Einer der Minister stieß seinen beleibten Kollegen in die Seite und flüsterte kichernd, dass der Auftritt Tertön Sogyals mit Sicherheit ein Reinfall würde. Tertön Sogyal riss die Augen auf. Er ließ das Torma zu Füßen des Gemäldes fallen, zog den Phurba-Dolch aus seinem Gürtel und hielt ihn in einer Drohgebärde empor. Auge in Auge mit der Schützerin erinnerte er sie an ihren Schwur, das Land und den Dalai Lama zu schützen. Plötzlich erwachte das Maultier, auf dem Palden Lhamo in dem Gemälde ritt, zum Leben: Es gab einen lauten Schrei von sich und schlug mit dem rechten Bein in Richtung Hof aus. Genau dort, wo es seinen Huf durch die Luft geschwungen hatte, erschien – freischwebend im Raum – eine bösartige, in 21 Schlingen gerollte, dunkelblaue Schlange, die ein kleines Schatzkästchen hielt.

„Bedeckt Augen, Nase und Mund", schrie der Dalai Lama von seinem Thron herab. Das Zischen der Schlange löste im gesamten Tempel Aufruhr aus, und die versammelten Mönche versuchten, sich unter ihre burgunderfarbenen Schals zu flüchten. Zwei der zynischen Minister stürzten schlotternd vor Angst aus dem Tempel.

„Wer die giftigen Dämpfe der Schlange einatmet, wird den sicheren Tod erleiden!", warnte der Dalai Lama.

Tertön Sogyal bot der Schlange die Schädelschale dar, aus der das Gerstenbier überfloß. In seiner rechten Hand hielt er drohend den Phurba gezückt. Im Tempel herrschte atemlose Stille. Von dem silberfarbenen Gift, das von den Fangzähnen der Schlange tropfte, stiegen Dämpfe auf. Tertön Sogyal bewegte sich langsam auf die Schlange zu, immer näher und näher. Atrin legte einen Seidenschal über Tertön Sogyals ausgestreckte Handgelenke.

Die Anwesenden begannen vorsichtig, hinter ihren Vordermännern hervorzuspähen, mit eingezogenen Schultern und gebeugten Köpfen, als würden sie erwarten, von der Schlange angespuckt zu werden. Tertön Sogyal stand weiter unerschütterlich vor ihr. Zischend und zuckend bäumte sich die Schlange immer höher auf, bis sie mit ihrem Körper plötzlich ausholte und Tertön Sogyal ein smaragdgrünes Schatzkästchen entgegenschleuderte, das in der Mitte seines ausgebreiteten Seidenschals landete. Schnell wickelte der

Tertön den Schatz in den Schal und trat ein paar Schritte zurück. Als Dank für ihre Dienste nickte er der Schlangen-Schatzhüterin zu, die sich daraufhin in Licht auflöste.

Tertön Sogyal brachte das Schatzkästchen zum Thron des Dalai Lama. Man versah es mit dem persönlichen Siegel des Herrschers und des Schatzenthüllers und stellte es in das innere Heiligtum des Jokhang-Tempels. Die vor Ehrfurcht erstarrten Mönche begannen nun, Glück verheißende Gebete an Padmasambhava zu rezitieren, während Tertön Sogyal an seinen Platz zurückkehrte.

„Es ist ihm gelungen!" Die Neuigkeit verbreitete sich schnell aus dem Inneren des Tempels zu der draußen versammelten Menschenmenge. „Tertön Sogyal ist Guru Padmasambhavas Repräsentant!"

Die Hingabe, die daraufhin in den Herzen der Gläubigen erwachte, ließ das Schatzkästchen ganz von alleine aufspringen. Der Dalai Lama entnahm dem Kästchen, das ihm die Schrein-Diener entgegenhielten, eine erlesene Statue von Guru Padmasambhava, benannt als ‚Erstrahlend im Ruhmesglanz der Glücksverheißung', sowie fünf kleine, goldgelbe Schatzschriftrollen und einen Kristallbehälter mit spiritueller Medizin, mit denen er die Versammlung segnete.

Tertön Sogyal blieb über ein Jahr in Lhasa, um weitere Rituale zum Schutz Tibets auszuführen. Seine Verbindung zum jungen Dalai Lama vertiefte sich und seine Stellung in den inneren Kreisen des Hofes wurde allgemein anerkannt, auch wenn sich einige strenggläubige Mitglieder der tibetischen Regierung weiterhin daran störten, dass er Einfluss auf den Dalai Lama hatte. Tertön Sogyal wurde in dieser Zeit Zeuge von Lhasas opulentem Lebensstil mit seiner üppigen Kleidung, der strikten Sitzordnung, den sprachlichen Höflichkeitsformeln und der Bereicherung einiger weniger aufgrund ihrer aristokratischen Stellung und ihrer Titel. Er sah, wie Lhasas Einwohner den Löwenanteil ihrer Zeit damit verbrachten, sich Sorgen um ihr weltliches Ansehen und ihren Status zu machen. Sie erschienen ihm wie Kinder, die Sandburgen bauten.

Wenn Tertön Sogyal keine Pflichten für den Dalai Lama in Lhasa zu erfüllen hatte, machte er Pilgerreisen an Orte, an denen Guru Padmasambhava
gelebt und gelehrt hatte. Dieser erste Besuch in Zentraltibet war für Tertön
Sogyal von großer Bedeutung, da er eine physische Verbindung zu dieser
heiligen Landschaft herstellen konnte, die in ihm Erinnerungen an seine
Zeit als Dorje Dudjom im 8. Jahrhundert weckte. Der Besuch der Gräber
der großen tibetischen Könige und vieler heiliger Stupas, Monumente und
Pilgerorte sowie die Tatsache, dass er auf Padmasambhavas heiligen Spuren
wandelte, hinterließen einen starken Eindruck in seinem Geist. Er entsann
sich, dass er eben jene Orte aus vergangenen Leben kannte. Südlich von
Lhasa, in der Nähe der ‚Kristallhöhle‘ im Yarlung-Tal, entdeckte er Schatzrollen mit der Handschrift von Yeshe Tsogyal. Er kehrte damit nach Lhasa
zum Sommerpalast des Dalai Lama zurück, der die Belehrung entschlüsselte.
Inspiriert durch die Verbindung zu Tertön Sogyal gab der junge tibetische
Herrscher dem Dagchen-Thronhalter des Sakya-Klosters, der zu dieser Zeit
anwesend war, den Auftrag, die Bedeutung einer weiteren von Tertön Sogyal
überreichten Schriftrolle zu entschlüsseln. Die Schriftrolle enthielt nur eine
einzige Zeile mit Schriftzeichen, doch ihre entschlüsselte Bedeutung – eine
mit Vajrakilaya verbundene Meditationsanleitung – füllte 50 Seiten. Nachdem der Dalai Lama und Sakya Dagchen die Dakini-Zeichen entschlüsselt
und die Anweisungen niedergeschrieben hatten, gab Tertön Sogyal ihnen die
Ermächtigungen für die Meditationspraktiken. Bald begann auch der Dalai
Lama, reine Visionen zu haben und selbst Schätze zu enthüllen, die er später
unter dem geheimen Namen Dratang Lingpa niederschrieb.[120] Zweifellos
suchte der Dalai Lama bei seinen Schatzenthüllungen und beim geheimnisvollen Prozess des Entschlüsselns von Dakini-Schriften den Rat des Tertöns,
so wie Tertön Sogyal seinerseits der Weisung des großen Khyentse Wangpo
gefolgt war.

Als Tertön Sogyals erster Aufenthalt in Lhasa seinem Ende entgegenging,
erschienen ihm Padmasambhava und die Einäugige Schützerin in Visionen
und Träumen und erzählten ihm von weiteren Schätzen, die er in Osttibet
enthüllen müsse. Vor seiner letzten Audienz beim Dalai Lama, in der er ihn
um die Erlaubnis bitten wollte abzureisen, traf sich Tertön Sogyal mit dem
Regenten Demo, um ihm von einem besonderen Schatz zu erzählen, einer
kraftvollen Padmasambhava-Statue, die noch immer in Osttibet verborgen

war. Tertön Sogyal hatte von dieser Statue zum ersten Mal durch eine Prophezeiung erfahren, die seiner eigenen Vajrakilaya-Enthüllung beigefügt war. Würde diese ‚Wunsch erfüllende Statue, deren Anblick befreit' gefunden und in Lhasas Jokhang-Tempel strategisch platziert werden, so sagte der Tertön, wäre sie ein unvergleichliches Mittel, um Eindringlinge aus dem Land des Schnees fernzuhalten.

Bevor Padmasambhava Tibet verließ, hatte er eine Reihe von Statuen verborgen, die als seine Repräsentanten dienten. In der Zukunft, so berichtete Tertön Sogyal dem Regenten Demo, zu einem Zeitpunkt, an dem die negativen Emotionen ausuferten und der Respekt für den Dharma und die Linienhalter geschwunden sei, solle diese Statue enthüllt werden, um falschen Sichtweisen entgegenzuwirken.

„Diese Statue ist untrennbar von mir", hatte Padmasambhava in einer Vision zu Tertön Sogyal gesagt und ihm den genauen Fundort beschrieben. „Sie muss zur Rechten der Jowo-Statue des Buddha Shakyamuni im Jokhang-Tempel in Lhasa aufgestellt werden."[121]

Der Regent Demo überreichte Tertön Sogyal Türkis- und Korallen-Perlen und ein Säckchen voller Silbermünzen als Geschenk und sagte: „Tu alles, was in deiner Macht steht, um diese Statue zu finden!"[122]

9. KAPITEL

Entdeckung der Guru-Statue des ‚Wunsch erfüllenden Juwels'

DRIKOK-LAGER, OSTTIBET

Vom Jahr des Erd-Ochsen bis zum Jahr des Eisen-Hasen, 1889–1891

Im ersten Monat des Erd-Ochsen-Jahres (1889) kehrten Tertön Sogyal und seine Gefährten, begleitet von den Terma-Schützern, über die Bergpfade der südlichen Teehandelsroute nach Osttibet zurück. Auf ihrem Weg begegneten sie Maultierkarawanen, die Pu-Erh-Tee nach Lhasa transportierten, und tibetischen Händlern, die Salz und Heilkräuter aus dem tibetischen Hochland nach China brachten. Als sie bei der ‚Geheimen Höhle der lebenden Dakinis' in der Nähe von Barkhams heiligstem Berg Rast machten, übergaben die Schützer Tertön Sogyal ein goldgelbes Pergament mit weiteren Hinweisen, wie er die Guru-Statue des ‚Wunsch erfüllenden Juwels, dessen Anblick befreit' finden könne.

Nach sechswöchiger Reise erreichten sie das Lager in Drikok, und Tertön Sogyal war wieder mit seinem Lehrer Nyoshul Lungtok, Khandro Pumo und den Schülern, die dort lebten, vereint. Im Nordosten ragte der verschneite Gipfel der ‚Lotosberg'-Einsiedelei auf; nach Süden erstreckten sich die weiten Trom-Ebenen. Vor dem Lager floss der Yile vorbei, der ein paar Kilometer flussabwärts so gemächlich dahinströmte, dass er völlig lautlos war. Die

Dorfbewohner sagten: „Selbst das Wasser fließt von Nyoshul Lungtoks Lager in meditativer Stille herab".[123]

Tertön Sogyal brachte seinem Lehrer sämtliche Juwelen und alles Silber und Gold dar, das man ihm in Zentraltibet geschenkt hatte. Es war offensichtlich, dass Tertön Sogyal im Begriff war, die drei Ansammlungen zu vollenden: Tagsüber versammelte er Menschen um sich, des Nachts Dakinis und bei Tag wie bei Nacht materielle Opfergaben. Nyoshul Lungtok nahm Tertön Sogyals Geschenke an und schickte sie am nächsten Tag allesamt an verschiedene Klöster weiter, ohne auch nur eine einzige Münze für sich selbst zu behalten.

Tertön Sogyal blieb einige Monate bei seinem Meister und erhielt von ihm nicht nur Belehrungen, sondern sogar Ermächtigungen – wozu sich Nyoshul Lungtok nur selten bewegen ließ.[124] In dieser Zeit erzählte Tertön Sogyal seinem Lehrer von der Guru-Statue des ‚Wunsch erfüllenden Juwels'. Als er auch seinen anderen Lehrern, darunter Jamgön Kongtrul, Lama Sonam Thaye und Dza Choktrul, einen Besuch abstattete und ihnen von der Statue berichtete, drängten ihn alle einhellig, die Entdeckung des Schatzes nicht länger aufzuschieben. „Tu, was immer getan werden muss, um die Guru-Statue des ‚Wunsch erfüllenden Juwels' zu enthüllen!"

In seinem 35. Lebensjahr barg Tertön Sogyal eine Anleitung zur Auffindung der Guru-Statue des ‚Wunsch erfüllenden Juwels', in der es hieß: „So wie die Blutbahnen des Körpers im Herzen zusammentreffen, gehe zur Glück verheißenden Höhle in der abgelegenen Derge-Region, vor der sich sieben Steinstufen befinden. In der Felswand wirst du untrüglich ein achtspeichiges Rad ausmachen können. In der Mitte des Rades werden Dakini-Zeichen zu sehen sein. Dort, hinter diesen, suche nach der unermesslich segensreichen Statue, die jeden befreit, der das Glück hat, ihrer ansichtig zu werden."[125]

Die Anleitung beschrieb des weiteren den astrologisch günstigen Zeitpunkt für die Enthüllung, die Anzahl der Schüler, die Tertön Sogyal begleiten sollten, und die notwendigen Reinigungsrituale – all das musste auf perfekte Weise zusammenkommen, um den Schatz enthüllen zu können. Die Anleitung schloss wie folgt: „Als ich, Guru Padmasambhava, diese Statue verbarg, vertraute ich sie Rahula und der Naga-Schatzwächterin namens ‚Juwelengeschmückte Göttin' an. Diese beiden Schützer haben den Auftrag, viele Jahrhunderte über die Guru-Statue des ‚Wunsch erfüllenden Juwels' zu wachen.

Der Enthüller dieses Terma wird eine meiner Emanationen sein, durch mich ermächtigt und untrennbar von mir. Sein Charakter mag unkonventionell und unberechenbar sein, da er undisziplinierte Schüler zu bändigen hat. Er, der eine Emanation von Nanam [Dorje Dudjom] ist, wird als der große Schatzenthüller Sogyal bekannt sein."

Rahula, der neunköpfige Dharma-Schützer, führte Tertön Sogyal zu besagtem heiligen Berg in der Derge-Region. Tertön Sogyal nahm 25 Yogis und Yoginis, mit denen er eine reine Herzensverbindung hatte, mit auf die Reise. Auf ihrem Weg durch Steinwüsten und tiefe Schluchten hatten sie alle Visionen von Padmasambhava: Den einen erschien er als Pandit und asketischer Yogi, andere sahen den Guru auf einer Furcht erregenden Tigerin reiten. Im tiefblauen Himmel formten sich Wolken zu Mantra-Silben – *Om Ah Hung Vajra Guru Padma Siddhi Hung* – und einige erblickten *Hung*, die Keimsilbe des erleuchteten Geistes aller Buddhas, die sich in Bergseen und Flüssen widerspiegelte.

Als sie ihr Lager am Fuße eines schneebedeckten Berges aufschlugen, setzte sich Tertön Sogyal sogleich nieder und rezitierte einhundert Mal die Silbe *Ah* in der Art der Yogis. Während die anderen die Pflöcke für die Zelte aus Yak-Haar einschlugen, Feuerholz sammelten, Wasser holten und die Kochstelle vorbereiteten, verweilte er weiterhin in Meditation. Niemand außer dem Tertön wusste, wie lange sie an diesem Ort bleiben würden.

Nach wochenlangen vorbereitenden Ritualen stieg Tertön Sogyal eines Morgens mit seinem Gehilfen, dem Mönch Dorje, den Berg hinauf, um den Zugang zur Schatzkammer zu suchen. Als sie die sieben Stufen fanden, die zum achtspeichigen Rad führten, zog Tertön Sogyal seinen Phurba-Dolch heraus und stieß ihn viermal in den Felsen. Dann wies er Dorje an, an diesen vier Stellen Löcher zu bohren, und legte zehn Edelsteine aus Koralle, Türkis, Bernstein und Perlen aus Kristall hinein als Symbole für seine Meisterung der vier Arten tantrischer Aktivität: des Anziehens, Bereicherns, Unterwerfens und Befriedens. Anschließend schlug er ein weiteres, größeres Loch in den Felsen, in das er zehn Perlen aus Dzi-Onyx und ein Muschelhorn legte als Symbol für die allumfassende Vollendung der Erleuchtung selbst. Bevor sie ins Lager zurückkehrten, tarnte Tertön Sogyal die Löcher und verpflichtete Dorje, absolutes Stillschweigen darüber zu bewahren, was er dort zurückgelassen hatte.

Inzwischen war es August geworden, und die Schüler führten in der Zeit des zunehmenden Mondes weiterhin umfangreiche Zeremonien durch. Am 14. Tag des Mondmonats trug ihnen Tertön Sogyal auf, in Erwartung der bevorstehenden Enthüllung ein rituelles Festopfer vorzubereiten. Mit Festopfern dieser Art wird nicht nur positives Karma angesammelt, sie dienen auch dazu, Herz und Geist der Schüler zu reinigen. Gelingt es dem Praktizierenden, alle Sinnesobjekte – den Duft des Räucherwerks, den Geschmack des Essens, der spirituellen Medizin und des Biers, den Klang der rituellen Instrumente und die Geräusche des Bergwindes bis hin zu den Regungen der Gedanken und Emotionen im Geist – im nicht-dualen Zustand ungebundenen Gewahrseins zu vereinen, sammelt er grenzenloses Verdienst an und reinigt jegliche Beeinträchtigungen seines Samaya.

Am nächsten Morgen erklommen Tertön Sogyal und Dorje mit Atrin und einigen anderen erneut den Berg. Als Tertön Sogyal die Steintreppe hinaufstieg, öffnete sich ohne sein Zutun der Einlass zu einer Schatzkammer, und Dorje half seinem Meister, eine große Truhe herauszuholen, die zwei Armeslängen maß. Tertön Sogyal legte zehn Goldmünzen an die Stelle des Schatzes, dann schloss er die Steintür wieder. Er wusste: Die Mühelosigkeit, mit der sich die Schatzenthüllung vollzogen hatte, war ein Zeichen dafür, dass alle notwendigen wechselseitig abhängigen Umstände genau zur rechten Zeit, am rechten Ort und im Beisein von Schülern mit reiner Hingabe zusammengetroffen waren.

Da die Schatztruhe extrem schwer war, eilten ihm die anderen Yogis zu Hilfe, um sie die Felsstufen herunterzutragen. Dorje und Atrin luden sie auf den Rücken zweier Helfer, die unter ihrem schieren Gewicht jedoch kaum einen Schritt vorankamen, ohne das Gleichgewicht zu verlieren.

„Wenn sie euch zu schwer ist, stellt sie ab", sagte Tertön Sogyal.

Er hievte sich die Last selbst auf den Rücken und marschierte damit den Berg hinunter, während zu seiner Rechten und Linken Granitgeröll die Steilwände hinunterprasselte. Eine der Yoginis kam Tertön Sogyal auf dem Pfad entgegen und geleitete ihn mit Räucherwerk und dem melodischen Gesang von Mantras zeremoniell ins Lager zurück. Tertön Sogyal sah Schwaden von Weihrauch aus dem Lager aufsteigen, wo Wacholderzweige auf glühenden Kohlen als Opfergaben dargebracht wurden. Die anderen Yogis und Yoginis hatten in der Zwischenzeit das Lager gereinigt, ein weiteres Ritualfest mit

Tormas aus Tsampa, sowie Joghurt, Süßkartoffeln und Gerstenwein vorbereitet, ihre weiß-roten Schultertücher entstaubt und sich selbst so gründlich gewaschen, als wollten sie den Großen Guru Padmasambhava höchstpersönlich empfangen.

Atrin und Dorje halfen Tertön Sogyal, die schwere Steintruhe neben den Mandala- und Festopfergaben abzusetzen. Dann begannen sie sogleich, Gebete der Hingabe an Padmasambhava zu richten und Rahula und den Schatzwächtern der Unterwelt Opfergaben darzubringen; unter anderem gossen sie für die ‚Juwelengeschmückte Naga-Göttin' eimerweise gesegnete Milch in den nahe gelegenen Fluss. Während die Opfergaben dargebracht wurden, rührte Tertön Sogyal einen heiligen Trank an und ließ ihn an alle ausgeben. Gleichzeitig verteilte er handtellergroße Ritualspiegel an die Yogis und Yoginis, die sie – zum Schutz gegen schädliche Dämpfe oder Flüche, denen sie vor kurzem möglicherweise ausgesetzt waren – an ihren Gürteln befestigten.

Während die Schüler weiter chanteten und in der erhabenen Dzogchen-Sicht verweilten, wandte sich Tertön Sogyal der Steintruhe zu, wusch sie mit Safranwasser und reinigte sie mit Räucherwerk. In den Bäumen versammelten sich Vögel, die alle mit ihrem melodiösen Gesang erfreuten, und Rehe spazierten furchtlos am Lager vorbei. Mit Hilfe des Schatzwächters, der nur für ihn sichtbar war, lüftete Tertön Sogyal den Deckel der Truhe und legte die Guru-Statue des ‚Wunsch erfüllenden Juwels' frei. Die Versammlung warf sich unter Tränen der Hingabe nieder, brachte heilige Substanzen dar und rezitierte Wunschgebete.

Zum lotosgeborenen Guru aus Oddiyana beten wir!
Gewähre deinen Segen, so dass all unsere Wünsche spontan in
  Erfüllung gehen!
Wenn die Wesen aller sechs Bereiche von immensem Schmerz
  geplagt werden
und besonders, wenn unsere Anführer und Mitmenschen
  im Leid ertrinken,
beten wir mit heftiger Sehnsucht und Hingabe aus der Tiefe
  unseres Herzens,
ohne eine Spur von Zweifel oder Zögern:
Oh Guru Rinpoche, Padmasambhava, mit deinem unveränderlichen,

unumstößlichen Mitgefühl – wache über uns!
Zum lotosgeborenen Guru aus Oddiyana beten wir!
Gewähre deinen Segen, so dass all unsere Wünsche spontan in
Erfüllung gehen! [126]

Die Statue war knapp über eine Armeslänge groß. Guru Padmasambhava saß mit gekreuzten Beinen und trug einen kastanienbraunen Pandita-Hut mit langen Seitenklappen auf dem Kopf; seine rechte Hand formte die Geste des Darbringens vor seinem Herzen und in der linken hielt er eine Schädelschale mit dem Nektar der Unsterblichkeit.

Tertön Sogyal erklärte, dass derartige heilige Schatzstatuen speziell für die Zeiten des Niedergangs gedacht waren, da der warme Atem der Dakinis an ihnen haftete. Und da diese Statuen und Belehrungen, die Padmasambhavas direkten Segen enthielten, im Verborgenen geblieben waren, waren die Essenz und Kraft dieses Segens im Laufe der Zeit nicht aufgrund negativer Einstellungen verloren gegangen oder beeinträchtigt worden. Diese heiligen Objekte mit ihrer unverminderten Wirkungskraft sind dazu bestimmt, träge gewordene Praktizierende wieder zu inspirieren, entweihtes Land mit neuem Segen zu erfüllen und beschädigte Samaya-Verpflichtungen wieder herzustellen.

„Die Kraft von Padmasambhavas Weisheitsintention ist im Laufe der Zeit nicht geschwunden, obwohl die negativen Handlungen der Wesen in diesem degenerierten Zeitalter immer mehr zugenommen haben. Diese Statue, eine Darstellung erleuchteter Aktivität, ist eine weise Methode, um Padmasambhavas Segen wieder aufleben zu lassen, die Dharma-Aktivität zu vermehren und der Politik die Richtung zu weisen."[127]

Nach mehrtägigen Zeremonien und feierlichen Festopfern wurde die Guru-Statue des ‚Wunsch erfüllenden Juwels‘ ins Lager nach Drikok gebracht, wo weitere sechs Wochen lang zu ihren Füßen Rituale zelebriert wurden. Im Anschluss daran machte sich Tertön Sogyal auf den Weg zu Khyentse Wangpo, um ihm von der Enthüllung zu berichten; die Statue ließ er indessen in Drikok zurück. Während seines Aufenthalts im Dzongsar-Kloster stellte er *Das Guru Yoga des tiefgründigen Pfades* fertig, eine kraftvolle Terma-Praxis, die mit der Enthüllung der Statue verbunden war. Wie alle Praktiken des Guru Yoga zielt auch diese darauf ab, den Geist des Praktizierenden mit dem Weisheitsgeist des Meisters zu verschmelzen und ein unübertreffliches

Vertrauen entstehen zu lassen, das sich auf nichts anderes stützt als die Erkenntnis der eigenen innewohnenden Vollkommenheit – den letztendlichen Guru. Im *Guru Yoga des tiefgründigen Pfades* heißt es:

> *Hung Hung Hung*
> *Lamas, bitte erfüllt mich mit eurem Segen!*
> *Gewährt meinem Körper die höchste Ermächtigung*
>   *der erleuchteten Form!*
> *Gewährt meiner Stimme die höchste Ermächtigung*
>   *der erleuchteten Sprache!*
> *Gewährt meinem Geist die höchste Ermächtigung*
>   *der erleuchteten Weisheit!*
> *Gewährt mir die höchste Ermächtigung der Untrennbarkeit.*
> *Vollendet die Kraft meiner Verwirklichung*
> *und lasst mich die vier Arten der Aktivität vollbringen!*
> *Der Guru löst sich in mich auf und wir werden untrennbar eins.*
> *Mein Geist verschmilzt mit seinem Weisheitsgeist*
>   *im allumfassenden Raum.*
> *In diesem Zustand, der unablässigen Erfahrung*
>   *des absoluten Lama,*
> *verändere nichts, sondern komm einfach zur Ruhe*
>   *und weile in Ungezwungenheit.*
> *A A Ah!*[128]

Obwohl er die Schatzpraxis nun zu Papier gebracht hatte, wusste Tertön Sogyal, dass es noch nicht an der Zeit war, sie zu verbreiten; daher rollte er das Papier zusammen und verbarg es, ohne dass Khyentse etwas davon bemerkte, in einem goldenen Ritualgefäß auf dessen Altar. Anschließend kehrte er nach Drikok zurück.

Zu Beginn des Eisen-Hasen-Jahres tat das Nechung-Orakel dem Dalai Lama kund, dass Tertön Sogyal die Guru-Statue des ‚Wunsch erfüllenden Juwels, dessen Anblick befreit' in Osttibet aufgefunden hatte, und bestand darauf, dass sie nach Lhasa gebracht werden müsse. Der Anweisung des Orakels folgend schrieb das tibetische Oberhaupt einen Brief an Tertön Sogyal:

Im Jahr des Eisen-Tigers [1890] flehte ich dich an, Rinpoche, Schätze zu enthüllen. Nun hast du die Guru-Statue des ‚Wunsch erfüllenden Juwels, dessen Anblick befreit' aufgefunden. Dies muss dem Segen und der Macht der Gurus, Devas und Dakinis, der Dharma-Schützer und der Schar erleuchteter Gottheiten zu verdanken sein. Insbesondere wurde es durch deine eigenen Bestrebungen und Gebete in vergangenen Leben und durch die Kraft der Wahrheit vollbracht. Damit dieses großartige Segensobjekt dem Dharma und den Wesen nun überall im gesamten Reich zugute kommen möge, solltest du es nach Zentraltibet bringen, wo es seinen Platz im Jokhang-Tempel haben wird. Führe bitte alle notwendigen Rituale und Gebete aus, um jegliche Hindernisse für den Transport nach Lhasa zu beseitigen. Bring neben der Statue bitte auch die von dir enthüllte prophetische Anleitung zur Auffindung der Statue mit, damit sie sich während der Einweihungszeremonie ebenfalls in Lhasa befindet. Mit meinen Gebeten sende ich dir 15 Silbermünzen, heilige Substanzen, die du unterwegs als Räucherwerk darbringen kannst, sowie Opferschals in den fünf Farben; bitte nimm all dies an. Was die Sänfte für den Transport der Guru-Statue in die Hauptstadt betrifft und alle damit verbundenen Sicherheitsmaßnahmen und weiteren Vorkehrungen, wende dich bitte an den Vertreter der tibetischen Regierung in Kham. Solltest du noch Fragen oder Bedenken haben, zögere nicht, es mich wissen zu lassen. Ich sende dir meine innigsten Gebete.[129]

10. KAPITEL

Der Tertön kehrt nach Lhasa zurück

LHASA, ZENTRALTIBET

Jahr des Eisen-Hasen, 1891

Während Tertön Sogyal seine Rückreise nach Lhasa vorbereitete, um die ‚Wunsch erfüllende Statue, deren Anblick befreit' in den Jokhang-Tempel zu geleiten, brachte Khandro Pumo ihr erstes Kind, einen Sohn, zur Welt, den sie Rigdzin Namgyal nannten.[130] Khandro Pumo wusste, dass Tertön Sogyal seinen karmischen Pflichten für Tibet und den Dalai Lama nachgehen musste und sie ihn nicht bitten konnte, bei ihnen zu bleiben. Auch wenn es ihm schwerfiel, seine Familie direkt nach der Geburt seines Sohnes zu verlassen, trug der Tertön seinen Schülern im Drikok-Lager auf, sich um seine Frau zu kümmern, und trat mit Atrin und einigen anderen im sechsten Monat des Jahres die Reise mit der Statue Richtung Westen an.

1888 hatte das Nechung-Orakel den Dalai Lama bereits zu seinem ersten Treffen mit Tertön Sogyal gedrängt. Mit der Enthüllung der Guru-Statue des ‚Wunsch erfüllenden Juwels‘ bestand Nechung nun immer vehementer darauf, dass Tertön Sogyal den Dalai Lama ein zweites Mal treffen und die Statue nach Lhasa bringen müsse. Der bevorstehende Besuch des Tertöns sollte die Zusammenarbeit zwischen dem Dalai Lama, Tertön Sogyal und dem Nechung-Orakel stärken – ein Dreierbund, der für den Rest ihres Lebens fortbestehen würde.

Der Dharma-Schützer Nechung hat eine einzigartige Rolle im Dienst der Dalai Lamas, Tibets und des Buddhismus im Allgemeinen inne. Als Padmasambhava nach Tibet kam und die lokalen Geister in der Erde und im Wasser unterwarf, gab er einigen von ihnen den Auftrag, bestimmte Gegenden, Klöster und Tempel sowie spezifische Dharma-Aktivitäten zu schützen. Doch um den Schutz des tibetischen Reiches und der Lehren des Buddha in ihrer Gesamtheit zu gewährleisten – dessen war sich Padmasambhava bewusst – bedurfte es eines besonders machtvollen Geistes. Die 25 Schüler besprachen die Angelegenheit und fragten Padmasambhava, wo ein Geist, der eine derartige Aufgabe erfüllen könne, zu finden sei.

„Ah, da gibt es Pehar im Kloster in Bantahor“, sagte Padmasambhava.

Bantahor war eine Region im Westen der heutigen Mongolei.[131] Pehar lebte dort in einem kleinen Tempel, war jedoch nicht daran interessiert, diesen Ort zu verlassen. Als Padmasambhava seinen eigenen Körper auf magische Weise nach Bantahor projizierte, warf Pehar einen Stein nach dem großen Guru, der ihn am Kopf traf. Pehar war fast so starrsinnig wie die Tibeter selbst; Padmasambhava musste einsehen, dass es kein einfaches Unterfangen werden würde, ihn nach Zentraltibet zu holen. Er trug seinen Schülern auf, eine Armee zusammenzustellen, die nach Bantahor reisen solle; sie würde ihre Waffen jedoch nicht erheben müssen.

„Sucht einfach Pehars Tempel, nehmt die Buddha-Statue aus Türkis an euch, Pehars Muschelthron und seine rotbraune dreiäugige Ledermaske. Pehar hängt so sehr an diesen Dingen, dass er ihnen den ganzen Weg bis hierher nach Samye folgen wird.“

Und so war es denn auch: Pehar verfolgte seine gestohlenen Besitztümer bis nach Zentraltibet. Padmasambhava bereitete Pehar einen erstaunlich prunkvollen Empfang und unterstellte ihn sogleich seinem Befehl, indem er

Pehars Lebenskraft einfing. Während er Pehar einen rituellen Dorje auf den Scheitel hielt und ihn den Nektar der Unsterblichkeit kosten ließ, verpflichtete Padmasambhava den Schützer dazu, über Tibet und seine spirituellen Praktizierenden zu wachen. In der Zeit des Großen 5. Dalai Lama zog Pehar dann in den kleinen Nechung-Tempel in der Nähe von Lhasa um, und seitdem sind die Namen Pehar und Nechung gleichbedeutend. Nechungs besondere Gabe, in ein menschliches Medium einzufahren und sich so mitzuteilen, wurde regelmäßig genutzt, so dass Nechung im Laufe der Zeit zu Tibets Staatsorakel wurde, auch wenn andere Orakel und Geister immer wieder versuchten, ihm den Rang streitig zu machen.

Die Kavallerie der tibetischen Regierung kam Tertön Sogyal aus Lhasa entgegen, um der Guru-Statue des ,Wunsch erfüllenden Juwels' sicheres Geleit zu geben. Kurz darauf traf auch eine Gruppe von Mönchen aus dem Nechung-Kloster als weitere Begleitung ein. Gemeinsam mit Tertön Sogyal führten sie Zeremonien zur Einweihung der Statue durch. Einer der Mönche des Nechung-Klosters verließ die Gruppe, die Tertön Sogyal westwärts nach Lhasa begleiten sollte, und setzte seinen Weg stattdessen Richtung Osten fort, um zum Dzongsar-Kloster zu reisen.[132] Der Mönch hatte eine andere Aufgabe zu erledigen: Vor seiner Abreise aus Lhasa hatte das Nechung-Orakel ihm aufgetragen, die Sadhana des Guru Yoga zu finden, die Tertön Sogyal in Khyentses Zimmer verborgen hatte.

Im Dzongsar-Kloster angekommen, verbeugte sich der Mönch vor Khyentse und bat ihn demütig um ein Exemplar von Tertön Sogyals *Guru Yoga des tiefgründigen Pfades*. Etwas überrascht antwortete Khyentse dem Mönch, er hätte noch nie von einem derartigen Text gehört.

„Lama, vor meiner Abreise aus Lhasa hat mir das Nechung-Orakel gesagt, falls es Hindernisse geben sollte, mit der Sadhana zurückzukehren, solle ich dich, den großen Khyentse, darum bitten, mich mit den Gerstenkörnern aus dem goldenen Gefäß auf deinem Gebetstisch zu segnen."

Die Statue des ‚Wunsch erfüllenden Juwels, dessen Anblick befreit' – diese Padmasambhava-Statue wurde von Tertön Sogyal als Terma entdeckt und steht im Jokhang-Tempel in Lhasa.

Khyentse öffnete das goldene Gefäß, um den Mönch mit den Getreide-körnern zu segnen, und sagte: „Ah, dieser Nechung und Sogyal sind auf ihre ganz eigene heimliche Weise am Werk!"

Khyentse hatte die Sadhana gefunden, die Tertön Sogyal verborgen hatte.

„Viele in Kham meinen, dass die Guru-Statue des ‚Wunsch erfüllenden Juwels' zu unserem Schutz hier bleiben sollte",[133] sagte Khyentse. „Doch mit dieser Guru Yoga-Sadhana haben wir nun alles, was wir brauchen. Schreibe den Text ab, bevor du nach Lhasa zurückreist, und lasse ein Exemplar hier in Kham."

Der Mönch verließ Dzongsar und holte Tertön Sogyal und die große Gruppe aus dem Nechung-Kloster ein, die langsam nach Westen reisten. Die Rückreise nach Lhasa mit der Statue dauerte fast doppelt so lange wie die Hinreise, da die Karawane regelmäßig anhalten musste, um die Zeremonien durchzuführen, die der Dalai Lama angeordnet hatte. Am Stadtrand von Lhasa schlugen sie für eine Woche ihr Lager auf, um die Statue vom Staub zu befreien, sie mit Juwelen zu schmücken, ihr Gesicht mit Gold zu bemalen und Reinigungsrituale durchzuführen.

Im neunten Monat des Mondjahres schließlich, während der religiösen Feierlichkeiten zur Erinnerung an Buddhas Abstieg aus dem ‚Freudvollen Tushita-Himmel', hielt die Guru-Statue des ‚Wunsch erfüllenden Juwels, deren Anblick befreit' schließlich in Lhasa Einzug. Die ganze Stadt war voll freudiger Erwartung auf den Beinen. Tausende von Nomaden säumten die Straße zum Jokhang-Tempel; die Ladenbesitzer schlossen ihre Geschäfte, mischten sich unter die Menge und versuchten, sich gegenseitig beiseitezuschieben, um einen Blick auf die heilige Statue werfen zu können. Sicherheitskräfte der Klöster drängten die Gläubigen mit Holzstöcken zurück, um den Regierungsbeamten den Weg zum Tempel freizumachen. Die Statue und Tertön Sogyal näherten sich dem Jokhang, angeführt von Mönchen, die große Schirme herumwirbelten, Trommeln schlugen und die hohen Töne der *Gyalings*, einer Art kurzer Oboe, erklingen ließen. Andere Mönche trugen lange Holzstangen mit Siegesbannern, die im Wind flatterten. Wolken von Wacholderweihrauch stiegen aus den Öfen auf und durchzogen den Himmel über dem Barkhor-Viertel. Vom Dach des Tempels erklang das Dröhnen der langen Hörner und das Schlagen der Becken, und Mönche bliesen Muschelhörner in den zehn Richtungen, um den Segen der erleuchteten Wesen herbeizurufen. Man hätte meinen können, Padmasambhava wäre höchstpersönlich nach Lhasa zurückgekehrt. Der Dalai Lama und andere Thronhalter erhoben sich, als die Guru-Statue in das innerste Heiligtum des Jokhang getragen und auf einen Thron zur Rechten der heiligsten Statue Tibets, des Jowo Buddha Shakyamuni, gesetzt wurde. An den nächsten zehn Tagen wurden ausgiebige rituelle Festopfer und Gebete dargebracht.

Anschließend ließ der Dalai Lama die Statue in den Potala bringen, wo sie einen Monat lang als Objekt seiner Hingabe blieb. Dann wurde sie wieder auf ihren Thron im Jokhang-Tempel zurückgebracht.[134]

Tertön Sogyal blieb dieses Mal nicht lange in Lhasa – der zweite Besuch diente in erster Linie dem Zweck, die Guru-Statue abzuliefern. Doch da er nun schon in Zentraltibet war, ließ er es sich nicht entgehen, seinen engen Dharma-Bruder Tertön Rangrik aufzusuchen, der sich südlich von Lhasa im Mindroling-Kloster aufhielt.[135] Sie hatten einige Gemeinsamkeiten: Beide stammten aus Nyarong, waren Schüler von Nyala Pema Dündul und enthüllten viele der Termas von Padmasambhava. Das Temperament und das Auftreten der beiden Tertöns hätte jedoch kaum gegensätzlicher sein können. Tertön Rangrik zog es vor, wie ein Einsiedler zu leben, und ging den Regierungsbeamten und Lhasas feiner Gesellschaft so weit wie möglich aus dem Weg. Tertön Sogyal auf der anderen Seite machte es nichts aus, sich in der Öffentlichkeit zu bewegen, und er nahm es sogar auf sich, Lhasas Bewohnern eindringlich zuzureden, Padmasambhavas Lehren zu folgen, statt sich kleinlich darüber zu zanken, wessen weltliche Geister die kraftvolleren waren. Wie vor ihm schon Nyoshul Lungtok warnte auch Tertön Rangrik Tertön Sogyal einmal sogar davor, sich nicht zu viel auf seine einflussreichen Verbindungen in Lhasa einzubilden.

Eines Tages wurden Tertön Rangrik und Tertön Sogyal zur tibetischen Regierung in den Jokhang berufen, um gemeinsam eine Zeremonie durchzuführen.[136] Da Tertön Sogyal der anerkannte Lehrer des Dalai Lama war, hatten die Mönche des Tempels für ihn einen Thron aufgebaut, der eine Handspanne höher war als der teppichbelegte Sitz des ranghöheren Tertön Rangrik. Tertön Rangrik selbst war es einerlei, ob er auf einem Thron oder den schmutzigen Steinplatten im Hof saß, doch Nyenchen Tanglha, eine zentraltibetische Bergschutzgottheit, war über die Sitzordnung der beiden Lamas verärgert. Tanglha, der über den gesamten Himalaya waltete,[137] war von Padmasambhava damit betraut worden, authentische Dharma-Praktizierende zu schützen und hatte eine Verbindung zu Tertön Rangrik.

Tanglha missfiel es, dass man Tertön Rangrik einen geringeren Sitz als seinem Gegenüber zugewiesen hatte. Der Bergschützer fragte Tertön Rangrik deshalb, ob er dem jüngeren Tertön und den Jokhang-Mönchen eine Lektion in Bescheidenheit erteilen dürfe. Tanglhas schelmische Bitte bereitete Tertön Rangrik – der seine Gefühle kaum jemals zur Schau stellte – offensichtlich Vergnügen und entlockte ihm ein leichtes Schmunzeln.

Tanglha manifestierte sich auf magische Weise in Form einer großen Gruppe von Nomaden aus Tibets nördlichen Hochebenen, die in dicke, mit Wolfs- und Fuchsfell gefütterte Wollmäntel gekleidet waren. Die vermeintlichen Nomaden hatten riesige Säcke mit getrocknetem Käse und Holzeimer voller Dickmilch und Butter als Geschenke mitgebracht. Sie marschierten in den Hof des Jokhang und begannen, sich alle gemeinsam vor Tertön Rangrik niederzuwerfen, wobei sie Tertön Sogyal den Rücken zuwandten. Die versammelten Mönche, Pilger und Schaulustigen waren überrascht, dass sie Tertön Sogyal so völlig außer Acht ließen. Die Nomaden gingen auf Tertön Rangrik zu, überreichten ihm ihre Geschenke und berührten mit ihren Köpfen seinen Thron, um seinen Segen zu erhalten. Nachdem die ersten von ihnen Tertön Rangrik ihre Gaben überreicht hatten, wandten sie sich zum Gehen, ohne Tertön Sogyal eines einzigen Blickes zu würdigen.

Die Mönchsgehilfen und einige der neugierigen Zuschauer forderten die Nomaden auf, sich auch vor Tertön Sogyal zu verneigen. In dem Versuch, ihnen dabei zu helfen, begannen die Mönche, Gehilfen und Pilger, sich gegenseitig auf die Füße zu treten, bis das Durcheinander schließlich perfekt war und alle planlos hin- und herliefen. Tertön Rangrik schaute dem chaotischen Treiben zu wie einer Schar Kinder beim Spielen.

Tertön Sogyal beobachtete Tanglhas magische Darbietung und die Verwirrung, die sie im Geist der Mönche und Pilger ausgelöst hatte. Leicht zurückgelehnt, im Zustand der Meditation, chantete Tertön Sogyal langsam die Silbe *Hung*: „*Hung, Hung, Hung…*" und ließ die Silben eine undurchdringliche Schutzkuppel um den Tempelraum weben. Er zückte seinen Phurba-Dolch und richtete die Spitze auf die Nomaden, die plötzlich wie versteinert stehen blieben. Die Tempelmönche wussten nicht recht, wie ihnen geschah, und saßen verdutzt und ehrfurchtsvoll da. Andere versuchten immer noch, die reglosen Nomaden vorwärts zu schieben, damit sie sich ihren Segen abholten.

Tertön Rangrik konnte Tertön Sogyals Schutzschild sehen und hatte Mitleid mit dem erstarrten Tanglha und den verwirrten Menschen. Er richtete sich auf und rief Tertön Sogyal entschlossen zu: „Ta tong, ta tong – sofort, sofort – lass sie gehen!"

Tertön Sogyal verneigte sich vor seinem älteren Dharma-Bruder. Mit einem Fingerschnipsen löste er das Schutzschild auf, und im gleichen Moment gab Tanglha sich geschlagen und verschwand.

Als sie an diesem Abend ihren Tee tranken, kündigte Tertön Sogyal Tertön Rangrik an, dass er bald nach Hause zurückkehren würde. Der ältere Tertön gab ihm einige warnende Worte mit auf den Weg. Er erzählte Tertön Sogyal, dass die Mutter eines talentierten jungen Knaben in Nyarong versuchte, ihren Sohn als die Inkarnation von Nyala Pema Dündul auszugeben, ihrem gemeinsamen Lehrer, der den Regenbogenkörper erlangt hatte.

„Wie es in Nyarong heißt: Eine zungenfertige Mutter kann jedes Kind in einen inkarnierten Lama verwandeln", sagte Tertön Rangrik.

Er berichtete, dass dieser besondere Junge im Shayul-Dorf in Nyarong geboren worden sei, nicht weit von Tertön Sogyals Geburtsort. Der Junge zeigte ungewöhnliche Eigenschaften, und ein Schamane vor Ort hatte ihm für die Zukunft Macht und Einfluss vorausgesagt. Die Vorhersage hatte jedoch eine Warnung enthalten: Der Junge könne magische Kräfte erlangen – doch es sei ungewiss, ob er sie zum Vorteil oder Nachteil anderer einsetzen würde.

Tertön Rangrik war sich sicher, dass es sich bei dem Jungen nicht um die Reinkarnation Pema Dünduls handelte. Bevor sich Pema Dündul in Licht aufgelöst hatte, hatte er Tertön Rangrik und anderen engen Schülern eingeprägt, sie sollten jeden, der nach seinem Verscheiden behaupten würde, seine Inkarnation zu sein, neun Körperlängen tief in der Erde vergraben und ein schwarzes Steinmonument darüber errichten. Tertön Rangrik war ganz und gar nicht darauf erpicht, einen Landsmann aus Nyarong aus dem Weg zu schaffen, und der Bau eines derartigen schwarzen Grabmals wäre obendrein sehr aufwändig und eine Ablenkung von seiner Meditation – doch wenn der Junge behauptete, er sei die Reinkarnation Nyala Pema Dünduls, würde ihm nichts anderes übrig bleiben.

Vor ein paar Jahren, als ihr Sohn noch ein Teenager war, hatte die Mutter versucht, Tertön Rangrik dazu zu bringen, sich des Jungen anzunehmen und ihn zu lehren. Tertön Rangrik hatte sich geweigert, da er nicht in die ganzen Machenschaften rund um die Anerkennung von Inkarnationen hineingezogen werden wollte. So wandte sich die Mutter an andere Nyarong-Lamas, in ihrem beharrlichen Bemühen, deren Gunst für ihren Sohn zu gewinnen.

„Wenn du nach Hause zurückkehrst, stelle Nachforschungen über diesen Knaben aus Shayul an", wies ihn Tertön Rangrik an. „Wir können keinen Schwarzmagier aus Nyarong gebrauchen."

11. Kapitel

Die scharfe Klinge der innersten Essenz

Derge, Osttibet

Vom Jahr des Wasser-Drachen bis zum Jahr des Holz-Schafes, 1892–1895

Tertön Sogyal kehrte nach Osttibet zurück und verbrachte die nächsten zwei Jahre mit seiner Frau und seinem Sohn in Drikok. Von Zeit zu Zeit zog er sich in heilige Höhlen in Derge und Tromthar ins Retreat zurück, um die Schatzbelehrungen, die er bereits enthüllt hatte, selbst zu praktizieren. Darüber hinaus entdeckte er weitere Schätze, verschlüsselte Karten und Prophezeiungen.

Im zweiten Monat des Wasser-Drachen-Jahres (1892) erfuhr Tertön Sogyal, dass sein Lehrer, der große Khyentse Wangpo, im Alter von 73 Jahren im Dzongsar-Kloster verstorben war. Khyentse war für Tertön Sogyal wie ein spiritueller Vater gewesen und er hatte nahezu alles, was er in seinem Leben erreicht hatte, den Ratschlägen, der Führung und dem Segen dieses großen Lamas zu verdanken. Ihre Verbundenheit in vielen gemeinsamen Leben war durch ihre reine Herzensverbindung in diesem jetzigen Leben noch stärker geworden und würde sich auch in zukünftigen Inkarnationen fortsetzen.

Nun, da Khyentse verstorben war, sollte Jamgön Kongtrul, der letzte große spirituelle Meister dieses Formats in Osttibet, Tertön Sogyals wichtigster

Ratgeber werden. Tertön Sogyal hatte bereits zahlreiche Belehrungen und Ermächtigungen von ihm erhalten. Je mehr sich ihre Beziehung vertiefte, umso
mehr erkannte Kongtrul, dass Tertön Sogyal unter seinen Schülern wirklich
einzigartig war.[138] Er setzte großes Vertrauen in ihn und stützte sich auf die
Divinationen des Tertöns, um seine Lebensspanne zu verlängern. Während
Tertön Sogyal sich 1895 bei Kongtrul in Dzongshö aufhielt, enthüllten sie mit
vereinten Kräften einen Vajrakilaya-Schatz, der für Tibets Verteidigung eine
entscheidende Rolle spielen sollte: die Schatzbelehrung mit dem Titel *Die
scharfe Klinge der innersten Essenz.*

Als Padmasambhava begann, in Tibet die Lehren des Vajrayana zu lehren,
übertrug er seinen Schülern als Erstes die Praktiken der Phurba-schwingen-
den Gottheit Vajrakilaya, da sie dank dieser Praktiken von Anfang an gerüs-
tet waren, alle Hindernisse auf ihrem spirituellen Pfad zu beseitigen und alle
Schwierigkeiten für das Gedeihen des Buddhismus in Tibet zu überwinden.
Einige von Padmasambhavas Vajrakilaya-Sadhanas wurden direkt im 8. und
9. Jahrhundert praktiziert, andere wurden als Schatztexte verborgen, um von
den Tertöns zu einer Zeit enthüllt zu werden, in der ihre Anweisungen besonders wirksam gegen die vorherrschenden spirituellen Missstände eingesetzt
werden konnten.

Auch *Die scharfe Klinge der innersten Essenz* gehörte zu den Vajrakilaya-
Belehrungszyklen, die verborgen wurden. Padmasambhava hatte *Die scharfe
Klinge* nicht wie andere Termas nur einem einzigen Tertön anvertraut, sondern fünf Inkarnationen seiner Schüler – er wollte absolut sichergehen, dass
der Zyklus enthüllt würde.[139] Die verschlüsselte Anleitung zur Auffindung
der *Scharfen Klinge der innersten Essenz* hatte Tertön Sogyal schon vor über
acht Jahren im Katok-Kloster entdeckt. Doch erst jetzt kamen – insbesondere
durch Kongtruls Segen und Anleitung – die richtigen Umstände zusammen,
um diese Praxis zu enthüllen.

Im Herbst des Holz-Schaf-Jahres (1895) rief Kongtrul Tertön Sogyal, Lama
Trime, Dza Choktrul und weitere Emanationen der Herzensschüler Padmasambhavas, die eine karmische Verbindung mit der *Scharfen Klinge* hatten,
zu sich, um mit ihnen die vorbereitenden Zeremonien durchzuführen. Diese
Rituale dauerten eine Woche an und fanden in Kongtruls Einsiedelei inmitten der zerklüfteten, steilen Kalksteinhänge in Dzongshö statt. Für Praktizierende, die die Energien in ihrem Körper kontrollieren können, wirkt eine

Ein Rollbild von Jamgön Kongtrul mit seinen Hand- und Fußabdrücken.

äußere Reise an heilige Orte wie Dzongshö als Katalysator, der ihre erleuchtete Natur wachruft.

Von dem hochgelegenen Felsvorsprung aus, auf dem sich die Praktizierenden niedergelassen hatten, nahmen sie die vor ihnen liegende Landschaft mit ihren Wäldern, Flüssen und Bergen als heiliges Mandala wahr – ein äußeres Spiegelbild ihrer eigenen Innenwelt. Jeder Punkt dieses heiligen

Geländes war mit einem Aspekt ihrer Energie und Lebensessenz verbunden. Der Gipfel über ihnen hatte die Form von Manjushri, dem Buddha der Weisheit; strich der Wind über die mit Kiefern und Birken bewachsenen Hügel, hörten sie Padmasambhavas erleuchtete Sprache. Der Kalksteinfelsen im Westen war ein Juwelenopfer für die zornvollen Gottheiten, und im Osten befand sich der Ort, an dem der Schatz der *Scharfen Klinge der innersten Essenz* verborgen lag, in einer geheimen Höhle unterhalb der ‚Juwelenklippe‘.

Kongtrul hatte sich bereits ein Jahr zuvor an diesen geheimen Ort an der ‚Juwelenklippe‘, ‚Die Höhle, die den Ehrfurcht gebietenden Heruka erfreut‘, begeben, um die Schatztür zu finden.[140] Während Kongtrul dort die Vorbereitungen traf, hatte Tertön Sogyal in verschiedenen Höhlen Zentraltibets – in Sheldrak, Drak Yerpa und Samye Chimpu – ebenfalls vorbereitende Rituale durchgeführt, die für die Entdeckung erforderlich waren. Die Entfernung zwischen ihnen spielte dabei keine Rolle, da ihre gemeinsame erleuchtete Motivation sie in ihrem Vorhaben vereinte.

Durch die einwöchigen Vorbereitungsrituale hatten Kongtrul und die anderen sowohl die äußere Umgebung als auch ihre inneren Kanäle von allen Unreinheiten befreit. Nun machte sich der 82-jährige Kongtrul mit Tertön Sogyals Hilfe auf den Weg zur Höhle. Tertön Sogyal stützte seinen Mentor in dem abschüssigen Gelände und half ihm beim Durchqueren der seichten, aber eisig kalten Flüsse. Als sie sich der Höhle näherten, begann durch die Spalten der Schatztür eine Flut zinnoberroten Staubs hervorzuströmen. Tertön Sogyals Geist wurde von dem runden Portal wie magnetisch angezogen. Er erhob seinen Phurba-Dolch in einer Drohgebärde und erinnerte den Schatzwächter daran, dass er ein Repräsentant Padmasambhavas war. Dann schleuderte er einen Stein gegen die mit rotem Staub bedeckte Tür. Die Erde erbebte mit einem donnernden Schlag. Dort, wo der Stein den Fels getroffen hatte, erschien eine kleine Öffnung, aus der ein wohlriechender Duft zu ihnen strömte, als würde Rosenwasser auf sie herabregnen. Tertön Sogyal steckte seine Hand in die Öffnung im Granit, machte das Loch größer und holte eine Statue von Padmasambhava in stehender Haltung daraus hervor, mit einem Phurba-Dolch und einem Vajra-Zepter in den Händen. Nun trat Kongtrul an die Öffnung heran und entnahm einem bereits geöffneten Schatzkästchen eine goldgelbe Papierrolle, aus der später die Vajrakilaya-Praktiken der *Scharfen Klinge der innersten Essenz* entschlüsselt werden sollten.

Ein Rollbild des von Tertön Sogyal enthüllten Vajrakilaya-Terma
‚Die scharfe Klinge der innersten Essenz'.

„Einzig und allein dieser Schatz wird den Buddha-Dharma in diesen Zeiten des Verfalls wieder aufleben lassen; er ist die Rüstung, die uns in allen negativen Zeiten Schutz gewährt, und die Waffe, die alle negativen Umstände abwehrt."[141]

Der im Felsen aufgefundene Schatz enthielt auch große Mengen *Amrit*, spirituelle Medizin, die durch Schmecken befreit, doch wie Tertön Sogyal sagte, war diese für einen anderen Tertön bestimmt. Eine der Dakinis, die sie begleitet hatte, bat Tertön Sogyal inständig um eine kleine Portion davon, und da er sie nicht enttäuschen wollte, nahm er etwas vom Amrit heraus und gab ihn ihr. Als Ersatz für alles, was er entnommen hatte, legte Tertön Sogyal eine Opfergabe in die Kammer und verschloss sie wieder. Dann brachte die Versammlung den Terma-Schützern Festopfergaben dar und rezitierte Widmungsverse und Gebete der Glückverheißung.

> *Ho! Durch die Kraft der Erzeugungs- und Vollendungsphase,*
> *der Mantra-Rezitation und Samadhi-Meditation,*
> *im Zustand von Vajrakilayas Weisheitskörper, -sprache und -geist,*
> *mögen wir und andere, allesamt, die Ansammlung von Verdienst und*
> *Weisheit vollenden und dadurch*
> *schnell und direkt den vollkommenen Zustand der Allwissenheit*
> *verwirklichen.*[142]

Während der Zeremonie überreichte Kongtrul Tertön Sogyal den Schlüssel – die goldgelbe Papierrolle – und beauftragte ihn, seine Bedeutung zu entziffern.

Padmasambhava hatte für den Schatz der *Scharfen Klinge* zwei Halter vorgesehen: Khyentse Wangpo und Thubten Gyatso, den 13. Dalai Lama.[143]

> *Der wichtigste Halter wird eines von zwei großen Wesen sein;*
> *einer wird in Kham erscheinen und einer in Zentraltibet.*
> *Der erste ist Jamyang Khyentse Wangpo, geboren im männlichen*
> *Eisen-Drachen-Jahr,*
> *der zweite ist der erhabene Meister namens Thubten, geboren im*
> *männlichen Feuer-Ratten-Jahr.*
> *Es macht keinen Unterschied, welcher von beiden gefunden wird.*
> *Der Phurba-Dolch, das manifeste Symbol der Belehrung,*
> *sollte vor der Buddha-Statue des Jowo Shakyamuni aufbewahrt werden;*

die Statue, die ein Repräsentant des Guru ist, wird später ebenfalls ihren Weg zum Jowo finden.

Als Jamgön Kongtrul und Tertön Sogyal den Schlüssel zur *Scharfen Klinge* entdeckten, war Khyentse Wangpo bereits verstorben; damit lag die Verantwortung für die Verbreitung des Vajrakilaya-Schatzes nun beim Dalai Lama.

Die Entdeckung der *Scharfen Klinge* war von unschätzbarer Bedeutung, sowohl für den Dalai Lama als auch für das tibetische Volk. Die Mehrzahl der Schatzenthüllungen, Visionen und prophetischen Träume, die Padmasambhava Tertön Sogyal in seinem Leben zuteilwerden ließ, waren darauf ausgerichtet, Hindernisse im Leben des Dalai Lama zu beseitigen und das tibetische Volk zu beschützen – doch *Die Scharfe Klinge* übertraf sie alle. Sie versprach nicht nur, die Gesundheit und das lange Leben des 13. Dalai Lama sicherzustellen, sondern auch den internen Querelen an seinem Hof ein Ende zu bereiten und die Damsi-Dämonen in den einflussreichen Klöstern in Lhasa zu unterwerfen. Würden die Rituale der *Scharfen Klinge* in der vorgeschriebenen Weise durchgeführt – einschließlich der strategischen Maßnahme, zu Lhasas Schutz einen Phurba vor der heiligen Jowo Shakyamuni Buddha-Statue im Jokhang-Tempel zu platzieren – würde sich die Prophezeiung in der *Scharfen Klinge* erfüllen:

> Die Gelug-Lehren werden an Kraft gewinnen und nicht schwinden. Vor allem wird fortan für die Linie der Dharma-Meister [der Dalai Lamas] ein unbeeinträchtigtes und sicheres Leben gewährleistet sein. Der erhabene Meister namens Thubten [Gyatso, der 13. Dalai Lama] wird mit Gewissheit mehr als 60 Jahre alt werden. Die feindlichen Elementargeister, die Konflikte im Sera- und Drepung- [Kloster in Lhasa] schüren und ausländische Armeen aufhetzen, werden unterworfen. Der Herrscher wird bei seinen Untertanen nicht auf Widerstand stoßen [und] Tibet wird Frieden finden und die Befehlsgewalt des Herrschers wird gefestigt sein. Daran sollte nicht der geringste Zweifel bestehen! [144]

Für alle Schatzenthüllungen gilt, dass der Tertön sie eine gewisse Zeit praktizieren muss, um ihren Segen und ihre Kraft zunächst in sich selbst wieder zu erwecken, bevor er sie an andere weitergeben kann. Es sollten noch drei Jahre vergehen, bis Tertön Sogyal *Die Scharfe Klinge* schließlich demjenigen übergeben konnte, für dessen Schutz sie in erster Linie bestimmt war: dem 13. Dalai Lama.

12. Kapitel

Die dunklen Mächte gewinnen an Kraft

Lhasa, Zentraltibet

Vom Jahr des Feuer-Affen bis zum Jahr des Erd-Hundes, 1896–1898

Im Jahr des Feuer-Affen (1896) verkündete das Nechung-Orakel, dass Tertön Sogyal nach Lhasa zurückkehren und seine neuesten Schatzentdeckungen an ihre jeweiligen Halter aushändigen müsse.[145] Der Potala-Palast sandte ihm eine entsprechende offizielle Aufforderung, und so machte sich Tertön Sogyal schon bald auf den Weg Richtung Westen, um ein drittes Mal in das zentraltibetische Lhasa zu reiten.

Vor dieser Berufung in die Hauptstadt hatte Tertön Sogyal einige Monate mit seiner Frau Khandro Pumo und ihrem gemeinsamen Sohn verbracht. In ihrer Beziehung stand die Praxis des Dharma im Mittelpunkt, und so waren sie ständig darauf bedacht, förderliche Umstände füreinander zu schaffen, um rasch Erleuchtung zu erlangen.

Nachdem Khandro Pumo ihr Leben in Gonjo hinter sich gelassen hatte, war sie in kürzester Zeit in die meditative Atmosphäre eingetaucht, die Tertön Sogyal umgab. Sie fühlte sich ganz natürlich zu spiritueller Praxis hingezogen und unterstützte Tertön Sogyal voller Hingabe, denn sie hatte ihn nicht nur zu ihrem spirituellen Partner, sondern auch zu ihrem Dzogchen-Meister erwählt. Für Khandro Pumo, Atrin und andere, die Tertön Sogyal assistierten, bot die Arbeit in nächster Nähe des Tertöns kontinuierlich die Gelegenheit, einen Einblick in den Geist eines Meditierenden zu gewinnen, der nie vom Zustand der Unabgelenktheit getrennt war. Tertön Sogyals enorme Präsenz schien schweifende Gedanken regelrecht aufzuzehren. Dem Schatzenthüller eine Tasse Tee zu servieren oder ihm beim Anlegen seines Schultertuchs behilflich zu sein war genauso Teil ihrer spirituellen Praxis wie die Niederwerfungen und das Darbringen von Opfergaben vor Padmasambhava-Statuen in einem Tempel. Allein der Anblick ihres Lamas ließ sie ihre eigene erleuchtete Natur erkennen. Ging Tertön Sogyal ohne sie auf Reisen, ließen Khandro Pumo und die anderen in ihrer Praxis nicht nach, sondern praktizierten diszipliniert weiter.

Vor seinem Aufbruch nach Lhasa hatte Tertön Sogyal einen astrologisch günstigen Tag genutzt, um die heiligen Substanzen, die in das aufgetürmte Haar auf seinem Kopf eingebunden waren, zu erneuern. Wenn er seine yogischen Zöpfe herunterließ, fielen sie ihm fast bis zur Hüfte herab. Khandro Pumo rollte die Haarsträhnen auf und säuberte sie. Die beiden wechselten dabei kaum ein Wort – Tertön Sogyal war für unnützes Gerede nicht zu haben. Khandro Pumo wickelte eine Haarsträhne um ein Stoffsäckchen mit Arzneipulver und Reliquien und legte es auf Tertön Sogyals Scheitelöffnung. Dann schlang sie eine verfilzte Strähne nach der anderen um das Bündel, um es an seinem Platz zu befestigen, bis alle Strähnen wie eine Krone aufgeschichtet waren.

Die tantrischen Laien-Yogis der tibetischen Hochebene ließen ihr Haar – genau wie die umherziehenden indischen Bettelmönche – oft lang wachsen. Die hochgebundene Haarpracht ist für die Öffentlichkeit ein Zeichen dafür, dass der Laien-Yogi sein Leben der spirituellen Praxis geweiht hat. Auch der rasierte Kopf eines Mönches oder einer Nonne dient unter anderem diesem äußerlichen Zweck. Auf einer inneren Ebene erinnert das Haar den Yogi daran, sich nicht von Konventionen und weltlichen Anliegen fesseln zu lassen, während der rasierte Kopf der Mönche und Nonnen ihnen stets vor Augen führt, dass ihr Pfad zur Befreiung auf Disziplin beruht. Letztlich dient die äußere Form – rote oder weiße Roben, kahl geschorener Kopf oder langes Haar – jedoch nur als Unterstützung für den eigentlichen Sinn der Dharma-Praxis: die spontane Befreiung aller Erscheinungen und aller auftauchenden Gedanken in den Raum ungeborenen Gewahrseins.

Ein Bild von Khandro Pumo, Tertön Sogyals spiritueller Gefährtin,
aus ihrem Stupa im Kalzang-Tempel in Nyarong.

Tertön Sogyal verließ sich auf Khandro Pumos Rat, da sie die seltene Gabe besaß, die Zukunft vorhersehen zu können. Wenn sie in eine Türöffnung, einen Höhleneingang oder auch nur auf ihren Daumennagel schaute, empfing sie Prophezeiungen, die als leuchtende Schriftzeichen vor ihr im Raum erschienen. Da ihre inneren Winde und Energien ungehindert durch die Kanäle ihres feinstofflichen Körpers flossen, gelang es ihr fast mühelos, einen Blick in die Zukunft zu werfen. Obwohl sie sich ihrer Fähigkeit bewusst war, bot sie niemals von sich aus an, jemandem eine Voraussage zu machen, ohne darum gebeten worden zu sein. Wurde sie von Atrin und anderen um

167

Rat gefragt, war Khandro Pumo die Aufmerksamkeit, die man ihr schenkte, unangenehm; sie behauptete dann, sie könne nichts anderes, als Mantras rezitieren. Später in ihrem Leben kamen die Dorfbewohner und Bauern regelmäßig zu ihr, um sie nach dem besten Zeitpunkt für das Bestellen ihrer Felder zu fragen oder nach dem besten Tag für den Antritt einer lange Reise oder weil sie herausfinden wollten, ob eine Krankheit heilbar war oder zum Tod führen würde. Pumos Vorhersagen erwiesen sich immer als sehr genau.[146] Khandro Pumo packte Tertön Sogyals persönliche und religiöse Dinge für seine bevorstehende Reise zusammen, darunter seine Gebets-Mala und ein großes silbernes Amulett, das gesegnete Substanzen und Reliquien verstorbener Meister enthielt. Ein Schmied in Derge hatte ein schmales Kupferbehältnis mit einer Öse angefertigt, das man mit einem Lederband festbinden konnte. Khandro Pumo überreichte es Tertön Sogyal und schlug vor, er solle seinen rituellen Phurba-Dolch darin aufbewahren. Zum einen ahnte sie, dass der Phurba auf der langen Reise sonst verloren gehen könnte, und zum anderen wollte sie sicherstellen, dass dieses heilige Objekt niemals von jemand anderem als Tertön Sogyal berührt würde. Wie alle Schatzenthüller trennte sich Tertön Sogyal nie von seinem Phurba, den er in seinem Hüftgürtel verbarg – er war eine physische Erinnerung an seinen Auftrag als Repräsentant Padmasambhavas.

Tertön Sogyal zog seinen Phurba-Dolch aus dem Gürtel. Es war der Phurba, den er von Nyoshul Lungtok erhalten hatte und den er als Unterstützung für seine Vajrakilaya-Meditation benutzte: Er stellte ihn vor sich auf und visualisierte, wie die zornvolle Gottheit aus ihm hervortrat und sich am Ende wieder in ihn hinein auflöste. Der Phurba war aus Meteoriteneisen gefertigt. Die Fähigkeit eines Meteoriten, den Himmel und die Erde ungehindert zu durchqueren ist eine Metapher für den Vajrakilaya-Praktizierenden, der Verwirrungen und Hindernisse durch die Kraft seiner Meditation durchtrennt. Tertön Sogyal hatte eine so tiefe Verbindung zu diesem spezifischen Phurba, dass rostfarbenes Öl aus seinen Klingen austrat, wann immer der Tertön sich nicht wohlfühlte oder einer seiner Schüler unreine Sichtweisen gegenüber den Lehren oder dem Lehrer entwickelt hatte. Entfalteten sich in Tertön Sogyals Geist hingegen prophetische Visionen von Padmasambhava oder nahte die günstige Stunde für eine Schatzenthüllung, fing der Phurba an zu vibrieren und sonderte aus seinen Klingen eine weißliche Substanz ab.

Tertön Sogyal hob den Phurba in die Luft empor, rezitierte ein Glück verheißendes Gebet und hielt ihn dann sanft auf Khandro Pumos Scheitel, um sie zu segnen; dann steckte er den Phurba in das schützende Behältnis.

Als Tertön Sogyal nach fünfwöchiger Reise in Lhasa eintraf, ging er auf direktem Weg zum Dalai Lama und zeigte ihm sofort die goldgelbe Schriftrolle für eine Vajrakilaya-Praxis namens *Die tiefste Herzessenz des Vajrakilaya*. Da Tertön Sogyal *Die scharfe Klinge der innersten Essenz* bisher nicht praktiziert und den Segen in seinem eigenen Geist nicht zur Reife gebracht hatte, war es noch nicht an der Zeit, diese Praxis zu offenbaren, nicht einmal dem Dalai Lama. Beim Anblick der Schriftrolle für *Die tiefste Herzessenz* griff das Medium des Nechung-Orakels danach und sagte: „Die muss ich haben! Doch bevor der kostbare Tertön diesen Text entziffert, muss er im Jokhang-Tempel vor der Buddha-Statue des Jowo Shakyamuni und der Guru-Statue des ‚Wunsch erfüllenden Juwels, dessen Anblick befreit' umfangreiche Opfergaben darbringen."

Tertön Sogyal richtete sich in einem kleinen Zimmer im Norbulingka-Palast des Dalai Lama ein, und nachdem er die von Nechung angeordneten Rituale durchgeführt hatte, entschlüsselte er alle 13 Abschnitte der Praxis der *Tiefsten Herzessenz*.[147] Während dieser Zeit im Sommerpalast führten Mönche aus Namgyal, dem persönlichen Kloster des Dalai Lama, im Tempel neben Tertön Sogyals Zimmer Phurba-Dolch-Rituale durch.

Bevor er 1896 in Lhasa eintraf, hatte Tertön Sogyal in Nyarong Halt gemacht, um sich den jungen Mann aus dem Shayul-Dorf näher anzusehen, von dem Tertön Rangrik gesprochen hatte. Die Mutter des Jungen war tatsächlich recht aufdringlich, doch Tertön Sogyal ließ sich von ihrem beharrlichen Drängen, ihren Sohn Nyagtrül als Nyala Pema Dünduls Reinkarnation anzuerkennen, nicht unter Druck setzen. Er stimmte allerdings zu, dass man den 20-jährigen Nyagtrül unterrichten sollte, vor allem, weil dieser einige kleinere meditative Errungenschaften vorweisen konnte, wie zum Beispiel die Fähigkeit, Unwetter heraufzubeschwören. Bei Tee und Momos setzte die Mutter ihm mit ihren hartnäckigen Bitten so lange zu, bis sie schließlich vereinbarten, dass Nyagtrül Tertön Sogyals große Reisegesellschaft nach Lhasa begleiten durfte.

Nach ihrer Ankunft in der Hauptstadt war Tertön Sogyal jedoch zu beschäftigt, als dass er sich um Nyagtrül hätte kümmern können. Die Vajrakilaya-Ermächtigungen und Meditationsanweisungen, die er dem Dalai Lama geben musste, und die Rituale, die er für die tibetische Regierung durchführte, nahmen seine gesamte Zeit und Energie in Anspruch. Nyagtrül wurde bei einer Familie von Teehändlern aus Nyarong untergebracht, die sich in Lhasa niedergelassen hatten. Sie halfen dem jungen Lama, die sprachlichen Hürden zu überwinden, vor die er aufgrund der Unterschiede zwischen dem Lhasa- und dem Nyarong-Dialekt gestellt war. Nyagtrül lernte schnell dazu und war bald imstande, sich allein in Lhasa zurechtzufinden. Er vergnügte sich gerne auf dem Basar und in den Läden, die in der Gegend des Marktes süßen Tee verkauften, hielt gleichzeitig aber einen strikten Plan für seine Meditationen und seine Rituale ein. Allmählich begann jedoch eine dunkle Kraft Nyagtrüls Herz zu überschatten, und seine Handlungen wurden zunehmend vom Dämon der Selbstsucht beherrscht.

Da Nyagtrül gemeinsam mit Tertön Sogyal in Lhasa angekommen war, hielten einige den jungen Nyarong-Lama für einen seiner engen Schüler. Nyagtrül machte sich diesen Eindruck zunutze und behauptete, Tertön Sogyal hätte ihm Reichtumsrituale beigebracht. Seine Fähigkeit, Gedanken zu lesen, bewog einige aristokratische Familien daraufhin, Nyagtrül in ihr Haus einzuladen, wo er ausführliche Rituale anleitete, die den Reichtum der Familie vergrößern sollten.

Nach einer Weile ließen die Kaufleute aus Nyarong, die Nyagtrül in Lhasa bei sich aufgenommen hatten, Tertön Sogyal jedoch mitteilen, Nyagtrül habe sich möglicherweise den dunklen Mächten zugewandt. Sie hatten zwar keine konkreten Beweise dafür, befürchteten aber, dass Nyagtrül sich der Zauberei widmete, da aus seinem Zimmer, das nie jemand betreten durfte, seltsame Schreie und schauderhafte Gerüche drangen, die an verbranntes Fleisch erinnerten.

„Was führt Nyagtrül mit seinen Ritualen oder seiner schwarzen Magie wohl im Schilde?", fragten sie Tertön Sogyal.

Tertön Sogyal wusste, dass Praktizierende, deren Geist noch nicht von der Gesinnung eines Bodhisattva – der tiefen Sehnsucht, allen fühlenden Wesen zu helfen – durchdrungen ist, ihren eigenen selbstsüchtigen Gedanken zum Opfer fallen können. Deshalb sandte er eine Nachricht an Nyagtrül und befahl ihm, Lhasa auf der Stelle zu verlassen und sich in den heiligen Höhlen in der Nähe des Samye-Tempels südöstlich der Hauptstadt für längere Zeit in ein Retreat zurückzuziehen. Tertön Sogyal wollte für einen Retreat-Gehilfen und die notwendige Verpflegung sorgen. Doch Nyagtrül setzte sich über diese Anordnung hinweg.

Tertön Sogyal hatte während seines Aufenthalts in Lhasa 1896 zahlreiche Aufgaben zu erfüllen: Er entdeckte und entschlüsselte Schatztexte und übertrug sie dem Dalai Lama, er führte Rituale zum Wohle des Landes durch, er besuchte die mit Padmasambhava verbundenen heilige Plätze und vieles mehr.

Der Dalai Lama hatte im Jahr zuvor die Regierungsgewalt übernommen. In dieser äußerst kritischen Zeit, in der die Nachbarstaaten immer größeren politischen Druck auf Tibet ausübten, richtete er sein Augenmerk noch stärker auf Padmasambhavas Prophezeiungen. Sie wurden ihm von den Lamas und tantrischen Praktizierenden überbracht, die mit dem Schutz Tibets betraut waren, und Tertön Sogyal war von ihnen allen der bedeutendste. Offizielle Berichte über die Tempel, die der Dalai Lama errichten ließ, bezeugen, wie sehr er bemüht war, dem Beispiel seiner Vorgänger zu folgen und Padmasambhavas Ratschläge in die Tat umzusetzen:

> Genau wie der Abt [Shantarakshita], der Guru [Padmasambhava] und der Dharma-König [Trisong Detsen] ihre Kräfte vereinten, um den glorreichen Samye-Tempel zu bauen und für die Verbreitung des Buddha-Dharma von unvorstellbarem Nutzen zu sein, hat sich nun dieser angesehene Herrscher [der 13. Dalai Lama], begabt mit geschickten Mitteln und großem Mitgefühl, mit Tertön Padma Lingpa Hutuktu und Tertön Sogyal sowie weiteren Meistern der alten und neuen Schulen zusammengeschlossen, um die Aktivitäten zum Wohle der Lehren und aller fühlenden Wesen – in Übereinstimmung mit den Prophezeiungen für diese Zeit – voranzubringen.[148]

Aus Tertön Sogyals tantrischer Sichtweise konnte es nur deshalb zu Angriffen durch feindliche Mächte kommen, weil Tibets spirituelle Kraft abgenommen hatte. In seinen Augen war Tibets Schwäche im 19. und 20. Jahrhundert weniger der schlecht ausgerüsteten Armee, sondern vielmehr den unzähligen negativen Taten zuzuschreiben, die die Tibeter im Namen der Religion begangen hatten. Padmasambhava selbst hatte wiederholt gewarnt, dass sektiererische Konkurrenzkämpfe unter den Klöstern, der Missbrauch von Spenden an die Mönche und Nonnen sowie die Gewohnheit, erleuchtete Wesen in Gebeten um Prestige und Reichtum zu bitten, das Land schwächen würden. Doch was Tibet und seinen Einwohnern am meisten schadete, war die Tatsache, dass sie sich über die Anweisungen ihrer spirituellen Ratgeber hinwegsetzten. Da Padmasambhava der Vater des Buddhismus in Tibet war, erschütterte die Weigerung der tibetischen Regierung, seine von den Tertöns enthüllten Anweisungen auszuführen, und die Tatsache, dass sektiererische Äbte und Mönche sich öffentlich gegen Padmasambhava stellten, die tibetische Nation in ihren Grundfesten.

Die Schätze, die Padmasambhava verborgen hatte und die Tertön Sogyal und andere wieder auffanden, waren ein Heilmittel, ein Gegenmittel gegen diese spirituelle Krankheit. Das Nechung-Orakel drängte den Dalai Lama ständig, Tertön Sogyal und weitere Repräsentanten Padmasambhavas um Belehrungen, Ermächtigungen und Ratschläge zu bitten, da Tibet nicht nur durch militärische Angriffen von außen, sondern gleichermaßen durch die spirituellen Verschmutzung im Inland bedroht sei. Darüber hinaus müsse Tertön Sogyal weitere Schätze auffinden, die die Hindernisse für das Leben des Dalai Lama beseitigen und Auseinandersetzungen mit Truppen aus Indien, China und weiteren Ländern schlichten würden. Die Tatsache, dass das Nechung-Orakel Tertön Sogyal einen Auftrag nach dem anderen erteilen musste, war ein klares Zeichen dafür, wie tief Tibet gesunken war: Kaum war ein Ritual oder eine Enthüllung vollbracht, war schon die nächste vonnöten. Noch während seines dritten Aufenthalts in Lhasa 1897 kam es in der Nähe von Tertön Sogyals Heimatregion zu Auseinandersetzungen mit den Qing-Truppen, die von Dartsedo aus dort einmarschierten. Die Briten ihrerseits planten einen Angriff auf Lhasa von Süden her, den sie circa sieben Jahre später auch in die Tat umsetzten.

Tertön Sogyal blieb lediglich sechs Monate in Lhasa, bevor er im Jahr des Feuer-Vogels (1897) nach Kham zurückkehrte. Vor seiner Abreise sagte ihm das Nechung-Orakel, er solle nicht zu lange von Lhasa fernbleiben. Zurück in Osttibet tauschte Tertön Sogyal Belehrungen und Ermächtigungen mit Jamgön Kongtrul aus und enthüllte im Sommer mehrere Schätze, darunter den so genannten ‚Lebenskraft-Phurba des Dharma-Königs Tibets‘, der für den herrschenden Dharma-König, den Dalai Lama, bestimmt war. Die damit verbundene Prophezeiung trug Tertön Sogyal auf, den Phurba-Dolch bis zum Herbst seinem rechtmäßigen Besitzer zu übergeben, damit er seine volle Wirkungskraft zur Besänftigung von Konflikten entfalten könne.

So ritt Tertön Sogyal auf Pferden, die ihm das Büro des Regierungsbevollmächtigten in Nyarong zur Verfügung gestellt hatte, auf der weniger bereisten Route nach Lhasa zurück. Tertön Sogyals Frau und Sohn begleiteten ihn bis Kongpo, wo sie zurückblieben, während er seinen Weg in die Hauptstadt fortsetzte.

In einem ihrer Lager in den üppigen Wäldern Kongpos nahm sich Tertön Sogyal Zeit, zusätzliche Praktiken der *Scharfen Klinge* zu entschlüsseln; er schrieb sie eigenhändig nieder oder diktierte sie Kongtruls Sekretär, der Teil der Reisegruppe war.[149] An den Ufern des ‚Drei-Klippen-Sees‘ rief Tertön Sogyal inmitten von Rauchwolken, die aus dem glimmenden Wacholder aufstiegen und sich im tiefgrünen Wasser widerspiegelten, die Einäugige Hüterin der Mantras und die lokalen Terma-Wächter an und bat sie, ihm zu helfen.

> *Ihr Schützer, durch die Kraft dieser Opfergaben und des Befehls*
> *an euch zu handeln,*
> *lasst die Lehren und die Halter der Lehren erfolgreich sein,*
> *lasst günstige Zeichen des Beistands und Glücks anwachsen*
> *wie der zunehmende Mond,*
> *und lasst all unsere Wünsche, die mit den buddhistischen Lehren*
> *im Einklang sind, in Erfüllung gehen!*[150]

Lokale Schützer händigten Tertön Sogyal einen Schatz aus, der unter anderem eine Prophezeiung mit dem Titel *Die strahlende Girlande des Sonnenlichts* enthielt, die Padmasambhava ursprünglich König Trisong Detsen übertragen hatte. Die Prophezeiung beschrieb Methoden zur Vertreibung schädlicher Dämonengeister aus Lhasa, deren Absicht es war, Uneinigkeit unter den Dharma-Praktizierenden zu verursachen. Ein Teil der Prophezeiung rief zum Bau verschiedener Tempel und Stupas in ganz Tibet auf, unter anderem in den historisch bedeutsamen königlichen Klosteranlagen in Lhasa, Samye und Tandruk, sowie zur Errichtung von Bauten zum Schutz der Grenzen in der Nähe von Kalzang in Nyarong und anderen Orten.[151] Diese mit Mantras geweihten und mit heiligen Substanzen gefüllten Tempel, Schreinräume und Stupas würden die Dämonen abwehren, die militärische Angriffe heraufbeschworen, um die buddhistischen Lehren in Tibet zu zerstören. Die Prophezeiung warnte: „Der tibetische Herrscher, die Bodhisattva-Inkarnation [der Dalai Lama], wird von den Chinesen umgebracht werden und die Lebensspanne der Könige und Minister, sowohl der chinesischen wie der tibetischen, wird sich verkürzen", sollten die Schreinräume und Tempel nicht zum angegebenen Zeitpunkt errichtet werden. Würde ihr Bau jedoch vollendet, „wird das Gesetz wiederhergestellt und Eindringlinge zurückgeschlagen werden, und die Sonne des Glücks wird bis weit in die Zukunft über Tibet erstrahlen." Tertön Sogyal traf 1898 in Lhasa ein; es sollte sein vorletzter Besuch in der Hauptstadt sein. Er brachte dem Dalai Lama den Lebenskraft-Phurba sowie die Prophezeiung der *Strahlenden Girlande des Sonnenlichts* dar, die sich jener aufmerksam anhörte. Dann gab der Dalai Lama den Befehl, alles sofort und bis ins kleinste Detail auszuführen, einschließlich des Baus der strategisch platzierten Tempel. Gleichzeitig bereitete man Tertön Sogyals Übertragung der Phurba-Lehren der *Scharfen Klinge* auf den Dalai Lama vor. Die Ermächtigungszeremonien und ausführlichen Erklärungen erstreckten sich über mehrere Wochen. Da *Die scharfe Klinge* Tibet und das tibetische Oberhaupt schützte, wurde diese Praxis ab diesem Zeitpunkt sowohl von den persönlichen Mönchen des Dalai Lama im Namgyal-Kloster als auch im Tempel des Staatsorakels regelmäßig durchgeführt, und es wurden Druckstöcke aus Holz geschnitzt, um Eingeweihte mit dem Text versorgen zu können. *Die scharfe Klinge* war de facto zu einem Teil von Tibets Verteidigungspolitik geworden.

Am Morgen nach der Ermächtigung in *Die scharfe Klinge* hatte der Dalai Lama einen lebhaften Traum, in dem er sich vor Padmasambhavas Palast wiederfand. Dort kamen zwei Dakinis auf ihn zu und sangen ihm prophetische Verse vor, die mit der Ermächtigung verbunden waren, die Tertön

Sogyal gerade gegeben hatte. Die himmlischen Dakinis ließen den Dalai Lama wissen, dass das Darbringen der angemessenen Opfergaben, wie sie in der *Scharfen Klinge* beschrieben wurden, die drei Geistesgifte – Verlangen, Wut und Unwissenheit – beseitigen und tiefe spirituelle Verwirklichung hervorbringen würde. Sie sagten:

Kyema!
Tiefgründig, friedvoll und frei von Ausführlichkeit ist die glückselige
    Kraft des Geistes,
sein unveränderliches Mitgefühl ist der weite Raum der vier Kayas,
    spontan vollkommen.
Aus ihm heraus lass die Gottheit des Zorns die Feinde und
    Hindernisbereiter besänftigen und die drei Geistesgifte beseitigen –
sie werden besänftigt sein, das ist gewiss!

Möge sich die magische Form der Gottheit, zornvoll und feurig,
    aus dem Dharmadhatu erheben,
um die Herzen aller feindlichen Kräfte und Samaya-Übertreter
    zerbersten zu lassen,
die dem Zauber der Verblendung anheimgefallen sind,
und sie zu vernichten. Sie werden bezwungen. Das ist gewiss!

Auf dem Leichenacker der gewaltigen Entfaltung des Zorns,
durch den Eintritt in das Mandala des erhabenen Geheimnisses des
großen Ehrfurcht gebietenden Vajrakilaya und durch das Befolgen
    der Samayas und Gelübde,
werden Siddhis rasch erlangt. Das ist gewiss!

Alle Aspekte dessen – in Vergangenheit, Gegenwart und Zukunft –
sind aus den Symbolen der Dakinis klar ersichtlich;
während er die in dieser Vajrakilaya-Praxis geforderte Anzahl rezitiert,
muss der Halter dieser Lehre selbst auf jeden Fall 1000 Tsok-Gaben
    darbringen.
Solltest du dies jedoch aufschieben, wird die Bedeutung dieser
    Prophezeiung hinfällig werden;

die Schützer des Termas werden ihren Vajra-Eid brechen und
diese unwandelbare Vorhersage wird nicht mehr der Wahrheit
  entsprechen;
sei daher eifrig und achte genauestens auf deine Handlungen![152]

Als der Dalai Lama aufwachte, waren ihm diese Worte noch deutlich in Erinnerung, und so schrieb er sie auf. Er erzählte Tertön Sogyal von seinem Traum und sie erörterten seine Bedeutung. Das tibetische Oberhaupt verschwendete keine Zeit und brachte so schnell wie möglich die 1000 Festopfergaben an Vajrakilaya dar, so wie es ihm im Traum aufgetragen worden war.

Trotz der zahlreichen Rituale und einer Fülle weiterer Schutzmaßnahmen, die die Bedrohungen von außen für das tibetische Reich abwehren sollten, blieb das Leben des Dalai Lama weiterhin in Gefahr. Tatsächlich fingen die bedrohlichen Kräfte aus dem Ausland an, sich zu sammeln und mächtiger zu werden. Doch es sollten Tibets interne dunkle Kräfte sein, die als Erste zuschlagen würden.

13. Kapitel

Ein vereitelter Anschlag auf den Dalai Lama

Jahr des Erd-Schweins, 1899

Im Jahr 1886, als der 13. Dalai Lama elf Jahre alt war, wurde Demo – das Oberhaupt von Tengyeling, dem damals größten und mächtigsten Kloster in Lhasa – zu Tibets neuem Regenten ernannt. Demo war dem jungen Dalai Lama während seiner Amtszeit eine wichtige und treue Stütze, und das Tengyeling-Kloster nutzte seine Stellung, um seinen bereits ansehnlichen Reichtum noch weiter zu vermehren. Mit der Inthronisierung des Dalai Lama im Holz-Schaf-Jahr (1895) trat Demo automatisch von seinem Amt zurück und die Regierungsgewalt als spiritueller und politischer Herrscher Tibets fiel an den Dalai Lama. Viele an Demos Hof waren über ihren damit verbundenen Machtverlust ganz und gar nicht glücklich, allen voran Demos Neffe Norbu Tsering. Als Verwalter von Tengyeling wollte er sich nicht damit abfinden, dass der politische Einfluss seines Klosters durch die Thronbesteigung des Dalai Lama diesen jähen Einbruch erlitt.

Tengyelings Reichtum am Ende des 19. Jahrhunderts bezeugte Norbu Tserings Geschick in weltlichen Angelegenheiten. Sein Erfolg beruhte nicht allein auf seinem klugen Umgang mit den Finanzen und der Verwaltung des

Grundbesitzes, sondern auch auf den zahlreichen Reichtumsritualen, die er von tantrischen Praktizierenden ausführen ließ. Doch nun musste er mit ansehen, wie Tengyelings Einfluss dahinschwand.

Die Unzufriedenheit über Tengyelings Schicksal nagte immer heftiger an Norbu Tsering. Da er sicher war, dass die Regentschaft im Falle eines plötzlichen Todes des Dalai Lama wieder an seinen Onkel zurückfallen würde, begann er, sich Gedanken zu machen, wie er ihn beiseite schaffen könnte. Sein erster Plan, sich Zugang zu jemandem zu verschaffen, der für den Dalai Lama arbeitete und ihm das Essen servierte, blieb erfolglos, und so gab er die Idee, ihn zu vergiften, wieder auf – eine zu jener Zeit in China und Tibet gängige Methode, um vermeintliche Feinde aus dem Weg zu räumen. Als er in seinem Haus im westlichen Teil Lhasas von Nyagtrül, dem jungen tantrischen Praktizierenden aus Nyarong, ein Ritual durchführen ließ, kam Norbu Tsering jedoch ein neuer Gedanke, wie er den Dalai Lama ausschalten konnte.

Nyagtrül war in Lhasa rasch zu Berühmtheit gelangt. Er hatte Tertön Sogyals Anweisung, die Hauptstadt zu verlassen und sich in ein längeres Meditations-Retreat zurückzuziehen, geflissentlich ignoriert. Seit seiner Ankunft in Lhasa hatte er bei keinem einzigen Lehrer studiert und war weder mit Tertön Sogyal noch mit Tertön Rangrik zusammengetroffen. Doch seine okkulten Kräfte waren in dieser Zeit enorm angewachsen.

Bevor er nach Lhasa gekommen war, hatte Nyagtrül eine Form der Zauberei erlernt: eine Kombination aus altem tibetischen Schamanismus und indischem Tantra, in der ihm bestimmte Zaubersprüche magische Kräfte verliehen, um andere zu beeinflussen, Gegenstände unsichtbar zu machen oder das Wetter zu manipulieren. Diese Zauberkräfte kamen erst dann zur Entfaltung, wenn ein Yogi bestimmte Fähigkeiten entwickelt hatte – unter anderem unabgelenkte Visualisation und Mantra-Rezitation – und spezifische Rituale ausführte. Aus Angst vor Missbrauch wurden diese Praktiken nur selten gelehrt.

Ohne einen spirituellen Lehrmeister, der Nyagtrüls Entwicklung überwachte, verblasste die ursprünglich reine Motivation, mit der er sich der spirituellen Praxis zugewandt hatte, mehr und mehr hinter dem unheilvollen Drang, Schüler um sich zu sammeln und Besitztümer und Klöster anzuhäufen. Nyagtrül begann, sich auszumalen, wie es wäre, über eine Klosteranlage wie Tengyeling zu herrschen, wo sich Tausende von Schülern zu seinen Füßen verneigen würden. Je mehr seine Motivation, für das Wohlergehen anderer zu arbeiten, durch sein eigennütziges Verlangen nach materiellem Reichtum in Vergessenheit geriet, umso mehr verschrieb er sich der Magie und weltlichen Zaubersprüchen, die er nicht zum Wohle anderer einsetzte, sondern einzig und allein, um sich und seinen Gönnern Reichtum und Einfluss zu verschaffen.

Eines Abends, kurz nach Sonnenuntergang, willigte Nyagtrül ein, Norbu Tsering bei seinen üblen Machenschaften zu unterstützen. Norbu Tsering verriet mit keinem Wort, dass er es auf den Dalai Lama abgesehen hatte, sondern sagte nur, jemand müsse beseitigt werden, um Tengyelings Macht wiederherzustellen. Nyagtrül machte sich unverzüglich ans Werk.

Er nahm dünnes Reispapier und zeichnete darauf einen nackten Mann, umgeben von einem Mantra-Rad; sein Hals war in Ketten gelegt und sein Kopf und seine Füße steckten im Schlund zweier riesiger Skorpione, die ihn zu Boden drückten. Dann schrieb Nyagtrül einen Zauberspruch auf das Papier, der die Macht hatte, einem Menschen die Lebensenergie zu rauben, und sprach dabei jede Silbe langsam und deutlich aus. Wieder und wieder rezitierte er den Spruch, um die Zeichnung mit seiner verderblichen Kraft aufzuladen. Zur Verstärkung des Zaubers visualisierte er Skorpione und Schlangen, die die Skizze mit der Essenz ihres Giftes durchtränkten. Anschließend verbrannte er über einer kleinen Kohleglut giftige Kräuter und hielt die Zeichnung in den bläulichen Rauch, bis sich das Papier mit den gefährlichen Dämpfen vollgesogen hatte. Nachdem er es zu einem etwa handtellergroßen Quadrat gefaltet hatte, zeichnete er ein weiteres, kleineres Diagramm darauf, das von Flammen umrandet war, und beschriftete es mit zusätzlichen zornvollen und bösartigen Zaubersprüchen. Als er das Papierquadrat mit schwarzen und roten Fäden umwickelte, wusste Nyagtrül, dass er die machtvollste schwarze Magie ausgeübt hatte, die es gab, und war sich sicher, dass sie ihren Zweck erfüllen würde.

Am Ende seiner Beschwörungen rief Nyagtrül Norbu Tsering zu sich in das düstere Zimmer, in dem die unheilvolle Zeichnung lag. „Sag mir den Namen und das Geburtsjahr der Person", forderte Nyagtrül ihn auf. „Ich werde sie auf das Papier schreiben."

„Thubten. Thubten Gyatso. Geboren im Jahr der Feuer-Ratte."

Nyagtrül stockte. Im erlöschenden Licht der Butterlampe schwebte die Bambusfeder in seiner Hand über dem Papier.

„Du willst den Dalai Lama umbringen?", fragte er ungläubig.

„Mach schon. Ich habe dich hier in Lhasa von Anfang an unterstützt und dich mit allem versorgt, was du wolltest. Jetzt schreib, was ich gesagt habe!"

Nyagtrül wusste, dass seine Beschwörungen und Zaubersprüche die Kraft hatten, jedem das Leben zu rauben, wie heilig die betreffende Person auch sein mochte. Er starrte auf die Zeichnung. Der Flammenkreis am Rand und die spiralförmig angeordneten Mantras ließen gerade genug Platz für den Namen des vorgesehenen Opfers.

„Das musst du schon selbst tun. Ich schreibe seinen Namen nicht", sagte Nyagtrül und warf Norbu Tsering die Feder hin.

„Mir ist völlig egal, wer von uns schreibt und wer zaubert. Mir geht es nur darum zu bekommen, was mir zusteht." Norbu Tsering griff nach der Feder und schrieb: „BEZWINGE THUBTEN GYATSO, GEBOREN IM JAHR DER FEUER-RATTE."

Nyagtrül ließ den Kopf hängen, als die Tinte auf dem verhängnisvollen Papier langsam trocknete und der Name des Dalai Lama darauf festgehalten war.

Im Alter von 24 Jahren wurde der Dalai Lama wiederholt von Unheil verkündenden Träumen heimgesucht. Tertön Sogyal deutete sie als Hinweise, dass das Leben des Dalai Lama in Gefahr war, und schlug Gegenmittel und Rituale vor, um den Angriff im Keim zu ersticken. Auch das Nechung-Orakel begann, vor Gefahren für das Leben des Dalai Lama zu warnen: Eine neue Bedrohung stehe im Raum. Obwohl das Orakel seine Ratschläge sonst oft in Form kryptischer Allegorien erteilte, sagte es in diesem Fall ganz eindeutig, dass Maßnahmen ergriffen werden müssten, um den Dalai Lama zu schützen.

Die Verkündung der Prophezeiungen und Anweisungen für den Dalai Lama und die Regierungsminister erfolgte meist im Rahmen einer formellen Zeremonie. Zu diesem Anlass nahm der Dalai Lama, der dabei den Vorsitz hatte, auf seinem Thron Platz und die Regierungsbeamten saßen ihrem Rang entsprechend zu seinen Füßen. Nun trat das Medium in einem Zustand der

Meditation in ihre Mitte und wartete darauf, dass das Orakel von ihm Besitz ergriff. Während die Versammlung Anrufungsverse chantete, wurden ihm die rituellen Brokatroben und eine runde Brustplatte angelegt, die über 45 Kilogramm wogen. Sobald Nechung in den Körper des Mediums eintrat, begann es, stampfend und zuckend zornvolle Tänze zu vollführen; gleichzeitig wurde auf seinem Kopf eine mehr als 13 Kilogramm schwere, helmartige Krone befestigt. Der Mönch gab zischende Laute von sich, sprang in die Luft, bog sich nieder und wirbelte herum. Einige der Helfer drängten sich um ihn, um die Prophezeiungen des Orakels zu hören, die ihnen das Medium übermittelte. Andere stützten den Mönch in seiner Trance, um zu verhindern, dass er sich unter dem Gewicht die Glieder oder das Genick brach.

Vor dem Großen Gebetsfest 1899 hatte das Nechung-Orakel den Dalai Lama ausdrücklich vor drohenden Gefahren gewarnt und ihm abgeraten, sich in der Öffentlichkeit zu zeigen. Trotz dieser Warnungen nahm das Oberhaupt der Tibeter im Jokhang-Tempel an Zeremonien teil, zu denen auch die Einwohner Lhasas geladen waren. Einige Tage nach Abschluss der Festlichkeiten klagte der Dalai Lama über Schwindelgefühl und Übelkeit. Die Ärzte des Potala-Palastes wurden gerufen, um herauszufinden, wo der Schwächeanfall des Dalai Lama herrührte. An diesem Abend fiel das Medium des Nechung-Orakels in seinem kleinen Tempel in den Außenbezirken Lhasas in einen Trancezustand. Die Mönchsgehilfen des Mediums wussten, dass die Sache wirklich ernst sein musste, denn Nechung trat nur selten in das Medium ein, ohne in einer formellen Zeremonie herbeigerufen worden zu sein. Doch die verwirrende Botschaft des Orakels ließ sich nicht entschlüsseln: Es war von Tod die Rede, vom Dalai Lama und von einem Paar Stiefel.[153] Unverzüglich wurde ein Reiter zum Potala gesandt, der dem Dalai Lama eine Niederschrift der Todeswarnung überbringen sollte. Sobald Nechung seinen Körper verlassen hatte, zog das erschöpfte Medium seine Mönchsroben an und eilte ebenfalls zum Potala. Ein weiterer Bote war mitten in der Nacht mit dem Auftrag losgeschickt worden, Tertön Sogyal zu holen, denn das Orakel hatte unter anderem gesagt: „Fragt den, der den Titel eines Tertöns trägt."

Als Tertön Sogyal im Potala eintraf, hatten die Diener und Berater des Dalai Lama bereits versucht, die Bedeutung der rätselhaften Warnung zu entschlüsseln. Bisher war es ihnen jedoch nicht gelungen, aus der Botschaft des Nechung-Orakels schlau zu werden, in der es um lebensgefährliche Zaubersprüche, Feindseligkeit, Eifersucht und Schuhwerk ging. Sie sprachen mit gedämpften Stimmen, ohne einen Anhaltspunkt, was es mit besagtem Schuhwerk auf sich haben könnte, als ein beunruhigter und müder Dalai Lama ins Zimmer trat. Die Anwesenden senkten den Kopf und verbeugten sich.

„Also, was ist damit gemeint?", fragte der Dalai Lama ohne Umschweife. „Sogyal, sag es mir!"

Tertön Sogyal wandte sich an die Kammerdiener und wollte wissen, ob der Dalai Lama vor kurzem ein paar Stiefel geschenkt bekommen habe. Einer der Diener nickte bejahend, griff nach einer Fackel und eilte damit durch die düsteren Korridore, um sie zu holen.

Einige Wochen zuvor hatte Tertön Sogyal Demo im Tengyeling-Kloster einen Besuch abgestattet. Bei dieser Gelegenheit hatte Norbu Tsering ihn gebeten, ein paar Stiefel anzuziehen, die, wie er sagte, gerade erst von einem ganz ausgezeichneten Stiefelmacher angefertigt worden waren. Tertön Sogyal ahnte nicht, dass in den Absatz eines dieser Stiefel die schwarzmagische Zeichnung eingenäht war. Norbu Tsering versuchte, Tertön Sogyal dazu zu bringen, die Stiefel zu tragen, da der Fluch erst ausgelöst wurde, wenn ein kraftvoller tantrischer Praktizierender wie er auf die abscheuliche Zeichnung trat. Doch kaum hatte Tertön Sogyal die kniehohen Stiefel angezogen, tropfte ihm Blut aus der Nase – ein äußerst unheilvolles Zeichen, das ihn bewog, die Stiefel sofort wieder auszuziehen und Tengyeling zu verlassen. Da sein Plan nicht aufgegangen war und Tertön Sogyal die Stiefel nicht hatte tragen wollen, beschloss Norbu Tsering, den Fluch durch den Dalai Lama selbst auslösen zu lassen. Er sorgte dafür, dass dem Dalai Lama die mit dem Fluch versehenen Stiefel bei einer der Zeremonien des Großen Gebetsfestes im Namen des Tengyeling-Klosters als Geschenk überreicht wurden. Das Ganze hatte sich zwei Wochen, bevor der Dalai Lama krank wurde, zugetragen – also genau zu dem Zeitpunkt, als das Orakel vor drohenden Gefahren gewarnt hatte.

Während sie auf die Stiefel warteten, schaute der Dalai Lama seine engsten Diener, das Medium und seinen Lehrer Tertön Sogyal mit ernster Miene an. Kurz darauf vernahmen sie auch schon die Schritte des Bediensteten, der über die Korridore zu ihnen hastete. Der Dalai Lama hatte anlässlich der Darbringungszeremonie zwei Paar Stiefel erhalten und der Diener hatte beide gebracht. Tertön Sogyal erkannte sofort das Paar, das er vor 14 Tagen anprobiert hatte. Beim Anblick der Stiefel musste sich der Dalai Lama beinahe übergeben, und das Medium des Nechung-Orakels begann vor und zurück zu schwanken, als würde es gleich in Trance fallen.

„Gib mir den da", sagte Tertön Sogyal und griff mit beiden Händen nach einem der Stiefel.

Tertön Sogyal spürte Zorneswogen in sich aufsteigen. Er riss am Leder und Brokat des Stiefels und schlug die Sohle gegen den Boden, bis der dicht gefütterte Absatz aufbrach. Das mit dem Fluch belegte Päckchen flog aus dem Stiefelabsatz und landete auf dem kalten Steinboden. Das Medium beugte sich vor, um es aufzuheben, doch Tertön Sogyal schob es beiseite. Dunkle Schatten glitten durch den Raum, als der Wind die Fackeln an den Wänden zum Flackern brachte. Tertön Sogyal hielt die Zeichnung des Schwarzmagiers empor, wagte es jedoch nicht, die Inschrift vorzulesen.

„Zeig mir, was du da hast", befahl der Dalai Lama.

Gehorsam ging Tertön Sogyal auf ihn zu und hielt die Zeichnung in den Schein einer Fackel.

„BEZWINGE THUBTEN GYATSO, GEBOREN IM JAHR DER FEUER-RATTE."

Den Dalai Lama überkamen Schwindel und Übelkeit. Seine Augen verengten sich zornig, als ihm klar wurde, wie ernst die Voraussage des Orakels war.

„Es mag in Lhasa mehr als einen Bewohner geben, der den Namen Thubten Gyatso trägt", sagte der Dalai Lama. „Doch nur ein Thubten Gyatso wurde im Jahr der Feuer-Ratte geboren. Findet heraus, wer versucht, mich umzubringen."

Der Befehl des Dalai Lama, die verhinderten Attentäter ausfindig zu machen, war schnell ausgeführt. Tibetische Regierungsdokumente belegen, dass die Minister eine kurze Untersuchung und ein Gerichtsverfahren veranlassten.[154] Der Verdacht fiel sofort auf Tengyeling. Da Demo, der ehemalige Regent, letztlich für alle Vorkommnisse im Tengyeling-Kloster verantwortlich war, wurde er für den Attentatsversuch zur Rechenschaft gezogen. Unter dem Vorwand, er müsse an einer wichtigen Zeremonie teilnehmen, rief man ihn in den Potala. Bei seiner Ankunft wurde er in Ketten gelegt und

183

ins Shol-Gefängnis unterhalb des Potala-Palastes geworfen. Auch sein Neffe Norbu Tsering wurde in den Potala beordert. Man lockte ihn mit der Ankündigung, er solle für die herausragenden Dienste, die er der tibetischen Regierung erwiesen habe, geehrt werden. Nyagtrül wurde in Barkhor aufgegriffen und landete ebenfalls im Gefängnis.

Nyagtrül wurde als der Zauberer und Schwarzmagier identifiziert, der für den tödlichen Fluch verantwortlich war. Norbu Tsering gestand, hinter dem gesamten Komplott zu stecken: Er hatte nicht nur den Todesfluch in den Stiefel genäht, sondern auch vier Keramikvasen im näheren Umkreis des Potala-Palastes vergraben, die mit verschiedenen schwarzmagischen Substanzen gefüllt waren. Dennoch kamen auch Demo und weitere Mitglieder seiner Familie in Tengyeling nicht ungeschoren davon: Innerhalb einer Woche saßen über zwei Dutzend Angehörige des Tengyeling-Klosters im Kerker unterhalb des Potala-Palastes. Die Nachricht vom Attentatsversuch auf den Dalai Lama verbreitete sich wie ein Lauffeuer in ganz Lhasa.

Das Nechung-Orakel warnte nach wie vor, vor schwarzmagischem Zauber und gab den tibetischen Regierungsbeamten Hinweise, wo weitere mit Flüchen belegte Gegenstände vergraben waren. Nach Befragung eines zweiten Orakels wurde im Hof des Ramoche-Tempels unter einem Weidenbaum ein handgroßer Skorpion entdeckt. Als Diener ihn näher untersuchten, fanden sie in seinem Bauch kleine Stücke der Mönchsrobe des Dalai Lama – ein besonders schädliches und unheilvolles Zeichen und zweifellos ein weiterer Fall von schwarzer Magie.

Im 19. Jahrhundert wurden Verbrechen in Tibet streng geahndet; körperliche Züchtigung und Todesstrafe waren an der Tagesordnung. Nach einem kurzen Prozess wurden alle Angeklagten des Hochverrats für schuldig befunden und zum Tode verurteilt. Obwohl der Ministerrat forderte, dass die Verschwörer aus Tengyeling für ihr Verbrechen mit dem Leben bezahlen sollten, intervenierte der Dalai Lama und verbat die Ausübung der Todesstrafe in seinem Reich.

Norbu Tsering und seine Mittäter aus Tengyeling wurden zu lebenslanger Haft verurteilt. Demo wurde in Lhasa nie mehr gesehen. Möglicherweise stand er dort für den Rest seines Lebens unter Hausarrest. Wahrscheinlicher ist jedoch, dass er nach Ngari in Westtibet ins Exil verbannt wurde. Die Demo-Inkarnationslinie wurde verboten und die Berichte über die Aktivitäten seiner vorangegangenen Inkarnationen wurden größtenteils aus den Geschichtsbüchern gestrichen.

Die tibetische Regierung konfiszierte Tengyelings riesigen Grundbesitz. Die Statuen und das Gold aus seinen prachtvollen Schreinräumen wurden an verschiedene Klöster auf der tibetischen Hochebene verteilt. 100 Statuen gingen an Tertön Sogyal. Er sollte sie auf seiner Rückreise mit nach Nyarong nehmen und in den neu errichteten Schreinräumen im Kalzang-Kloster aufstellen.

Obwohl der Dalai Lama Nyagtrül auf Drängen von Tertön Sogyal Strafmilderung gewährte und von der Todesstrafe absah und auch das Nechung-Orakel wiederholt und nachdrücklich gefordert hatte, ihn am Leben zu lassen, war der Magier aus Nyarong bald nach seiner Gefangennahme tot. Einige sagen, Nyagtrül wurde von den Wachen so schlecht behandelt, dass er sich erstach und in einem Abort starb; andere behaupten, er wurde in einen Ledersack gesteckt und totgeschlagen. Nyagtrüls Leichnam wurde an einem Ort namens ‚Schwarzer Schlund' in Nyen begraben. Nimmt man die Rache, die Nyagtrüls Geist bald darauf für seine Behandlung im Gefängnis übte, als Anhaltspunkt, muss er einen grauenvollen Tod erlitten haben.

In dem Versuch, jede weitere negative Energie, die von ihm ausgehen könnte, zu unterdrücken, wurde über seiner Grabstätte eine schwarze Stupa von der Größe eines Hauses errichtet. Doch Nyagtrüls Geist gelang es trotzdem zu entkommen. Er trieb sein Unwesen in Lhasa und mischte sich in die Angelegenheiten des Dalai Lama ein. Wann immer das Oberhaupt der Tibeter die drei Kilometer zwischen dem Potala und den Gärten des Norbulingka-Palastes zurücklegte, war von der schwarze Stupa, die über Nyagtrüls Leichnam errichtet worden war, ein unheilvolles Knacken zu vernehmen und der Geist wirbelte Staubwolken auf und beschwor Unwetter herauf. Mit der Zeit wurde Nyagtrüls Geist immer dreister und versuchte mehrmals, vom Medium des Nechung-Orakels Besitz zu ergreifen und die Regierung mit falschen Prophezeiungen in die Irre zu führen. Schließlich zitierte der Dalai Lama die beiden Meister zu sich, die er für fähig hielt, Nyagtrüls Geist Einhalt zu gebieten: Tertön Rangrik und Tertön Sogyal.

Tertön Rangrik bereitete sich gerade darauf vor, in sein Kloster in Nyarong zurückzukehren und war keineswegs erpicht auf ein Kräftemessen mit dem Geist in Lhasa – ein Duell, das sich über Monate hinziehen konnte und seine körperliche Verfassung enorm in Mitleidenschaft ziehen würde. Dennoch begab er sich nach Lhasa, um an der Krisensitzung des Ministerrates teilzunehmen. Der Dalai Lama führte den Vorsitz, als den Tertöns im Potala-Palast vor der Ratsversammlung die schwierige Situation ausführlich dargelegt wurde; sie folgten dem Bericht mit ernster Miene. Der Dalai Lama befahl Tertön Sogyal und Tertön Rangrik, Nyagtrüls Geist zu bezwingen, und trug den beiden Tantrikern auf, bestimmte Rituale auszuführen. Doch der alte Lama aus Nyarong wollte davon nichts wissen. Verärgert darüber, dass er in diese politischen Machenschaften mit hineingezogen werden sollte, stand Tertön Rangrik auf, um zu verkünden, wie er die Sache sah. Er verbeugte sich vor dem Dalai Lama und wandte sich dann an Tertön Sogyal.

„Du hast ihn hierher gebracht", sagte Tertön Rangrik und meinte damit Nyagtrül. „Du setzt seinem Treiben ein Ende."

Sofort machte sich Tertön Sogyal mit allen Mitteln daran, Nyagtrüls Geist Einhalt zu gebieten, damit er keinen weiteren Schaden mehr anrichten konnte. In aufwändigen Zeremonien mit den Mönchen des Namgyal-Klosters und auch im Einzel-Retreat wurden aus Gerstenmehlteig Abbilder von Nyagtrüls Geist hergestellt, in die er anschließend hineinbefehligt wurde. Tertön Sogyal stach mit seinem rituellen Phurba-Dolch auf die Abbilder ein und schnitt sie in Stücke, um den Geist auf diese Weise von seiner verheerenden Besessenheit zu befreien. Auch andere Lamas begannen, Rituale durchzuführen, darunter einer der Tutoren des 13. Dalai Lama, der infolge der damit verbundenen Strapazen schließlich vor Erschöpfung verstarb. Erst Anfang 1902, nachdem Tertön Sogyal nach Osttibet zurückgekehrt war und Nyagtrüls Geist schon fast drei Jahre sein Unwesen getrieben hatte, gab es Anzeichen dafür, dass Nyagtrül endgültig bezwungen war. Doch für den Dalai Lama war dies erst der Beginn seiner Schwierigkeiten und seines Überlebenskampfes.

14. Kapitel

Überwindung von Hindernissen

Vom Jahr des Erd-Schweins bis zum Jahr der Eisen-Ratte, 1899–1900

Tertön Sogyal kehrte Ende 1899 nach Osttibet zurück. Es hatte sich mittler-weile von Lhasa bis Dartsedo und sogar bis nach China herumgesprochen, welch bedeutende spirituelle Persönlichkeit er war: Er war nicht nur der Leh-rer des 13. Dalai Lama, sondern er hatte dem tibetischen Oberhaupt sogar das Leben gerettet. Die Beamten der tibetischen Regierung, die Tertön Sogyal auf seiner Reise von Lhasa in seine Heimat Nyarong begleiteten, hatten gezielt Anweisungen erhalten, dem Tertön beim Bau der geomantischen Tempel im Kalzang-Kloster zu helfen, die in der Prophezeiung der *Strahlenden Girlande des Sonnenlichts* beschrieben waren.

Tertön Sogyals Frau, Khandro Pumo, und sein Sohn, Rigdzin Namgyal, hatten vom hoch gelegenen Kalzang-Tempel aus eine gute Sicht auf die sich langsam nähernde Prozession von berittenen Regierungsbeamten. Rigdzin Namgyal würde später der Tradition seines Vaters als tantrischer Laienprak-tizierender folgen und dafür bekannt werden, dass er – oft völlig unbekleidet – in langen Meditations-Retreats in einer winzigen Hütte in den Bergen verweilte. Immer wieder kam es vor, dass seine Gehilfen ihm am Morgen Tee brachten und nachmittags feststellten, dass Rigdzin Namgyal ihn nicht angerührt hatte; tatsächlich saß er immer noch in Meditationshaltung und hatte sich kein einziges Mal bewegt. Später erzählte man sich, er sei, als er älter wurde, oft so viele Tage lang in der Meditation verblieben, dass sich Staub auf seinen Schultern und Oberschenkeln ansammelte.[155]

Die Bauarbeiten für den Tempel, der Tibets Grenzen schützen sollte, begannen wie geplant unterhalb des Kalzang-Klosters, das Nyala Pema Dündul begründet hatte. Der Dalai Lama hatte dem zukünftigen Tempel einen Namen gegeben: ‚Glorreicher Palast der Freude und des vollkommenen Sieges, strahlend wie Dzi-Onyx‘. Es sollte ein kleiner Tempel werden, umgeben von vier Schreinräumen für die Schützer, von denen einer dem Nechung-Orakel gewidmet war. Der neue Tempel sollte die Statuen aus dem Tengyeling-Kloster erhalten, welche die tibetische Regierung nach der Festnahme des Regenten Demo beschlagnahmt und nun diesem Tempel geschenkt hatte. Zeitgleich mit dem Tempelbau wurde ein fast acht Meter hoher Stupa, benannt als ‚Zähmer der Dämonen und Bezwinger der arroganten Geister‘ am ‚Hirschhorn-Zusammenfluss‘ errichtet, einem Ort, an dem sich zwei Flüsse vereinten. Tertön Sogyal verkündete in Kalzang: „Tempel und Stupas an strategisch wichtigen Orten wie diesen wehren Dämonen ab, die Unfrieden säen und Hass, Arroganz und Eifersucht im Geist der Menschen schüren."[156]

Nachdem das Fundament für den neuen Tempel gelegt war, reiste Tertön Sogyal mit seiner Frau und seinem Sohn nach Tromthar, um dort von Nyoshul Lungtok und Dza Choktrul Belehrungen und Ermächtigungen zu erbitten. Obgleich Tertön Sogyal die höchsten Dzogchen-Lehren vollständig gemeistert hatte und Lehrer von niemand Geringerem als dem Dalai Lama selbst war, verneigte er sich dennoch vor seinen eigenen Lehrern und bat sie um Kernanweisungen zur Meditation und zur Ausführung von Ritualen. Tertön Sogyals Lehrer wiederum baten ihn um die Übertragung seiner vielen Schatzenthüllungen.

Nyoshul Lungtok war krank, als Tertön Sogyal eintraf, und so wurde der Tertön gebeten, ein Ritual auszuführen, um das Leben des bejahrten Meisters auszulösen und zu verlängern.[157] Eine aus Tsampa geformte Figur, die Nyoshul Lungtok glich, wurde unter ein drei Meter hohes komplexes Geflecht aus bunten Fäden gesetzt, das den Geistern als vorübergehende Wohnstatt dienen sollte. Die Figur wurde mitsamt der Fadenkonstruktion den lokalen

Eine Manjushri-Statue, die Tertön Sogyal in Tromthar, Osttibet, als Erd-Terma enthüllte.

Geistern dargebracht, die Nyoshul Lungtoks schlechten Gesundheitszustand verursacht hatten. In dieser Zeit erschien Tertön Sogyal im Traum eine
Dakini mit strahlend heller Haut, die ihn warnte, dass alles, was er in Zukunft
in Angriff nehmen würde, vergeblich wäre, sollte es ihm jetzt nicht gelingen, günstige Bedingungen herbeizuführen. Zu seiner großen Enttäuschung
verriet sie ihm jedoch nicht, welche spezifischen Rituale zu diesem Zweck
ausgeführt werden mussten. Nach Abschluss der Zeremonien für Nyoshul

Lungtok hatte Tertön Sogyal noch am selben Abend eine Vision von Padma-sambhava. Er erschien im Raum vor ihm und löste sich dann in ein Haus in Lhasa auf. Tertön Sogyal wachte auf und hielt den Traum für ein schlechtes Omen, das Nyoshul Lungtoks baldigen Tod und seine Wiedergeburt in Lhasa ankündigte. Doch plötzlich ertönte eine Stimme und sagte: „Das ist es nicht. Bald wirst du klarer sehen."

Nach einiger Zeit ging es Nyoshul Lungtok wieder besser. Tertön So-gyal hatte weiterhin zahlreiche Visionen, intensive Träume und Zeichen, die nicht eindeutig waren und die ihm nur wenig Hinweise lieferten, was er als Nächstes tun sollte. Das Leben des Dalai Lama war in Gefahr, es gab Pro-bleme an Tibets Grenzen und er selbst wurde immer älter: Tertön Sogyal verlor langsam die Geduld. Seine Fähigkeit, die Bedeutung der Zeichen zu entschlüsseln, war getrübt; sie blieben verschleiert und nebulös. Als er zum Kalzang-Tempel zurückkehrte und in der Abenddämmerung am Hang des ‚Meto Garuda-Adler'-Hügels meditierte, erschien ein Regenbogen. Ein Mann mit rötlicher Haut und einem Tigerfellköcher voller Pfeile schritt aus dem fünffarbigen Licht hervor und sagte: „Wenn die Zeit gekommen ist, werde ich dir helfen. Noch ist es nicht soweit." Tertön Sogyal betete zu Padmasambhava, und bat ihn um Klarheit:

> *Erfülle uns mit deinem Segen in diesem Leben, im nächsten und*
> *im Zwischenzustand,*
> *befreie uns aus Samsaras Ozean des Leidens,*
> *erfülle uns mit deinem Segen, so dass wir zu unserer ungeborenen,*
> *erleuchteten Natur gelangen,*
> *und gewähre uns Siddhis, gewöhnliche und höchste!*[158]

Noch während seines Gebets hörte Tertön Sogyal eine Stimme, die ver-kündete: „Es steht etwas sehr Tiefgründiges bevor, daher werden auch die Hindernisse entsprechend mächtig sein. Wenn du dem Negativen mit Posi-tivem entgegenwirken kannst, wirst du selbst von den Dämonen frei sein." Aber Tertön Sogyal verstand immer noch nicht, was genau er nun tun sollte und so begann er seinen Abstieg zurück zum Kalzang-Tempel. An diesem Abend erschien ihm erneut die hellhäutige Dakini und riet ihm: „Handle einfach in Übereinstimmung mit den wesentlichen Punkten. Und was die illusionsgleichen Erscheinungen angeht, die auftauchen werden, sei ihnen gegenüber geduldig." Dann verschwand sie.[159]

Es irritierte Tertön Sogyal, dass er seine Visionen und Träume nicht deuten konnte. Aber nicht nur seine Visionen waren unklar, er erhielt auch keine neuen verschlüsselten Lagepläne oder Anzeichen für eine bevorstehende Schatzentdeckung. Nach einer Vision, in der er einer riesigen schwarzen Schlange begegnete, die sich wie eine Säule vor ihm aufrichtete und ihm den Weg nicht freimachen wollte, war er sehr beunruhigt. An jenem Abend erschien ihm die hellhäutige Dakini erneut und sagte: „Zuzulassen, dass sich die begrifflichen Vorstellungen in deinem Geist vermehren – das ist dein Dämon, der zu Hindernissen führt! Hindernisse sind nirgendwo anders zu finden als im eigenen Geist; sie sind nichts als Erzeugnisse des eigenen Geistes."

Tertön Sogyal war überzeugt, dass die Unheil verkündenden Träume, die mehrere Monate anhielten, ein Zeichen dafür waren, dass schwarze Magie gegen ihn am Werke war. Außerdem vermutete er, dass einige Personen, zu denen er eine persönliche Verbindung hatte und denen er tantrische Ermächtigungen gewährt hatte, schlecht über ihn redeten – vielleicht waren sie vom Damsi-Dämon besessen. Er blieb weiterhin im Kalzang-Tempel, wo seine Frau und seine engen Gefährten sich große Sorgen um ihn machten. Nach drei Monaten, in denen er spürte, dass böswillige Absichten, hinterlistiges Gerede und Zauberei gegen ihn gerichtet wurden, konnte Tertön Sogyal plötzlich nicht mehr sprechen.

Eines Abend kehrte die hellhäutige Dakini in einer Vision zurück und sagte: „Es gibt einige, die vom Dämon besessen sind. Wenn du ihrer Negativität habhaft werden und dir die darin enthaltene Energie zunutze machen kannst, wird das ein immenser Gewinn sein!" Am selben Abend träumte Tertön Sogyal, dass ihn seine Mutter in ein weißes Zelt geleitete. Während sie den Eingang zunähte, sagte sie: „In einem Zeitraum von acht wirst du aufgrund deines tugendhaften Verhaltens befreit werden." Tertön Sogyal wachte auf und sah dies als Zeichen, dass er von seiner Stummheit befreit würde; allerdings wusste er nicht, ob in acht Tagen, acht Monaten oder noch später. Man konsultierte Lama Trime, der ebenfalls ein Tertön und gleichzeitig ein Schüler Tertön Sogyals war, sowie einen Arzt aus Derge, doch auch sie konnten nicht genau ermitteln, zu welchem Zeitpunkt Tertön Sogyal von seiner vorübergehenden Stummheit befreit werden würde. Noch einmal erschien ihm die hellhäutige Dakini in einem Traum und sagte: „Du solltest dich um nichts anderes kümmern als um das, was du genau hier, genau jetzt, vor dir siehst", doch sie gab keinen Hinweis darauf, welche Rituale er ausführen sollte. Die nächsten zwei Monate hatte Tertön Sogyal in seinen Visionen weiterhin Begegnungen mit Vajrakilaya, Padmasambhava und Khyentse Wangpo, doch kein Terma kam zum Vorschein. Zum ersten Mal waren Tertön Sogyals sonst so zahlreichen Schatzenthüllungen blockiert, und man befürchtete, dass etwas oder jemand im Begriff war, Tertön Sogyals Lebenskraft zu rauben. Seine Lehrer und engen Schüler führten Rituale aus, um ihn von seiner Unfähigkeit zu sprechen zu erlösen, doch nichts zeigte die gewünschte Wirkung.

Am zehnten Tag des siebten Monats des Eisen-Ratten-Jahres (1900) erschien ihm Padmasambhava in einem Traum und sagte: „Höre zu, mein Sohn. Viele Wesen werden dir in diesen degenerierten Zeiten Hingabe erweisen, zu dir beten und dich um Belehrungen bitten. Doch selbst während sie dich preisen, werden sie voller Zweifel sein, falsche Sichtweisen hegen und schlecht über dich sprechen, ohne deine wahre Größe zu erkennen. Obwohl ihre Geringschätzung einer endlosen Welle gleicht, die du nicht aufhalten kannst, durchtrenne deine Anhaftung an Hoffnung oder Furcht. Halte die Festung deines reinen Gewahrseins voller Zuversicht aufrecht. Um die negativen Umstände zu vertreiben, gibt es eine tiefgründige und wunderbare Methode, die niemand sonst kennt. Man nennt sie *Tendrel Nyesel – Das Beseitigen der Fehler in der gegenseitigen Abhängigkeit*. Die Schützer dieses Terma werden sie dir aushändigen."[160]

In dieser Vision gewährte Padmasambhava, umgeben von Scharen von Dakinis, sämtliche Ermächtigungen und Belehrungen, die mit dem *Beseitigen der Fehler in der gegenseitigen Abhängigkeit* verbunden sind. Verschiedene Dakinis wechselten sich ab und gaben Tertön Sogyal Vorhersagen über zukünftige Schatzlehren, darüber, welche Gefährten und Gefährtinnen er um sich scharen sollte, und ähnliche Prophezeiungen. Die letzte Dakini forderte Tertön Sogyal auf, Vajrakilaya-Riten auszuführen, um militärische Übergriffe fremder Armeen zu verhindern, und löste sich dann in sein Herz auf. Anschließend wies Padmasambhava Tertön Sogyal an, 1000 Buddha-Statuen anmalen und 1000 Vajrakilaya-Abbildungen herstellen zu lassen, und schärfte ihm ein, wie wichtig es sei, nicht nur den Schatz des *Beseitigens der Fehler* und diese Prophezeiungen äußerst geheim zu halten, sondern auch alle zukünftigen Enthüllungen.

Rollbild der Terma-Enthüllung ‚Das Beseitigen der Fehler in der gegenseitigen Abhängigkeit'
(Tendrel Nyesel) mit Guru Rinpoche im Mittelpunkt.

„Wenn du sorgfältig auf Geheimhaltung achtest, wird deine Verwirklichung anwachsen und du wirst von den Dämonen des begrifflichen Denkens befreit sein", sagte Padmasambhava. „Du wirst keine Hindernisse in deinen Errungenschafts-Praktiken erleben; die Pforte, um für die Wesen von Nutzen zu sein, wird dir offenstehen und deine körperliche Krankheit wird verschwinden."

Tertön Sogyal erkannte, dass *Das Beseitigen der Fehler in der gegenseitigen Abhängigkeit* ein entscheidendes Gegenmittel war – nicht nur für seinen eigenen Pfad zur Erleuchtung, sondern auch für das Land Tibet, da es allen religiösen und politischen Führungskräften die Möglichkeit gab, einem einheitlichen Dharma-Ansatz zu folgen.

Das Beseitigen der Fehler in der gegenseitigen Abhängigkeit ist eine Praxis des Vajrayana, die direkt auf das Gefüge der Existenz einwirkt, um günstigste Umstände für das Erlangen spiritueller Verwirklichung herbeizuführen. In seinem ursprünglichen Dialog mit Yeshe Tsogyal über *Das Beseitigen der Fehler* lehrte Padmasambhava, dass Umstände im Leben auf verschiedenste Weise entstehen – einige treten ganz natürlich auf, wie zum Beispiel das Wetter, und man kann wenig daran ändern. Andere Situationen hingegen entstehen, weil sich jemand ganz bewusst bemüht, die Ursachen und Bedingungen dafür zusammenzutragen. Und dann gibt es Umstände, die man nach ihrem Auftreten verwandeln kann. Padmasambhava erklärte, dass es im Wesentlichen von der Einstellung eines Menschen abhängt, ob sich ein Umstand als günstig oder ungünstig erweist, da diese die Situation beeinflusst. Das Prinzip hinter dem *Beseitigen der Fehler in der gegenseitigen Abhängigkeit* ist folgendes: Da die Natur der Wirklichkeit auf gegenseitiger Abhängigkeit beruht, können spirituell Praktizierende ihre Welt beeinflussen, indem sie ungünstige Umstände daran hindern zu entstehen, sie beseitigen, wenn sie bereits entstanden sind, und sie in günstige Umstände verwandeln. Durch die Kombination des Visualisierens verschiedener Gottheiten und ihrer Aktivitäten, der Rezitation bestimmter Mantras und des Ruhens in der erhabenen Sicht des Dzogchen können dank dieser Praxis schädliche Umstände geheilt, zukünftige Gefahren verhindert und positive Umstände für die Bevölkerung vermehrt werden.

> *Für uns und alle, die beschützt werden sollen:*
> *Mögen aller Schaden und alle Fehler in den äußeren, inneren und*
> *verborgenen wechselseitig abhängigen Umständen befriedet werden!*

Möge alles Gute anwachsen und sich verbreiten!
Mögen wir alle günstigen Umstände beherrschen und meistern!
Mögen alle negativen Umstände aufhören zu existieren! [161]

Am 25. Tag des Mondkalenders versammelte Tertön Sogyal eine Gruppe von Praktizierenden mit reinem Samaya um sich, darunter eine prophezeite Dakini, die sich neben den Tertön setzte. Tertön Sogyal konnte immer noch nicht sprechen. Während sie ein rituelles Festopfer darbrachten, wurde Tertön Sogyal klar, dass ihm *Das Beseitigen der Fehler in der gegenseitigen Abhängigkeit* bald ausgehändigt werden würde. Er schrieb eine Notiz, um Dza Choktrul über die bevorstehende Enthüllung zu informieren, zu der auch ein Arzneimittel gehörte, das ihm seine Sprache wiedergeben würde. Tertön Sogyal betete inbrünstig, dass es keine Hindernisse für die Schatzentdeckung geben und die Enthüllung von großem Nutzen sein möge.

Nachdem Tertön Sogyal viele Wunschgebete gesprochen hatte und sich in einem tiefgründigen Zustand der Meditation befand, händigte ihm ein Schatzwächter zwei Tage später schließlich eine Terma-Schatulle mit spiritueller Medizin aus, die ihn von seiner Stummheit heilte. Er zeigte der Dakini die Schatulle, und sie sagte: „Das Terma muss sogleich entschlüsselt werden, da es wie eine Medizin wirkt, die eine Krankheit beseitigt."

In der folgenden Nacht erschien ihm Padmasambhava, auf einem Tiger reitend, und gab ihm eine Prophezeiung über das Entschlüsseln des *Beseitigens der Fehler in der gegenseitigen Abhängigkeit*. Tertön Sogyal verspürte eine Freude, die größer war als bei jeder seiner vorigen Terma-Enthüllungen. Voller Eifer und wiedergewonnenem Enthusiasmus schrieb Tertön Sogyal den Praxistext der ausführlichen Version des *Beseitigens der Fehler in der gegenseitigen Abhängigkeit* nieder, die Anweisungen enthält, wie man ungünstige Umstände bereinigen kann, indem man die Unwissenheit mitten ins Herz trifft:

All diese vorübergehenden Gedanken, Wahrnehmungen und
   das Wahrnehmen
entstehen aus gegenseitig abhängigen Umständen,
und doch sind sie ungeboren,
denn sie sind ihrer Natur nach leer.

Daher sei in ihrer Gegenwart ohne Greifen, sei ohne Bemühen
  oder Anstrengung.
Der unveränderte Zustand von Rigpa, der natürliche Zustand
  des unaufhörlichen, innersten Geistes,
ist frei von jeglichem konzeptuellem Denken: unzerstörbar
  und himmelsgleich.

Rigpa ist leer, von Uranfang an,
strahlend in und aus sich selbst heraus,
eine alles durchdringende Grenzenlosigkeit:
unbewegt, jenseits allen Wissens oder Erkennens.

Da Rigpa sich selbst erhellt,
löst es automatisch alle Zweifel und Irrtümer auf.
Da es nicht auf dem intellektuellen Geist beruht,
ruht es in seinem eigenen natürlichen Zustand, so wie es ist.

Nicht gebunden an Zeit, unbewegt und unveränderlich,
in diesem Zustand kann nichts Unheilsames jemals existieren;
alles ist selbst-befreit als Zustand großer Glückseligkeit,
und genau dort wird Buddhaschaft erlangt, ohne danach zu streben.

Buddha muss nirgendwo anders gesucht werden.[162]

15. KAPITEL

Gib niemals auf!

LHASA, ZENTRALTIBET

Vom Jahr des Eisen-Ochsen bis zum Jahr des Holz-Drachen, 1901–1904

Nach zwei Jahren in Kham kehrte Tertön Sogyal im Eisen-Ochsen-Jahr (1901) mit dem Terma *Das Beseitigen der Fehler in der gegenseitigen Abhängigkeit* nach Lhasa zurück und nahm erneut seine Stellung am Hof des Dalai Lama ein. Es sollte sein letzter Aufenthalt in Zentraltibet sein. Dieses Mal erhob niemand Einspruch dagegen, dass der Dalai Lama sein Vertrauen in Tertön Sogyal setzte und ihm wichtige Aufgaben übertrug. Allerdings gab es in Lhasa immer noch einige – darunter hochgestellte Mönche und Klostervorstände – die den Tertön ablehnten. Sie nahmen ihm nicht nur sein unorthodoxes und ungeschliffenes Verhalten übel, sondern auch seinen Einfluss auf den Dalai Lama in religiösen Angelegenheiten. Einige Mönche aus Sera und Ganden stellten vor allem die Authentizität der verborgenen Schätze und Prophezeiungen Padmasambhavas in Frage – also genau der spirituellen Praktiken, die der Dalai Lama, das Nechung-Orakel und andere intensiv praktizierten. Doch ungeachtet der anhaltenden Proteste der sektiererischen Mönche verließ sich der Dalai Lama weiterhin auf Tertön Sogyals spirituelle Führung und beriet sich mit ihm auch darüber, wie der wachsenden politischen Bedrohung, die vom britisch beherrschten Indien, dem zaristischen Russland sowie den Qing-Mandschus ausging, am besten beizukommen sei.

Sofort nach seiner Ankunft in Lhasa gab Tertön Sogyal dem Dalai Lama die Ermächtigungen und Übertragungen des Termas *Das Beseitigen der Fehler in der gegenseitigen Abhängigkeit;* der Dalai Lama verfasste seinerseits ein Gebet des Darbringens an die Dharma-Schützer dieser Belehrung. Schatzbelehrungen wie *Das Beseitigen der Fehler* und *Die scharfe Klinge* waren speziell auf die Herausforderungen zugeschnitten, mit denen sich Tibet am Ende des 19. und zu Beginn des 20. Jahrhunderts konfrontiert sah. *Das Beseitigen der Fehler* zielte darauf ab, die Streitigkeiten unter Tibets politischen Führungskräften sowie den sektiererischen Mönchen beizulegen und sie zu einen. Schatzbelehrungen besitzen die besondere Eigenschaft, genau dann enthüllt zu werden, wenn sie am dringendsten benötigt werden. Wie es im Praxistext zum *Beseitigen der Fehler in der gegenseitigen Abhängigkeit* heißt:

> *Besänftigt alle äußeren, inneren und geheimen ungünstigen Umstände: Lasst vergangene nicht mehr existieren! Lasst zukünftige nicht entstehen! Lasst gegenwärtige uns niemals schaden! Und wandelt alles Schädliche und Unheilvolle im Raum der Weisheit zum Guten!* [163]

Es ist allerdings nicht damit getan, die Schatzbelehrung und die Prophezeiung zu enthüllen. Damit sich die Wirkung entfalten kann, müssen alle im Schatz enthaltenen Belehrungen und Meditationen praktiziert, die Rituale bis ins kleinste Detail ausgeführt und die prophetischen Anweisungen beherzigt werden. Da jegliche Bedrohung aus einer Vielzahl gegenseitig abhängiger Ursachen und Bedingungen entsteht, muss häufig auch das Gegenmittel eine entsprechend breit gefächerte Wirkungskraft besitzen. In seinem Bestreben, sein Land erfolgreich zu regieren, folgte der Dalai Lama daher den spirituellen Ratschlägen Tertön Sogyals und anderer hoch verwirklichter Meditationsmeister und ergriff eine Vielzahl von Maßnahmen, um die sich abzeichnenden inneren und äußeren Gefahren für Tibet abzuwenden.

In dieser Zeit erhielt Tertön Sogyal die Nachricht, dass sein Lehrer Nyoshul Lungtok an seinem Retreat-Ort im osttibetischen Tromthar, wo er die letzten zwölf Jahre gelebt hatte, seinen Körper verlassen hatte. Nyoshul Lungtok war 72 Jahre alt geworden. Kurz bevor sich sein Geist in den ursprünglichen Zustand grundlegenden Gewahrseins auflöste, hinterließ er als letztes Vermächtnis die folgenden Worte – eine Beschreibung seiner tiefgründigen Verwirklichung:

Wer von wahrem, ungefesseltem Sein durchdrungen ist, gleicht der
  aufgehenden Sonne in der Morgendämmerung.
Dies ist die Sicht der letztendlichen Natur – wie wunderbar! [164]

Tertön Sogyal war Nyoshul Lungtok zu großem Dank verpflichtet, denn durch ihn hatte er sein yogisches Training vervollkommnet und die Traditionslinie der geflüsterten Anweisungen erhalten. Als er nun von seinem Tod erfuhr, praktizierte Tertön Sogyal Guru Yoga, um seinen Geist mit dem Weisheitsgeist seines Guru zu vereinen.

Die Knoten der acht weltlichen Belange haben sich gelöst im Zustand
  des einen Geschmacks.
Das begriffliche Denken des gewöhnlichen Bewusstseins ist verklungen
  im grundlegenden Raum ursprünglicher Reinheit.
Du hast die Art des Verweilens, die man Große Vollkommenheit
  nennt, direkt erfahren.
[Nyoshul] Lungtok Tenpe Nyima, zu dir bete ich. [165]

Tertön Sogyal enthüllte in Zentraltibet weitere Termas, von denen er dem Ratschlag der Dakinis folgend viele geheim hielt, selbst vor den Regierenden im Potala-Palast. Als er jedoch eine Prophezeiung empfing, welche die Schreinräume in Kalzang betraf, wusste Tertön Sogyal, dass er den Dalai Lama um Unterstützung bitten musste. Er erklärte dem tibetischen Oberhaupt, dass er eine besonders auserlesene Statue nach Nyarong bringen müsse, die als zusätzlicher Schutz dienen könne.

„Da es in Osttibet nicht viele Goldschmiede gibt, möchte ich Eure Heiligkeit bitten, mir eine geeignete Statue zur Verfügung zu stellen."

„Wir haben hier in Lhasa zahlreiche Nyingma-Statuen; die kostbarsten befinden sich in den Schreinräumen des Potala, die als Schutz vor den einfallenden Armeen der Dzungar-Mongolen vor vielen Jahrhunderten mit Nägeln und geschmolzener Bronze versiegelt wurden."

Der Dalai Lama trug seinem Schmied auf, einen der Schreinräume zu öffnen, und fand darin eine Auflistung der enthaltenen Kostbarkeiten.

„In diesem Tempel gibt es fünf Statuen, die von Padmasambhava selbst gesegnet wurden. Es wäre ein Verhängnis für Lhasa, sie nicht mehr hier zu haben, doch ich werde dich nicht enttäuschen!"

Der Dalai Lama ließ die herrlichste Statue des vormals versiegelten Schreinraums exakt nachbauen und platzierte dann auf Höhe ihres Herzens eine alte, handgroße Figur, die von Padmasambhava selbst gesegnet worden war. Am Tag, als der Dalai Lama Tertön Sogyal die Statue übergab und den Gouverneur von Nyarong beauftragte, für ihren sicheren Transport nach Kalzang zu sorgen, sprach Tertön Sogyal ihm seinen Dank aus. Der Dalai Lama erwiderte: „Ich verleihe dir hiermit, für deinen Sohn und deine Linie, dieses Glassiegel, auf dass deine Familie in der nächsten Generation über Ansehen und Wohlstand verfügen möge."

„Dass Ihr, ein großes und erhabenes Objekt der Zuflucht, Euch voller Mitgefühl meiner annehmt und mir diese Güte zuteil werden lasst, ist wahrhaft ohnegleichen. Es ist mehr, als ich verdiene", sagte Tertön Sogyal. „Ich nehme Eure Güte an und werde die Wünsche und Bestrebungen meiner Meister erfüllen. Was mich angeht, Eure Heiligkeit, so bin ich ein alternder Yogi, der es vorzieht, in den Bergen zu weilen und keine Verwendung für Siegel, Rangabzeichen oder umfangreiche Ländereien hat. Doch ich werde einen Weg finden, es sinnvoll zu nutzen."

Zu Beginn des 20. Jahrhunderts kämpften das russische Zarenreich und das britische Empire um die Vorherrschaft in Zentralasien – eine Rivalität, die als ‚Das Große Spiel' bekannt wurde. Seit Ende des 18. Jahrhunderts hatte Russland seinen Machtbereich dank der Gebietszugewinne unter Peter dem Großen und den Zaren Alexander I. bis Alexander III. kontinuierlich erweitert. Mit Fertigstellung der Transsibirischen Eisenbahn wuchs bei den Briten die Besorgnis, Russland plane, seinen Einfluss nach Tibet und von dort aus weiter nach Indien auszudehnen. Die Briten waren ihrerseits dabei, ihre

Kontrolle über die indischen Gebirgsausläufer in Sikkim bis zum weiter westlich gelegenen Ladakh zu konsolidieren, mit dem Ziel, sichere Handelsrouten nach Tibet zu eröffnen. In dieser Zeit schlossen die Briten und Chinesen Handels- und Hoheitsabkommen über tibetische Gebiete, ohne tibetische Repräsentanten in die Gespräche mit einzubeziehen. Nach Ansicht der Tibeter besaßen die diversen englisch-chinesischen und russisch-chinesischen Abkommen daher keinerlei Rechtsgültigkeit.

Im Sommer des Jahres 1901 reiste einer der Assistenten der Tutoren des Dalai Lama, ein burjatischer Gelehrter namens Dorjieff, nach Russland, um dem Zaren eine Grußbotschaft des Dalai Lama zu überbringen – eine Aktion, die den Verdacht erweckte, der Dalai Lama versuche, Russland als Verbündeten zu gewinnen und dazu zu bewegen, sich gegen die Briten und Chinesen zu stellen. Die Vorstellung, Russlands Einfluss könne bis nach Tibet reichen, löste in Peking und London erhebliche Angst aus, da man Russland unterstellte, die absolute Vormachtstellung in ganz Asien anzustreben. Der japanische Gelehrte und Spion Ekai Kawaguchi gab fälschlicherweise an, er habe zweimal Kamelkarawanen aus Russland in Lhasa eintreffen sehen, beladen mit Waffen und Geschenken des Zaren für den Dalai Lama. Die irrige Annahme, in Lhasa wäre im Jahr 1902 ein riesiges russisches Waffenkontingent angeliefert worden, war für die Briten Anlass genug, ihren Einmarsch in Tibet vorzubereiten – wenn auch unter dem Deckmantel einer ‚Handelsmission‘.

Angesichts der wachsenden Bedrohung durch das britische Indien schien es dem Dalai Lama am sinnvollsten, selbst spirituelle Maßnahmen zu ergreifen, um die Gefahr abzuwenden. Im vierten Monat des Wasser-Hasen-Jahres (1903) beschloss er, sich in ein längeres Meditations-Retreat zurückzuziehen, das der Tradition gemäß drei Jahre dauern sollte. [166] Seine erfahrenen Tutoren sowie Tertön Sogyal gaben ihm die notwendigen Retreat-Anweisungen. Angesichts des Unheils, das seines Erachtens nur allzu bald über sie hereinbrechen würde, beschloss der Dalai Lama, über die Gottheit Yamantaka und die von Tertön Sogyal enthüllten Vajrakilaya-Schatzbelehrungen zu meditieren und die damit verbundenen Rituale auszuführen. Yamantaka und Vajrakilaya – zwei äußerst zornvolle Gottheiten – gelten nicht nur als kraftvolle Gegenmittel bei spiritueller Verunreinigung, sondern sind auch für ihre besonders rasche Wirkung bekannt.

Während der Dalai Lama sein Meditations-Retreat begann, begab sich Tertön Sogyal auf eine mehrmonatige Pilgerreise durch Zentraltibet, in deren Verlauf er weitere Schatzbelehrungen enthüllte und spirituelle Rituale durchführte, die Tibet stärken und Eindringlinge zurückdrängen sollten. Einige Monate später überquerte das britische Regiment unter Führung von Francis Younghusband die indisch-tibetische Grenze und begann, seine Truppenpräsenz zu verstärken. Den Briten war es nicht gelungen, direkten Kontakt zum Dalai Lama aufzunehmen, da dieser sich – was sie nicht wussten – im Meditations-Retreat befand. Doch selbst wenn er nicht im Retreat gewesen wäre, hätte der Dalai Lama wahrscheinlich nicht auf ihre Kommuniqués reagiert, da die vorangegangen englisch-chinesischen Handelsabkommen von Tibet als Provokation empfunden wurden. Immer weiter drang Younghusband mit seiner Armee in das Land des Schnees vor, angetrieben von der Befürchtung, die Tibeter könnten bereits ein Abkommen mit Russland unterzeichnet haben – was in Wirklichkeit nicht der Fall war.

Ohne direkten Kontakt zur tibetischen Regierung marschierte Younghusband mit seinen 8000 Mann Richtung Norden und stieß kurz vor der Stadt Gyantse schließlich auf die kaum ausgebildete und schlecht gerüstete tibetische Armee. Viele der tibetischen Soldaten waren lediglich mit Lanzen oder Pfeil und Bogen bewaffnet und hielten den Briten ihre Amulette entgegen, die sie vor den feindlichen Kugeln schützen sollten. Der Kampf zwischen den ungleichen Gegnern endete in einem Massaker. Schon bald erreichte die Nachricht vom Blutbad bei Gyantse die tibetische Regierung. Das Nechung-Orakel verkündete den Beratern des Dalai Lama wiederholt, dass das Oberhaupt der Tibeter sein mehrjähriges Retreat abbrechen und fliehen solle. Der tibetische Ministerrat pflichtete dem Orakel bei und legte dem Dalai Lama nahe, sofort nach Urga, in die Hauptstadt der Mongolei, aufzubrechen.

Anfang August 1904 marschierten britische Streitkräfte ohne tibetische Gegenwehr direkt unterhalb des Potala-Palastes in Lhasa ein. Hätte sich der Dalai Lama zu dieser Zeit im Potala befunden, hätte er die beeindruckende Legion britischer Militäreinheiten, die in ihren khaki-farbenen Uniformen durch das Westtor in die Stadt einmarschierten, aus der Vogelperspektive beobachten können. Doch zum Ärger von Younghusband und der britischen Regierung trafen sie das Oberhaupt der Tibeter, mit dem sie in Verhandlungen treten wollten, nicht an: Der Dalai Lama war einige Tage zuvor im Schutz der Dunkelheit nordostwärts ins mongolische Exil geflohen.

Knapp einen Monat vor Einmarsch der Briten in Lhasa war Tertön Sogyal zu einem Treffen mit dem Dalai Lama gerufen worden. Sie besprachen, ob sich der Tertön nach seinen jahrelangen Reisen nun in Osttibet niederlassen solle, und fragten das Nechung-Orakel, an welchem Ort der Tertön besser aufgehoben sei: in Dzak, wo der Tertön ein Lager in der Nähe von Derge hatte, oder im neuen Tempel in Nyarong am Fuße des Lhangdrak-Gipfels.

„Geh nach Lhangdrak und richte dich dort in einem Retreat-Haus unterhalb des Gipfels ein. Die Unterkunft, die du dir baust, sollte nicht zu groß, aber auch nicht zu klein ist", wies das Orakel ihn an.

Der Dalai Lama und Tertön Sogyal stimmten dem Orakel zu, dass dies die beste Lösung sei.[167] Tertön Sogyal sandte unverzüglich einen Boten nach Dzak, der Khandro Pumo und ihrem Sohn die Nachricht überbrachte, dass sie nach Nyarong zurückkehren sollten.

„Angesichts deiner Voraussagen über diese Zeiten der Gefahr und Ungewissheit – sowohl innerhalb Zentraltibets als auch aufgrund eindringender Mächte – bin ich nicht sicher, ob ich selbst noch lange in Lhasa bleiben kann", sagte der Dalai Lama zu Tertön Sogyal. „Doch reise du als Erster ab und kehre unversehrt nach Nyarong in Osttibet zurück."

Als Zeichen ihrer gegenseitigen Hingabe und Verehrung legten sie die Stirn aneinander. Tertön Sogyal wusste, dass all die Prophezeiungen Padmasambhavas und die vielen Rituale zur Abwehr fremder Eindringlinge die Schwächung der nationalen Verteidigungskraft durch das kollektive negative Karma der Tibeter nicht hatten verhindern können. Es gab für ihn nichts weiter zu tun. Er wusste auch, dass ihn der Kampf um den Erhalt der spirituellen Lebenskraft seines Landes in die östlichen Regionen Tibets und in noch entlegenere Gebiete führen würde. Tertön Sogyal und der Dalai Lama hatten sich zum letzten Mal von Angesicht zu Angesicht gegenüber gestanden – zumindest in ihren jetzigen Inkarnationen.

16. Kapitel

Verborgene Täler

NYARONG, OSTTIBET

Vom Jahr des Wasser-Hasen bis zum Jahr der Holz-Schlange, 1903–1905

Tertön Sogyal kehrte nach Nyarong zurück und der Dalai Lama floh in die Mongolei. Einige behaupten, es waren die Phurba-Dolch-Praktiken, die dazu führten, dass Younghusbands Truppen nur einen Monat in Lhasa blieben und ihre Handelsinteressen nicht durchsetzen konnten. Andere vertreten die Ansicht, Younghusbands spätere Hinwendung zum modernen Mystizismus sei ein Resultat der visualisierten Phurbas gewesen, mit denen er in diesen Ritualen bombardiert wurde. Wie dem auch sei, die Invasion der britischen Truppen brachte die Qing-Regierung auf jeden Fall dazu, ihre Kontrolle über Osttibet zu verstärken, damit die Briten und Russen dort nicht einfallen konnten. Younghusbands Einmarsch in Lhasa versetzte die Qing in höchste Alarmbereitschaft. Sie hatten in der Vergangenheit bereits Truppen in Osttibet aufgestellt, mit dem Ziel, den dort ansässigen Stammesfürsten und Klöstern ihre Macht aufzuzwingen und ihre Herrschaft von dort aus schließlich bis nach Lhasa auszuweiten.

Als Tertön Sogyal heimwärts reiste, geriet er mitten in die aufflammenden Gefechte zwischen dem Qing-Militär und den osttibetischen Stammeskriegern.

1904 rückten Qing-Truppen bis nach Litang und Batang, südlich von Nyarong, vor. Nach Besetzung dieses Gebietes begannen sie mit der ersten großange- legten Umsiedlung chinesischer Einwanderer nach Tibet sowie dem Abbau des reichen Mineralvorkommens in dieser Region. Im Frühjahr 1905 brach ein offener Aufstand gegen die chinesischen Truppen und Siedler aus, bei der mehrere Han-Einwanderer und Qing-Regierungsbeamte getötet wurden. Aus Chengdu wurde Verstärkung gesandt, um die Herrschaft über Litang und Batang zu sichern und von dort Richtung Norden nach Nyarong zu marschieren.[168] Mit großer Sorge las Tertön Sogyal die alten Prophezeiungen früherer Tertöns:

> Eine Zeit des Verfalls wird kommen, in der sich der Damsi-Dämon in den Herzen der Tibeter einnistet und die Bevölkerung zu allen nur erdenklichen untugendhaften Gedanken und Taten anstiftet. Aufgrund dieser Untugenden wird es fremden Truppen gelingen, in Tibet einzumarschieren. In dieser Zeit des Verfalls werden sich Scharlatane als Dharma-Praktizierende ausgeben und dem Volk weismachen, sie seien vollendete Yogis, auch wenn sie himmelweit von der Verwirklichung der höchsten Wahrheit entfernt sind. Ge- wöhnliche Menschen werden den Dharma ignorieren, nur sich selbst wichtig nehmen und mehr darauf aus sein, Reichtum, Nahrung, Kleidung und Erfolg anzuhäufen als das geheime Tantra zu prak- tizieren. Die ordinierte Sangha wird nur dem äußeren Schein nach existieren, ohne jegliche Substanz oder Authentizität.[169]

In einer weiteren Prophezeiung aus dem 16. Jahrhundert hieß es:

> Der formlose Dämon wird von vielen Ministern und Mächtigen Besitz ergreifen, und ab diesem Moment werden Zwietracht und Streit herrschen. Selbst einige der reinkarnierten Lamas werden vom Dämon besessen sein, Konflikte zwischen den Traditionen herauf- beschwören und dadurch die Übertragungslinien des Studiums und der Praxis des Buddha-Dharma dem Niedergang preisgeben.[170]

Die Prophezeiungen wurden durch das, was Tertön Sogyal in Lhasa beobach- tete, bestätigt, wo viele sich benahmen wie ,tobsüchtige Elefanten, trunken vom Wein des Hochmuts und der falschen Sichtweisen'.[171] Ein Gelug-Lehrer aus Lhasa namens Phabongka Dechen Nyingpo, der eine große Anhängerschaft von Mönchen und Laien besaß, ist hier besonders zu erwähnen. Er behauptete, die reine Übertragungslinie Je Tsongkhapas, des großen Reformators des 14. Jahrhunderts und Gründers der Gelug-Schule, zu halten, und verbreitete überall, Padmasambhavas Lehren, insbesondere die Dzogchen-Lehren, seien nicht buddhistisch und die Terma-Belehrungen lediglich Erfindungen von Scharlatanen. Phabongka und seine Anhänger hielten Padmasambhavas Mantra für bedeutungslos, und einige seiner Schüler warfen Statuen in Flüsse und verbrannten Exemplare der Biographie des Großen Guru.

Wie waren Phabongka und seine Schüler dazu gekommen, diese sektiererische Sichtweise derart fanatisch zu vertreten? Als Phabongka 37 Jahre alt war, wurde er schwer krank. Ein hinterhältiger Geist namens Dorje Shugden bzw. Dogyal bot ihm an, ihn wieder gesund zu machen und seine Wünsche zu erfüllen. Allerdings stellte er eine Bedingung: Er verlangte, dass Phabongka von nun an ausschließlich die Gelug-Lehren praktizierte. Zudem müsse Phabongka all jene ausfindig machen, die neben den Lehren der Gelug-Schule die Lehren anderer Schulen des Buddhismus – vor allem der Nyingma-Schule Padmasambhavas – praktizierten, und sie vernichten. Dafür würde der Geist ihm auf seinem Weg zur Erleuchtung zu weltlichem Reichtum verhelfen.

Phabongka versicherte allen, dass Dogyal den samsarischen Kreislauf von Geburt und Tod überwunden habe und erleuchtet sei. Er war ihm als Mönch mit goldenem Reiterhelm erschienen, auf einem Löwen sitzend, und hatte sich als Dharma-Schützer der Lehren Je Tsongkhapas ausgegeben. In Wirklichkeit war Dogyal nichts anderes als ein weltlicher Geist, der zwar gewisse Kräfte besaß, aber gleichzeitig zu Voreingenommenheit neigte und keineswegs als Dharma-Schützer der Gelug-Lehren fungierte. Einige halten Dogyal für den Geist eines Mönchs aus dem 17. Jahrhundert, der ein Kandidat für die Position des 5. Dalai Lama gewesen war, letztendlich aber nicht dazu erwählt wurde. Er hatte das tibetische Oberhaupt daraufhin verflucht und schon zu Lebzeiten gegen ihn gearbeitet; auf seinem Sterbebett schwor er, sich am Großen Fünften zu rächen. Bis zum heutigen Tag setzt der Geist dieses Mönchs seine niederträchtigen und heimtückischen Intrigen fort.

Der 5. Dalai Lama bezeichnete Dogyal als bösartigen Geist, der das Sektierertum schüre.[172] Dabei ging es nicht nur um unterschiedliche Lehrmeinungen.

Dogyal war vielmehr als Aufwiegler bekannt, der zu Gewalt gegen jene aufrief, die auch andere Lehren in den Studien- und Praxisplan der Gelug-Schule aufnehmen wollten. Phabongka war ein Vertreter der sektiererischen Bewegung, die sich gegen die überkonfessionellen Rime-Lamas wie Khyentse, Kongtrul, Tertön Sogyal und auch den 13. Dalai Lama richtete. Der Dalai Lama wies Phabongka zurecht und untersagte ihm klar und deutlich, die Gunst des Dämonen-Geistes anzurufen. Phabongka täuschte Gehorsam vor, ignorierte die Anweisung des Dalai Lama jedoch und verbreitete sektiererische Vorurteile, die zu schädlichen Entzweiungen zwischen den Klosteruniversitäten in Lhasa führten. Phabongka wollte, dass Dogyal Nechung als Tibets Staatsorakel ablöste, und er drohte seinen Gelug-Anhängern, dass Dogyal sie vernichten werde, sollten sie auch nur eine einzige von Padmasambhavas Belehrungen praktizieren. Und obwohl der 13. Dalai Lama selbst sowohl die Lehren der Gelug-Schule als auch die von Padmasambhava praktizierte, betete Phabongka:

> *Ich verneige mich vor dir [Dogyal], der Lamas und Schüler bestraft,*
> *die mangels Training auf dem Pfad nicht qualifiziert sind*
> *und den Verfall der Lehren der Gelbhüte [Gelugpas] einleiten.*[173]

Phabongka war nicht der erste, der Dogyal pries, doch aufgrund seines Charismas schaffte er es, dass der Dogyal-Kult unter den Angehörigen der politischen Aristokratie, den führenden Gelugpas und ihren Klöstern sowie beim einfachen Volk immer mehr Anklang fand – nicht zuletzt deshalb, weil der Geist sein Versprechen, materiellen Reichtum zu gewähren, wahr zu machen pflegte. Bald verbreitete sich Phabongkas Dogyal-Kult Richtung Osten und sagte den Rime-Meistern den Kampf an. Mit der Ausbreitung dieser Dämonen-Verehrung und Dogyals zunehmendem Einfluss, der über Lhasas Grenzen hinausging, geriet die Grundlage, auf der Tibets Stärke basierte – die Eintracht im Dharma und die Hingabe zu Padmasambhava – mehr und mehr ins Wanken und machte das Land dadurch anfällig für Angriffe von außen.

Die ersten, die Tibets geschwächte Position ausnutzten, waren die kaiserlichen Qing-Truppen unter der Führung eines drahtigen Han-Chinesen, des Generals Zhao Erfeng. Zhao hatte sich bei seinen Gefährten aus Sichuan bereits den Spitznamen ‚Schlächter Zhao' eingehandelt, da er seine Gegner vorzugsweise durch Köpfen hinrichten ließ.[174] Die osttibetischen Stammesfürsten und die Klöster in Litang und Batang, die gegen die vorrückenden Qing ankämpften, wandten sich ratsuchend an Lamas wie Tertön Sogyal. Sie berichteten von den Gräueltaten der Qing-Truppen, die die Getreidevorräte der Klöster plünderten, Gold, Silber, seltene Buddha-Statuen aus Bronze und andere Reliquien raubten und religiöse Opferschalen aus Bronze und Kupfer in Munition und Münzen umschmolzen.[175] Der größte Frevel aber war: Zhao, der Schlächter, ließ aus buddhistischen Schriften papierene Schuhsohlen herstellen. Örtliche Qing-Beamte versuchten 1904, die Zahl der Mönche in den tibetischen Klöstern zu dezimieren, und befahlen dem Großteil, ihr Kloster zu verlassen und stattdessen als Bauern zu arbeiten. Widerstand von Seiten der Klosterleitung gegen diese Anordnung führte zu bewaffneten Auseinandersetzungen. Den Äbten des Tinglin-Klosters, die mit dem Schlächter Zhao verhandeln wollten, wurde auf der Stelle der Kopf abgeschlagen. Am Ende hatte er Hunderte von Tibetern von Litang bis Lhasa enthauptet und wurde für seine brutale Durchsetzungskraft mit den höchsten militärischen Würden der Mandschu ausgezeichnet. Tertön Sogyal sagte: „Wird Tibet von China überrannt, so wird das Blut fließen wie ein endlos sich drehendes Rad."[176]

Als Tertön Sogyal von den Bewohnern vor Ort hörte, wie gewalttätig der Schlächter Zhao vorging, blieb er im Retreat, konzentrierte sich auf Vajrakilaya und rief die zwei Hauptschützer des Kalzang-Tempels herbei: Karmo Nyida, die friedliche ‚Weiße Gebieterin der Sonne und des Mondes', die ein Juwel in ihrer rechten Hand und eine Kristall-Mala in ihrer linken hält, sowie Düdgyal Tötreng, den ‚König der Illusion mit einer Girlande aus Schädeln', einen schwarzen, zornvollen, männlichen Schützer, der auf einem Pferd reitet und als Symbol für die Überwindung der Sterblichkeit eine Kette aus Menschenköpfen hält. So wie der Dalai Lama sich ins Retreat begeben hatte, als das britische Militär Richtung Lhasa vorrückte, setzte nun auch Tertön Sogyal tantrische Rituale, Mantras und Gebete ein, um Negativität und Aggression abzuwenden. In Zuständen tiefer Meditation manifestierte sich Tertön Sogyal als Vajrakilaya und schwang seinen rituellen Dolch, um gegen militärische Angriffe zu kämpfen und sie niederzuschlagen.[177]

Es schien, als würden der Dämonen-Geist Dogyal und Zhao, der Schlächter, unbewusst zusammenzuarbeiten. Da die tibetische Nation ins Leben gerufen

worden war, um die spirituelle Praxis zu unterstützen, wusste Tertön Sogyal, dass die Verehrung von Dogyal und anderen Dämonen-Geistern dem
Buddhismus und seinem Heimatland den Todesstoß versetzen konnte – ausgeführt vom opportunistischen Zhao. In Tertön Sogyals Augen wurde alles
unsicher und unzuverlässig, sogar die Erde, auf dem der Dharma Tausende
von Jahren praktiziert worden war, war mit Blut getränkt. Die Terma-Schützer
warnten ihn, dass ihn selbst jene, die ihm nahe standen, täuschen könnten.
Trotz der vielen Termas, die er enthüllt hatte, und der Rituale, die er
kontinuierlich ausführte, stand, wie er seinem Schüler Lama Trime sagte:
„…eine unaufhörliche Welle von Hindernissen bevor, die es schwer machen
wird, die perfekten Bedingungen für spirituelle Praxis zu finden."[178] Als Teil
seiner Bemühungen, die Eindringlinge abzuwehren, führte er Einweihungs-
zeremonien für den Tempelkomplex in Kalzang und die strategisch platzierte
Stupa am ‚Hirschhorn'-Zusammenfluss aus. Während die Weißlippenhir-
sche, Blauschafe und Himalaya-Königsfasane durch die Wälder des Kalzang-
Tempels streiften und sich an den Gerstenmehl-Tormas labten, die die Mönche nach ihren täglichen Ritualen nach draußen brachten, tobte nur etwas
weiter südlich der Krieg mit seinem Wehgeschrei und Leid.

Immer mehr Menschen fragten Tertön Sogyal, wo sie sich hinwenden sollten, wenn sie gezwungen wären, aus Tibet zu fliehen. Auch in Lhasa war ihm
diese Frage schon gestellt worden. Da die Gefechte aus südlicher Richtung
immer näher an Nyarong heranrückten, hatten die Dorfbewohner ihre Habseligkeiten gepackt, wussten aber nicht, wohin sie gehen sollten. Zu dieser
Zeit erhielt Tertön Sogyal in Visionen erste Botschaften über verborgene
Täler – *Beyuls* –, Zufluchtsorte, an denen der Dharma überleben würde,
selbst wenn Tibet in die Hände der Besatzer fiel. Padmasambhava und die
Dharma-Schützer erzählten Tertön Sogyal insbesondere von Pemakö, einem
abgelegenen, verborgenen Tal an den südlichen Hängen des Himalaya, das
die Form eines Lotos habe. Den Beschreibungen nach war es ein gefährliches Gelände, in dem viele wilde Tiere hausten und das nahezu unzugäng-
lich hinter Gletschern und unüberwindlichen Wasserfällen versteckt lag.
Dem Pilger, der den Zugang fand, würden sich großartige, nebelverhangene
Täler eröffnen, deren Kräuter und Tiere Wunderkräfte besaßen und in denen
die Wirksamkeit der Dharma-Praxis unermesslich anwuchs.

„Dort, in Pemakö, solltet ihr, meine Anhänger, in Zukunft Zuflucht suchen", sagte Padmasambhava zu Tertön Sogyal.[179]

Padmasambhava hatte Termas mit Hinweisen und Landkarten hinterlassen, die angaben, wo diese verborgenen irdischen Gefilde zu finden waren, sowie spezifische Meditationstechniken und Rezepte für spirituelle Medizin. In Zeiten der Bedrängnis, zum Beispiel bei politischen Unruhen, sollten Praktizierende und Pilger diese verborgenen heiligen Zufluchtsorte aufsuchen – nicht, um der Wirklichkeit zu entfliehen, sondern um tiefer in die Wahrheit einzutauchen.

Während eines Rituals im dritten Monat des Holz-Schlangen-Jahres (1905) löste sich Tertön Sogyals gewöhnliche Wahrnehmung plötzlich auf und er fand sich an einem unbekannten Ort wieder. Er stand auf einer offenen Wiese in der Nähe eines großen Felsens, inmitten einer Menschenmenge. Ein Mann näherte sich ihm und sagte: „Die geheime Anleitung zum Auffinden von Pemakö ist in diesem Felsblock verborgen." Einen Monat später hatte Tertön Sogyal eine ähnliche Vision, in der er sich auf derselben Wiese in einem Zelt mit seinem Lehrer Sonam Thaye befand.

„Wo ist das verborgene Land?", fragte er.

„Ich werde dir in zwei Wochen die geheimen Anweisungen geben", antwortete Lama Thaye in der Vision.

Zwei Wochen später traf Tertön Sogyal in einem Traum auf Jamgön Kongtrul. Kongtrul verwandelte sich in Padmasambhava und sagte: „Alle, die nach Pemakö gehen wollen, sollten ihre Abreise nicht länger aufschieben. Diejenigen, die nicht gehen möchten, solltest du nicht drängen. Damit du den Zugang findest, musst du die Rituale auf perfekte Weise ausüben, um so die günstigen Bedingungen zu schaffen."[180]

Dann gab ihm Padmasambhava eine lange Reihe von Ritualen, die Tertön Sogyal und andere durchführen sollten, und erteilte Ratschläge für das Verhalten der tibetischen Bevölkerung; sie sollten zum Beispiel bestimmte Gebete rezitieren, die Jagd aufgeben und nicht schlecht über andere sprechen. Tertön Sogyal wurde aufgetragen, Arzneipillen aus zerstoßenen Edelsteinen und Kräutern herzustellen, diese mit Mantras aufzuladen und sie als spirituellen Schutz an das Volk zu verteilen. Zudem gab der Guru Tertön Sogyal den Rat, in Zentraltibet einen großen Stupa zu bauen und Speere, Pfeile und Gewehre darunter aufzuhäufen, um die Auseinandersetzungen, von denen

Tibet zur Zeit bedrängt wurde, rituell zu vertreiben. Er solle auch Tempel bauen, die Padmasambhava, Tara, Milarepa und Tsongkhapa geweiht waren. Dann nannte Padmasambhava weitere Maßnahmen, die ergriffen werden mussten, um negatives Karma aus der Vergangenheit zu reinigen, die Tibeter in der jetzigen Situation zu schützen und sie in Zukunft an die richtige Handlungsweise zu erinnern.

„Was dich selbst betrifft, Tertön, gehe vorerst noch nicht in die verborgenen Gebiete, sondern führe gewissenhaft diese Rituale aus", sagte Padmasambhava. „Denn sie sind notwendig, um den Dharma zu schützen; selbst wenn sie nur ein einziges Mal ausgeführt werden, werden sie von Nutzen sein, unermessliche Tugend hervorbringen und den Frieden in Tibet wiederherstellen."

„Wie kann ich all das nur vollbringen?", fragte Tertön Sogyal.

Padmasambhava bestärkte ihn darin, die Schatz-Prophezeiungen, die er bereits erhalten hatte, in die Tat umzusetzen und bestimmte Dharma-Schützer gnädig zu stimmen. Dann verwandelte sich Padmasambhava in Khyentse Wangpo und sagte: „Ich werde dir jetzt erklären, wie man nach Pemakö gelangt, und du musst es aufschreiben."

Tertön Sogyal konnte kein Papier zum Schreiben finden, und so gab ihm Khyentse eine Schriftrolle und sagte: „Es bestand noch nie Grund zu zögern, statt den Anweisungen des Gurus zu folgen. Und trotzdem haben viele Tibeter, sowohl jene in wichtigen Positionen als auch einfache Bürger, nicht das getan, was Padmasambhava ihnen aufgetragen hat. Warum ignorieren sie seine Anordnungen ständig?"

„Was können wir denn jetzt tun?", fragte Tertön Sogyal.

„Fast alle haben sich von den Dämonen täuschen lassen", sagte Khyentse in erstem Ton und nahm die Schriftrolle wieder an sich, die er Tertön Sogyal gegeben hatte.

Dann fuhr er fort: „Der Karmapa, Sakya Trizin und Kongtrul haben die verordneten Gebete bereits vollendet. Jetzt sollten du und Trime die Fülle verdienstvoller Handlungen durchführen; das wird mit Sicherheit förderlich sein. Und gehe zu Seiner Heiligkeit dem Dalai Lama und informiere ihn persönlich über alles, was getan werden muss, so wie Jamgön Kongtrul es dir aufgetragen hat. Da das Volk die Lehren nicht praktiziert und auch Padmasambhavas Prophezeiungen nicht rechtzeitig in die Tat umgesetzt hat, habe ich das Interesse an Termas verloren. Auch Jamgön Kongtrul ist betrübt, dass so viele vom Samaya-brechenden Dämon besessen sind, daher wird auch er keine neuen Termas enthüllen. Und du hüte dich vor dem Umgang mit negativen Menschen, die ihre Samaya-Verpflichtungen missachten, sonst wird es dir schwerfallen, deine Mission zu vollbringen.

Was die Wegbeschreibung nach Pemakö betrifft, sind die ausführlichen Anweisungen am heiligen Ort der Vajravarahi verborgen; du wirst sie erhalten, wenn du den Dakinis Opfergaben darbringst. Besonders wichtig ist das Rezitieren des *Beseitigens der Fehler in der gegenseitigen Abhängigkeit*.“

Khyentse beschrieb das reine Land Pemakö und erklärte, dass ein Pilger, der dorthin wolle, alle Anhaftung an Orte und Reichtümer aufgeben müsse. „Betrachte sie als reine Illusion. Gib jegliche Hoffnung und Furcht auf, ohne zu zögern. Und vereine deinen Geist – frei von Konzepten – voller Hingabe und tiefstem Respekt mit dem Herzen des Guru. Bemühe dich voller Eifer!“

Dann sprach Khyentse über die letztendliche Bedeutung der verborgenen Länder. „Ohne eine Spur von Hoffnung und Furcht solltet ihr zu Fuß Richtung Kongpo reisen. Zu Beginn werden euch Feinde und Diebe auflauern, und nachdem ihr Gletscher und Schnee überwunden habt, werden euch in Schluchten und an steilen Hängen, in Dickicht und Gestrüpp, böse Tiere und Schlangen begegnen. Doch was immer geschieht – habt weder Anhaftung noch Abneigung. Merzt eure Anhaftung aus! Bleibt eurer Verpflichtung treu! Welche Erfahrungen ihr auch macht, ob sie gut oder schlecht scheinen mögen, erzählt niemandem davon; lasst die Erfahrungen einfach auftauchen und sich selbst befreien. Haltet weder an beglückenden noch schmerzlichen Erfahrungen fest. In der Praxis des ,Einen Geschmacks‘ sollte der Yogi furchtlos sein wie ein Löwe. Zweifle nicht daran! Tu, was ich gesagt habe, vom Glück bedachter Sohn. Samaya.“

Zum Abschluss zeigte Khyentse auf, dass das letztendliche verborgene Land jenseits geographischer Koordinaten liegt. „Sei stets achtsam! Kannst du die sich endlos vermehrenden Gedanken des Verlangens und der Anhaftung nicht durchtrennen, wird der verblendete Geist keinen Moment des Friedens finden. Willst du zur inneren Pilgerstätte gelangen, praktiziere wiederholt den Yoga des Loderns und Tropfens. Willst du die geheime Pilgerstätte entdecken, blicke in das Angesicht der letztendlichen Wirklichkeit. Willst du die innerste Pilgerstätte finden, verweile ungezwungen in der

Vereinigung von Raum und lichtvollem Gewahrsein. Mehr zu sagen wäre reine Ablenkung. Dies ist mein Herzensrat, mein Herzenssohn. Samaya."

Dann löste sich Khyentse Wangpo in Licht auf.

17. Kapitel

Kampf gegen die Dämonen

Nyarong und Dzogchen, Osttibet

Vom Jahr der Holz-Schlange bis zum Jahr der Wasser-Ratte, 1905–1912

Gegen Ende des Holz-Schlangen-Jahres (1905) – Tertön Sogyal weilte zu dieser Zeit noch immer in Nyarong – erhoben sich Mönche und Bauern in Litang in einem bewaffneten Aufstand gegen die Armeen des Schlächters Zhao. Anfänglich hatten die Tibeter in diesem Kampf die Oberhand, doch als die Qing-Truppen im Sommer Verstärkung aus Chengdu erhielten, die mit deutschen Mauser-Repetierbüchsen und mobilen Kanonen ausgerüstet war, wurde der tibetische Widerstand brutal niedergeschlagen. Die Qing-Truppen legten eines der größten Klöster in Batang in Schutt und Asche und metzelten Hunderte von Menschen nieder. Zusätzliche Truppen rückten ins südlicher gelegene Gyalthang vor und machten auf ihrem Weg viele schutzlose Klöster dem Erdboden gleich. Kurz darauf wurde Zhao, der Schlächter, zum Vizekönig der Provinz Sichuan ernannt. Von Tibetern, die den diversen Gefechten entkommen waren, hörte Tertön Sogyal immer wieder Berichte über brutale Gewalt, Zerstörungen und Enthauptungen; er selbst blieb indessen unbeirrt in seiner Einsiedelei und führte weiter Rituale aus.[181]

Trotz des bitterkalten Winters schlugen die Armeen des Schlächters Zhao eine blutige Schneise der Verwüstung von Litang nach Chamdo: Sie töteten unzählige Menschen und brannten alles nieder, was auf ihrem Weg lag. Es stand zu befürchten, dass sie bis Nyarong im Norden vorrücken würden. Atrin und Khandro Pumo sattelten die Pferde und drängten Tertön Sogyal, seine Retreat-Hütte zu verlassen und mit ihnen zu fliehen. Obwohl Pemakö, das verborgene Land, im Südwesten lag, sah sich Tertön Sogyal gezwungen, sich Richtung Norden aufzumachen.[182] Khandro Pumo hatte eine Wollmütze mitgebracht, unter der Tertön Sogyal sein hochgebundenes Haar verstecken konnte, und einen zerschlissenen Umhang, der ihm den Anschein eines Pilgerreisenden geben sollte. In dieser Aufmachung würden sie unbehelligt durch die obere Nyarong-Region gelangen. Nicht einmal die Dorfbewohner weihte Pumo Khandro ein, dass ihr spiritueller Schutzpate die Gegend verließ, denn sollte der Schlächter Zhao davon Wind bekommen, dass der Lehrer des Dalai Lama in greifbarer Nähe war, würden sie mit Sicherheit von seiner Armee verfolgt werden. Im Schutz der Wälder und Dickichte schlängelte sich die kleine Gruppe die Nordhänge hinauf, bis sie die Tromthar-Hochebene erreichte, wo Tertön Sogyal einst mit seiner Räuberbande unterwegs gewesen war. Auf den Bergpässen machten sie neben Steinhaufen und aufgestapelten Yak-Schädeln Halt, um den lokalen Schützern Rauchopfer aus verbrannten Wacholderzweigen und geröstetem Gerstenmehl darzubringen und sie um sicheres Geleit durch ihr Gebiet zu bitten. Ansonsten hielten sie gerade lang genug an, um Tee zu trinken und die Pferde ein wenig rasten zu lassen, bis sie endlich sicher waren, dass Zhaos Armee sie nicht mehr einholen konnte. Schließlich trug Tertön Sogyal seiner Familie und Atrin auf, weiter Richtung Norden zum Dzogchen-Kloster zu reiten, während er selbst sich auf den Weg nach Marong machte. Er wollte dort im Quellgebiet des Drichu-Flusses nach der Dakini-Höhle der Vajravarahi suchen, in der laut einer Prophezeiung die Anleitung und Wegbeschreibung nach Pemakö verborgen lagen.

Sobald er die Vajravarahi-Höhle gefunden hatte, begab sich Tertön Sogyal an Ort und Stelle ins Retreat, um die Praktiken auszuführen, die ihm die Entdeckung des verborgenen Schlüssels und der Terma-Karten ermöglichen würden. Kaum hatte er mit den erforderlichen Ritualen begonnen, erschien ihm Padmasambhava und kündigte an, dass dem Dalai Lama in sieben Jahren, im Jahr der Wasser-Ratte (1912), der Tod drohe. Doch es stehe in Tertön Sogyals Macht, die Gefahr für das Leben des Dalai Lama abzuwenden.[183] Dazu müsse er eine vorherbestimmte Gefährtin finden, die in dieser Gegend lebte, und gemeinsam mit ihr mehrere Schatzstatuen und heilige Pflanzen auffinden. Tertön Sogyal widmete sich sofort mit ganzer Kraft der Aufgabe, das Leben des tibetischen Oberhauptes zu sichern; die Auffindung der Wegbeschreibungen nach Pemakö stellte er vorerst zurück.

Schon bald war die prophezeite Dakini ausfindig gemacht. Gemeinsam enthüllten sie den beschriebenen Schatz und ließen sieben handgroße Padmasambhava-Statuen zum Schutz des Dalai Lamas nach Lhasa bringen. Sieben weitere Terma-Statuen stellte Tertön Sogyal als Schutzwall in nahe gelegenen Tempeln auf. Bevor die Gefährtin wieder Abschied nahm, übergab sie Tertön Sogyal noch einen schützenden Ring, der mit einem Korallenstein besetzt war. Sie trug ihm auf, Mantras zu rezitieren und anschließend auf den Ring zu hauchen, um seine Anziehungskraft zu verstärken.

Schließlich kehrte Tertön Sogyal zur Dakini-Höhle zurück und nahm die Suche nach den Pemakö-Anleitungen wieder auf. Er entdeckte ein Steinkästchen mit geheimen Landkarten, in denen der Weg zu dem verborgenen Land beschrieben war. Als er begann, die kryptischen Beschreibungen zu entziffern, hatte er eines Abends acht aufeinander folgende Visionen, in denen ihm jeweils eine andere Dakini erschien. Die Dakinis ermächtigten ihn und erzählten ihm von künftigen Schatzenthüllungen, die sein eigenes Leben schützen und den Fortbestand von Buddhas Lehren in Tibet gewährleisten würden. Nach ihrer Vorhersage löste sich jede Dakini in sein Herz auf. In der letzten Vision wurde Tertön Sogyal klar, dass Jamgön Kongtrul und Khyentse Wangpo ihm den Weg in die verborgenen Länder weisen würden; und er erfuhr, dass es Kongtrul und Khyentse zu verdanken war, dass Tibet zu ihren Lebzeiten nicht erobert werden konnte.[184]

Tertön Sogyal hatte in dieser Zeit zahlreiche Meditationserfahrungen und Visionen, in denen ihm lange Listen komplexer Aufträge erteilt wurden: Er solle diese und jene Rituale praktizieren, Tempel und Stupas bauen und bestimmte Menschen aufsuchen, die er anhand astrologischer Berechnungen und Muttermale erkennen würde. Zudem erhielt er umfangreiche prophetische Hinweise, wie man in diesen unruhigen Zeiten den Frieden wiederherstellen konnte. Einige Prophezeiungen schienen anderen zu widersprechen. Obwohl Palden Lhamo Tertön Sogyal ermahnt hatte, ausschließlich Padma-

sambhavas Prophezeiungen zu befolgen, hörte er dennoch bei jeder Vision
und Prophezeiung aufmerksam zu, schrieb alles sorgfältig nieder und versuchte, die jeweilige Bedeutung zu erfassen. Es war genau, wie Khyentse
Wangpo einst gesagt hatte: „Prophezeiungen sind des Tertön Untergang"[185],
denn sobald ein Tertön eine Prophezeiung erhält, ist er oder sie verpflichtet,
alles zu tun, um die erforderlichen Glück verheißenden Bedingungen auf den
Weg zu bringen.

Tertön Sogyal besaß zwar nun die Karten zum verborgenen Land Pemakö,
doch war ihm der Weg Richtung Süden weiterhin versperrt, da Zhaos Truppen
das Gebiet besetzt hielten. Hinzu kam, dass Padmasambhava ihn bisher
noch nicht aufgefordert hatte, dorthin zu reisen. So machte sich Tertön Sogyal durch Fichten- und Tannenwälder von Marong über den Trola-Berg-
pass auf den Weg Richtung Osten. Er brach jeden Morgen vor Sonnenaufgang
auf und traf schon innerhalb weniger Tage bei seiner Familie im Dzogchen-
Kloster ein. Dort bat er die Thronhalter des Klosters um eine Reihe der aus-
führlichsten tantrischen Ermächtigungen und Übertragungen, die er gemeinsam mit Khandro Pumo, seinem Sohn und zahlreichen Mönchen empfing.[186]
Während die Äbte im großen Schreinraum des Dzogchen-Klosters vor Hunderten von Mönchen die geheimen Einweihungen gewährten, dauerten Tertön
Sogyals Visionen unvermindert an. In einem Moment sah er im Schreinraum
die Thangkas eines tantrischen Mandala hängen, im nächsten Moment trat er
in einer Vision in genau dieses Mandala ein und wurde in einen gewaltigen
himmlischen Palast geleitet, in dem er Vajrakilaya in Person begegnete und auf
scherzende Dakinis traf, die ihn neckten und ihre Späße mit ihm trieben. Im
Laufe der Ermächtigungen, die mehr als drei Monate andauerten, glitt er fortwährend in diese traumgleichen Erfahrungen und Visionen hinein und wieder
in das gegenwärtige Geschehen zurück.[187]

Während Tertön Sogyal weiter im Dzogchen-Kloster und in der näheren
Umgebung blieb, verließ der Dalai Lama im Sommer des Erd-Affen-
Jahres (1908) die Mongolei und reiste nach Peking. Er wollte direkt mit dem
Qing-Kaiser verhandeln, um den Angriffen von Schlächter Zhaos Trup-
pen auf Klöster in Osttibet und ihr weiteres Vorrücken nach Lhasa Einhalt
zu gebieten. Chinas Kaiser und Kaiserin empfingen den Dalai Lama zwar
mit allen Ehren und zeremoniellem Respekt und er führte im Auftrag des
Kaiserhofs buddhistische Rituale aus, doch auf politischer Ebene konnte er

keine nennenswerten Fortschritte erzielen. Er weilte noch als Gast im Gelben Palast in Peking, als beide, Kaiser und Kaiserin, unerwartet starben. Der Dalai Lama wusste, dass er nach ihrem Tod in Peking nichts mehr erreichen konnte, und beschloss daher, im Anschluss an die Begräbnisrituale, die er durchführen sollte, nach Lhasa zurückzukehren. Genau zu der Zeit, als der Dalai Lama durch Tibets Nordosten nach Hause reiste, verließ ein 2000 Mann starkes Heer Chengdu und marschierte auf der südlichen Route in Richtung tibetischer Hauptstadt.

Am 29. Tag des zehnten Monats im Erd-Vogel-Jahr (1909) sprach Tertön Sogyal in einer Vision mit der Schützerin Palden Lhamo. Der Tertön drängte sie, ihm zu offenbaren, was auf den Dalai Lama zukäme und wie er das Leben des tibetischen Oberhauptes beschützen könne. Palden Lhamos Vorhersage klang äußerst unheilvoll:

Als Anstrengungen gemäß den Prophezeiungen des Guru
    [Padmasambhava] unternommen wurden,
haben einige unredliche Menschen die günstigen Umstände
    in ihr Gegenteil verkehrt
und damit den Grundstein für die Zerstörung Tibets gelegt.
Auch heute noch setzen sie ihr Vertrauen irrtümlich in die
    trügerischen Verlockungen des Reichtums,
der wie ein Traum, eine Sternschnuppe, ein Blitzstrahl am Himmel
    erscheint, doch nur kurze Zeit währt.
Die dämonischen Mächte der dunklen Seite sammeln ihre Kräfte.
Ich sehe kaum eine Chance für das Wohlergehen der Lehren und der
    Wesen in Tibet.
Die früheren Voraussagen über deine eigene Langlebigkeit,
kraft deiner Verbindung mit der ‚lebensspendenden' Dakini-Enthüllung,
und der Entdeckung des Termas des ‚Beseitigens der Fehler in der
    gegenseitigen Abhängigkeit',
waren der Gnade von Padmasambhava aus Oddiyana zu verdanken –
wenn nun – da Karma auf die gegenwärtigen Ursachen und
    Bedingungen und diese unglückseligen Zeiten trifft –
die religiösen Anführer kein Vertrauen haben, was bleibt dann
    noch zu tun?

Ist der heilsame Baum körperlicher Gesundheit erst einmal
*   an der Wurzel erkrankt,*
wird das Blattwerk segensreicher Aktivität zwangsläufig verwelken.
Selbst wenn du bei den religiösen Staatsdienern erfolgreich scheinen
*   magst,*
musst du die Zeichen sorgfältig prüfen.
Ist das Resultat letztendlich und unveränderlich, verweile in Gleichmut;
ist es nicht absolut endgültig, kann es durch jene Mittel verbessert
*   werden, die ich bereits prophezeit habe.*
Andere gibt es nicht. Hindernisse werden dem Erfolg weiterhin
*   im Weg stehen.*

In düsterem Ton setzte die Schützerin ihre Vorhersage fort. Sie sah für das tibetische Volk, das sein angesammeltes positives Karma beinahe vollständig aufgebraucht hatte, ein schreckliches Ende voraus:

Solltest du scheitern und zwischen die Fänge zweier im Streit
*   liegender Dämonen geraten,*
wird das Licht des Buddha-Dharma erlöschen;
alle Meister der Lehren werden vergehen wie Regenbögen am Himmel;
Repräsentanten wird es nur noch dem Namen nach geben,
*   doch sie werden den Lehren nicht dienen.*
Wenn die Lehren verschwinden, werden die Wesen kein Glück
*   mehr finden,*
die Lebensspanne der Meister, die den Lehren dienen,
*   wird in gleichem Maße schrumpfen,*
und einige bedeutende Persönlichkeiten werden die Lehren angreifen.
Der Milchsee der monastischen Gemeinschaft wird mit schwarzem
*   Gift durchsetzt sein,*
und manch einer aus deinen eigenen Reihen, der Böses im Sinn hat,
*   könnte sich den Dämonen anschließen,*
und als Ergebnis davon wirst du sogar deinen weltlichen Besitz an
*   dämonische Kräfte verlieren.*[188]

Einen Monat nach Tertön Sogyals Vision kehrte der Dalai Lama nach Lhasa zurück. Fünf Jahre hatte er in der Mongolei und in China im Exil verbracht. Zhao, der Schlächter, hatte den Widerstand in Derge niedergeschlagen und drang weiter Richtung Westen nach Chamdo vor; die wenigen und weit verstreuten tibetischen Truppen waren nicht imstande, ihn aufzuhalten. Das Nechung-Orakel bestand darauf, dass der Dalai Lama die Hauptstadt erneut verlassen müsse. Angesichts der veränderten politischen Bündnisse riet das Orakel dem Dalai Lama, im südlichen Britisch-Indien politische Zuflucht zu suchen.

Anfang Februar marschierte ein 2000 Mann starkes Heer auf Lhasa zu. Sechs Tagesritte von der Hauptstadt entfernt bezog Zhao, der Schlächter, mit seinem Bataillon Stellung. In der Nacht vor der geplanten Belagerung Lhasas konnte der Dalai Lama mit einer kleinen Gefolgschaft unbemerkt aus dem Potala fliehen. Erst am nächsten Tag entdeckte die Qing-Armee, dass das Oberhaupt der Tibeter entkommen und eine Verfolgung zwecklos war. Während tibetische Milizen den Vormarsch der Armee aufhielten, gelang es dem Dalai Lama, die Grenze nach Darjeeling zu überqueren, wo ihn die Briten unter ihren Schutz stellten. Dennoch fielen Tausende von chinesischen Soldaten in Lhasa ein und mindestens zwei tibetische Polizisten und eine Frau kamen zu Tode.[189] Der Dalai Lama richtete umgehend ein Gesuch an die Briten und Russen und bat sie, Tibet in der internationalen politischen Arena zu unterstützen. Doch beide Regierungen lehnten aus Angst vor möglichen Repressalien Pekings ab. Der Schlächter Zhao kehrte um und machte sich wieder nach Osttibet auf, um die Unterwerfung der Region weiter voranzutreiben. Vor allem hoffte er, endlich auch Nyarong unter seine Kontrolle zu bringen, was ihm bisher noch nicht gelungen war.

Tertön Sogyal hatte die Nachricht von der sicheren Ankunft des Dalai Lama in Lhasa erhalten, wusste allerdings nicht, dass er erneut geflohen war und sich nun im Exil in Indien befand. Der Tertön fragte Palden Lhamo: „Im Holz-Drachen-Jahr [1904] sind fremde Mächte in Tibet einmarschiert und Seine Heiligkeit musste seinen Sitz verlassen. Wird er noch einmal aus Lhasa flüchten müssen?"

„Das Eisen-Hund-Jahr [1910] ist für Seine Heiligkeit ein schwarzes Jahr."

Damit war für Tertön Sogyal klar, dass sich der Dalai Lama erneut in Gefahr befand.

„Wie kann es sein, dass diese dämonischen Menschen Tibet schaden? Ist es wirklich möglich, dass Seine Heiligkeit der Dalai Lama Tibet wieder verlassen muss? Kann etwas unternommen werden, um zu verhindern, dass er Tibet verlässt? Wenn ja, was?"

„Fällt ein Tropfen Gift in den See, ist alles davon bedroht, nah und fern. Der goldene Garuda hat den goldenen Berg bereits erreicht."

Tertön Sogyal begriff, dass der Dalai Lama unversehrt in Indien eingetroffen war, und fragte deshalb: „Was kann getan werden, um Seine Heiligkeit nach Lhasa zurückzubringen? Bitte gib mir eine klare Antwort!"

Palden Lhamo riet Tertön Sogyal, zu Padmasambhava zu beten und die Terma-Rituale auszuführen, die er bereits entdeckt hatte. „Möglicherweise wird Seine Heiligkeit dann in Kürze wohlbehalten zurückkehren. Obwohl Padmasambhava euch Tibetern aus Mitgefühl prophetische Ratschläge zukommen ließ und unzählige Termas verbarg", sagte die Schützerin, „sind nur einige wenige Tibeter bestrebt, sie auch umzusetzen. Ich selbst habe dir, wie eine Mutter ihrem Sohn, so viele Ratschläge und Prophezeiungen gegeben, doch warum waren sie von so geringem Nutzen? Der Grund dafür ist die negative Haltung der Wesen. Die Gemeinschaft hat ihr gesamtes positives Karma aufgebraucht. Jetzt ist es wichtig, dass du für deine eigene Sicherheit sorgst – es ist wichtig, dass du lange lebst."[190]

Padmasambhava hatte Tertön Sogyal einige Jahre zuvor geraten, er solle sich am Ende des Eisen-Hund-Jahres einsgerichtet der Praxis des *Geheimsten zornvollen Vajrakilaya* und der *Löwengesichtigen Dakini* widmen und sicherstellen, dass Khandro Pumo sich fortwährend in seiner Nähe aufhielt. Vor allem solle er Vajrakilayas Abwehrrituale ausführen, bei denen Tormas mit zornvollen Mantras aufgeladen und den Hindernissen entgegen geschleudert werden, um sie aus dem Weg zu räumen. Er müsse dies solange fortsetzen, bis sich ganz klar ein Erfolg abzeichnete. Zu der Zeit, als Tertön Sogyal die Rituale gegen den Schlächter Zhao ausführte, fiel Lhasa in die Hände der chinesischen Armee. Es war das erste Mal in der langen Geschichte Tibets, dass das chinesische Militär direkte Kontrolle über die tibetische Hauptstadt gewonnen hatte. Doch die Besetzung durch die Qing-Truppen währte nicht lange. Schon bald nach der Ankunft des Dalai Lama in Indien brach in China eine Revolution aus. Im November 1911 hatte die Republikanische Revolution ihren Höhepunkt erreicht und Sun Yat-sen stieg zum Anführer der Nationalistischen Partei auf. Die Qing-Dynastie löste sich von einem Tag auf den anderen auf, ihre Truppen in Zentral- und Osttibet verweigerten den Befehl, und der Schlächter Zhao zog sich nach Chengdu zurück.

Nach wochenlanger Vajrakilaya-Praxis empfing Tertön Sogyal Hinweise darauf, dass die chinesischen Soldaten aus Tibet abgezogen waren und die Schreckensherrschaft des Schlächters Zhao ein Ende gefunden hatte. Als die Revolution auch auf Chengdu übergriff, setzte sich Zhao entschlossen zur Wehr, musste jedoch innerhalb von drei Monaten kapitulieren. Ihm widerfuhr die gleiche Bestrafung, die er so vielen anderen in Tibet auferlegt hatte: Hinrichtung durch Enthauptung. Zhao starb in Chengdu zwar eines schrecklichen Todes, doch Tertön Sogyal verriet Lama Trime, er habe das Bewusstsein des Schlächters in einen reinen Bereich befreit, in dem er dem Dharma begegnen konnte.[191]

Da die Führung des Qing-Militärs in Auflösung begriffen war, zogen die Mandschu-Truppen aus Zentraltibet ab. Der Dalai Lama verließ Indien im Wasser-Ratten-Jahr (1912) und traf zu Beginn des darauf folgenden Jahres in Lhasa ein. In der Unabhängigkeitserklärung, die er in dieser Zeit verfasste, hieß es unter anderem:

> Zu Zeiten der mongolischen Herrscher Dschinghis Khan und Altan Khan, der chinesischen Ming-Dynastie und der mandschurischen Qing-Dynastie kooperierten Tibet und China auf Basis einer Beziehung von Schutzherr und Lama. Vor einigen Jahren gab es Bestrebungen seitens der chinesischen Behörden in Sichuan und Yunnan, unser Gebiet zu kolonialisieren. Unter dem Vorwand, es diene der Überwachung der Handelszentren, stationierten sie große Truppenverbände in Zentraltibet. Ich habe deshalb mit meinen Ministern Lhasa in Richtung indisch-tibetischer Grenze verlassen, in der Hoffnung, ich könne den Mandschu-Kaiser telegrafisch aufklären, dass die bestehende Beziehung zwischen Tibet und China die zwischen Schutzherr und Lama ist und nicht auf der Unterordnung einer der beiden Seiten beruht. Es blieb mir keine andere Wahl, als die Grenze zu überqueren, da ich von chinesischen Truppen verfolgt wurde, die den Auftrag hatten, mich gefangen zu nehmen, tot oder lebendig.[192]

Der Dalai Lama brach die seit Jahrhunderten bestehenden diplomatischen Beziehungen zu China vollständig ab und erklärte Tibets Souveränität mit diesen abschließenden Worten: „Nun hat sich Chinas Absicht, sich Tibet im Rahmen der Beziehung von Schutzherr und Lama einzuverleiben, verflüchtigt wie ein Regenbogen am Himmel." Für den Dalai Lama war damit die unmittelbare Bedrohung von außen gebannt, doch der Dämon innerhalb Tibets war immer noch präsent.

18. Kapitel

Das Einfangen der Lebenskraft

Golok, Osttibet

Vom Jahr des Eisen-Hundes bis zum Jahr des Wasser-Ochsen, (1910–1913)

Der Dalai Lama hatte Tibets Unabhängigkeit von China erklärt. Als er 1913 nach zweieinhalb Jahren im indischen Exil nach Lhasa zurückkehrte, ließ er in kürzester Zeit eine beeindruckende politische Autorität walten, wie man sie seit dem 5. Dalai Lama nicht mehr gesehen hatte. Dennoch gab es innerhalb der Regierung Gruppierungen, die Reformen ablehnten und sich seinen Versuchen, Tibets Bildungssystem zu modernisieren und das Land nach außen zu öffnen, widersetzten. Diese Gruppierungen, zu denen unter anderem Phabongka und sein Gefolge von Dogyal-Anhängern zählten, sahen in den Reformen eine Bedrohung für die Vormachtstellung der Gelugpas. Phabongkas schädliches Sektierertum hatte erheblichen Einfluss. Nie zuvor hatten sich die Riten einer Splittergruppe so schnell in Tibet verbreitet; sie hatten sich auf allen Ebenen der tibetischen Regierung und der Klöster eingenistet.

Bevor der Dalai Lama nach Lhasa zurückkehrte, hatte Tertön Sogyal mit seiner Frau, seinem Sohn und seinen Gehilfen die Wassergrenze des Gelben Flusses überquert und war nach Golok gelangt. In dieser endlos weiten Landschaft werden Reisende von Sandstürmen verschlungen, deren Windstärke selbst ein stämmiges tibetisches Pferd zu Boden reißen kann. Tertön Sogyal vertraute darauf, dass die Schatzhüter ihnen den Weg zeigen würden. Sie ritten zunächst gen Süden, passierten die Abzweigung Richtung Kandze und lenkten die Pferde dann nach Osten, über das weite Hochland mit seiner goldenen Graslandschaft, deren sanfte Hügel sich bis an den fernen Horizont erstreckten. Im dünn besiedelten Süd-Golok kamen sie durch kleine Dörfer, die oft aus nicht mehr als einem Dutzend Häusern bestanden, mit flachen Dächern und Mauern aus aufgeschichteten Steinen. Mais- und Gerstenbündel hingen zwischen trocknenden Chilischoten von den dreistöckigen Häusern herab, die von unzähligen Tibet-Doggen vor Sandfüchsen und Wölfen bewacht wurden. Wenn ihr Weg sie oberhalb der Flussufer an den Terrassen mit Gerstenfeldern vorbeiführte, kamen Kinder und Frauen herbeigelaufen, die Tertön Sogyal an seiner Kleidung und seinem hochgebundenen Haar als Yogi erkannten und voller Hingabe um seinen Segen baten. Auf den hoch gelegenen Bergwiesen und Auen, den weiten Flächen voller Rhododendron-Büsche und entlang der Flussbecken zog Tertön Sogyals Karawane vorüber an Nomaden und ihren Herden mit Tausenden von Yaks.

Es war das erste Mal, dass Tertön Sogyal nach Golok kam, eine Region, die wie Nyarong für ihre rauen Nomaden und umherstreifenden Banditen bekannt war. Wenn die Bewohner in Golok ihr Nachtlager aufschlugen, wurden die Pferde streng bewacht und die Männer schliefen mit geschnürten Stiefeln, die Waffen jederzeit griffbereit. Jedem Fremdling – unter anderem den wenigen britischen und russischen Forschungsreisenden und christlichen Missionaren, die Golok gegen Ende des 19. Jahrhunderts durchqueren wollten – wurde geraten, wieder umzukehren. Wer es nicht tat, fiel in kürzester Zeit den Schwertern der Golok-Krieger zum Opfer oder wurde von umherziehenden Räubern überfallen. Goloks Krieger trugen Fuchspelze, Filzhüte und dicke Mäntel aus Yak-Leder und waren für ihren legendären Kampfesmut und ihre unübertroffenen Reitkünste bekannt. Selbst die Klöster brauchten für ihre Sicherheit den Schutz der jeweiligen Stammesfürsten. Als sich Grenzkundschafter mit langen Gewehren über den Schultern Tertön Sogyals Reisegesellschaft näherten, um sie in Augenschein zu nehmen, rezitierte der Tertön im Stillen besänftigende Mantras.

Golok hatte nie der direkten Herrschaft der Qing-Dynastie in Peking oder der tibetischen Regierung in Lhasa unterstanden. Die endlos weiten Ebenen, hoch gelegenen Weiden und undurchdringlichen Bergmassive wurden von drei bedeutenden Stammesfürsten regiert. Kurz nach seiner Ankunft in Golok traf Tertön Sogyal mit einem dieser mächtigen Fürsten, Dorde aus dem oberen Wangchen, zusammen. Ohne den Schutz eines derartigen Fürsten wäre es für Tertön Sogyal so gut wie unmöglich gewesen, Golok zu durchqueren, geschweige denn, sich dort niederzulassen. Es hatte sich bereits herumgesprochen, dass der Tertön ein enger Schüler Khyentse Wangpos war, was für die Einwohner in Golok, die vorherrschend der Nyingma-Tradition folgten, von ebenso großer Bedeutung war wie die Tatsache, dass der Tertön der Lehrer des Dalai Lama war. Einem Stammesfürsten wie Dorde kam der Schutz eines kraftvollen tantrischen Yogis wie Tertön Sogyal mehr als gelegen.[193] Tertön Sogyal wurde in Dordes großes Zelt geführt. Zu beiden Seiten des Eingangs standen bewaffnete Wachposten mit langen, am Gürtel befestigten Dolchen. Im Gegensatz zu den Nyarong-Kriegern, die ihr Haar in einem einzigen Strang um ihren Kopf wanden, trugen diese Golok-Krieger zwei Zöpfe, die ihnen über den Rücken fielen und am Ende mit leuchtend roten oder blauen Seidenbändern zusammengebunden waren. Ihre Gesichter waren vom Wetter gezeichnet und gegerbt wie eine Satteltasche. Sie machten keine respektvolle Verbeugung, als Tertön Sogyal an ihnen vorüberging. Ihr stoisches Schweigen war so grimmig wie das Knurren der Doggen, die um das Zelt herum an Pflöcke gebunden waren.

Dorde erhob sich, als Tertön Sogyal eintrat, und lud ihn ein, sich auf die teppichbedeckten Kissen zu setzen, die ihm zu Ehren ausgelegt worden waren. Als der Tee serviert wurde, brachte die Tochter des Fürsten Schüsseln voller dicker, geronnener Milch mit kleinen wilden Yamswurzeln herein. Auf einem Holztablett, auf dem ein großes Jagdmesser lag, wurden am Knochen getrocknetes Ziegen- und Yak-Fleisch aufgetragen, gefolgt von milchigem Gerstenbier. Tertön Sogyal überreichte Dorde einen weißen Seidenschal mit einer gesegneten Padmasambhava-Statue, die er auf dem Weg nach Golok entdeckt hatte, und gab dem Fürsten den Rat, zu Padmasambhava zu beten, um Probleme, wie Lhasa, Litang und Batang sie erlebten, zu vermeiden. Er erzählte, ihn hätten Visionen und Prophezeiungen nach Golok geführt, in denen es hieß, er müsse in der Region Schätze auffinden. Wie er dem Fürsten erklärte, würde dieser zweifellos am positiven Verdienst der Schatzenthüllungen teilhaben, wenn er dem Tertön in Golok Zuflucht gewährte und seine Aktivitäten unterstützte.

Dorde verbürgte sich für Tertön Sogyals Sicherheit. Der Fürst sandte Boten aus, um alle Bewohner darüber zu informieren, dass sie dem Tertön und jedem Mitglied seines Gefolges auf ihrer Durchreise Zelte und Tsampa sowie Futter für ihre Pferde bereitstellen sollten. Im Gegenzug bat Dorde Tertön Sogyal um dessen spirituelle Anleitung und Schutz.

Unter dem Patronat des lokalen Fürsten konnte Tertön Sogyal nun unbesorgt den 3. Dodrupchen Rinpoche aufsuchen, einen großen Gelehrten und hoch verwirklichten Praktizierenden. So wie Khyentse Wangpo und Jamgön Kongtrul als die spirituellen Stützpfeiler der Derge-Region betrachtet wurden, galt Dodrupchen als die spirituelle Autorität in Golok. Prophezeiungen deuteten an, dass Dodrupchen und Tertön Sogyal zusammenarbeiten würden, um sich gegenseitig in ihren Dharma-Aktivitäten zu unterstützen. Sie hatten in jüngeren Jahren bereits Zeit miteinander verbracht, als sie bei denselben Meistern studierten, unter anderem bei Khyentse Wangpo, Patrul Rinpoche, Khenpo Pema Vajra und Ju Mipham Rinpoche. Damals hatten sie eine enge Verbindung geknüpft, doch durch Tertön Sogyals mehrfache Reisen nach Zentraltibet konnten sie ihre Beziehung nicht vertiefen. Jetzt waren der Zeitpunkt und die Bedingungen eingetreten, um die Verbindung mit Dodrupchen – und einigen seiner sieben Brüder, die in der Gegend lebten – zu voller Entfaltung zu bringen.[194]

Dodrupchen, der Sohn des berühmten tantrischen Meisters Dudjom Lingpa, war ein äußerst gelehrter Meister mit reinen Mönchsgelübden, der zurückgezogen in einer Einsiedelei lebte und einen strikten Tagesablauf von Studium, Kontemplation und Meditation einhielt. Als einer der am höchsten verwirklichten Meister der tibetischen Hochebene hatte er dem philosophischen Studium und der Debatte nicht nur im Dodrupchen-Kloster, sondern in ganz Osttibet zu neuer Blüte verholfen. Sein Ruf als Gelehrter war bereits in jungen Jahren gewachsen, während er bei dem großen Patrul Rinpoche studierte. Eines Tages hatte Patrul Rinpoche den jungen Dodrupchen darum gebeten, vor einer großen öffentlichen Versammlung eine Belehrung über den *Weg des Bodhisattva* zu geben. Patrul Rinpoche war so inspiriert von dieser Belehrung, dass er Khyentse Wangpo im Anschluss daran in einem

Brief schrieb: „Was den Dharma des Lernens betrifft, so hat Dodrupchen bereits im Alter von acht Jahren Belehrungen über den *Weg des Bodhisattva* gegeben.[195] Was den Dharma der Verwirklichung angeht, so hat Nyala Pema Dündul gerade den Regenbogenkörper erlangt. Die Lehren des Buddha haben also noch nichts von ihrer Kraft eingebüßt."

Als Dodrupchen viele Jahre darauf in dem Kloster, das er in Golok gegründet hatte, eines späten Nachmittags eine Belehrung gab, zogen dunkle Wolken auf, und Blitz und Donner ließen das Tempeldach erzittern. Einige sagen, dass der Geist eines bösen Zauberers mit üblen Absichten das Unwetter herbeigeführt hatte. Als der Blitz einschlug, fühlte sich Dodrupchen unwohl, und als das Unwetter vorüber war, saß er gelähmt auf seinem kleinen Holzthron. Für den Rest seines Lebens konnte er kaum noch laufen. Die Mönche brachten ihren geschwächten Lehrer in die ‚Einsiedelei der wachsenden Tugend' oberhalb des Klosters, die von den Fichten und Wacholderbäumen des ‚Waldes der vielen Vögel' vor den mächtigen Golok-Stürmen geschützt war. Dort lebte er in Abgeschiedenheit unter den Weiß-Ohr-Fasanen und den Adlern, die über ihm durch die Lüfte kreisten. Abgesehen von seinen Gehilfen, den vier Äbten des Klosters und einigen inkarnierten Lamas war es nur wenigen gestattet, ihn zu besuchen.[196] Er beschrieb seine Einsiedelei wie folgt:

> *Sie liegt erhöht, die Krone eines hohen Berges,*
> *bevölkert von jungen Männern, den Bäumen,*
> *in deren Schoß Frauen, die lieblichen Vögel,*
> *ihre Melodien trällern.*
> *In ihr steht ein Tempel, in dem Tugendhaftes zur Reife kommt.*
> *Seine Mauern sind glatt und haben die Farbe des Mondes.*
> *Junge Pflanzen des Waldes kommen zu Besuch, um ihn zu schmücken,*
> *als machten sie respektvoll eine Verbeugung.*[197]

Als Tertön Sogyal im Dodrupchen-Kloster ankam, wusste er noch nichts von der Lähmung seines Dharma-Bruders. Man brachte ihn sogleich in seine Einsiedelei. Es war ein freudiges Wiedersehen, denn seit ihrer letzten Begegnung waren über 25 Jahre verstrichen. Tertön Sogyal und seiner Familie wurde ein nahe gelegenes Haus zur Verfügung gestellt, das der Puchung-Familie gehörte und das für die nächsten zehn Jahre ihr Wohnsitz werden sollte.

Dodrupchen Rinpoche, Jikme Tenpe Nyima, zählte zu den bedeutendsten tibetischen Meistern seiner Zeit und arbeitete bei verschiedenen Gelegenheiten mit Tertön Sogyal zusammen.

Nachdem Tertön Sogyal und seine Familie sich in ihrer neuen Bleibe im Puchung-Haus eingerichtet hatten, machte er sich mit Atrin auf den Weg in die heiligen Berge um Amnye Machen herum, den Sitz von Magyal Pomra, einem der wichtigsten Dharma-Schützer. Von der langen Kette steiler Gletschergipfel, die sich am Ende einer ungemein fruchtbaren, goldenen Grasebene wie die Zähne eines Sägeblatts in den Himmel recken, überblickt Magyal Pomra den gesamten Nordosten Tibets. Dort, bei den hochgelegenen, kristallklaren Seen, umgeben von lichten Wacholderwäldern, sollte Tertön

Sogyal meditieren, um sich auf die Entdeckung eines Lebenskraftsteines vorzubereiten, der für den Dalai Lama bestimmt war, und um zusätzliche Wegbeschreibungen zu den verborgenen Ländern zu finden.[198]

Tertön Sogyal ließ sich auch in Golok weiterhin von Visionen und Prophezeiungen leiten. Ohne zu zögern führte er alles aus, was Padmasambhava ihm
auftrug, genau wie er es in den letzten zwei Jahrzehnten in Zentraltibet getan
hatte. Zeichen deuteten darauf hin, dass er in Lhasa nicht länger gebraucht
wurde, da er für den Hof des Dalai Lama und die tibetische Regierung alles
getan hatte, was in seiner Macht stand. Er hatte die von Padmasambhava
angeordneten Rituale durchgeführt und alle prophezeiten Schatzlehren
enthüllt. Es war zweifellos frustrierend für Tertön Sogyal, mit ansehen zu
müssen, dass die tibetische Regierung keinerlei aktive Maßnahmen ergriff.
Und ohne einen direkten Repräsentanten Padmasambhavas, einen Tertön,
oder zumindest eine gewichtige Stimme aus der Nyingma-Schule am Hof des
Dalai Lama, würde niemand auf der Ausführung der spezifischen Schutz-
rituale bestehen, die Padmasambhava empfohlen hatte. Die Elemente innerhalb der Führungsschicht Lhasas und der Gelug-Schule, die Tertön Sogyals
Rat verächtlich abtaten, hatten die Oberhand gewonnen. Dem Tertön war
klar, dass er den Rest seines Lebens wohl besser in den nordöstlichen Grenzgebieten Goloks verbrachte und dort aktiv war.

Obgleich die Qing aus Tibet vertrieben worden waren, warnte Padmasambhava weiterhin vor einem möglichen Feind aus östlicher Richtung. Tibet
war angeschlagen und musste seine spirituelle Kraft wiedergewinnen. Doch
Tertön Sogyal konnte sehen, wie sehr seine Landsleute von dem, was wirklich von Bedeutung ist, abgelenkt waren. Palden Lhamo verkündete: „Wenn
das tibetische Volk keine Hingabe hat und nicht in Übereinstimmung mit
Padmasambhavas Prophezeiungen handelt, wird es schwer sein, die Macht
der Dämonen zu bezwingen. Der Buddha-Dharma gleicht einer flackernden
Butterlampe. Um zu verhindern, dass Tibet in der Zukunft von dämonischen
Kräften überwältigt wird, ist es wichtig, den Stein der Lebenskraft zu finden."[199]

Tertön Sogyal hatte bereits Hinweise erhalten, dass solche Lebenskraftsteine existierten, doch jetzt bekam er genaue Anweisungen. Lebenskraftsteine können das Leben eines Menschen schützen und verlängern. Einige Steine sind für eine bestimmte Person gedacht und mit ihrer Lebenskraft verbunden – der subtilen Energie im Körper, die das Bewusstsein eines Menschen unterstützt. Die Dauer des menschlichen Lebens hängt von der Energie und Stärke dieser Lebenskraft ab: Schwinden sie, sind Krankheit und baldiger Tod die Folge. Erfahrene tantrische Praktizierende wie Tertön Sogyal können ihre Vitalität und Lebenskraft ‚einfangen', das heißt, sie können sie durch bestimmte Langlebenspraktiken kräftigen und stabilisieren. Dabei stützen sie sich auf eine Vielzahl tantrischer Praktiken wie die Rezitation von Mantras, zielgerichtete meditative Konzentration und das Verweilen in der erhabenen Sicht der letztendlichen Natur der Wirklichkeit. Tibeter gehen davon aus, dass neben tantrischen Praktiken auch unbelebte Objekte wie besondere Steine oder Bäume oder auch Tiere, die mit dem Sternzeichen eines Menschen verbunden sind, die Lebenskraft stärken können. Tertön Sogyal erhielt den Auftrag, eine Handvoll derartiger Lebenskraftsteine zu finden, darunter einen, der dem 13. Dalai Lama zugedacht und dazu bestimmt war, dessen Leben zu schützen.[200]

Tertön Sogyal machte sich mit großer Entschlossenheit daran, die Steine zu finden; im Gegensatz zu den meisten seiner Landsleute war er sich der Dringlichkeit nur allzu bewusst. Nun, da die Qing keine Bedrohung für Tibet mehr darstellten, hatten viele Tibeter das Gefühl, sich entspannen zu können. Diejenigen, die Tertön Sogyal zuvor nach den verborgenen Ländern gefragt hatten, hielten es jetzt nicht mehr für notwendig, dorthin aufzubrechen. In Lhasa und anderen großen Städten wiegte sich die Bevölkerung fälschlicherweise in Sicherheit, weil sie glaubte, die Dämonen wären gebannt. Tertön Sogyal wusste es besser: Tibet musste seine Kraft wiedererlangen. Noch immer trug er die Landkarten und Anweisungen zum Auffinden der verborgenen Täler bei sich, denn ihm war klar, dass er sie eines Tages brauchen würde. Jetzt galt es jedoch, die Lebenskraftsteine zu finden, und vor allem den Stein, der das Leben des Dalai Lama verlängern würde. Auf dem Weg durch Golok in Richtung der Amnye Machen-Berge bat er die Bauern und Nomaden eindringlich, sich vereint hinter den Dalai Lama zu stellen und zur Bekräftigung das Mantra von Avalokiteshvara zu rezitieren, Mitgefühl in Form von Klang: *Om Mani Padme Hung.*

„Ob ihr nun in ausführlichen Ritualen Opfergaben darbringt und zu Avalokiteshvara betet oder einfach nur das Sechs-Silben-Mantra *Om Mani Padme Hung* rezitiert, es ist unabdinglich, dass die gesamte Bevölkerung sich darauf konzentriert", sagte Tertön Sogyal.

Im Jahr der Wasser-Ratte (1912), kehrte Tertön Sogyal zurück, um mit Dodrupchen zusammenzutreffen. Er hatte eine Schatzschatulle mitgebracht, die er vor kurzem enthüllt hatte, und Dodrupchen bat ihn, diese zu öffnen und ihm ihren Inhalt zu zeigen. In dem Kästchen befanden sich eine Guru-Yoga-Praxis und spirituelle Medizin sowie eine Prophezeiung über eine Gefährtin, die ihn auf der Reise begleiten musste, damit er den Lebenskraftstein enthüllen könne. Von Dodrupchen dazu ermutigt brach Tertön Sogyal sofort auf, um die Lebenskraft spendende Dakini namens Kangwa Ahga zu treffen.[201] Tertön Sogyals Entschlossenheit, den Lebenskraftstein zu finden, beruhte unter anderem auf einer Prophezeiung, die er erhalten hatte und in der es hieß:

Ein Yogi wird erscheinen, der das Licht sein wird, der große Vertreiber der Dunkelheit in den äußeren und inneren Gebieten Tibets, ein großartiger Halter des Dharma, der kostbare, überragende und tiefgründige Termas enthüllen wird, darunter die Guru-Statue des ‚Wunsch erfüllenden Juwels, deren Anblick befreit‘, und viele Schriftrollen mit Dakini-Zeichen. Werden diese Belehrungen gefunden und praktiziert, werden sie Hindernisse beseitigen. Wird der einzigartige Lebenskraftstein jedoch nicht gefunden, werden alle bereits entdeckten Schatzbelehrungen nur für relativ Wenige von Nutzen sein. Gib dein Bestes, um den Stein zu finden.

Im ersten Monat des Wasser-Ochsen-Jahres (1913) sah Tertön Sogyal in einer Vision eine heilige Höhle, an deren Eingang ein graziöser, eleganter Mönch stand. Der Mönch schien eine dunkle, rötliche Farbe zu haben, und seine Roben schillerten mit roten und gelben Lichtkugeln, die in den Stoff hinein und wieder aus ihm heraus schwebten. Tertön Sogyal berichtete seinem Sohn von dieser Vision: „Er hielt eine Gebets-Mala in seiner rechten Hand und erzählte in einer verschlüsselten Sprache von einer geheimen Höhle. In der Tiefe dieser Höhle befände sich ein ‚Weißer See‘, der tatsächliche Sitz des Vaters und der Mutter – des zornvollen Hayagriva und der Dakini Vajravarahi.“

Tertön Sogyal wusste, dass der Lebenskraftstein in diesem See verborgen lag und dass er, wenn er ihn finden könnte, mit der Lebenskraft dieser beiden Gottheiten ermächtigt werden würde.

Der elegante Mönch sagte zu Tertön Sogyal: „Die Gefährtin des Yogi wird als Mensch erscheinen und die Silben Ah oder Pa in ihrem Namen tragen. Die richtige Zeit für die Suche nach dem Stein ist gekommen, wenn du, der Yogi, eine vorübergehende meditative Erfahrung machst.“ Gemeinsam mit seinem Sohn Rigdzin Namgyal, Atrin und der Dakini Kangwa Ahga zog sich Tertön Sogyal in eine Hütte am Fuße eines steilen Berges zurück, wo sie einen Monat lang meditierten und rituelle Opfergaben darbrachten, um jegliche Hindernisse für das Auffinden des Lebenskraftsteines zu bereinigen. Eines Nachts hörte Tertön Sogyal eine Stimme, die sagte: „Du musst den Dakinis in jeder der vier Richtungen des Sees Opfergaben darbringen. Wenn du den Lebenskraftstein in der Erde oder im See erblickst, wird er dir entweder ausgehändigt werden oder du musst ihn von deiner Gefährtin holen lassen. Du wirst wissen, wann der richtige Zeitpunkt gekommen ist.“

Die Gruppe umschritt den Berg, um ihre Bitte an die Terma-Schützer zu richten und ihnen in den vier Himmelsrichtungen Opfergaben darzubringen, bis Tertön Sogyal und seine Begleiterin eines Abends während einer Zeremonie enormen Mut in sich aufsteigen spürten.

„Man kann derart flüchtigen Erfahrungen in der Meditation nicht trauen“, dachte Tertön Sogyal, wusste aber gleichzeitig, dass es sich um die Meditationserfahrung handelte, die der elegante Mönch angekündigt hatte. Jetzt war die Zeit gekommen, den Lebenskraftstein zu suchen.

Am nächsten Morgen stiegen sie den Berg hinauf und gelangten zu einem Höhleneingang. Ihre Butterlampen waren nicht hell genug, um die gesamte Höhle auszuleuchten, die zu ihren Füßen steil abfiel. Rigdzin Namgyal eilte ins Lager zurück, um Seile aus Yak-Haar zu holen. Tertön Sogyal stieg als erster am Seil in die Höhle hinab und entdeckte unten angelangt den geheimen ‚Weißen See‘. Die anderen folgten ihm.

Tertön Sogyal hörte eine gedämpfte Stimme, die durch das Eis drang: „Ich werde dir das Terma aushändigen." Sofort schlug er mit einem Stein auf das Eis ein und forderte Kangwa Ahga auf, ein Beil zu nehmen und es ihm gleichzutun. Als sie damit in das Eis hackte, brach ein riesiges Stück heraus. Tertön Sogyals klarer Blick weitete sich, als er in das dunkle Wasser starrte. Er tauchte seine linke Hand hinein. Ehrfürchtig beobachteten die anderen das Geschehen. Unter der Wasseroberfläche legten Hayagriva und Vajravarahi einen Lebenskraftstein in Tertön Sogyals Hand, der die Form eines Halbmondes hatte.

„Gebt mir ein Stück Stoff."

Kangwa Ahga zog einen Schal aus ihrer Tasche, während Tertön Sogyal in der Hoffnung auf einen weiteren Schatz die andere Hand in den See hielt.

„Hier hast du ein geheimes Kästchen", sagte ein Terma-Schützer und gab ihm noch einen Schatz.

Tertön Sogyal legte den Lebenskraftstein und das Schatzkästchen in seinen Schoß. Während er den Stein und das Kästchen genauer in Augenschein nahm, fiel ihm auf, dass der Korallenring, den er seit seinem letzten Aufenthalt in Marong getragen hatte, verschwunden war.

„Ich habe mir als Ersatz deinen Ring genommen", ließ sich der Schatzhüter aus der Tiefe des Sees vernehmen. Tertön Sogyal spürte einen Anflug von Traurigkeit über den Verlust des Rings in sich aufsteigen, woraufhin der Schatzhüter ihn neckte: „Haha! Meinst du, dein Ring sei kostbarer als diese Schätze von Padmasambhava, die wir dir gerade ausgehändigt haben?"

Tertön Sogyal schlug den Lebenskraftstein und das Schatzkästchen in Seide ein und überreichte sie seiner Gefährtin.

„Niemand außer mir und Ahga darf diesen Stein berühren, bevor er in die Hände Seiner Heiligkeit gelangt. Lege dies in ein Kästchen und verschließe es mit meinem Siegel."

Tertön Sogyal wusste, dass durch seine Anstrengungen der Schutz des Dalai Lama gewährleistet war. Die Gruppe stimmte Freudengesänge an, die durch die Grotte hallten, während Tertön Sogyal etwas heiliges Wasser aus dem ‚Weißen See' entnahm und es sich und den anderen auf den Kopf träufelte. Dann zog er seinen Phurba-Dolch aus dem Gürtel und reinigte ihn mit dem Wasser. Nachdem die Gruppe in ihr Lager zurückgekehrt war, brachten sie mehrere Wochen lang als Danksagung Festopfergaben dar. Dem Schatzkästchen entnahm Tertön Sogyal eine Anleitung mit einer Liste der Rituale, die er ausführen musste, um die Lebenskraft an den Kraftstein zu binden und ihn zu aktivieren. Darin hieß es unter anderem:

„Dieser Lebenskraftstein ist unverzichtbar. Ursprünglich war er ein gewöhnlicher Stein, vier Fingerbreit hoch und drei Fingerbreit lang. Auf der einen Seite siehst du zwei übereinander liegende Dreiecke, die einen Stern bilden, und darin das Dakini-Mantra der Mutter, Vajravarahi. Auf der anderen Seite kannst du die Silbe Hrih erkennen, und wenn du genau hinschaust, ein Abbild des Vaters, Hayagriva."

Dass Hayagriva und Vajravarahi einschließlich ihrer Mantras auf dem Lebenskraftstein zu finden waren, stand in direktem Bezug zum 13. Dalai Lama. Hayagriva war nicht nur die wichtigste Meditationsgottheit des 13. Dalai Lama, sondern ist darüber hinaus eine zornvolle Form Avalokiteshvaras, den der Dalai Lama verkörpert. Die Dakini Vajravarahi wird ihrerseits als eine Form von Tara gesehen, eine weitere Gottheit, auf die sich der 13. Dalai Lama stützte. Mit dem Segen von Guru Padmasambhava, der Hauptgottheit Hayagriva und der Dakini Vajravarahi würde dieser spezielle Stein die Vitalität des Dalai Lama stärken und Hindernisse für sein Leben beseitigen – vorausgesetzt, dass er in seine Hände gelangte.

Tertön Sogyal begann sogleich mit intensiven Praktiken, um die Lebenskraft der Gottheiten Hayagriva und Vajravarahi einzufangen, sich selbst damit zu ermächtigen und die Kraft auf den Stein zu übertragen. Der Stein an sich war bereits gesegnet und die Abbildungen der beiden Gottheiten waren spontan auf ihm erschienen – ein Zeichen seiner natürlichen Anziehungskraft, die den Segen von Mutter und Vater herbeizog. Dank der Stabilität seiner meditativen Konzentration, die vollkommen unerschütterlich war, und des Herbeirufens der Gottheiten durch das Chanten ihrer Herzessenz begegnete Tertön Sogyal Vajravarahi und Hayagriva bald von Angesicht zu Angesicht, und sie übertrugen ihm spirituelle Errungenschaften. Tertön Sogyal betete, dass er eigenhändig imstande sein möge, die Wesen, die nicht mit dem Seil des Mitgefühls aus ihrer Unwissenheit herausgeholt werden können, unter Einsatz zornvoller Mittel von ihrem gewalttätigem Tun abzubringen.[202]

19. Kapitel

Die Quelle des Segens

Jentsa und Xining, Nordosttibet

Vom Jahr des Wasser-Ochsen bis zum Jahr des Holz-Tigers, 1913–1914

Nach der Entdeckung des Lebenskraftsteins reiste Tertön Sogyal – der Prophezeiung eines rabenköpfigen Dharma-Schützers folgend – von Golok nach Xining, der größten Stadt der Region an der Grenze zu China. Der Schützer hatte vorhergesagt, die Glück verheißende Verbindung mit der Tochter eines muslimischen Kriegsherren werde Tertön Sogyal befähigen, eine zornvolle Praxis zu enthüllen, die zukünftige chinesische Invasionen abwehren könne. Da die nationalistische Regierung noch in den Kinderschuhen steckte, wurden Chinas Grenzgebiete seit dem Niedergang der Qing-Dynastie 1911 von muslimischen Kriegsherren kontrolliert. Auf internationaler Ebene fand eine politische Neuordnung statt, und im Zuge dessen erkannten die Äußere Mongolei und Tibet unter anderem gegenseitig ihre Unabhängigkeit an. Chinas nordwestliche Grenze mit Tibet – dort wo Tibet, die Mongolei, Zentralasien und China aufeinandertrafen – wurde schon seit Generationen vom kriegerischen Ma-Klan kontrolliert, der seine Machtstellung nun durch Bündnisse mit den Mongolen und den Tibetern festigte. 1912 ernannte die Nördliche Allianz der Kriegsfürsten Ma Qi zum Militärkommandeur von Xining.[203]

Tertön Sogyal schrieb einen Brief an Ma Qi, befestigte ihn am Hals eines Raben und schickte ihn damit los. Er erklärte Ma Qi darin, dass er seine Tochter kennenlernen und Schatzrituale mit ihr ausführen wolle. Ein paar Tage später kehrte der Rabe mit einer schroffen Antwort des Kriegsherren zurück: „Du, ein umherziehender Landstreicher, verlangst von mir, dir meine Tochter anzuvertrauen! Ich bezweifle sehr, dass ich jemandem wie dir auch nur meinen Hund anvertrauen würde. Doch ich bin ein rechtschaffener Mann und habe deine Bitte gelesen. Solltest du dich als würdig erweisen, werde ich meiner Tochter erlauben, dich zu treffen. Du musst mir aber persönlich beweisen, dass du es wert bist.“

Tertön Sogyal entfuhr ein missmutiges Knurren, als er die Nachricht des Kriegsherren las; er beschloss jedoch, die Herausforderung anzunehmen. „Der General weiß ganz offensichtlich nicht, mit wem er es zu tun hat.“[204] Im Jahr des Wasser-Ochsen (1913) machte sich Tertön Sogyal mit Atrin auf die lange Reise nach Xining. Sie wollten nach Osten durch Dzoges fruchtbare Weideländer reiten, dem Machu-Fluss in nordöstlicher Richtung bis zu den ausgedörrten Staublandschaften in der Nähe von Rebkong folgen und dann auf das nördlich gelegene Xining zusteuern. Sie hatten etwa die Hälfte der Strecke zurückgelegt, als in der Nähe von Rebkong heftige Kämpfe zwischen verfeindeten tibetischen Stämmen ausbrachen. Eine Gruppe von Yogis, die Tertön Sogyal bei seinem ersten Besuch in Lhasa 1888 anlässlich eines Schutzrituals für die tibetische Regierung kennengelernt hatte, riet ihm davon ab, die Reise nach Xining fortzusetzen. Die Yogis machten Tertön Sogyal und Atrin mit Alak Gurong bekannt, der sie einlud, als seine Gäste in Jentsa zu bleiben.

Alak Gurong war ein charismatischer Mann mit vielseitigem Wissen. Bei jeder Gelegenheit rühmte er sich, dass er bereits über Elektrizität verfügte, während die mächtigen muslimischen Kriegsherren in Xining noch immer auf Kerzenlicht angewiesen waren.[205] Er hatte ganz China bereist und dort zahlreiche Fabriken besucht, kannte sich mit Fotografie und Elektrotechnik aus, richtete mehrere Druckereien ein und erfand für den Eigengebrauch eine Art Morsecode der tibetischen Sprache. Darüber hinaus war er ein sehr gläubiger Mensch. In seiner Jugend hatte er sieben Jahre bei dem großen Meister Ju Mipham Rinpoche studiert und im Gedenken an ihn am Wutai Shan-Berg einen Stupa erbauen lassen. 1916, als er in Peking

Vajrakilaya-Rituale ausführte, wurde er vom chinesischen Präsidenten zum nominellen Oberhaupt der Nyingma-Schule ernannt.

Alak Gurong und die Yogis aus der Gegend baten Tertön Sogyal, das *Tantra der geheimen Essenz* zu lehren und Ermächtigungen zu erteilen, unter anderem für seine Vajrakilaya-Termas.[206] Die tantrischen Laienpraktizierenden der Region erkoren Tertön Sogyal zu einem ihrer Gurus; sie ließen Gebete verfassen, um seinen Segen anzurufen, und sein Bild im traditionellen Rebkong-Stil auf Thangka-Rollen malen – mit viel Goldfarbe und kreisförmigen Regenbögen, die Kopf und Körper umrahmten. Es gab in der Gegend zwar einige Schreinräume und kleinere Tempel, doch die meisten tantrischen Praktizierenden der Region waren verheiratet, lebten mit ihren Familien und kamen nur an bestimmten Festtagen für Rituale in den Tempeln zusammen. Die Yogis widmeten sich vor Tagesanbruch der Meditation und begannen dann am Vormittag ihre Arbeit auf den Feldern oder trieben ihre Schafe und Yaks auf die Weide. Vor Sonnenuntergang brachten sie den Linien-Gurus und Dharma-Schützern Opfergaben dar, und aus den Lehmhäusern drang der tiefe Klang ihrer Trommeln und Gesänge. Tertön Sogyal verbrachte die meiste Zeit im Retreat, entweder in Einsiedeleien oder in den nach Südosten ausgerichteten Höhlen mit Blick über den breiten, ostwärts strömenden Machu-Fluss. Tag für Tag suchten ihn Praktizierende und Yogis auf und baten ihn um Meditationsanweisungen.[207]

Nach einiger Zeit, an einem eisig kalten Morgen, teilte Tertön Sogyal seinem Gastgeber mit, dass er am Nyenbo Dzari-See ein Ritual ausführen müsse. Alak Gurong sowie einige seiner Diener und Mönche sattelten sofort die Pferde und ritten zusammen mit ihm los. Als sie an dem hoch gelegenen und für seine Heilkraft berühmten Bergsee ankamen, schlugen die Begleiter das Lager auf, während Tertön Sogyal den Erdgeistern und Schatzwächtern in einer Zeremonie Bier und Wacholderrauch darbrachte. Dann forderte er die anderen auf, ihn allein zu lassen. Sie sollten inzwischen zur Mitte des zugefrorenen Sees gehen und dort ein großes Loch in das Eis schlagen. Als sie zurückkehrten, befahl er ihnen, im Lager zu bleiben. Nun ging er selbst zum See und sprang, kaum hatte er das Loch erreicht, kopfüber in das eiskalte Wasser. Seine Begleiter rannten herbei, um Tertön Sogyal vor dem sicheren Erfrierungstod zu retten, doch der Tertön war spurlos verschwunden. Ratlos standen sie da. Von Angst und Sorge überwältigt brachen einige von ihnen in Tränen aus. Die nächsten Minuten erschienen ihnen wie Stunden.

„Was haben wir nur getan?"

„Unsere Zuflucht ist von uns gegangen."

Mit einem brausenden Windstoß, der dem Gebrüll eines Löwen glich, tauchte Tertön Sogyal plötzlich wieder aus dem See empor. In der rechten Hand hielt er eine Buddha-Statue, in der linken eine juwelenbesetzte Schatz-schatulle und ein kleineres Steinkästchen. Tertön Sogyals Begleiter waren sprachlos vor Staunen, doch dann wich ihre Verblüffung tiefer Hingabe. Mitten auf dem Eis warfen sie sich vor Tertön Sogyal nieder, der für sie niemand anderer war als Padmasambhava selbst. Der Tertön ließ sie wortlos stehen, ging ins Lager und brachte als Dank für die Schätze Opfergaben und Gebete dar. Dann schickte er Alak Gurong noch einmal zu dem Loch in der Eis-decke und trug ihm auf, für die Terma-Wächter einige in einen Seidenschal gewickelte Goldmünzen im Wasser zu versenken.

Überglücklich kehrte die Gruppe nach Mandigar, Gurongs Wohnsitz in Drakga, einige Stunden östlich von Achung Namdzong, zurück. Sie be-schlossen, Tertön Sogyals Schatzenthüllung, die sie miterlebt hatten, gebührend zu feiern.[208] Alak Gurong schlug vor, zu diesem besonderen An-lass ein Foto vom Tertön zu machen. Voller Stolz führte er ihm sein Stativ und den Rest der Ausrüstung vor und versuchte, ihm zu erklären, was ein Foto ist. Tertön Sogyal wunderte sich, was unter dem schwarzen Kamera-tuch verborgen sein mochte, sagte aber nichts. Während Gurong das Stativ einstellte und die Aufnahme vorbereitete, legte Atrin Tertön Sogyals Ritual-instrumente – unter anderem eine Handtrommel, ein fünfspeichiges Dorje-Zepter, eine Glocke und eine mit spiritueller Medizin gefüllte Kapala-Schale – auf einem Zeremonientischchen aus. Tertön Sogyal selbst stellte auf die rechte Seite des Tisches das vor kurzem enthüllte juwelenbesetzte Schatz-gefäß. Alak Gurong bat Tertön Sogyal, in Meditationshaltung zu sitzen und seine Gebets-Mala in die Hand zu nehmen. Als wollte er deutlich machen, wie wenig Zeit Tertön Sogyal an ein und demselben Ort verbrachte, sieht man auf dem Foto weder einen Brokatstoff, noch ein Rollbild, noch sonst eine Art von Wandbehang hinter ihm. Der Tertön saß in entspannter Haltung, der dicke, kastanienbraune Umhang, den er über den Schultern trug, fiel über seine Knie und Hände. Die Schatten auf seinem Gesicht hoben seine hohen

Foto von Tertön Sogyal, aufgenommen circa 1913 von Alak Gurong.

Wangenknochen hervor und betonten seine Augen und die hohe Stirn unter seiner yogischen Haarkrone. Tertön Sogyals Blick, durchdringend und zugleich alles erfassend, war direkt in die Kamera gerichtet. Sein Gesicht spiegelte Entschlossenheit, Entschiedenheit und Furchtlosigkeit wider. Das Blitzlicht leuchtete auf – das Foto war gemacht. Sofort ging Gurong in seine Dunkelkammer, um das Negativ zu entwickeln, und präsentierte Tertön Sogyal das fertige Foto. Tertön Sogyal sah es sich an, ohne eine Miene zu verziehen.[209]

Kurz darauf kehrten Tertön Sogyal und Atrin für einige Monate in ihre Retreat-Hütte zurück. Als sich die Kämpfe im Norden beruhigt hatten, setzten sie ihre Reise nach Xining schließlich fort. Tertön Sogyal erzählte Alak Gurong, dass er die Tochter Ma Qis, des muslimischen Hui-Kriegsfürsten, treffen wolle. Alak Gurong war ein guter Freund von Ma Qis engstem Berater Li Dan, einem Gelehrten und buddhistischen Aristokraten aus Hunan, der die tibetische Sprache beherrschte und auch Übersetzungen anfertigte. Er verfasste ein Empfehlungsschreiben an Li Dan, in dem er ihn bat, Tertön Sogyal zu einem Treffen mit der Tochter des Kriegsherrn zu verhelfen. Alak Gurong gab ihnen frische Pferde und eine Eskorte mit, und so machten sie sich auf den Weg.

Sie folgten dem Karawanen-Weg Richtung Norden und begegneten auf ihrer Reise Händlern, die mit Wolle, Fellen, Hirschhorn, Moschus, Heilkräutern und Edelsteinen beladen zum großen Markt in der Tempelstadt Xining unterwegs waren. Noch nie hatten die beiden eine derartige Stadt gesehen. Turbantragende Händler und hellhäutige Fremde, die gerade auf der Seidenstraße aus dem Tsaidam-Becken eingetroffen waren, versorgten in den Außenbezirken der Stadt ihre zweihöckrigen Kamele, Karawanenpferde und Packesel. Buddhistische Mönche aus Tibet, Monguor und der Mongolei, taoistische Weise der Han-Dynastie sowie Salar- und Hui-Imame zogen mit ihren Gehilfen durch die Läden, um Vorräte für ihre Glaubensgemeinschaften vor Ort oder in der fernen Heimat zu kaufen. Bärtige uigurische, türkische und kasachische Händler boten ihre Waren feil; Verkäufer priesen am Straßenrand lautstark Gewürze und Gemüse an; Bettler und zerlumpte Flüchtlinge aus Xian, die dem chinesischen Bürgerkrieg entkommen waren, saßen an der Straße und baten um Almosen. Tertön Sogyal und Atrin wurden zu Ma Qis Familiensitz geführt, der hinter einer Mauer im Zentrum von Xining lag. Mit seinem geschwungenen Pagodendach im Ming-Stil und seinen glänzenden Dachziegeln sah das dreistöckige, ausladende Gebäude wie eine juwelenbesetzte Festung aus.

Die Mitglieder der Ma-Familie wurden in der Region und auch in Peking als geschickte Militärstrategen gerühmt. Seit Generationen hatten sie die raubeinigen muslimischen Reiter befehligt, mit denen sich selbst die Golok-Stämme nur ungern auf einen Kampf einließen. Zum Zeitpunkt von Tertön Sogyals Besuch in Xining war Ma Qi ein berühmter Kriegsfürst, der Patriarch seiner Familie und angehender Generalgouverneur von Gansu. Auf Anraten seines engsten Vertrauten Li Dan unterhielt Ma Qi enge Verbindungen mit den Tibetern und Mongolen.[210] Er hatte sogar Li Dans Übersetzung von Tsong-khapas Werk *Lobpreisung des abhängigen Entstehens* und Mipham Rinpoches *Abhandlung über die Ratschläge für Herrschende: insbesondere für den König von Derge* gelesen.[211] Ma Qi machte keinen Hehl daraus, dass er, wie viele andere Hui-Muslime in der Gegend, regelmäßig Weissagungen bei den Tibetern einholte und den lokalen Geistern Opfergaben darbrachte. Von allen Kriegsfürsten der Ma-Familie war Ma Qi fremden Religionen und Kulturen gegenüber am aufgeschlossensten und neugierigsten, allerdings oft mit dem Hintergedanken, andere durch sein Wissen kontrollieren und beherrschen zu können.[212]

Der 1,80 Meter große Ma Qi mit seinem Fu Manchu-Bart, dem hochgeschlossenen Seidengewand und der schwarzen Scheitelkappe hatte Tertön Sogyals Botschaft, die ihm der Rabe überbracht hatte, nicht vergessen. Nachdem er Alak Gurongs Empfehlungsschreiben durchgelesen hatte, hieß er Tertön Sogyal willkommen. Er war beeindruckt, dass der Tertön die weite Reise auf sich genommen hatte, um seine Tochter zu treffen, und stellte überrascht fest, dass er sogar ihren Namen, Shinya, und ihr Geburtsjahr, das Erd-Ratten-Jahr, kannte. Tertön Sogyal wiederholte noch einmal den Grund für seinen Besuch: Gemäß einer Prophezeiung werde ihm Ma Quis Tochter helfen, bestimmte Schätze zu enthüllen. Ma Qi lud ihn ein zu bleiben, und Li Dan war sehr interessiert daran, den Tertön näher kennenzulernen.

Man stellte Tertön Sogyal der 25-jährigen Shinya vor, die sich seit jeher ganz natürlich zu spiritueller Praxis hingezogen fühlte. Zwei Nächte nach ihrer Begegnung erschien Tertön Sogyal in einer Vision die Einäugige Schützerin und sagte: „Oh, der Same von Güte und Tugend ist gesät, da es dir beinahe mühelos gelungen ist, diese Gefährtin zu finden. Solch eine Verbindung ist selten." Kaum war Tertön Sogyal aus der Vision erwacht, flammte in seinem Weisheitsgeist die Erkenntnis der letztendlichen Wirklichkeit auf. Als er sich aus diesem Zustand erhob, brach eine Flut von Erinnerungen über ihn herein. Er entsann sich tiefgründiger Belehrungen, die er in vergangenen Leben erhalten hatte, und zahlreicher Orte in dieser Gegend, an denen Termas verborgen waren.

Tertön Sogyal blieb zwei Monate als Gast im Haus der großen Ma-Familie und lernte in dieser Zeit auch die anderen Kinder des Kriegsfürsten kennen, unter anderem Ma Qis zweiten Sohn, den zehnjährigen Ma Bufang. Meist war er damit beschäftigt, Rituale auszuführen, die der Region Frieden bringen sollten, und mit Shinyas Hilfe eine Reihe von Schätzen zu enthüllen. Gemeinsam reisten sie zu Pilgerstätten, weihten mehrere Tempel ein und ließen dort Schatzstatuen und Schatzsteine zurück, die Tertön Sogyal mit dem Lebenskraftstein, den er stets bei sich trug, segnete. Shinyas Begeisterung für die Dharma-Praxis war für Tertön Sogyal eine große Inspiration, und er erteilte ihr zahlreiche Belehrungen und Ermächtigungen.

Eines Abends schenkte Atrin Ma Qi und Shinya einen Abzug des Fotos, das Alak Gurong von Tertön Sogyal gemacht hatte. Ma Qi bewunderte das Geschenk sehr. Um nicht hinter Gurong zurückzustehen, wollte auch er dem Tertön nun ein technisches Wunderwerk präsentieren. Er bat ihn, ein Chö-Ritual auszuführen, bei der er seine Stimme aufnehmen würde.[213] Tertön Sogyal hatte keine Ahnung, was eine Tonaufnahme war, willigte aber trotzdem ein, zu lehren und das Ritual durchzuführen. Am nächsten Morgen saß er in seinem Zimmer, eingehüllt in seinen dicken Filzumhang und mit seiner großen Handtrommel und verschiedenen anderen Ritualgegenständen vor sich. Er bat Shinya, sich neben ihn zu setzen. Ma Qi ließ ein Aufnahmegerät für Schellackplatten hereinbringen und vor dem Tertön aufbauen.

Tertön Sogyal erklärte der kleinen Gruppe die kontemplative Chö-Praxis, die unsere Selbstbezogenheit und damit die Quelle aller Hindernisse für das Erlangen der Erleuchtung Schritt für Schritt beseitigt. Durch die Visualisation und Meditation dieser Methode wird das Festhalten am Körper als etwas Dauerhaftem, die gewohnheitsmäßige Sucht nach schädlichen Emotionen, die Angst vor Veränderung und die Gier nach Vergnügen zerstört. Tertön Sogyal erläuterte, dass ein Praktizierender auf dem spirituellen Pfad rasch Fortschritte machen kann, wenn er diese hinderlichen Kräfte und die ihnen zugrunde liegende Selbstzentriertheit durchschneidet.

Dann räusperte sich Tertön Sogyal. Als er zu chanten begann, läutete er rhythmisch die Glocke in seiner linken Hand und schlug dazu gleichzeitig die doppelseitige, mit Leder bespannte Handtrommel in seiner rechten. Ein Techniker sorgte dafür, dass sich der Zylinder des Aufnahmegerätes ohne Unterbrechung drehte und die Schwingungen von Tertön Sogyals Stimme sowie die Klänge des Rituals in die Schellackplatte eingeritzt wurden. Am Ende der Praxis stellten Ma Qi und der Techniker den Trichter des Phonographen so ein, dass die Aufnahme abgespielt werden konnte. Zunächst erklangen nur das Kratzen und Knistern der 78 rpm-Platte, dann konnte Tertön Sogyal sich selbst husten hören.

„Glaubt er, das Räuspern wäre Teil des Rituals?", fragte Tertön Sogyal Li Dan, der schmunzelte. Gleich darauf war Tertön Sogyals Stimme klar und deutlich vernehmbar:

> *„Phät! Durch das Loslassen aller Anhaftung an diesen überaus geschätzten Körper werden die dämonischen Kräfte der Verführung durch Begierde zerstört."*

Mit großer Aufmerksamkeit lauschte Tertön Sogyal der Bedeutung der Worte, als würde er die Anweisung selbst empfangen. Die aufgenommene Belehrung lief weiter. Mit den letzten Worten des Praxistextes setzte Tertön Sogyal die Anweisungen in die Tat um und löste die Visualisation mit einem langen Ausatmen in die weite Ausdehnung seiner Dzogchen-Meditation auf: „Ahh"… Dann verweilte er in der mühelosen Ausgewogenheit der letztendlichen Natur seines Geistes, weit offen und klar wie der ungetrübte Himmel.

Tertön Sogyal unterbrach seine meditative Stille und wandte sich an Ma Qi: „Diese Stimmenmaschine hört sich tatsächlich wie meine Stimme an. Und ja, das Foto sieht mir ähnlich. Doch es hängt nicht von äußeren Faktoren ab, ob man den Segen empfängt. Es kommt darauf an, die eigene Selbstzentriertheit zu zerstören, das Herz zu öffnen und zu erkennen, dass der eigene Geist letztendlich nichts anderes ist als der Weisheitsgeist des Guru. Alles andere ist nichts als eine künstliche Konstruktion."

Tertön Sogyal wusste, dass es an der Zeit war, Xining zu verlassen. Er versicherte Shinya, ihre tiefe Verbindung werde fortbestehen, doch nun müsse er nach Golok zurückkehren. Auf Pferden, die ihnen Ma Qi überlassen hatte, ritten er und Atrin in die hauptsächlich von Mongolen besiedelten Gebiete im Westen, in Richtung der gewaltigen Ebenen, die sich so unendlich weit erstreckten wie der Ozean. Dort blieben sie einige Wochen, um den größten See Tibets und Chinas, den heiligen Tso Ngonbo – auf Mongolisch Kokonor – zu umrunden und Rauch- und Festopfer darzubringen, bevor sie sich schließlich nach Süden wandten und zum Amnye Machen-Gebirge ritten.

20. Kapitel

Auch nur einen einzigen Gedanken befreien ...

Khemar-Einsiedelei, Golok, Osttibet

Jahr des Holz-Tigers, 1914

Kurz nach Tertön Sogyals Rückkehr ins Puchung-Haus wurde sein erstes Enkelkind geboren. Tertön Sogyal bat Dodrupchen, das Kind zu segnen und ihm einen Namen zu geben. Von da an hieß der Junge Pema Chöpel Gyatso.[214] Anders als sein Vater und Großvater wurde Chöpel Gyatso später ein voll ordinierter Mönch.

Zurück in Golok verbrachte Tertön Sogyal immer mehr Zeit mit Dodrupchen, da die Einäugige Schützerin ihm gesagt hatte, dass es beiden nützen werde, sich über die Dzogchen-Praxis auszutauschen.[215] Aus der Zusammenarbeit der zwei Lamas ging einer der maßgeblichen Kommentare zum *Tantra der geheimen Essenz* hervor, dem Vajrayana-Grundlagentext der Nyingma-Schule. Tagelang erläuterte der Einsiedler und Gelehrte den Ursprung der tantrischen Lehren in dieser Welt und legte die tiefste Bedeutung von Mantra, Mudra, Mandala, Ermächtigung, Samaya und weiteren entscheidenden Elementen der Vajrayana-Praxis dar. Tertön Sogyal saß mit Bambusfeder und Reispapier an seiner Seite und schrieb alles nieder. Der Kommentar trägt den Titel *Der Schlüssel zum kostbaren Schatz*, und

Dodrupchen sagte nach seiner Fertigstellung, er habe darin sein Herz bloß-
gelegt.[216]

Als er eine weitere seiner einzigartigen Abhandlungen verfasste, *Ozean
der Wunder*, einen Text über Tibets Terma-Tradition mit Hinweisen, wie man
die Authentizität von Tertöns und Termas überprüft, wandte sich Dodrupchen an Tertön Sogyal, um schwierige Punkte mit ihm zu klären. Während
ihrer Zusammenarbeit übergab Tertön Sogyal Dodrupchen vier Schriftrollen
mit Dakini-Zeichen, die er zwar entdeckt aber nicht entschlüsselt hatte. Dodrupchen, von dem kaum jemand wusste, dass er ein Tertön war, entschlüsselte die Schriftrollen gemeinsam mit Tertön Sogyal und übernahm dabei die
Aufgabe des Schreibers.[217] Im zweiten Monat des Holz-Hasen-Jahres (1915)
gewährte Tertön Sogyal Dodrupchen die Ermächtigungen und mündlichen
Übertragungen seiner gesamten Schatzenthüllungen, die in jenen Tagen über
ein Dutzend Bände füllten. Sie verbrachten diese Zeit allein, ohne jegliche
Gehilfen. Dodrupchen empfing selten Gäste, und nur wenige Mönche, die in
der Einsiedelei lebten, bekamen ihn je zu Gesicht.

Eine Ausnahme war ein junger, talentierter Gelehrter und Mönch namens
Tsultrim Zangpo aus dem nahe gelegenen Shukjung-Kloster. Tsultrim Zangpo, kurz Tsullo genannt, hatte in der Gelug-Tradition studiert und war nicht
nur für die Reinheit seiner Mönchsgelübde bekannt, sondern auch für seine
exzellenten Fähigkeiten als Schreiber. Er fertigte zahlreiche Abschriften für
Dodrupchens persönliche Bibliothek an und nutzte diese Arbeit als Gelegenheit, um den Lehrer zu sehen und Fragen zu fortgeschrittenen Praktiken mit
ihm zu klären. Tsullo war selbst sehr gebildet und verstand es auf einzigartige
Weise, die letztendliche Wahrheit anhand der unterschiedlichen Begrifflich-
keiten der Gelug- und Nyingma-Schulen darzulegen. Bei Dodrupchen und
Tertön Sogyal, die er beide als seine Wurzellehrer betrachtete, vertiefte Tsullo
den Erfahrungsaspekt seines Dharma-Verständnisses.

Kurz nach ihrer ersten Begegnung lud Tsullo Tertön Sogyal in sein Kloster ein und bat ihn, eine Reihe von Belehrungen und Ermächtigungen zu
geben.[218] Am Ende der Ermächtigungen sagte Tsullo: „Ich verneige mich
voller Dankbarkeit vor dir, meinem Guru, der du uns mit Mitgefühl und dem
kostbaren Juwel der Weisheit überhäuft hast. Dies geschieht sehr selten. Bislang war ich meinem negativen Karma unterworfen und wusste nicht, was
ich unterlassen und was ich kultivieren sollte. Dank deiner bemerkenswerten

Tsultrim Zangpo, auch bekannt als Tsullo, war Tertön Sogyals Schüler und Biograph.

Belehrungen beginne ich jetzt, den Ozean des Samsara zu überqueren. Auf einem erhabenen Ross reite ich dem herrlichen Haus der Erleuchtung entgegen, um andere und mich selbst vom Leid zu erlösen. Bis dieses Ziel erreicht ist, sei mein Schützer, darum bitte ich!"

Khandro Pumo vertraute Tertön Sogyal an, dass auch sie den tiefen Wunsch hatte, Belehrungen von Dodrupchen zu erhalten. Sie bat nur selten um etwas, doch sie spürte eine Verbindung zu diesem großen Meister.[219] Es war allgemein bekannt, dass Dodrupchen seine Einsiedelei nach monastischen Regeln führte und Frauen keinen Zutritt hatten. Einer der Gründe für Dodrupchens strikte Grundsätze in dieser Hinsicht war ein Gelübde, das er in seinem vorigen Leben als verheirateter Yogi abgelegt hatte: in seinem nächsten Leben werde er ein reiner Mönch sein. Dennoch trug Tertön Sogyal Dodrupchen die Bitte vor.

„Meine spirituelle Frau verspürt den tiefen Wunsch, eine Dharma-Verbindung mit dir aufzunehmen. Wäre das möglich?"

„Ich denke, es ist in Ordnung, solange ich meine Retreat-Hütte nicht verlasse und sie nicht hereinkommt, denn es hat noch keine Frau meine Schwelle überquert."

Am nächsten Tag halfen ihm Tertön Sogyal und Tsullo zum Eingang, wo er Khandro Pumo Belehrungen gab – sie war wahrscheinlich die einzige Frau, die Dodrupchen in der Zeit seines Retreats als Schülerin annahm.

Während seines Aufenthalts im Puchung-Haus erhielt Tertön Sogyal zusätzliche Prophezeiungen, die den Lebenskraftstein betrafen, sowie die Aufforderung, einen Retreat-Ort zu bauen, der der yogischen Kalachakra-Praxis gewidmet sein sollte.[220] Die Finanzierung würde kein Problem darstellen, da sich ein Wohltäter finden werde. Bei seiner nächsten Begegnung mit Dorde, dem Stammesfürsten, der seit seiner Ankunft in der Region für seine Sicherheit sorgte, erzählte ihm Tertön Sogyal von seinem Vorhaben, einen Retreat-Ort für yogische Praxis zu begründen. Sie reisten gemeinsam in ein unbewohntes Tal in der Nähe der Khemar-Ebenen. Tertön Sogyal beschloss, dort einen kleinen Tempel zu bauen, und Dorde erklärte sich bereit, die Kosten zu übernehmen. Wangrol-Nomaden aus der Gegend stellten gerne ihre Zeit und Energie zur Verfügung, um die Wände aus Holzbalken und gestampfter Erde zu errichten. So entstand ein kleiner Tempel mit ausgefeilten

Holzschnitzereien und einigen einfachen Zimmern für die Yogis, umfasst von einer Einfriedung, hinter der die Meditierenden monatelang ungestört verweilen konnten. Tertön Sogyal ernannte den Dzogchen-Yogi Pushul Lama zum Retreat-Meister.[221]

Während seines Aufenthalts im Tempel hatte Tertön Sogyal eine reine Vision von Khyentse Wangpo, der ihm auftrug, weitere Tempel und Statuen erbauen zu lassen, und ihn erinnerte: „Alle Halter unserer Tradition, die noch am Leben sind, sollten jetzt danach streben, den Dharma zu stärken, damit die Praxis nicht an Kraft verliert. Besonders du selbst musst bereit sein, jegliche Schwierigkeiten auf dich zu nehmen. Bemühe dich mit starker Entschlossenheit darum, den Buddha-Dharma zu stärken. Verliere nicht den Mut. Sei beharrlich in deinem Eifer!"[222]

Tertön Sogyal blieb in der Nähe des Tempels in einer Retreat-Hütte, wo er Rituale durchführte und die Praxistexte seiner vor kurzem entdeckten Termas niederschrieb. Zwischendurch lehrte er und gab vier Yogis seinen Segen, im neu erbauten Tempel ein langfristiges Retreat zu beginnen.

Von seiner kleinen Hütte aus konnte Tertön Sogyal die Trommeln der Yogis hören, die während ihrer morgendlichen Rituale wie fernes Donnergrollen zu ihm herüber klangen. Rauch von glimmendem Harz und Senfsamen erfüllte den kleinen Schreinraum, in dem sie ihre Praxis chanteten. Zwischen Gerstenmehl-Tormas, von denen blutrote Farbe tropfte, stand auf ihrem Schrein ein goldener Kelch mit dickflüssigem Reiswein. Die tantrischen Yogis hatten ihre Augen weit geöffnet und stimmten Gesänge an, die Vajrakilaya herbeiriefen und ihn baten, bei diesem rituellen Festmahl seinen Ehrenplatz einzunehmen. Lanzen, Ketten, Knüppel, Schwerter und ein Siegesbanner hingen von der einzigen Säule des Schreinraums herab und erinnerten Gottheiten wie Praktizierende an Vajrakilayas bevorzugte Waffen. Für die vier Yogis war Vajrakilaya so anschaulich und präsent wie die Amnye Machen-Berge, die am Horizont aufragten: Die Gottheit erfreute sich an den Opfergaben auf dem Schrein und erfüllte die Bitten der Yogis – ein tantrischer Prozess von Ursache und Wirkung, in dem der zornvolle Vajrakilaya den Yogis beisteht, die Negativität in ihrem Herzen zu befreien.

Tertön Sogyal schloss sein Gebetsbuch. Die Worte seines letzten Gebetes hingen im Raum wie feine Weihrauchschwaden:

Solange der Raum besteht
und fühlende Wesen verbleiben,
möge auch ich verweilen,
um das Leid der Welt zu vertreiben.[223]

Er konnte das Chanten der Praktizierenden im nahe gelegenen Schreinraum hören. Tertön Sogyal wusste, dass die Kraft der Vajrakilaya-Praxis ihre Wahrnehmung der Wirklichkeit verwandeln und ihren Umgang mit der Welt verändern würde. Seine Schüler würden ihren kleinen Tempel in den nächsten drei Monaten nicht verlassen, sondern sich dort kontinuierlich ihren tantrischen Praktiken widmen, so wie sie es gelobt hatten. Tertön Sogyal befahl den lokalen Berggeistern im Stillen, die Yogis in ihrer Praxis zu unterstützen.

Atrin betrat das Meditationszimmer seines Meisters und trug einen Kessel mit salzigem Buttertee herein. Tertön Sogyal saß auf einem Wolfspelz auf dem Boden, vor sich ein einfaches Tischchen für Gebetstexte. Atrin füllte Tertön Sogyals hölzerne Schale mit dampfendem Tee und setzte den rußgeschwärzten Kessel anschließend auf einige glühende Kohlen in der Feuerstelle.

„Du kannst die beiden Bettelmönche jetzt hereinbitten", sagte Tertön Sogyal, noch bevor Atrin ihm berichten konnte, dass zwei Pilger angekommen waren und um eine Audienz gebeten hatten. Der Assistent war daran gewöhnt, dass Tertön Sogyal seine Gedanken las.

Atrin gab den beiden jungen Mönchen ein Zeichen einzutreten. Sie verneigten sich tief, berührten mit ihrer Stirn Tertön Sogyals Füße und überreichten ihm aufgeregt einen zerschlissenen Seidenschal und alles Geld, das sie besaßen – zwei Silbermünzen – sowie einen kleinen Strauß purpurroter Blumen, die sie an einem Flussufer in der Nähe gepflückt hatten.

Beide Mönche hatten schon viel über Tertön Sogyal gehört: Er war der Meditationslehrer des Dalai Lama, einer der kraftvollsten tantrischen Meister seiner Zeit und Repräsentant von keinem Geringeren als Padmasambhava selbst. Es war ihnen auch zu Ohren gekommen, Tertön Sogyal besäße die Kraft, mit seinen Mantras Hagelstürmen Einhalt zu gebieten, Regen für die Getreidefelder herbeizuzitieren und besessene Dorfbewohner von Dämonen zu befreien. Inzwischen hatte sich in Golok zudem herumgesprochen, dass der Tertön die Zukunft vorhersagen konnte. Seine Anhänger hatten größtes

*Rollbild von Tertön Sogyal, circa 1915; auf der Rückseite befindet
sich ein Daumenabdruck des Tertöns.*

Vertrauen in seine Hellsichtigkeit und nahmen monatelange Reisen auf sich,
um Tertön Sogyal auch nur um eine einzige Divination bitten zu können.

Die Mönche Lobsang und Gelek waren nicht auf der Suche nach hellsich-
tigen Voraussagungen. Sie kamen mit dem innigen Wunsch, von ihm, den sie
als leibhaftigen Buddha sahen, gesegnet zu werden und seinen Rat für ihre
Pilgerreise zu erbitten.

„Wir werden morgen unsere Pilgerreise beginnen und uns bis nach Lhasa niederwerfen", sagte Gelek zu Tertön Sogyal. Sie hatten vor, in den nächsten sieben Monaten die über 1500 Kilometer von Golok zu den heiligen Schreinen Zentraltibets Körperlänge für Körperlänge mit Niederwerfungen zurückzulegen.

„Ich habe viele Jahre um die Chance gebetet, dir zu begegnen, kostbarer Meister", sagte Lobsang. „Bitte gib uns einen Rat für unsere spirituelle Praxis."

„Ob ihr still auf einer Wiese sitzt, ausführliche tantrische Rituale ausführt oder euch den ganzen Weg bis nach Lhasa niederwerft – euer Geist darf niemals von dem Zustand getrennt sein, den wir als Meditation bezeichnen." Tertön Sogyal kam wie üblich ohne Umschweife zum Kern der Sache.[224]

Er fuhr fort: „In der Meditation kümmert man sich um seinen Geist wie eine Mutter, die ihr Baby umsorgt."

Atrin rief Khandro Pumo und Rigdzin Namgyal aus der Küche herbei. Sie hockten sich auf der Türschwelle nieder und lauschten aufmerksam dem Rat, den Tertön Sogyal den Pilgerreisenden erteilte.

„Doch wenn die Natur eures Geistes, euer *Rigpa*, zum Zeitpunkt der Meditation nicht strahlend gewahr ist, werdet ihr nicht imstande sein, auch nur einen einzigen Gedanken zu befreien."

Tertön Sogyal saß aufrecht, die Augen offen, ohne den Blick schweifen zu lassen oder zu blinzeln, seine Schultern weit und leicht gesenkt wie bei einem Adler, kurz bevor er sich in die Lüfte schwingt. Er demonstrierte mit seinem Körper und seinem Geist, wie man in völliger Einfachheit ruht, in der sich – sobald sich die Wolken der aufgewühlten Gedanken und Emotionen auflösen – die himmelsgleiche Natur des Geistes enthüllt.

Atrin und Khandro Pumo wussten nie, wann Tertön Sogyal über Dzogchen lehren oder Schüler in die Natur des Geistes einführen würde. Tertön Sogyal schien zu spüren, wenn ein günstiger Moment dafür gekommen war, und dann erhielt jeder der Anwesenden – ob ein einziger Schüler oder Hunderte – die kostbaren Anweisungen. Für Lobsang und Gelek, zwei Schüler, denen er nie zuvor begegnet war, legte Tertön Sogyal nun die Sicht der Dzogchen-Meditation dar.

„Was genau muss euer Geist befreien?", fragte Tertön Sogyal die zwei Mönche, die den Blick gehoben hatten und in sein Gesicht schauten.

Er streckte Daumen und Zeigefinger in die Luft und sagte: „Anhaftung an gute Umstände und Abneigung gegen schlechte Umstände. Diese zwei." Die kraftvolle Geste des Tertöns machte den beiden Mönchen Mut.

„Scheinbar gute Umstände können sich heimlich einschleichen, wie Diebe, und wenn man nicht auf der Hut ist und sie nicht bemerkt und befreit, werden sie zu dämonischen Kräften, die dich locken und verführen und zu sinnloser Ablenkung verleiten.

Schlechte Umstände treten offensichtlicher auf, ausgelöst durch begierige Anhaftung an Formen oder Abneigung gegen Feinde. Wenn diese Umstände tatsächlich eintreten und dein Geist nicht imstande ist, deine Anhaftung oder Abneigung in eben jenem Moment zu befreien, wird dein Scheitern als spirituell Praktizierender deutlich zu sehen sein."

Tertön Sogyal ermahnte seine Schüler nachdrücklich, den Dharma gewissenhaft in formellen Meditationssitzungen zu praktizieren, damit anschließend, wenn sie sich von ihrem Meditationsteppich erhoben, all ihre Aktivitäten, Gedanken, Worte und Taten von Gewahrsein durchdrungen seien. Es gehe nicht darum, mechanisch Mantras und Gebete zu wiederholen, geistesabwesend Rituale durchzuführen oder einfach friedvoll in Meditationshaltung zu sitzen – das Wichtigste sei, in jedem Moment ein unabgelenktes Gewahrsein aufrechtzuerhalten, bei jeder nur erdenklichen Aktivität.

„Was genau ist es nun, das befreit?", fragte Tertön Sogyal, und dabei weiteten sich seine Augen, bis sie denen der zornvollen Gottheiten auf den Gemälden in den Tempeln glichen. „Die Weisheit des Rigpa – der Natur des Geistes."

Tertön Sogyal saß reglos wie ein Berg. Allein das Wort *Rigpa* aus dem Munde des berühmten Meisters zu hören, ließ für die beiden Mönche die Zeit stillstehen, und ihr Geist wurde weit wie der offene Raum. In der Stille löste sich jeder aufsteigende Gedanke in Lobsangs und Geleks Geist auf wie Nebel in der Sonne, und Hingabe erwachte in ihrem Herzen.

Im benachbarten Schreinraum schlugen die Yogis in einem der täglichen Rituale weiter ihre Trommeln. Lobsangs Geist schweifte von Tertön Sogyals Meditationsanweisungen ab und folgte dem Klang der Trommelschläge. Er überlegte zunächst, ob er die Yogis wohl kannte und welche Praxis sie rezitierten mochten, bis er schließlich begann, über seine Pläne für die nächsten Wochen nachzudenken. Wie ein umherhüpfender Affe sprang sein Geist nach vorn in die Zukunft und wieder zurück in die Vergangenheit. Lobsangs Gewahrsein war überall, nur nicht im gegenwärtigen Moment.

Tertön Sogyal schlug so heftig mit der Hand auf den Tisch, dass der Tee aus seiner Schale auf den Boden schwappte. „Was gilt es zu befreien?", brüllte er.

Lobsang sagte kein Wort, doch die Klarheit seines eigenen Gewahrseins traf ihn wie ein Blitz, der sich selbst erhellt. Tertön Sogyal lehrte nicht über Meditation, er vermittelte ihnen die Erfahrung der Meditation. Er brachte Lobsangs Gewahrsein der Natur des Geistes dazu, das Denken wie eine scharfe Klinge zu durchtrennen, so dass sein Geist unverändert in einem Zustand der Ausgewogenheit ruhte. Tertön Sogyal gewährte die tiefgründigste Anweisung zum Befreien der Gedanken im Entstehen, denn es ist das Nachdenken über die Gedanken – die sich einer an den anderen reihen wie die Glieder einer Eisenkette – das einen Meditierenden davon abhält, in wachem Gewahrsein zu verweilen.

„Was ist es, das befreit wird?", fragte Tertön Sogyal noch einmal. „All diese Gedanken, die in deinem Geist auftauchen, seien sie gut oder schlecht. Das ist es, was befreit wird – die Gedanken selbst."

Immer weiter durchschnitt Tertön Sogyal die Gewohnheit des Mönchs, jedem sich regenden Gedanken hinterherzujagen. Er fragte: „Wie befreit man sie? Gestatte jedem Gedanken, sich wie eine Welle zu erheben und sich wieder in den weiten Ozean aufzulösen, aus dem sie sich erhoben hat."

Tertön Sogyal hielt erneut inne; seine Hände ruhten auf seinen Knien. Sein Gesicht prägte sich den beiden Mönchen tief ein. Es sollte sie auf ihrer Pilgerreise begleiten und sie an ihren kurzen Einblick in das reine Gewahrsein erinnern – die wahre, unveränderliche Natur des Geistes. Tatsächlich hinterließ der Anblick Tertön Sogyals, der reglos im tiefgründigsten Zustand der Meditation ruhte, einen derartigen Eindruck, dass er sich für den Rest ihres Lebens in ihren Geist und ihr Herz eingrub.

Tertön Sogyal sagte den Mönchen, dass sie damit rechnen müssten, auf ihrer Reise nach Lhasa Tag für Tag Mühsal und schwierige Umstände zu erleben, doch dieses Werkzeug der Meditation – das Befreien der Gedanken im Moment ihres Entstehens – werde ihre Zuflucht sein.

„Ob du Gedanken befreien kannst oder nicht, zeigt sich erst dann wahrhaftig, wenn du direkt mit negativen Umständen konfrontiert bist. Wenn

Gedanken sich erheben wie loderndes Feuer oder aufwallen wie kochendes Wasser und du in genau diesem Moment imstande bist, sie zu befreien, lässt sich dies wahrlich als Wunder bezeichnen.

Gelingt es dir, auch nur eine Anhaftung, eine Abneigung, einen negativen Gedanken zu befreien, ist das negative Karma vieler Leben dadurch gereinigt."

Tertön Sogyals Fähigkeit, die Kraft seines meditativen Geistes als Erfahrung zu übertragen und tief im Inneren spürbar zu machen, entsprang seiner eigenen tiefgründigen Verwirklichung der Lehren des Buddha, der Hingabe seiner Schüler und dem authentischen Segen, den er in sich trug.[225] Ob er nun zwei Wandermönche in Osttibet lehrte oder den Dalai Lama in Lhasa, für die Schüler waren Tertön Sogyals Kernanweisungen zur Meditation in jedem Fall so wertvoll und wichtig wie ihr eigenes Herz. Und diese eine Anweisung – Gedanken im Moment ihres Entstehens zu befreien – zählte zu den Meditationswerkzeugen, die Tertön Sogyal für kraftvoller hielt als jedes Mantra, Gebet oder Ritual.

„Einen Menschen, der Gedanken im Entstehen befreien kann", verkündete Tertön Sogyal, „nenne ich den größten Meditierenden; solch einen Menschen nenne ich hellsichtig – sogar allwissend."

21. Kapitel

Frieden schaffen zwischen Tibet und China

Dodrupchen und Dzogchen, Osttibet

Vom Jahr des Holz-Hasen bis zum Jahr des Wasser-Hundes, 1915–1922

Zu Beginn des Holz-Hasen-Jahres (1915) wurde Tertön Sogyal von den Stammesfürsten und Lamas der angrenzenden Provinz Sertar gebeten, Belehrungen zu geben und einen vor kurzem errichteten Stupa zu segnen. Diese Bitte bestätigte, was Tertön Sogyal einige Monate zuvor in einer Vision offenbart worden war. Drei mit allerlei Juwelen geschmückte Mädchen, die einen riesigen Stupa umrundeten, hatten ihn darin gefragt: „Wird es dir gelingen, die Schwierigkeiten für unseren Guru aus dem Weg zu räumen? Sie sind gewaltig!"

„Wer ist euer Guru?", entgegnete Tertön Sogyal.

„Unser Guru ist der allwissende Thubten. Er wird von endlosen Hindernissen geplagt." Sie sagten, Tertön Sogyal solle sich zu einem vor kurzem erbauten Stupa begeben und dort zum Wohle Thubten Gyatsos, des 13. Dalai Lama, und für ganz Tibet bestimmte Praktiken rezitieren.[226] Die Rezitation dieser Praktiken vor dem Stupa – einem der größten, die jemals in Osttibet errichtet worden waren – habe die Kraft, böse Absichten zu bezwingen. Dodrupchen schlug Tertön Sogyal vor, dass er den Stupa zum selben Zeitpunkt von seiner Einsiedelei aus segnen würde.

Im sechsten Monat des Jahres ritt Tertön Sogyal mit Atrin, Khandro Pumo und anderen nach Sertar, einer winzigen Stadt, durch die nur eine einzige Straße führte. Schon aus 80 Kilometern Entfernung konnten sie den riesigen, vierstöckigen Stupa aus der goldenen Ebene emporragen sehen, ein sich nach oben hin verjüngender, weiß getünchter Reliquienschrein aus Ziegelsteinen mit goldglänzender Spitze. Im Inneren des Gebäudesockels befand sich ein Schreinraum, der über 100 Mönchen Platz bot, und um ihn herum waren Gebetsmühlen angebracht, die die Gläubigen bei ihren Umrundungen in Bewegung setzten. Über eine Leiter gelangte man in einen weiteren Raum im zweiten Stock des Stupas. Das innere Heiligtum beherbergte Repräsentationen des erleuchteten Körpers, der erleuchteten Sprache und des erleuchteten Geistes: Hunderte von Statuen, Tausende von Bänden voller Schriften und Mantras sowie Reliquien des historischen Buddha und verschiedener Heiliger.

Tertön Sogyal wurde bereits viele Kilometer vor dem Stadtrand von einer Gruppe von Reitern erwartet, die ihn mit gehissten Fahnen, wehenden weißen Schals und lauten Willkommensrufen empfingen. Sie geleiteten ihn und seine Begleiter zu ihren Gastgebern in ein großes Nomadenzelt. Dank der saftigen und üppigen Sommerweiden waren der Joghurt und der Käse, die man ihnen zur Begrüßung anbot, besonders süß und reichhaltig. Tausende von Nomaden und Bauern strömten herbei, um an der bevorstehenden Zeremonie teilzunehmen. Sie bauten ihre Zelte am Ufer des Flusses auf, der sich an der Stadt vorbeischlängelte, vertrieben sich die Zeit mit Pferderennen und dem Tauschhandel von Seilen, Zügeln und Sätteln. Die Einweihung des Stupas war ein Ereignis, das niemand verpassen wollte. Frauen und Männer trugen ihre besten Gewänder und legten ihren schönsten Korallen- und Türkisschmuck an; am Abend tanzten und sangen sie und erzählten sich den neuesten Klatsch und Tratsch aus den umliegenden Tälern.

Die Zeremonie selbst dauerte insgesamt eine Woche. Am Morgen fanden Rituale statt und am Nachmittag gab Tertön Sogyal den zahllosen Menschen, die sich versammelt hatten, Belehrungen. Dabei saß er, von Hunderten von Mönchen umgeben, auf einem Thron unter einem Zeltdach, das vor dem ‚Glück verheißenden Tempel‘ des Stupas aufgebaut worden war. Während der Einweihung hielt Tertön Sogyal einen großen Spiegel empor und bewegte ihn langsam vor sich durch die Luft, um die Reflexion des heiligen Stupas und der gesamten Umgebung darin einzufangen – den Himmel, die Hügel, den

Stupa, das Dorf, die Menschen. Dann nahm Tertön Sogyal eine Ritualvase mit gesegnetem Wasser, chantete Reinigungs-Mantras und goss Wasser über den Spiegel, um alles, was darin reflektiert worden war, zu reinigen und zu ermächtigen. Gemeinsam mit den Mönchen rief er die Buddhas und Bodhisattvas aller Richtungen an und bat sie, ihren Segen herabströmen zu lassen. Im Laufe der Zeremonie warf Tertön Sogyal mehrmals eine Handvoll Reis- und Gerstenkörner in Richtung Stupa und visualisierte dabei, dass der Segen der Linienmeister herabregnete. An einem Punkt der Zeremonie sahen Tertön Sogyal und andere, wie aus westlicher Richtung Gerstenkörner hoch oben vom Himmel herabfielen und auf dem Stupa landeten. Tertön Sogyal wusste, dass es sich dabei um die gesegneten Substanzen handelte, die Dodrupchen in seiner drei Tagesritte entfernten Einsiedelei in Richtung des Stupas geworfen hatte.[227]

Am letzten Tag der Zeremonie sah Tertön Sogyal 21 Dakinis am Himmel, die dem Stupa Opfergaben darbrachten: Duftwasser, Blumen, Räucherwerk, Butterlampen und eine Fülle von Speisen und Getränken. Für den Tertön war dies ein Zeichen, dass die Einweihung erfolgreich vollbracht war. Am darauffolgenden Tag wurde er gebeten, im Nachbardorf ein Segensritual abzuhalten. Während der Zeremonie sah Tertön Sogyal wiederum Scharen von Dakinis am Himmel, Tausende und Abertausende, mit Körpern aus Regenbogenlicht.[228] Sie waren in Seidengewänder gekleidet, tanzten und sangen mit wallendem Haar und hielten eine Vielzahl von Speisen, Ornamenten und Ritualgegenständen in Händen. Dann begannen sie, ineinander zu verschmelzen, so wie Nebel sich in Regentropfen verwandelt, bis am Ende 16 Dakinis übrig blieben. Tertön Sogyal erkannte unter diesen 16 einige wieder, die er in Amnye Machen, Lhasa und anderswo getroffen hatte, und einige, die ihm nur in Träumen begegnet waren. Zwei der Dakinis waren Tertön Sogyal bereits vor 20 Jahren in einer Vision erschienen und hatten ihn trotz seiner Einwände überredet zu tanzen, um seine Dzogchen-Verwirklichungen dadurch zu vertiefen.

Schließlich trat Shinya, seine Gefährtin aus Xining, mit zwei chinesischen Freundinnen an ihrer Seite nach vorne. „Es war für den Tertön nicht leicht, mir zu begegnen", sagte sie zu den übrigen Dakinis. „Doch ich verfüge über außergewöhnliche Qualitäten."

„Da ihr nun alle gemeinsam vor mir erschienen seid, sagt mir: Wie können die schwierigen Beziehungen zwischen Tibet und China verbessert werden? Bitte, sagt es mir!", bat Tertön Sogyal inständig.

Shinya beriet sich mit ihren beiden Freundinnen. Da Tertön Sogyal kein Mandarin verstand, übersetzte Shinya für ihn.

„Sie sagen, dass alle Mönche in den Klöstern fest entschlossen sein sollten, einzig und allein dem Dharma zu folgen. Und damit alles gut geht, sollten sie die Mantras des Buddha Shakyamuni und *Die Essenz des abhängigen Entstehens* rezitieren und den Wächtern Opfergaben darbringen, die den Dharma wahrhaft beschützen." Dann begannen sie selbst, diese Mantras zu singen: *Om Mune Mune Mahamunaye Svaha* und *Om Ye Dharma Hetu Prabhava Hetun Tesam Tathagato Hayavadat Tesam Ca Yo Nirodha Evam Vadi Mahasramanah Svaha.*

Einige der anderen Dakinis betonten, wie wichtig friedliche Beziehungen zwischen Tibet und China seien, und dass die verächtlichen Gedanken, die Mönche und Lamas aus den verschiedenen Traditionen anderen gegenüber hegten, die eigentlichen Hindernisse auf ihrem spirituellen Pfad darstellten. Tertön Sogyal entnahm ihren Worten auch, wie sehr es darauf ankam, die Wurzel des Dharma zu stärken und weniger Zeit mit den unbedeutenderen Ritualen zu vergeuden. Dann sprachen die Dakinis in poetischen Versen über das Glück der Wesen und die Stabilität des Dharma, und einige von ihnen versuchten, mit Gesten Tertön Sogyals Aufmerksamkeit zu gewinnen.

Tertön Sogyal war noch völlig in dieser Vision versunken, als eine Dakini namens Tsukye nach vorn trat und sagte: „Von allen heiligen Plätzen ist der Ort, an dem der eigene spirituelle Meister weilt, der heiligste!" Dann flüsterte sie Tertön Sogyal ein Rätsel in Dakini-Versen ins Ohr, das nur er verstehen konnte. Eine weitere Dakini trat nach vorn und sagte: „Jede von uns hat die Kraft, freundschaftliche Beziehungen zwischen China und Tibet zu fördern, da wir durch unsere früheren Gebete und unser Karma gesegnet sind. Doch jede von uns weiß auch, dass dieser Freundschaft Hindernisse im Weg stehen. Höre also, was wir dir zu sagen haben!"

Die Dakini namens Tsephel ergriff das Wort: „Sollte es zwischen China und Tibet in der Zukunft zum Kampf kommen, werden beide Seiten Verluste erleiden, doch am Ende wird Tibet unterliegen! Aber sei versichert, dass ich dir und deinem Sohn Schutz gewähren werde, wenn ihr euch in den Bergen ins Retreat zurückzieht!" Bevor sie wieder zu tanzen begann, offenbarte sie Tertön Sogyal, dass sie Atrin über Jahre hinweg regelmäßig erschienen war und ihm Anweisungen gegeben hatte.

Die Dakini Gomchik, die nach eigener Aussage den Auftrag hatte, Tibets Grenzgebiete zu beschützen, sang Folgendes in Versform: „Weisheits-Dakinis werden aufgrund des heiligen Tantra geboren, zögere also nicht, unsere Ratschläge anzunehmen. Wenn Tibet und China sich den Krieg erklären, wird deine Seite besiegt werden. Daran besteht kein Zweifel. Thubten Gyatso [der Dalai Lama] sollte den Mönchen der Gelug-, Sakya-, Kagyü- und Nyingma-Klöster – der großen ebenso wie der kleinen – den Befehl erteilen, sich zusammenzuschließen und ein gemeinsames Ziel zu verfolgen. Das ist die Lösung! Wenn unter den großen Wesen und Lamas keine Harmonie herrscht und die Öffentlichkeit und die Klöster nicht auf den Dalai Lama hören, sollten zumindest die Nyingmapas Einigkeit demonstrieren. Ihr beide, du und Jikdrel [Alak Gurong], versucht immerhin, den Streit in den Reihen der Nyingmas zu schlichten; das ist gut und es verlängert euer Leben."

Während die übrigen Dakinis zwischen Bergen von Opfergaben und Wolken von Lichtkugeln herumwirbelten und tanzten, gab die Dakini Nemkye Tertön Sogyal folgenden Rat: „Dich um China oder Tibet zu kümmern ist eine Sache. Doch es ist wichtig, dass du furchtlos deinem eigenen Ziel treu bleibst. Praktiziere den Phurba-Dolch und die Löwengesichtige Dakini; diese Praktiken sind derzeit unübertroffen. Führe sie in der Gegend des Amnye Machen-Gebirges aus, ohne von einem Ort zum anderen zu ziehen." Sie gab ihm zu verstehen, dass er sich zum jetzigen Zeitpunkt nicht in die verborgenen Täler von Pemakö begeben solle.

Dann ergriffen alle übrigen Dakinis, eine nach der anderen, das Wort und gaben Tertön Sogyal weitere Prophezeiungen, Empfehlungen, Praxisanweisungen und Hinweise, wie er seine Inspiration aufrechterhalten könne; schließlich begannen sie, sich ineinander aufzulösen, wie Licht, das mit Licht verschmilzt. Am Ende löste sich Shinya in die letzte noch verbliebene Dakini namens Samdrun auf, die Tertön Sogyal Ratschläge für seine persönliche Praxis gab:

„Geh und richte dir einen heiligen Ort ein, an dem du leben und meditieren kannst; führe dort Rituale durch, die Frieden und Harmonie schaffen –

je eher desto besser. Doch vorher versuche, einen weiteren – zornvollen – Lebenskraftstein zu enthüllen. Wenn du dich der Aufgabe zuwendest, Frieden zwischen China und Tibet zu schaffen, bevor du den zweiten Lebenskraftstein gefunden hast, könnte dein eigenes Leben in Gefahr geraten. Erzähle niemandem außer Thubten Gyatso [dem Dalai Lama] von diesen Lebenskraftsteinen. Nimm dir diesen Rat wahrhaft zu Herzen."

Samdrun ließ Licht ausströmen, das Tertön Sogyal erfüllte, und forderte ihn auf, Boten mit den Anweisungen, die er von den Dakinis erhalten hatte, in alle Richtungen auszuschicken. Sie sollten in Klöstern und Städten nach den geeigneten Menschen Ausschau halten, nach unerschrockenen und fähigen Personen, die ihn bei der Ausführung dieser Anweisungen geschickt unterstützen könnten. Auf eines wies sie Tertön Sogyal ganz besonders hin: „Die religiösen und politischen Grundsätze des Erhabenen, Thubten Gyatso, müssen fest verankert werden. Rufe alle dazu auf, eine nicht-sektiererische Haltung einzunehmen, ihr Ziel mit fester Entschlossenheit zu verfolgen und dem Leben der großen Heiligen der Vergangenheit nachzueifern."

Dann löste sie sich in strahlend helles Licht auf und verschmolz mit Tertön Sogyals Herz. Eine gewaltige Woge der Freude und Glückseligkeit durchströmte ihn. Er erhob sich aus der Vision und schrieb sofort auf, was jede der Dakinis ihm offenbart hatte. Er wusste, dass er nach Lhasa zurückkehren musste, um den Dalai Lama zu sehen. Doch vorher galt es, den zweiten, den zornvollen Lebenskraftstein zu finden.

So verließ Tertön Sogyal Sertar und machte sich auf den Weg zu Dodrupchen, um ihm von seinen Visionen zu berichten und die Bedeutung einiger der rätselhaften und schwierigen Punkte mit ihm zu klären. Tertön Sogyal kündigte Dodrupchen bei dieser Gelegenheit an, jener müsse möglicherweise bald seine Einsiedelei verlassen, um nach Lhasa zum Dalai Lama zu reisen.

„Warum muss das sein? Ich kann kaum einen Fuß vor den anderen setzen."

„Wenn ich Seiner Heiligkeit, dir, Atrin und Tsullo im Potala-Palast als Gruppe gemeinsam Belehrungen zum Tantra der geheimen Essenz geben kann, wird Zentraltibet verstärkt vor zukünftigen Angriffen geschützt sein."[229] Tertön Sogyal sagte, er werde allen den günstigen Zeitpunkt für die Reise nach Zentraltibet bekannt geben. Dodrupchen willigte ein, obwohl es bedeutete, dass er monatelang in einer Sänfte und zu Pferd unterwegs sein würde.

Die Anzahl der Prophezeiungen, die Tertön Sogyal aus verschiedensten Quellen empfing und ausführen sollte, war schier überwältigend. Die Dakinis und Schützer ermutigten ihn, spornten ihn an und neckten ihn ab und zu auch; doch Tertön Sogyal nahm seine Aufgabe sehr ernst und wollte nichts unerledigt lassen. Einmal fragte er Padmasambhava in einer Vision: „Mir sind so viele Terma-Prophezeiungen und außergewöhnliche Erfahrungen und Ratschläge zuteil geworden, dass ich mich außerstande sehe, sie alle in die Tat umzusetzen oder zu erfüllen. Mit jeder neuen Enthüllung geraten frühere in Vergessenheit. Es ist schon schwer genug, mich an die jeweiligen Einzelheiten zu erinnern – an die Zeit, den Ort, die Praxistexte – geschweige denn, sie alle zu praktizieren. Ich habe zweifelsohne Vertrauen in alle, doch jede neue scheint besser zu sein als die vorherige. Manchmal weiß ich nicht, welche Praxis im Moment die entscheidende ist."

„Wenn du Hingabe hast, besteht kein Unterschied zwischen mir und den Prophezeiungen, vergiss das nicht", antwortete Padmasambhava. „Das kontinuierliche Aufrechterhalten der Dzogchen-Sicht schafft ganz von selbst Glück verheißende Umstände. Einfach nur den Worten der Prophezeiungen zu folgen, geht manchmal am Ziel vorbei!"[230]

„Allein die weltlichen Angelegenheiten – mein Haus, meine Familie und die Yaks – nehmen so viel Zeit in Anspruch", musste Tertön Sogyal zugeben. „Stimmt es, dass ich ins Amnye Machen-Gebirge aufbrechen sollte, um dort zu praktizieren? Wenn ja, sag mir ganz klar, was ich praktizieren soll."

Padmasambhava antwortete: „Wenn du dich darauf konzentrierst, deinen Geist mit dem Weisheitsgeist des Guru zu vereinen, ist alles vollbracht."

Die nächsten drei Jahre war Tertön Sogyal ununterbrochen in der gesamten Region unterwegs, um zahlreiche Vorhaben zum Abschluss zu bringen und die Bitten seiner Schüler zu erfüllen.[231] Als sich Dodrupchens Gesundheitszustand verschlechterte, kehrte Tertön Sogyal ins Puchung-Haus zurück und führte für seinen Dharma-Bruder Langlebensrituale aus. Einige Male reiste er mit Tsullo nach Sertar, um das Schnitzen der Druckstöcke und den Druck seiner gesammelten Terma-Enthüllungen zu beaufsichtigen, die am Ende 20 Bände füllten – mehr als die jedes anderen Tertön seiner Zeit. Er entdeckte auch immer wieder neue Termas und entschlüsselte die Dakini-Schrift einiger älterer Termas, die er teilweise bereits vor mehr als zwei Jahrzehnten entdeckt hatte.

Am Ende des Eisen-Affen-Jahres (1920), als Tertön Sogyal 65 Jahre alt war, erhielt er Hinweise darauf, wo der zweite Lebenskraftstein zu finden war: Er musste noch einmal zu den Höhlen in Marong zurückkehren. Zusammen mit seinem Sohn ritt er zwei Wochen lang durch den Norden Trehors, um die Dakini-Höhle zu finden, einen Ort, an dem in der Vergangenheit bereits zahlreiche Schätze enthüllt worden waren. Auf dem Weg dorthin wurde Tertön Sogyal in einer Prophezeiung offenbart, was er unmittelbar bei seiner Ankunft zu tun hatte.

Eine Dakini verkündete ihm in der Prophezeiung: „Sämtliche Hindernisse können durch die Praxis des *Beseitigens der Fehler in der gegenseitigen Abhängigkeit* ausgeräumt werden. Die Zeit ist gekommen, um ihre ausführlichen, mittellangen und kurzen Praktiken abzuschließen. Halte sie anschließend in Ehren."[232]

Einige Nächte nach der Prophezeiung erschien Tertön Sogyal im Traum der Oberhofmeister des Dalai Lama und trug ihm auf, eine Reihe von Meditations-Retreats in Zentraltibet durchzuführen: „Du und Lama Trime, ihr solltet mithilfe des *Weisheitsflammen-Rituals* die Hindernisse in Dodrupchens Leben beseitigen. Schreibe die zusätzlichen Praktiken für *Das Beseitigen der Fehler in der gegenseitigen Abhängigkeit* in der Nähe des Dzogchen-Klosters nieder und praktiziere sie in Marong, in Derge und auf deinem Weg nach Lhasa. Wähle für deine Reise nach Lhasa die Straße durch Chamdo."

Tertön Sogyal ließ Lama Trime die Nachricht überbringen, dass er in Kürze in seiner Einsiedelei eintreffen werde. In der Zwischenzeit blieben Tertön Sogyal und sein Sohn in Marong und enthüllten zusätzliche Termas, darunter *Die Namen der 1002 Buddhas dieses glücklichen Zeitalters*.[233] Nach einigen Wochen führten die Schützer Tertön Sogyal zum ‚Schwarzen See'. Tertön Sogyal setzte sich an sein Ufer und die Terma-Wächter händigten ihm den zornvollen Lebenskraftstein aus. Dank der vorbereitenden Rituale und Gebete hatte Tertön Sogyal alle Hindernisse für die Bergung des Schatzes beseitigt; zudem konnte er spüren, dass sich um den Dalai Lama nun ein immer stärkeres Schutzfeld aufbaute. Tertön Sogyal legte den zornvollen Lebenskraftstein in das Kästchen mit dem anderen Mutter-Vater-Stein, um ihn vor allen Blicken verborgen zu halten. Er schöpfte etwas Wasser für zukünftige Reinigungsrituale aus dem ‚Schwarzen See', wusch seinen Phurba-Dolch im See und machte sich dann auf den Weg zu Lama Trimes Einsiedelei, die ‚Türkisfarbene Festung des mächtigen Löwen', um die Rituale zu vollziehen, die zur Aktivierung der Energie in dem neu enthüllten Stein erforderlich waren.

Sobald er in der Einsiedelei eintraf, bat Tertön Sogyal Lama Trime, eine Nachricht an Dodrupchen, Tsullo und Atrin zu schreiben. Sie sollten ihre Abreise nach Lhasa vorbereiten, da jetzt die Zeit gekommen war, um Tertön Sogyals Wunsch zu erfüllen, dieser Gruppe im Potala Belehrungen zum *Tantra der geheimen Essenz* zu geben. Gleichzeitig könne er dem Dalai Lama bei dieser Gelegenheit persönlich die Lebenskraftsteine übergeben. Sie sandten die Nachricht mit einem berittenen Boten nach Golok. Als Tsullo die Mitteilung erhielt, brach er sofort nach Lhasa auf, um dort für die anderen die entsprechenden Vorbereitungen zu treffen. Der Dalai Lama hatte bereits eine Botschaft von Tertön Sogyal empfangen und ihm geantwortet, dass die Gruppe schnellstmöglich nach Lhasa kommen solle.

Sobald Tertön Sogyal die Rituale in der ‚Einsiedelei des mächtigen Löwen' beendet hatte, reiste er ins Dzogchen-Kloster und wartete dort auf Dodrupchen Rinpoches Ankunft. Khandro Pumo und Atrin trafen kurz nach ihm im Kloster ein. Eines Tages erschien ihm in der Universität des Klosters in einer Vision ein Kind in weißen Gewändern, das zu ihm sagte: „Bewahre diese Anweisung unter dem Siegel der Verschwiegenheit für die Regierung auf. Es ist ihr wichtigster Pfad." Bevor das Kind verschwand, überreichte es ihm eine Papierrolle, auf die drei Silben geschrieben waren. Tertön Sogyal wusste, dass die Schriftrolle für den Dalai Lama bestimmt war und Ratschläge enthielt, wie sich Politik und Dharma geschickt verknüpfen ließen. Dann hörte Tertön Sogyal eine Stimme: „Von der Spitze des Potala: Er, der allmächtig ist, mögen die Götter siegreich sein! Lha Gyalo!" Tertön Sogyal verstand die verschlüsselte Bedeutung der drei Silben ganz unmittelbar und schrieb eine an Padmasambhava gerichtete Guru Yoga-Praxis nieder – ein weiteres Mittel, das die tibetische Regierung stärken würde und das Tertön Sogyal in den nächsten Wochen dem Dalai Lama übergeben wollte.[234]

Während sich Tertön Sogyal noch in der Gegend aufhielt, traf eine der Inkarnationen von Khyentse Wangpo ein – sein Name war Jamyang Khyentse Chökyi Lodrö. Noch bevor Chökyi Lodrö Tertön Sogyal zum ersten Mal begegnete, hatte ihn allein dessen Name mit tiefer und spontaner Hingabe erfüllt. Nun wurde ein weiteres Kapitel in der Geschichte ihrer Lehrer-

Schüler-Beziehung aufgeschlagen, die vor vielen Leben begonnen hatte.[235] Tertön Sogyal gewährte Chökyi Lodrö Ermächtigungen und Übertragungen, einschließlich der *Scharfen Klinge der innersten Essenz.* Nachdem er die Übertragung für die Praxis des *Beseitigens von Fehlern in der gegenseitigen Abhängigkeit* erhalten hatte, wallte in Chökyi Lodrö eine so intensive Hingabe für Tertön Sogyal auf, dass er ihn bat, die sehr kurze Version der Praxis zu entschlüsseln, die folgendermaßen beginnt:

> *Größter aller Lehrer, Buddha und Herr der Weisen, Shakyamuni,*
> *mit den 1002 Buddhas, die in diesem ,glücklichen Zeitalter'*
> *vollständige Erleuchtung erlangen werden,*
> *ihr verweilt in reinen Bereichen, jeden Raum und alle Zeit*
> *durchdringend,*
> *allen siegreichen Buddhas erweise ich höchste Verehrung!*
> *Mañjushri, Avalokiteshvara und Vajrapani und*
> *allen Bodhisattvas erweise ich Verehrung!*
> *Den herausragenden unter den Shravakas und Pratyeka-Buddhas*
> *und all jenen, die in unserer Welt Respekt verdienen, erweise ich voller*
> *Hingabe Verehrung!*
> *Lasst dank eurer Kraft alle ungünstigen und schädlichen Umstände*
> *geläutert und gereinigt sein – ausnahmslos!* [236]

Wie viele andere Terma-Zyklen, die eine Vielfalt von Belehrungen, Praktiken und Ritualen umfassen, wurde auch *Das Beseitigen von Fehlern in der gegenseitigen Abhängigkeit* nach und nach niedergeschrieben, im Laufe mehrerer Jahrzehnte. Tertön Sogyal hatte die ausführliche und die mittellange Fassung des *Beseitigens von Fehlern* bereits vollständig entschlüsselt. Auf Bitten von Chökyi Lodrö schrieb er nun den letzten, äußerst kurzen Praxistext nieder und brachte damit den Terma-Zyklus des *Beseitigens von Fehlern* zur Vollendung. Bevor sie sich voneinander verabschiedeten, erteilte der Tertön Chökyi Lodrö die Erlaubnis, in Zukunft die gesamte Sammlung seiner Schatzenthüllungen an andere weiterzugeben.[237]

Dodrupchen hatte währenddessen seine Einsiedelei in Golok verlassen, um nach Lhasa zu reisen. Die Mönche des Dodrupchen-Klosters und die Dorfbewohner waren sehr besorgt darüber, dass ihr Lehrer die Region verließ, und viele folgten ihm und seinen Begleitern auf ihrem Weg Richtung Westen. Als sie einen reißenden Fluss überqueren mussten, verloren einige Pferde und Yaks den Halt und stürzten ins Wasser; ihre Satteltaschen wurden von der Strömung davongerissen. Dodrupchen Rinpoche beobachtete vom Ufer aus, wie die Helfer mit Peitschen und Stöcken auf die Pferde und Yaks einschlugen, um sie so schnell wie möglich durch den tosenden Fluss zum anderen Ufer zu treiben.

„Für mich selbst ist die Reise nicht allzu beschwerlich, doch so viele Menschen und Tiere begleiten uns. Wir haben erst eine sehr kurze Strecke des Weges zurückgelegt und doch wurde den anderen, vor allem den Tieren, bereits so viel Leid zugefügt", klagte Dodrupchen Rinpoche. „Stellt euch vor, wie viel mehr Leid sie ertragen müssten, wenn ich bis Lhasa reisen würde. Lasst uns umkehren!"

Als Tertön Sogyal schließlich die Nachricht erreichte, dass Dodrupchen in seine Einsiedelei in Golok zurückgekehrt war, konnte sich auch Atrin nicht mehr auf den Weg machen, da er ernsthaft erkrankt war. Die günstigen Umstände für die Übertragung im Potala-Palast hatten sich zerschlagen.[238]

Tertön Sogyal hielt sich mit derartigen Enttäuschungen nicht lange auf, sondern konzentrierte sich stattdessen auf die nächste Aufgabe: seinen treuen Gehilfen im Sterben zu begleiten. Atrin hatte Tertön Sogyal mehr als 25 Jahre gedient. Nun saß Tertön Sogyal an der Seite seines Schülers und führte ihn durch den wichtigsten Moment seines Lebens. Ruhig erinnerte er Atrin daran, dass sein konzeptueller Geist und seine Verblendungen nun von ihm abfallen würden und dass er sein ungebundenes Gewahrsein im Moment ihrer völligen Auflösung mit der himmelsgleichen Natur des Geistes verschmelzen solle, die ihm erscheinen werde. Dieser ungezwungene, natürliche Zustand, in den Tertön Sogyal Atrin im Laufe seines Lebens immer wieder eingeführt hatte, ist das, was Leben und Tod letztendlich zugrunde liegt. Atrin hatte sich in seiner Meditationspraxis jahrzehntelang auf genau diesen Moment vorbereitet: das zeitlose Gewahrsein zu erkennen, das unsterblich ist. Er befand sich in einem Zustand der Meditation, als er ein letztes Mal ausatmete.[239]

22. Kapitel

Untrennbar vom Weisheitsgeist des Guru verweilen

Golok, Osttibet

Vom Jahr des Wasser-Hundes bis zum Jahr der Holz-Ratte, 1922–1924

Tertön Sogyal war sich bewusst, dass all die vielfältigen Maßnahmen, die Padmasambhava angeordnet hatte, sich gegenseitig ergänzten und verstärkten. Um Tibets vollständigen Schutz bis in die Zukunft zu gewährleisten, musste daher alles ausnahmslos ausgeführt werden: sowohl die Praktiken zum Abwenden von Hindernissen, das Errichten von Stupas und Tempeln an geomantisch wichtigen Orten, das erneute Segnen und Aufladen von Kraftplätzen, als auch die Herstellung spiritueller Medizin, die Ausbildung von Yogis in der Ausführung zornvoller Zeremonien sowie das Ermächtigen und Weitergeben von Lebenskraftsteinen. Die Regelmäßigkeit, mit der Tertön Sogyal aufgefordert wurde, sich gemeinsam mit anderen für das Wohl der Tibeter einzusetzen, war ein deutliches Zeichen, dass Tibets angesammeltes positives Karma zur Neige gegangen war. Der bedrohliche Dogyal-Kult nahm in Lhasa weiter ungehindert seinen Lauf, und einige seiner Anhänger begannen, sich gezielt gegen Tertön Sogyals Schatzenthüllungen und seine Schüler zu wenden. In Lhasa kursierten Gerüchte, dass der Vater eines prominenten Mitglieds im Ministerrat des 13. Dalai Lama im Alter von

37 Jahren von Dogyal umgebracht worden war, weil er neben seinen Gelug-Meditationen auch Tertön Sogyals Schatzlehren praktizierte.[240] Wäre Tertön Sogyal in Lhasa gewesen, hätte er Phabongka zur Rede gestellt und ihn an die Anordnung des Dalai Lama erinnert, keine sektiererischen Glaubensgrundsätze zu verbreiten. Während sich viele Tibeter allmählich entspannten, da die Auseinandersetzungen mit Tibets Nachbarn beigelegt schienen, wurden Tertön Sogyal und die anderen Schatzenthüller zunehmend frustrierter. Es war genau, wie es in den Zeilen eines kraftvollen Bekenntnisgebets hieß:

> *Wie sehr geht der Geist unwissender Wesen in die Irre!*
> *Sie weisen die Wahrheit zurück und setzen ihre Energie für schädliche*
>   *Taten ein;*
> *die Worte des Buddha verschmähend, fallen sie den Süchten*
>   *des Lebens zum Opfer*
> *und verwenden ihre Intelligenz auf Beschäftigungen sinnloser*
>   *Ablenkung.*[241]

Vor dem Hintergrund der kürzlich erlebten Enttäuschungen begann Tertön Sogyal, alle nebensächlichen Aktivitäten und Ziele einzustellen und sich ausschließlich darauf zu konzentrieren, das Leben des Dalai Lama zu verlängern und Rituale zum Schutz Tibets durchzuführen. Er hörte auf, Divinationen und astrologische Berechnungen für die vielen Menschen zu erstellen, die ihn in weltlichen Angelegenheiten um Rat baten. Er ließ auch davon ab, seine Hellsichtigkeit für andere zu nutzen und deutete seine prophetischen Träume nur noch, wenn sie den Dalai Lama, Dodrupchen oder seine eigene engste Familie betrafen. Als Tertön Sogyal erfuhr, dass Ma Qi das Labrang-Kloster eingenommen und seine Truppen entsandt hatte, um gegen die Golok-Stämme anzukämpfen, schickte Tertön Sogyal lediglich eine Botschaft an Shinya, die zum Frieden aufrief, reiste aber nicht persönlich zu ihr. Er verzichtete auf gewöhnliche Gespräche und sinnloses Geschwätz und beendete die Besuche in den Häusern von Wohltätern. Stattdessen praktizierte er seine eigenen Termas und gab Belehrungen aus dem Gedächtnis und auf Grundlage seiner Erfahrung. Und wann immer er sich im Unklaren darüber war, ob er in diese oder jene Richtung reisen sollte, oder eine Frage zu seiner Arbeit hatte, rief Tertön Sogyal die Edle Tara und andere Dakinis an und bat sie um Führung und Schutz.[242]

Tertön Sogyal fuhr fort, die beiden Lebenskraftsteine in seiner Praxis zu nutzen und sie aufzuladen, denn er war überzeugt, dass ihre Wirkungskraft für den Dalai Lama von wesentlicher Bedeutung sein werde.[243] Er reiste an verschiedene Pilgerorte, die mit den Steinen verbunden waren, um ihre Kraft immer weiter zu aktivieren. In Höhlen und auf hohen Gipfeln verbrachte er jeweils drei Tage in Schweigen und praktizierte dabei Tag und Nacht eine yogische Atmung, in der die Atembewegung mit einer geistigen Rezitation der Silben *Om, Ah, Hung* verbunden wird – eine Methode, um die nicht-konzeptuelle innewohnende Natur des Geistes zu erkennen. Anschließend führte er tantrische Rituale aus und rezitierte die entsprechenden Mantras, um ihre Kraft auf sich und die Steine zu übertragen. Nach mehreren Tagen derartiger Praxis gab er manchmal eine öffentliche Avalokiteshvara-Ermächtigung oder segnete alle, die sich versammelt hatten, indem er das Terma *Die Namen der 1002 Buddhas dieses glücklichen Zeitalters* rezitierte.

Unablässig bemüht, die Tibeter von ihren Verstößen gegen die Anweisungen ihrer Lamas und von ihrer Faulheit zu reinigen, die sie davon abhielt, Padmasambhavas Prophezeiungen in die Tat umzusetzen, brachte Tertön Sogyal regelmäßig Festopfergaben vor den zwei Lebenskraftsteinen dar.[244] Immer wieder rezitierte er kurze Gebete wie: „All ihr ozeangleichen Buddhas und Bodhisattvas, bitte nehmt diese Opfergabe an" oder *„Hung.* Guru, Devas, Dakinis und Schatzwächter, ihr alle, bitte nehmt diese Opfergabe an." Zu diesen Anlässen wurden zwar einige Speisen und Getränke als Gaben auf den Schrein gestellt, doch der Tertön vervielfältigte diese im Geist, bis sie den gesamten Raum mit unerschöpflichen Köstlichkeiten füllten, um die erleuchteten Wesen von Vergangenheit, Gegenwart und Zukunft zu erfreuen.

Zusätzlich ermächtigte Tertön Sogyal einige weitere Steine, die anschließend eine ähnliche Wirkungskraft besaßen wie die zwei zentralen Lebenskraftsteine. Er malte oder meißelte den Namen und die Abbildungen der Mutter- und Vatergottheit, Vajravarahi und Hayagriva, auf die Vorder- und Rückseite eines neuen Steines und übertrug dann den Segen und die Lebenskraft der Gottheiten in ihn. Manchmal erschienen spontan Silben auf den neuen Steinen oder die Mutter- und Vatergottheiten tauchten in Tertön Sogyals Visionen auf, kurz nachdem ein Stein gesegnet worden war, und sagten: „Du bist mein glücklicher Besitzer!" Tertön Sogyal sah dies als Zeichen, dass der neue Lebenskraftstein den Segen angenommen hatte. Steine, die sich nicht aufladen ließen, trug er einfach wieder an den Ort zurück, an dem er sie gefunden hatte, um die lokalen Geister nicht dadurch zu verärgern, dass nicht mehr alles an seinem Platze war. Die Steine, die den Segen der Lebenskraft der Mutter- und Vatergottheiten in sich aufgenommen hatten, ließ Tertön Sogyal durch Boten in Tibet verteilen. Er schickte sie nach Lhasa und Nyarong, Litang und Chamdo und an andere Orte, verbunden mit der Anweisung, sie spezifischen Lamas auszuhändigen und an strategisch wichtigen Plätzen in Tempeln und Klöstern aufzubewahren. Manche Steine vergrub er als Geschenk an die Schatzwächter. Tertön Sogyal versuchte eigenhändig dafür zu sorgen, dass Tibet die spirituelle innere Kraft, die es verloren hatte, zurückgewann.[245]

Zu Beginn des Frühlings im Jahr des Wasser-Schweins (1923) hatte Tertön Sogyal eines Abends eine Vision von Guru Padmasambhava. Manchmal vermischten sich seine Visionen mit traumähnlichen Zuständen, daher musste er ihre Gültigkeit stets sorgfältig überprüfen. In diesem Fall kam er zu dem Schluss, dass Padmasambhava ihm tatsächlich erschienen war.[246] Der große Guru war von unzähligen Dakinis umgeben, von denen eine in Padmasambhavas Namen zu Tertön Sogyal sagte: „In der Weite von Rigpas selbstmanifester Klarheit ist die Dunkelheit des unwissenden Greifens nach Dualität vollständig beseitigt. Die Mittel, um dies zu erlangen, sind sowohl der ‚Friedvolle Guru' als auch der ‚Rasend zornvolle Guru mit neun Köpfen und achtzehn Armen'." Dann sah Tertön Sogyal, wie sich fünf Lehrer – Jamyang Khyentse, Jamgön Kongtrul, Nyala Pema Dündul, Tertön Rangrik und Dudjom Lingpa – im Raum vor ihm manifestierten.

Die Dakini fuhr fort: „Wenn du alle Lamas der Vergangenheit, Gegenwart und Zukunft in einem – Padmasambhava – vereinen kannst, wird sich der Segen rasch einstellen. In diesen Zeiten des Verfalls ist dies die Methode, um alle Hindernisse zu beseitigen; es gibt keine Methode, die sie übertrifft. Solange du noch einen gewöhnlichen physischen Körper besitzt, solltest du zornvolle Praktiken durchführen, um dein Ziel zu erreichen. Du wirst sehen, dass dies der Wahrheit entspricht. Die Zeit dafür ist gekommen!"

Nach dieser essentiellen Anweisung löste sich die Dakini in Padmasambhavas Herz auf. In Tertön Sogyals Geistesstrom manifestierten sich verschiedene Praxistexte in Verbindung mit den fünf Lamas. Als er begann, diese Praktiken niederzuschreiben, hörte er sie aus dem Himmel widerhallen:

Mit Dudjom Lingpa kann man den ‚Rasend zornvollen Guru vollenden';
mit Khanyam Lingpa [Nyala Pema Dündul] vollendet man den
Dharmakaya Samantabhadra;
mit Dongak Lingpa [Khyentse Wangpo] den Sambhogakaya Vajradhara;
Pema Garwang [Jamgön Kongtrul] führt zur Vollendung
des Nirmanakaya Vajrasattva,
und Kusum Lingpa [Tertön Rangrik] zur Vollendung von
Padmasambhava Pema Tötreng Tsal.

Während Tertön Sogyal die Namen der fünf Lamas hörte, erschien ihm einer nach dem anderen als vollendeter Buddha im Himmel. Jeder Meister wiederholte bei seinem Erscheinen denselben Satz: „Ich bin der große Halter der gesamten *Vollständigen Sammlung der Belehrungen.* Wer mich vollendet, vollendet alle Buddhas."[247] Dann löste sich jeder Lama in Padmasambhava auf, und das Gefolge von Dakinis löste sich in eine einzige bereichernde Dakini auf, die in grüne Seidengewänder gehüllt war. Nun, da nur noch der Guru und die bereichernde Dakini verblieben waren, ergriff letztere das Wort: „Die sechzehn Freuden nähren die Flamme der klaren Erkenntnis, was es zu tun und was es zu lassen gilt. Gelingt es dir nicht, die Hindernisse gewissenhaft zu vertreiben, werden schwarze Magie und negative Geister dir schaden. Gelingt es dir, wird von diesem Moment an Glück einkehren. Was die schwarze Magie betrifft, die gegen dich gerichtet ist, können die ‚Löwengesichtige Dakini' und Gebete zu Tara Abhilfe verschaffen. Praktiziere weiterhin Vajrakilaya, um gegen die Dämonen und Hindernisse anzukämpfen, und reinige alles Unheil, das die verzerrte Sichtweise anderer bereits über dich gebracht hat, durch die Praxis der drei Dakinis des langen Lebens."

Dann löste sich die gesamte Vision im Nu in Tertön Sogyals Herz auf, und eine überwältigende Woge der Glückseligkeit durchflutete seinen Körper und Geist.

All ihr Meister der Linie der letztendlichen Herzessenz,
zu euch bete ich! Lasst euren Segen auf uns herabströmen!
Mögen sich all meine dualistischen Wahrnehmungen auflösen
wie Wolken am Himmel!
Möge ich direkt, hier und jetzt,

das Angesicht des letztendlichen Guru erkennen,
mein ureigenes Rigpa.

An diesem Abend schrieb er die Praktiken im Schein einer Butterlampe nieder. Kurz bevor er in den Schlafzustand fiel, hatte er das Gefühl, als befände er sich in einer Höhle. Ein Lama schritt auf ihn zu und gab ihm die letzte Anweisung in Verbindung mit seiner Vision: „Für dein eigenes Wohlbefinden solltest du die ‚Kristallhöhle' aufsuchen und dieses Guru Yoga praktizieren, insbesondere in diesem Jahr. Konzentriere dich im nächsten Jahr und bis ins Jahr des Holz-Ochsen [1925] hinein auf deine eigenen Vajrakilaya-Schatzenthüllungen. Stelle danach bis zum Jahr der Feuer-Ratte [1927] die Dakini-Praxis in den Mittelpunkt, um jegliche Negativität ein für allemal zu bereinigen."

In seinem 68. Lebensjahr brach Tertön Sogyal noch einmal zu einer Reise durch Golok und die Derge-Gebiete auf – es sollte seine letzte sein. Er hatte von Klöstern und Lamas in Trehor, Marong und Dzogchen Einladungen erhalten, mit der Bitte um Belehrungen und Ermächtigungen. Es gab Anzeichen, dass Tertön Sogyal im folgenden Jahr krank werden könnte, daher wollte er den Bitten seiner Schüler nachkommen, bevor ihn gesundheitliche Probleme daran hindern würden. Lama Trime und Tertön Sogyals Sohn, die nach Atrins Tod dessen Assistentenrolle übernommen hatten, begleiteten ihren Lehrer, um ihm zur Hand zu gehen. Sie führten zudem Praktiken durch, um Tertön Sogyals Leben zu verlängern und jegliche Zaubersprüche oder schwarze Magie, die gegen ihn gerichtet war, abzuwehren. Wo er auch hinkam, gab Tertön Sogyal ausführliche Belehrungen, und nachdem er Ermächtigungen gewährt hatte, führten die Klöster Langlebenszeremonien für ihn durch. Als Tertön Sogyal nach insgesamt sechsmonatiger Belehrungsreise erschöpft ins Puchung-Haus zurückkehrte, wurde er krank. Obwohl ihn die besten Ärzte behandelten und besondere Reinigungszeremonien für ihn ausgeführt wurden, erholte er sich nur langsam. Es gab eine Prophezeiung über diese Zeit der Krankheit, in der es hieß: „Um die Hindernisse für alle zu beseitigen, wird Tertön Sogyal Krankheit und Unheil auf sich nehmen."[248]

In seinem geschwächten Zustand praktizierte Tertön Sogyal die so genannten *Tonglen*-Anweisungen, das ‚Geben und Nehmen'. In der Tonglen-Praxis übt man sich darin, großes Mitgefühl für alle zu erwecken. Auf der Basis seines Ein- und Ausatmens gibt der Praktizierende immer wieder sein eigenes

Wohlbefinden an andere und nimmt ihr Leid auf sich. So übt er sich kontinuierlich darin, seine Gewohnheitstendenz, ausschließlich an sein eigenes Glück zu denken, ins Gegenteil zu verkehren und stattdessen eine authentische Sorge für andere zu entwickeln. Da Tertön Sogyal die höchste Dzogchen-Verwirklichung erlangt hatte, wusste er, dass es aus der Perspektive des fundamentalen Grundes des Seins keine Trennung zwischen ihm und anderen Wesen gab. Auch wenn die Leiden unendlich vielfältig zu sein scheinen, gibt es, wenn die grundlegende Natur der Wesen dieselbe ist, nur ein einziges Leid. Durch tiefe Meditation über den nicht dualen Zustand seines eigenen Leids und das der anderen dämmerte die Erkenntnis der höchsten Wahrheit in seinem Geist herauf. Und in diesem Moment verringerte er das Leid aller Wesen. Diese Art von Praxis war das letztendliche Gegenmittel zu Krankheit.[249]

Nach seiner Genesung kehrte Tertön Sogyal nach Golok zurück und besuchte im Sommer des Holz-Ratten-Jahres (1924) erneut Dodrupchen Rinpoche. Er übergab ihm sämtliche Termas, die er in den vergangenen zwei Jahren entdeckt hatte, darunter *Die Namen der 1002 Buddhas dieses glücklichen Zeitalters*. Während er die Praxistexte der Terma-Enthüllungen rezitierte, erschien eine Dakini und machte eine Prophezeiung in Form eines Zahlenrätsels. Dodrupchen half Tertön Sogyal, die Bedeutung zu entschlüsseln, in der es darum ging, wohin der Tertön reisen sollte, um zu praktizieren, und wer ihn dabei begleiten sollte. Es gab noch andere Zeichen, die beide verstanden, ohne ein Worte darüber zu verlieren. Zum Abschluss ihres Beisammenseins zogen sowohl Tertön Sogyal als auch Dodrupchen ganz entgegen ihrer Gepflogenheiten lange weiße Opferschals hervor. Traditionell brachte man derartige Schals zu Beginn einer Zusammenkunft dar, um die Gelegenheit als günstig zu kennzeichnen, und nicht am Ende, wenn man auseinander ging. Doch sie wussten beide, dass sie sich in diesem Leben nicht mehr wiedersehen würden.

„Wir werden uns in den reinen Bereichen wiederbegegnen", sagte Tertön Sogyal. „Der große Khyentse hat prophezeit, dass ich nur 50 Jahre alt werde", entgegnete Dodrupchen. „Doch nun habe ich sogar mein 60. Jahr wohlbehalten überschritten. Tertön, das habe ich dir zu verdanken."

„Lass dir noch Zeit mit dem Aufbruch in die reinen Bereiche", redete Tertön Sogyal seinem spirituellen Bruder zu. „Ich werde ebenfalls versuchen, lange zu leben."

Die beiden Meister legten als Zeichen ihres gegenseitigen Respekts und ihrer Liebe ihre Stirn aneinander. Dann erhob sich Tertön Sogyal kurzerhand und reiste ab.

23. Kapitel

Nyagar – das letzte Lager des Lama aus Nyarong

Nyagar, Golok, Osttibet

Vom Jahr der Holz-Ratte bis zum Jahr des Feuer-Tigers, 1924–1926

Tertön Sogyal und Khandro Pumo nahmen Abschied vom Puchung-Haus und machten sich mit ihrer Familie und Lama Trime auf den Weg ins Shukjung-Kloster. Tsullo war aus Lhasa zurückgekehrt und geleitete die Gruppe zu seinem Kloster, wo er den Tertön bat, eine neue Padmasambhava-Statue einzuweihen. Nach Abschluss der Zeremonie verkündete Tertön Sogyal den Mönchen und Dorfbewohnern, dass er Tsullo autorisiere, die Ermächtigungen und mündliche Übertragung all seiner Schatzenthüllungen und Belehrungen zu gewähren. Tsullo werde, wie er sagte, ein Linienhalter werden.

„Zeit und Umstände haben mir nicht gestattet, meine gesamten Schatz-enthüllungen vollständig an die prophezeiten Halter – Jamyang Khyentse Wangpo und Thubten Gyatso, Seine Heiligkeit den Dalai Lama – zu übertragen. Doch dieser hingebungsvolle Schüler, Tulku Tsultrim Zangpo, der die rechte Sicht hat, wurde ebenfalls als Linienhalter prophezeit.“[250]

Tsullo akzeptierte die ihm übertragene Aufgabe mit folgenden Worten: „Da ich dein goldenes Antlitz wahrhaft erblickt habe, Tertön Sogyal Rinpoche, nehme ich diese mir gewährte Gunst mit Freuden an.“

Während seines Aufenthalts im Shukjung-Kloster begegnete Tertön Sogyal Dodrupchens Neffen, Kunzang Nyima, den er bereits zuvor als eine Reinkarnation seines eigenen Lehrers, Lama Sonam Thaye, erkannt hatte und mit dem er eng verbunden war.[251] Kunzang Nyima war mit dem Anführer des Washul Kaduk-Stammes nach Shukjung gekommen, um ihm Tertön Sogyal vorzustellen. Der Stammesfürst lud Tertön Sogyal ein, sich in seinem Herrschaftsgebiet niederzulassen. Er habe, wie er ihm erzählte, in einem Tal namens Nyaknyikil Peldeu in der Nähe von Sertar bereits einen kleinen Tempel und eine Unterkunft für den Tertön und seine Familie errichten lassen. Das großzügige Angebot des Stammesfürsten stimmte eindeutig mit den Prophezeiungen überein, in denen Tertön Sogyal beauftragt worden war, einen Ort zu finden, an dem er sesshaft werden könne. So ging er auf das Angebot ein und kündigte an, dass er sich in zwei Wochen auf den Weg machen werde.

Als er und seine Familie dabei waren, ihre wenigen Habseligkeiten zu packen und die Yaks zu beladen, traf ein Mönch namens Namgyal aus dem Khamgon-Kloster ein. Er überreichte dem Tertön respektvoll Federkiel und Papier und bat ihn, ein Gebet zu verfassen, das Buddhas Lehren zum Erblühen bringen würde.

Tertön Sogyal wollte gerade mit dem Schreiben beginnen, da erschien ihm in einer Vision eine rote Dakini, die ihm zurief: „Halte ein! Wenn die Zeit reif ist, werde ich dir das Gebet diktieren!" Tertön Sogyal legte den Stift beiseite und eröffnete Namgyal, dass es mit dem Gebet noch etwas dauern werde. Dann lud er ihn ein, mit ihnen nach Nyaknyikil Peldeu zu kommen und bei ihnen zu leben.

Als die Karawane von Shukjung aus zu ihrem neuen Domizil aufbrach, zeichneten sich die Silhouetten der Zeltstangen auf den Rücken der Yaks wie große Vs gegen den Himmel ab. Die schwarzen Yak-Haar-Zelte und andere Lasten waren an den Flanken der Tiere mit Gurten festgezurrt. Die Doggen, die das Lager vor Wölfen und Banditen beschützen sollten, liefen bellend neben der Karawane her. Etwa ein Dutzend Yogis und Yoginis in der Gruppe reisten zu Fuß. Tertön Sogyal, der auf einem weißen Pferd langsam voranritt, wusste, dass er nach 25 Jahren des Umherziehens und der Pilgerreisen auf dem Weg zu seiner letzten Wohnstätte war.

Als sie nur noch wenige Kilometer von ihrer neuen Heimat entfernt waren, stieg Tertön Sogyal vom Pferd, um ein wenig zu rasten und Tee zu trinken. Das Ja-Tal war an den Süd- und Westhängen dicht mit Kiefern und Wacholderbäumen bewachsen. Richtung Nordwesten entschwand ein einzelner Yak-Pfad dem Blick in Richtung des windgepeitschten Passes, der ins Larung-Tal führte. Im Osten strömte von den Gipfeln Eiswasser aus den acht heiligen Seen von Dzongdün herab. Der Himmel war weit, die Luft dünn.

Tertön Sogyal schickte Khandro Pumo und seinen Sohn voraus, damit sie das neue Heim vorbereiteten. Sie sollten alle Räume mit Wacholderrauch reinigen und den Mönchen auftragen, im Tempel mit den Gebeten zu beginnen. Nach dieser Reinigung rollte Khandro Pumo im kleinen Schreinraum den Wolfspelz aus, den Tertön Sogyal seit Jahrzehnten als Meditationsteppich benutzte, und packte die wenigen Dinge aus, die sie mitgebracht hatten. Tertön Sogyal verweilte für einige Stunden auf dem Berghang in Meditation. Es war, wie er einst zu einem seiner Schüler gesagt hatte:

> Ist der Zeitpunkt gekommen, den Buddha direkt zu entdecken, musst du allein verweilen, ohne Gefährten, in einem abgeschiedenen Berg-Retreat: Mit einem Stab zu deiner Rechten, einem Gefäß mit Getreide zur Linken, einem Kupfertopf vor dir und einer Höhle im Rücken. Von nun an, bis du Erleuchtung erlangst, musst du den Blick nach oben richten und dich dem Lehrer und den Drei Juwelen anvertrauen sowie nach unten, in die nackte Einheit von Gewahrsein und Leerheit. Zu allen Zeiten und in allen Situationen musst du die Festung der Sicht bewachen, als würdest du einen Diamanten hüten. Und du musst weiter meditieren, bis Leben und Farbe aus deinen Augen weichen und du deinen allerletzten Atemzug tust. [252]

Tertön Sogyal ritt auf den Berghang zu, der als Nyagar bekannt werden sollte – das Lager des Nyarong-Lama. Am äußeren Rand des Lagers, an dem die Doggen Wache hielten, stieg Tertön Sogyal vom Pferd und umschritt, gestützt von Kunzang Nyingma, das Gelände 21-mal. Die anderen folgten ihm langsam und im Gebet. Tertön Sogyal ging aus östlicher Richtung auf das Steinhaus mit den zwei Zimmern zu, und Khandro Pumo, Rigdzin Namgyal, Sonam Drolma und ihr Sohn, Chöpel Gyatso, sowie Tsullo, Lama Trime, Kunzang Nyima, der Stammesfürst und ein Dutzend Schüler mit reinem Samaya und tiefer Hingabe versammelten sich um ihren Lehrer. [253]

Bevor er das Haus betrat, leitete Tertön Sogyal sie mit gefalteten Händen an, ein Gebet zu Tara mitzusprechen:

Wir beten zu dir, die du dem Mondlicht gleichst und alle Ängste
  besänftigst:
vor Zweifel, Begierde, Neid und Habsucht,
vor falschen Sichtweisen, Hass, Verblendung und Stolz.
Jetsün Tara, Mutter aller Buddhas, dir bringen wir Verehrung
  dar![254]

Nachdem Schüsseln mit Joghurt und Tsampa aufgetragen worden waren, befahl der Washul-Stammesfürst zwei Kundschaftern, als Wachen im Lager zu bleiben, bis sich die Neuankömmlinge mit dem Tal vertraut gemacht hatten. Dann bat er, sich verabschieden zu dürfen. Tertön Sogyal dankte ihm für das neue Heim und fügte hinzu: „Dieses schöne, farbenprächtige Haus aus Erde und Stein gleicht meinem illusorischen Körper; beide werden sie zerfallen und sich auflösen, ohne eine Spur zu hinterlassen."[255]

„Mögest du 108 Jahre leben", entgegnete der Stammesfürst und neigte den Kopf.

Tertön Sogyal erinnerte seinen Wohltäter daran, dass niemand den zukünftigen Ergebnissen seiner Handlungen entrinnen könne, daher müsse man unablässig danach streben, anderen zu helfen. „Tue alles, was in deiner Macht steht, um deine kostbare menschliche Geburt bestmöglich zu nutzen!"

Im Laufe des Tages rief Tertön Sogyal Kunzang Nyima zu sich und sagte: „Nimm mein schwarzes Yak-Haar-Zelt. Es gehört von nun an dir." Kunzang Nyima war außer sich vor Freude und baute das Zelt sofort neben Tertön Sogyals Haus auf. Später meinte er dazu: „Warum sollte ich in einem Haus schlafen, wenn ich jede Nacht in dem Zelt verbringen kann, in dem der Guru des Dalai Lama gewohnt hat!"[256]

Tertön Sogyal begann, seine Tage in regelmäßige Meditations- und Praxiszeiten einzuteilen. Wenn seine Schüler mit Fragen zu ihm kamen, lehrte er manchmal am Vormittag. Vor allem klärte er Punkte zu den yogischen Übungen, die zur Meisterschaft über den feinstofflichen Körper führen und den Körper zu einem vollkommenen Gefäß machen, in dem der Geist seine eigene Klarheit erkennen kann. In seiner persönlichen Praxis konzentrierte sich Tertön Sogyal auf Langlebensgottheiten und auf das Darbringen von Opfergaben an die Dakinis. Am Abend ließ er ein Gersten-Torma auf den Schrein stellen und rief dann seine Frau und die Familie zu sich, um gemeinsam mit ihnen zu chanten und ein rituelles Festmahl darzubringen. Zusätzlich rezitierte er, ohne jemandes Beisein oder Wissen, weitere zornvolle Praktiken und Mantras. Wenn Yogis und Mönche aus der Region zu ihm kamen, lehrte Tertön Sogyal alles, worum sie ihn baten, sofern sie versprachen, die Belehrungen, die er ihnen gab, auch wirklich anzuwenden.

Am Ende des Holz-Ochsen-Jahres (1925) trafen Mönche aus Nubzor ein und baten Tertön Sogyal, in ihrem Kloster Ermächtigungen und Übertragungen zu geben. Obwohl er dafür eine anstrengende Reise auf sich nehmen musste, willigte er ein. Zwei Wochen später traf eine Eskorte ein, die Tertön Sogyal auf einem weißen, mit bunten Seidenquasten geschmückten Pferd zum Kloster geleitete.[257] Dort angekommen, stieg er an der Stelle vom Pferd, an der man mit weißem Reispulver ein Svastika-Zeichen – das alt-indische Symbol für Unsterblichkeit – auf den Boden gezeichnet hatte. Trotz seiner schwachen Gesundheit, die ihn schnell ermüden ließ, vollendete er alle Ermächtigungen, einschließlich des *Allergeheimsten zornvollen Vajrakilaya* und des *Beseitigens der Fehler in der gegenseitigen Abhängigkeit*, und gab am Ende eine Langlebensermächtigung von Amitayus, dem Buddha grenzenlosen Lebens. Nach Abschluss der Ermächtigungen in Nubzor kehrten Tertön Sogyal und seine Familie nach Nyagar zurück.

Bald nach ihrer Heimkehr rief Tertön Sogyal seine Schwiegertochter Sonam Drolma zu sich und bat sie, ihm zu helfen, den Hügel hinaufzusteigen. Sie nahm den 71-jährigen Tertön an der Hand und umschritt mit ihm zunächst die Mantra-Steine am Nordende des Lagers. Dann setzten sie ihren Weg fort, die grasbewachsene Anhöhe hinauf, bis sie oberhalb der etwa ein Dutzend Steinhäuser von Nyagar angelangt waren und den weiten Blick genießen konnten. Tertön Sogyals Atem ging schwer, doch seine Augen waren klar und sanft. Still saß er da, inmitten von Nyagars Moschushirschen, den schwarzlippigen Pika und den über ihm kreisenden Lämmergeiern, und blickte weit in die Ferne. Nach geraumer Zeit eröffnete er Sonam Drolma, die neben ihm saß, dass er innerhalb einer Woche sterben würde, doch dass es keinen Grund zur Verzweiflung gäbe.

„Alles, was geboren ist, muss sterben. Ich habe für die Menschen im Lande des Schnees getan, was in meinen Kräften stand." Er bat Sonam Drolma, nicht zu weinen.

„Was meine zwölf Terma-Belehrungen angeht, die noch unvollendet sind, so werde ich die Wächter herbeirufen, damit sie die Schatzobjekte in die Seen und Grotten der verschiedenen Orte zurückbringen, die ich in ganz Tibet bereist habe. Meine zukünftigen Inkarnationen werden sie wiederentdecken."

An diesem Abend bereitete Tertön Sogyal die zwei Langlebenssteine vor, die in den Besitz des Dalai Lama gelangen mussten. Er wickelte sie in fünffarbigen Seidenstoff, legte sie in ein Kästchen und verschloss es mit seinem Wachssiegel. Tertön Sogyal trug seinem Sohn auf, die Steine nach Lhasa zu bringen und dafür zu sorgen, dass der Dalai Lama sie persönlich in Empfang nahm.

Die gesamte nächste Woche saß Tertön Sogyal Tag und Nacht völlig still in Meditation. Eines Morgens rief er Khandro Pumo in sein Zimmer und überreichte ihr ein Stück Papier, auf das er ein Gebet geschrieben hatte: „Ich habe letzte Nacht geträumt, dass ich mich in Padmasambhavas Kristallhöhle befand, als eine Dakini erschien und diese Worte zu mir sprach. Bitte sorge dafür, dass der junge Mönch Namgyal ein Exemplar hiervon erhält." Sie betrachtete das Gebet, das Tertön Sogyal geschrieben hatte, und berührte damit den Scheitel ihres Kopfes.

> *Buddha, Dharma und Sangha und der Gebieter der Shakyas,*
> > *Buddha Shakyamuni,*
> *Avalokiteshvara, Manjushri, Vajrapani und Maitreya,*
> *die sechzehn großen altehrwürdigen Lehrer*
> *und Padmasambhava –*
> *möge durch eure Kraft und eure Wahrheit*
> *das Leben der Meister sicher sein!*
> *Möge die spirituelle Gemeinschaft wachsen und in Harmonie verweilen!*
> *Mögen alle Umstände, die gegen den Dharma gerichtet sind,*
> > *befriedet sein!*
> *Mögen die Aktivitäten des Studiums und der Praxis zunehmen*
> > *und sich verbreiten!*[258]

„Diese Worte sind der letzte Ratschlag der Mutter", sagte Tertön Sogyal und meinte damit die Einäugige Schützerin der Mantras, die ihn ein Leben lang begleitet und geführt hatte. „Es gibt noch viel mehr dazu zu sagen, und es wird erklärt werden, wenn die Zeit dafür gekommen ist."

Am zehnten Tag des ersten Monats im Jahr des Feuer-Tigers (1926) halfen Khandro Pumo und Sonam Drolma Tertön Sogyal, sich auf seinem Bett aufzusetzen und auf seinem Wolfspelz die Beine in Meditationshaltung zu kreuzen.[259] Rigdzin Namgyal, Tsullo und Kunzang Nyima saßen auf dem Boden. Khandro legte dem Tertön eine Wolldecke über die Schultern. Tiefgründiger Friede breitete sich aus, als Tertön Sogyal die Hände auf seinen Knien ruhen ließ und in eine tiefe Stille eintrat. Sein Körper war wie ein Berg, sein Blick so weit wie der Himmel.

Khandro Pumo, die Familie und die engen Schüler saßen in stillem Gebet bei Tertön Sogyal. Sie alle wussten, dass der Geist ihres Lehrers seinen Körper schon bald verlassen würde. Gefühle und Erinnerungen überfluteten sie. Kostbare Momente, die sie mit Tertön Sogyal erlebt hatten, blitzten in ihrem Geist auf: seine wortlosen Belehrungen, seine unerschütterliche Liebe und sein unsterbliches Mitgefühl. Tränen der Hingabe und der Sehnsucht liefen ihnen über die Wangen.

Im himmlischen Palast des alles umfassenden Raumes
weilt die Verkörperung aller Buddhas der Vergangenheit,
   Gegenwart und Zukunft,
zu dir, der du mir die letztendliche Natur meines Geistes gezeigt hast,
zu dir, meinem Wurzel-Guru, bete ich!

Die Texte von Kama, Terma und der reinen Visionen,
ihre Ermächtigungen, Anweisungen, Übertragungen, Autorisationen
   und ihr Segen,
zu dir, der du sie voller Mitgefühl gewährt hast,
bete ich: Gewähre mir spirituelle Errungenschaften, gewöhnliche
   und höchste!

Glorreicher Wurzel-Guru, Kostbarer,
verweile auf dem Lotossitz auf dem Scheitel meines Kopfes,

schau auf mich mit der Gnade deines großen Mitgefühls,
gewähre mir die spirituellen Errungenschaften von Körper,
    Sprache und Geist!

Reglos verweilte der große Tertön in der weiten und lichtvollen Klarheit seines Geistes. Der Blick seiner durchdringenden Augen war voller Mitgefühl auf die äußere Welt gerichtet, während er innerlich in natürlichem großen Frieden verweilte, in seiner eigenen reinen Natur. Als der Wind den Nebel aus dem Tal in das Lager wehte und dieser sich im Licht der Morgensonne auflöste, atmete Tertön Sogyal ein letztes Mal aus.

Die innerste, tiefgründige Bedeutung ist hierin verdichtet;
    daher nimm sie dir zu Herzen:
Vollständig jenseits aller Gedanken und allen Denkens
entsteht das alles durchdringende Rigpa-Gewahrsein natürlich
    aus sich selbst heraus.
Unbeweglich und unveränderlich – ist dieses innewohnende
    Selbsterkennen
in seiner nicht erzeugten Weite von Natürlichkeit unmissverständlich
    erkannt,
sind Klarheit, Stabilität und tiefe Zuversicht gesichert.
    Und in diesem Zustand
befreit sich alles Entstehende fortwährend von selbst, sobald es
    entsteht, und
alles ist vollendet im ursprünglichen Grund, befreit in Nichtdualität.
Sind die Wurzeln aller Makel und Schwächen so durchtrennt,
wirst du die Festung der vollkommenen Reinheit aller Erscheinung
    und Existenz erobert haben![260]

24. Kapitel

Der Segen fließt weiter

Khandro Pumo verließ als letzte das Zimmer des Tertöns, das von tiefem Frieden erfüllt war. Die nächsten drei Tage sprach kaum jemand ein Wort. Auch einige andere im Lager hatten begriffen, dass Tertön Sogyals Bewusstsein seinen Körper verlassen hatte, doch auch sie redeten nicht darüber. Im Tempel wurden Gebete rezitiert und Rituale durchgeführt. Khandro Pumo und Rigdzin Namgyal beteten an der Seite des Toten, und Tsullo, Lama Trime und Kunzang Nyima saßen ebenfalls in Meditation. Ein Bote wurde ins Nubzor-Kloster geschickt, um Trashe Lama zu bitten, mit seinen Mönchen zu kommen.

Nach einer Woche wuschen Rigdzin Namgyal und Tsullo den Körper ihres Lehrers mit geweihtem Safran-Wasser und befestigten verschiedene Mantras, Mandala-Zeichnungen und tantrische Texte an seinen Energiezentren, so zum Beispiel am Herzen und auf seinem Scheitel. Sie wickelten den Körper in ein weißes Leichentuch und parfümierten ihn mit aromatisiertem Wasser, bevor sie ihm die tantrischen Gewänder anlegten und ihn wieder in Meditationshaltung setzten, die Beine gekreuzt in der Lotoshaltung, und ihm Dorje und Glocke in die Hände legten. Tertön Sogyals Bewusstsein war im lichtvollen Bereich des reinen Landes Padmasambhavas angelangt, dem Ort, der für die letztendliche Frucht meditativer Verwirklichung steht – die Buddhaschaft selbst. Obgleich der Geist des Tertöns den Körper verlassen hatte, boten die letzten Riten den Schülern die Möglichkeit, positives Verdienst anzusammeln, ihren Geist zu reinigen und jegliche negative Handlungen zu bekennen. Der geschmückte Körper wurde auf einen einfachen Thron im Tempel gesetzt, und mehrere Wochen lang chanteten die Yogis, Yoginis, Mönche und Nonnen Gebete, führten Rituale durch und brachten der Übertragungslinie Opfergaben dar. Als die ranghöchsten Lamas und Mönche aus dem Nubzor-Klosters eintrafen, wurde neben Tertön Sogyals Haus ein Stupa für die Feuerbestattung errichtet. Am Tag der Einäscherung setzte man den Leichnam in der kegelförmigen Kuppel des Stupas auf das aufgeschichtete Feuerholz. Regenbögen spannten sich über das Ja-Tal, und aus dem Himmel ertönte melodiöser Gesang. Ein süßer Duft senkte sich wie Nebel auf das Tal herab.

Die Lamas und Mönche saßen in den vier Himmelsrichtungen um den Stupa, angeordnet wie ein Mandala, mit dem Guru im Mittelpunkt. Begleitet vom Gesang der Gebete und Reinigungsverse entzündete Rigdzin Namgyal das Feuer. Opfergaben in Form von Getreide, Butter, Blumen und anderen Substanzen wurden in die lodernden Flammen gegeben, die den Leichnam des Tertöns verschlangen. Die Dorfbewohner umschritten die Praktizierenden und beteten zu Tertön Sogyal. Das Verbrennungsritual dauerte einen halben Tag; anschließend wurde der Stupa für drei Tage versiegelt. Als er abgekühlt war und geöffnet wurde, entdeckte man in der Asche viele kugelförmige Reliquien – sowohl kleine weiße *Ringsel* als auch perlenähnliche, fünffarbige *Dung* – ein Zeichen dafür, dass Tertön Sogyal die fünf Weisheiten der Buddhaschaft verwirklicht hatte.[261] Tertön Sogyal hatte seine gewöhnliche Existenz und den Tod seines Körpers für all jene, die Hingabe besaßen, in ein Zeugnis der Erleuchtung verwandelt. Die Reliquien wurden unter den engen Schülern verteilt, und einige wurden in den Stupa gelegt, der nach der Einäscherung in Nyagar gebaut wurde. In den 1960er Jahren zerstörte Chinas kommunistische Armee nach ihrem Einmarsch in Golok den Stupa und den kleinen Tempel in Nyagar. 2008 bauten Tertön Sogyals Anhänger seinen Stupa wieder auf.[262]

In den Wochen nach der Einäscherung packten Khandro Pumo, Rigdzin Namgyal und seine Familie sowie einige weitere Schüler Tertön Sogyals

Sogyal Rinpoche ist ein weltweit bekannter tibetisch-buddhistischer Lehrer,
eine der beiden Reinkarnationen von Tertön Sogyal und Autor des
,Tibetischen Buchs vom Leben und vom Sterben'.

Besitz zusammen und verließen Nyagar. Sie reisten Richtung Südwesten
nach Trango, durchquerten das Kandze-Gebiet und erreichten schließlich
ihr Zuhause, den Kalzang-Tempel in Nyarong. Die hölzernen Druckstöcke
der insgesamt 20 Bände umfassenden Schatzenthüllungen Tertön Sogyals
wurden im Kalzang-Tempel aufbewahrt.[263]

Zu den Linienhaltern seiner Schatzbelehrungen, von denen einige gleichzeitig seine Lehrer gewesen waren, gehörten der 13. Dalai Lama (Thubten Gyatso), Jamyang Khyentse Wangpo, Jamgön Kongtrul Rinpoche, der
5. Dzogchen Rinpoche (Thubten Chökyi Dorje), Dzogchen Khenpo Pema
Vajra, Ju Mipham Rinpoche, Nyoshul Lungtok, Dza Choktrul Rinpoche,
Lama (Tertön) Trime, Katok Situ, Minyak Khenpo Kunzang Sonam, der
3. Dodrupchen Rinpoche (Jikme Tenpe Nyima), Demo Rinpoche, Dorje
Drak Rigdzin Nyamnyi Dorje, Minling Trichen Rinpoche, Sakya Trichen,
der 15. Karmapa (Khakhyab Dorje), Tertön Kunzang Nyima sowie Jamyang
Khyentse Chökyi Lodrö.

Dodrupchen Rinpoche verstarb im Alter von 62 Jahren, einige Monate,
nachdem Tertön Sogyal seinen Körper verlassen hatte. Als Dodrupchens
Leichnam 49 Tage nach seinem Tod eingeäschert wurde, erschienen wundersame Zeichen. Seine sterblichen Überreste wurden in der Nähe seines
Klosters in einem goldenen Stupa aufbewahrt, der so hoch war wie ein zwei-
stöckiges Haus.

Der 13. Dalai Lama regierte sein Reich weiterhin von Lhasa aus. Im Jahr
vor seinem Verscheiden drängte er seine Landsleute, Tibet auf den bevorstehenden Angriff feindlicher Kräfte vorzubereiten. Seine Befürchtungen
stimmten aufs Genaueste mit Padmasambhavas Vorhersagen und mit Tertön Sogyals wiederholten Warnungen überein. Das tibetische Oberhaupt war
sich aufgrund der Berichte von Flüchtlingen, die aus Ulan Bator in Lhasa
eintrafen, der kommunistischen Revolution und Stalins Gräueltaten in der
Mongolei nur allzu bewusst. Und der Bürgerkrieg, der China destabilisiert
hatte, führte schließlich zur Herrschaft Mao Zedongs. Während einer Belehrung im Reting-Kloster im Jahr des Wasser-Affen (1932) sagte der Dalai
Lama vor den versammelten Zuhörern, dass er ihnen folgenden väterlichen
Rat erteilen wolle:

Ich befinde mich nun in meinem 58. Lebensjahr. Jeder sollte sich
im Klaren darüber sein, dass ich meine weltlichen und religiösen
Pflichten nur noch wenige Jahre ausüben werde. Ihr müsst gute di-
plomatische Beziehungen zu unseren mächtigen Nachbarn, Indien
und China, aufbauen. An allen Grenzen mit feindlichen Nachbar-
ländern, auch an den unbedeutenden, sollten gut ausgebildete und

ausgerüstete Truppen stationiert werden. Diese Streitkräfte müssen die Kriegsführung beherrschen, um als sichere Abschreckung gegen jegliche Gegner dienen zu können.

Zudem grassieren in diesem gegenwärtigen Zeitalter die fünf Arten von Verfall, insbesondere die ‚Rote Weltanschauung‘. In der äußeren Mongolei wurde die Suche nach der Reinkarnation Jetsün Dampas verboten; die Ländereien und Gelder der Klöster wurden konfisziert und die Lamas und Mönche zum Armeedienst gezwungen; die buddhistische Religion wurde restlos ausgelöscht. Nach den Berichten, die ich erhalten habe, wurde ein System dieser Art in Ulan Bator eingeführt.

In Zukunft soll dieses System mit Sicherheit auch uns aufgezwungen werden, sei es durch Kräfte aus dem Inneren des Landes, das einst Weltliches und Spirituelles vereinte, oder durch Druck von außen. Sollte es uns in einem solchen Falle nicht gelingen, unser Land zu verteidigen, werden die heiligen Lamas, einschließlich dem siegreichem Vater und Sohn [dem Dalai Lama und dem Panchen Lama] spurlos beseitigt werden, so dass noch nicht einmal ihre Namen verbleiben; die Ländereien der reinkarnierten Lamas und der Klöster und auch ihre Mittel für religiöse Praktiken werden beschlagnahmt werden. Zudem wird von unserem politischen System, das von den drei Königen der alten Zeiten eingesetzt wurde, nur noch der Name übrig bleiben; meine Amtsleute, ihres Erbes und Besitzes beraubt, werden gezwungen sein, den Feinden als Sklaven zu dienen, und mein Volk wird Tag und Nacht in unerträglichem Schrecken und Elend leben. Eine Zeit wie diese wird mit Sicherheit kommen.[264]

Der Dalai Lama starb im Jahr des Wasser-Vogels (1933), ein Jahr nachdem er diese Rede gehalten hatte, sechs Jahre nach Tertön Sogyals Verscheiden. Mao Zedongs kommunistische Armee marschierte knapp 20 Jahre später in Tibet ein.

Der Lebenskraftstein von Hayagriva-Vajravarahi wurde dem 13. Dalai Lama innerhalb eines Jahres nach Tertön Sogyals Tod ausgehändigt, im Jahr 1926 oder 1927. Tsullo berichtet, Rigdzin Namgyal habe ihn überbracht, während in Keutsang Rinpoches Biographie beschrieben wird, dass er selbst 1926 vom Dalai Lama den Auftrag erhalten habe, ihn zu holen.[265] Dilgo Khyentse Rinpoche erzählt, der Dalai Lama habe, als sich der Stein Lhasa näherte, mittels astrologischer Berechnungen den genauen Zeitpunkt für die Entgegennahme bestimmt und Äbte und Mönche aus den Klöstern Sera, Drepung und Ganden, hochrangige Regierungsbeamte und weitere spirituelle Meister herbeigerufen, um den Stein zeremoniell in die Stadt zu geleiten. Der Dalai Lama sei vom Keutsang-Kloster zum Norbulingka-Palast herabgestiegen und hätte dort den Stein in Empfang genommen.[266] Der Stein, von dem man sagte, dass der warme Atem der Dakinis noch auf ihm lag, wurde im Chenling-Palast im inneren Heiligtum des Kelsang Dekhyil-Gemachs aufbewahrt und schützte den 13. Dalai Lama bis zu dessen Tod. Als der 14. Dalai Lama 1959 im Alter von 24 Jahren aus Tibet floh, trug er den Lebenskraftstein von Hayagriva-Vajravarahi als Schutz vor den Gewehrkugeln der chinesischen Armee bei sich. Seine Heiligkeit erinnert sich: „Im Potala gab es eine ganze Reihe heiliger Dinge, aber ich floh von Norbulingka aus. Als ich gehen musste, konnte ich daher nur mitnehmen, was sich im Norbulingka befand. So nahm ich den Lebenskraftstein an mich, [den] der 13. Dalai Lama in Norbulingka aufbewahrt hatte, sowie einen Vajra und einen Phurba."[267]

Tertön Sogyals spirituelle Gefährtin, Khandro Pumo, verbrachte ihre letzten Jahre in einer einfachen Einsiedelei hoch oben in den Bergen Nyarongs. Sie war eine große Vajrakilaya-Praktizierende und rezitierte im Laufe ihres Lebens das Mantra *Om Vajra Kila Kilaya Sarwa Bighanen Bam Hum Phät* 300 Millionen Mal. Viele bewunderten Khandro Pumos Hellsichtigkeit und ihre Fähigkeit, Frost abzuwenden oder Regen herbeizuholen. Den Kranken, die sie aufsuchten, empfahl sie oftmals heilende Gebete oder Rituale; manchen band sie auch ein Schutzband um den Hals. Wenn sie jemandem ein Schutzband gab, bedeutete dies – wie einige bemerkten – dass er oder sie die Krankheit überstehen würde. Gab sie jemandem jedoch spirituelle Medizin mit auf den Weg, war die Krankheit unheilbar. Khandro Pumo starb 1949; im Kalzang-Tempel befindet sich ein Stupa mit ihren sterblichen Überresten.

Rigdzin Namgyal und seine Frau Sonam Drolma lebten nicht weit von Khandro Pumo entfernt. Ihr Sohn Pema Chöpel Gyatso machte sich in Nyarong und Kandze einen Namen als Gelehrter und Mönch und lebte regelmäßig für längere Zeit im Lumorap-Kloster. 1957 wurde er, gemeinsam mit vielen weiteren reinkarnierten Lamas, von chinesischen Kommunisten in

Dartsedo verhaftet. Ama Adhe, die heroische Widerstandskämpferin aus Kham, wurde im gleichen Gefängnis wie Chöpel Gyatso festgehalten. Sie erzählte, dass eines Abends sieben inkarnierte Lamas, darunter Chöpel Gyatso, gleichzeitig verstarben, jedoch nicht infolge der Misshandlung durch die Gefängniswärter – die Lamas hatten vielmehr beschlossen, ihr Bewusstsein auszuschleudern und zu sterben, um auf diese Weise zu verhindern, dass die chinesischen Kommunisten sie weiter schlugen und negatives Karma auf sich luden.[268] In der Nähe des Kalzang-Tempels steht ein Stupa, der Chöpel Gyatso gewidmet ist.

Tsullo verbrachte den Rest seines Lebens im Shukjung-Kloster im Do-Tal und verließ es nur, um hin und wieder in der Gegend zu lehren. Er wurde ein großer Gelehrter und verfasste acht Bände, darunter Tertön Sogyals geheime Biographie. Sie basierte auf den Tagebüchern des Tertöns, in denen er seine mystischen Visionen und Prophezeiungen niederschrieb und von seinen umfangreichen Reisen berichtete, und enthält daher viele der eigenen Worte des Tertöns. Nachdem er die Biographie 1942 fertig gestellt hatte, schrieb Tsullo zum Abschluss eine Ehrerbietung an Tertön Sogyal, in der es unter anderem heißt: „Die geheime Geschichte des Lebens und der Befreiung Tertön Sogyals, die einem Wunder gleicht, ist nun vollendet. Du, mein Guru, wirst entsprechend deinem Wunsch weitere wundersame Geburten annehmen. In allen Richtungen und zu allen Zeiten wird es Milliarden von Orten geben, an denen du dich zum Wohle der Wesen manifestierst; möge ich gleichzeitig die Kraft erlangen, dich zu all diesen Anlässen und in all diesen Bereichen zu erblicken. Für dich, der du dich im lichtvollen Bereich des reinen Landes Padmasambhavas befindest, in der Präsenz des Großen Guru, aus dem alle Buddhas hervorgehen, gereinigt von allen Verblendungen, am Ort großer Glückseligkeit, manifestiere ich eine große Vielfalt grenzenloser Opfergaben und bete, dass ich hierdurch auf ewig untrennbar mit dir vereint sein möge."

Es waren insbesondere drei Menschen, die Tsullo gedrängt hatten, Tertön Sogyals Biographie zu schreiben: Chöpel Gyatso, Tertön Sogyals Enkel, trug seine Bitte mit einem ‚Tuch der Götter', Yamantaka- und Vajrakilaya-Texten und einem Satz neuer Mönchsroben vor; Khenpo Lekshe Jorden, ein wichtiger Lehrer aus dem Katok-Kloster, verband seine Bitte an Tsullo mit dem Geschenk einer Glocke und eines Vajras, und als die Nonne Jamyang Chodren, Garje Khamtrul Rinpoches Tante, ihre Bitte vorbrachte, überreichte sie

Khenpo Jikme Phuntsok – hier mit einem Phurba, der Tertön Sogyal gehört hatte – war einer
der bedeutendsten Meister, die den Buddhismus nach der Kulturrevolution in Tibet lehrten
und neu belebten. Er war eine der beiden gleichzeitigen Reinkarnationen von Tertön Sogyal.

ihm einen weißen Opferschal, Repräsentationen von erleuchtetem Körper, erleuchteter Sprache und erleuchtetem Geist, kostbare Türkise und Saphire und vor allem Papier, Federn und Tinte. Besonders Jamyang Chodrens Bitte inspirierte Tsullo dazu, über Tertön Sogyals grenzenlose Güte zu schreiben, die in seinem Leben zum Ausdruck kam.

Die letzte Zeile des Kolophons der 725 Seiten umfassenden geheimen Biographie Tertön Sogyals lautet: „Menschen wie uns fällt es schwer, den tiefgründigen Geist eines verwirklichten Wesens wie Tertön Sogyal zu ergründen, dessen Leben sich nicht in Konzepte fassen lässt. Seine Errungenschaften und Qualitäten gleichen einer riesigen Anhäufung kostbarster Edelsteine, die den gesamten Raum erfüllen und Lichtstrahlen erleuchteter Aktivität aussenden. In dieser Welt, in der es eine unendliche Anzahl von Gelehrten und Yogis gibt, ist es mehr als angemessen, die Lebensgeschichte von jemandem wie Tertön Sogyal zu erzählen, dessen Klarheit und Vollendung ohnegleichen sind. Er verbrachte sein gesamtes Leben damit, allen Wesen zu nutzen, indem er die untrüglichen Schatzprophezeiungen erfüllte. Diese geheime Biographie beruht auf den Terma-Prophezeiungen selbst; es sind nicht nur wahllose Geschichten, die irgendjemand hier und dort erzählt hat. Ich, Tsultrim Zangpo, bekannt als Shilabhadra, der ich die Staubkörnchen von den Füßen des großen Tertön Sogyal Rinpoche auf meinem Kopf empfangen habe und der geringste unter all seinen Schülern bin, habe diese geheime Biographie in der Nähe des großen Dzogchen-Klosters Samten Orgyen Choling zum Abschluss gebracht, im Berg-Retreat von Ösel Lhundrup, im Frühling des Wasser-Pferd-Jahres [1942], an einem besonders günstigen Tag. Möge es Glück verheißend sein. *Sarvada Kalyanam Bhavantu.*"

Tsullo starb im Jahr des Feuer-Vogels (1957). Er hatte zwei Reinkarnationen: Chökyi Nyima Rinpoche von der Nango-Gonpa in Trango und Tulku Nyoshul Lungtok aus Tawo; beide waren Schüler des inzwischen verstorbenen Khenpo Jikme Phuntsok aus Larung Gar.

Was Tertön Sogyals Reinkarnationen betrifft, gibt es mehrere Prophezeiungen. Tertön Sogyal selbst deutete an, dass er seine nutzbringende Aktivität in Zukunft in Form von Hunderten von Praktizierenden ausstrahlen würde. Er sagte auch voraus, dass es zwei Hauptinkarnationen geben würde. Tertön Kunzang Nyima enthüllte eine Prophezeiung über diese zwei Inkarnationen, in der es heißt:

Nanam Dorje Dudjom [eine frühere Inkarnation Tertön Sogyals]
wird mit Gewissheit zu zwei Früchten heranreifen:
der eine ein türkisfarbener Drache, der für alle sichtbar ein Juwel
emporhält,

der andere mit einer Stimme, die überall erklingt wie das Gebrüll
eines Löwen.

Es heißt, dass Khenpo Jikme Phuntsok der „türkisfarbene Drache" ist und Sogyal Rinpoche die Stimme besitzt, „die überall erklingt wie das Gebrüll eines Löwen"[269].

Khenpo Jikme Phuntsok wurde im Jahr des Wasser-Vogels (1933) in Golok geboren, in einem zwischen dem Dodrupchen- und dem Shukjung-Kloster gelegenen Tal in der Nähe der Padma-Siedlung. Er erhielt seine Ausbildung vom gelehrten Dzogchen-Einsiedler Thubten Chöpel, bevor er sich im Nubzor-Kloster niederließ, wo er als Chant-Meister fungierte. Später gründete er die berühmte buddhistische Akademie Larung Gar, die zu ihrer Blütezeit Anfang 2001 über 10 000 Mönche, Nonnen und Laienpraktizierende beherbergte. Im Juni 2001 vertrieb die chinesische Regierung mehr als 3000 Schüler und ließ einen großen Teil der Akademie niederreißen. Trotz der Restriktionen der chinesischen Regierung ist Larung Gar weiterhin das weltweit größte Zentrum für buddhistische Studien. Nach der politischen Öffnung und der damit verbundenen teilweisen Aufhebung der religiösen Restriktionen durch die chinesischen Behörden Ende der 1980er Jahre war Khenpo Jikme Phuntsok in Tibet der mit Abstand einflussreichste Lama. Er starb im Januar 2004 im Alter von 71 Jahren.

Sogyal Rinpoche wurde in der Familie Lakar Tsang in Trehor geboren und von Jamyang Khyentse Chökyi Lodrö als die Reinkarnation Tertön Sogyals erkannt. In den 1950er Jahren floh Sogyal Rinpoche mit seiner Familie und Khyentse Chökyi Lodrö aus Tibet und ließ sich später in Sikkim in Nordindien nieder. Khyentse Chökyi Lodrö zog Sogyal Rinpoche wie seinen eigenen Sohn auf. Nach dem Tod seines großen Meisters setzte Sogyal Rinpoche seine Studien bei Dilgo Khyentse Rinpoche, Dudjom Rinpoche und Nyoshul Khenpo Rinpoche fort und begann schließlich, ein Netzwerk von Dharma-Zentren zu gründen, dem er den Namen Rigpa gab und das mittlerweile zu den größten im Westen gehört. Sein *Tibetisches Buch vom Leben und vom Sterben* wurde bis heute aus dem Englischen in 33 Sprachen übersetzt.

Im August 1993 kam es in Lerab Ling, Sogyal Rinpoches Retreat-Zentrum in Südfrankreich, zur ersten Begegnung zwischen den zwei Hauptinkarnationen Tertön Sogyals – Khenpo Jikme Phuntsok und Sogyal Rin-

Khenpo Jikme Phuntsok und Sogyal Rinpoche in Lerab Ling, Südfrankreich,
bei ihrem ersten und einzigen Treffen im August 1993.

poche. Khenpo Jikme Phuntsok sagte bei dieser Gelegenheit: „Es hieß, dass
Dorje Dudjom zwei Inkarnationen haben wird. Der eine würde ein Mönch
sein [der türkise Drache] und den Wesen durch die monastische Disziplin
des Vinaya [das Juwel] nutzen, und der andere würde das geheime Mantra-

Vajrayana [das Gebrüll eines Löwen] weit und breit erklingen lassen. Als ich dies sah, dachte ich, Sogyal Rinpoche wird wohl derjenige sein, der das geheime Mantra-Vajrayana verbreitet, und ich bin vielleicht der Mönch."

Khenpo Jikme Phuntsok fuhr fort: „Laut den Vorhersagen in Tertön Sogyals *Tathagata-Praxis der Drolö-Versammlung* würden sich seine Lehren zu seinen Lebzeiten nicht sehr weit verbreiten, sondern nur in geringem Maß in Zentraltibet, im Umfeld des 13. Dalai Lama.[270] In der Zeit seiner nächsten Inkarnation würden seine Lehren jedoch eine Blütezeit erleben und in der ganzen Welt bekannt werden. Wenn ich mir nun Sogyal Rinpoches Arbeit betrachte, bin ich überzeugt, dass er die Reinkarnation Tertön Sogyals ist, und habe großen Glauben und volles Vertrauen zu ihm. Tertön Sogyal sagte voraus, dass seine zwei Hauptinkarnationen – wenn sie in Eintracht lebten und sich gegenseitig unterstützten – dem Dharma und den fühlenden Wesen von immensem Nutzen sein könnten; gäbe es jedoch Zwietracht oder Streit zwischen ihnen, wäre es eine Katastrophe für den Dharma und die Wesen. Doch nehmen wir einmal an, dass Sogyal Rinpoche und ich die Reinkarnationen von Tertön Sogyal sind, dann erkläre ich hiermit, dass unser Geist untrennbar ist, und dass all unsere spirituellen und materiellen Dinge eins sind. Betrachtet uns als eins."

Danksagungen

Voller Dankbarkeit für ihre tiefgründigen Belehrungen zur Großen Vollkommenheit und für den Einblick in Tertön Sogyals Belehrungen und Geist, den sie mir gewährt haben, verneige ich mich vor Seiner Heiligkeit dem Dalai Lama, Sogyal Rinpoche, Khenpo Jikme Phuntsok Rinpoche, Khenpo Namdrol Rinpoche, Garje Khamtrul Rinpoche und Lodi Gyari Rinpoche. Mögen die Wünsche und Bestrebungen der Meister für den Dharma, für Tibets einzigartige Weisheitskultur und für die Welt spontan in Erfüllung gehen!

Ich bin von ganzem Herzen dankbar für den Segen und die Anleitung, die ich von Meistern erhalten habe, die nicht länger unter uns weilen: so von Trulshik Rinpoche, Khenpo Akhyuk Rinpoche, Chagdud Rinpoche, Adeu Rinpoche, Sherab Özer Rinpoche, Lama Wangde aus Kalzang, Amchi Chime aus Lumorap und anderen. Meine tiefe Wertschätzung gilt auch den Lamas, die mir im Zuge meiner Recherchen für *Furchtlos in Tibet* Belehrungen, Schutz und Rat gewährt haben: Dodrupchen Rinpoche, Tenzin Gyatso Rinpoche, Khenpo Tsodargye, Tromge Konchok Wangpo, Ajam Rinpoche, Osel Dorje Rinpoche, Tertön Wangchen, Neten Chokling Rinpoche, Tsikey Chokling Rinpoche, Orgyen Tobgyal Rinpoche, Tulku Thondup Rinpoche, Jamphel Sherab Rinpoche, Chökyi Nyima Rinpoche, Rabjam Rinpoche, Tsoknyi Rinpoche, Arjia Rinpoche, Lama Zopa Rinpoche, Gelek Rinpoche, dem Medium des Nechung-Orakels, Thubten Ngödrup, dem Ehrwürdige Matthieu Ricard,

Khenpo Gyurme Tsultrim, Lama Chonam, Sangye Khandro und Mayum Tsering Wangmo aus der Lakar-Familie. Ich möchte mich auch bei Patrick Gaffney für seine wertvollen und weisen Ratschläge bedanken; er ist für uns alle das vorbildhafte Beispiel eines wahren Dharma-Praktizierenden. Mögen alle Hindernisse für das Erblühen des Dharma überwunden werden!

Vielen Dank auch den gelehrten Praktizierenden und Übersetzern für ihre Freundschaft und die Energie, mit der sie sich diesem Projekt gewidmet haben. Mein besonderer Dank gilt dem Ehrwürdigen Tenzin Choephel aus dem Nechung-Kloster und dem Lotsawa Adam Pearcey. Dank dieser beiden Übersetzer hat sich mir die Bedeutung der von Tsullo verfassten Biographie über Tertön Sogyal erschlossen. Ich möchte auch dem Ehrwürdigen Jampa Tenzin (Sean Price), Gyurme Avertin und dem Ehrwürdigen Lozang Zopa danken, die in Nepal, Indien, Frankreich und in den USA Belehrungen und Interviews für mich übersetzt und mir wichtige Anregungen und Rückmeldungen gegeben haben. In Nyarong, Lhasa, Larung Gar und an anderen Orten waren Antonio Terrones Sprachkenntnisse eine große Unterstützung für mich; herzlichen Dank dafür. Möge der Dharma weiterhin auf geschickte und vielfältige Weise vermittelt werden!

Eine Reihe von Gelehrten haben mir großzügig ihre Zeit geschenkt, um mir Tibets religiösen Hintergrund sowie die Zeit und das Leben Tertön Sogyals zu erläutern, unter anderem Gen Pema Wangyal, Tashi Tsering, Gray Tuttle, Matthew Akester, der verstorbene E. Gene Smith, Heather Stoddard, Erik Pema Kunsang, der Ehrwürdige Gyaltsen aus dem Nechung-Kloster, Phelgye Kelden und meine Professoren an der School of Oriental and African Studies, unter ihnen der verstorbene Alexander Piatigorsky sowie Tadeusz Skorupski und S. K. Pondicherry. Herzlichen Dank auch allen, die das Rigpa-Archiv führen, und allen, die das hervorragende Material auf folgenden Websiten zur Verfügung stellen: Lotsawa House (www.lotsawahouse.org), Rigpa Shedra Wiki (www.rigpawiki.org), Rangjung Yeshe Wiki (rywiki.tsadra.org) und Treasury of Lives (www.treasuryoflives.org).

Ich möchte dem wunderbaren Team von Hay House danken, vor allem meiner Herausgeberin Patty Gift, die an die transformierende Kraft des geschriebenen Wortes glaubt. Mein Dank geht auch an Kendra Crossen Burroughs und Laura Gray für ihr exzellentes Lektorat. Meine Mutter, Francey Pistono, die mich stets unterstützt hat, und auch der Dichter James C.

Hopkins, dessen Anregungen ich sehr schätze, haben mehrere Versionen des Buchmanuskripts gelesen. Ich möchte meiner Familie in Wyoming und Colorado danken, die großes Verständnis gezeigt hat, als mich meine Reisen über viele Jahre hinweg immer wieder für lange Zeit nach Tibet und in das Himalaya-Gebiet geführt haben. Auch Gail Ross und Howard Yoon bin ich sehr dankbar: Ich könnte mir keine besseren Literaturagenten wünschen. Mein Dank gilt auch Jocelyn Slack und John Wasson, die für mich die Landkarte von Tibet erstellt haben; Jamyang Dorjee Chakrishar, der Tertön Sogyals Siegel digital bearbeitet hat; und Robert Beer, der mir freundlicherweise erlaubt hat, eine Grafik aus seiner *Encyclopedia of Tibetan Symbols and Motifs* zwischen die Abschnitte zu setzen.

Ich möchte mich bei meinen Dharma-Brüdern und -Schwestern in Rigpa und anderen buddhistischen Gruppen bedanken, die ich sehr schätze und die mich stets mit ihren Gebeten unterstützt haben. Mein besonderer Dank geht an Josh und Ali Elmore und Mark Rovner für ihre Großzügigkeit. Die International Campaign for Tibet (ICT) hat mehrmals meine Reisen nach Tibet, Nepal und Indien mitfinanziert; ich möchte mich bei Richard Gere und allen Mitgliedern des ICT-Vorstands und Teams für ihr Vertrauen und ihre Hilfe bedanken.

Mein besonderer Dank gilt Dzongsar Khyentse Rinpoche für den Segen, dieses Buch in dem durch ihn mitbegründeten deutschen Verlag Manjughosha Edition zu veröffentlichen, und der Chefredakteurin Doris Wolter, die das Projekt mit Enthusiasmus unterstützt hat. Ausgesprochen herzlich möchte ich mich bei Karin Behrendt und Erika Bachhuber bedanken für ihre große Sorgfalt und das eingehende Interesse, mit der sie sich dem Inhalt des Buches und seiner Übersetzung gewidmet haben. Auch bei Rigpa Deutschland möchte ich mich für die Unterstützung bedanken.

Die Recherchen für *Furchtlos in Tibet* und das Schreiben des Buches haben mehr als 15 Jahre in Anspruch genommen. Sein Entstehen ist dem Segen, der Führung und dem Engagement zahlreicher Menschen zu verdanken. Ich bin allen hier genannten und vielen anderen in Tibet und überall auf der Welt unendlich dankbar. Ich danke allen!

Mein tief empfundener Dank gilt meiner Frau Monica für ihre fortwährende Unterstützung, Liebe und Ermutigung. Ohne sie hätte ich dieses Buch nicht schreiben können. Voller Liebe und Hingabe bete ich: Mögen all ihre Wünsche spontan in Erfüllung gehen.

Schließlich möchte ich Sogyal Rinpoche danken, unserem kostbaren Lehrer, der zahllose Wesen auf geschickte und mannigfaltige Weise darin anleitet, im natürlichen Zustand ursprünglichen Gewahrseins zu verweilen; ich widme jeglichen Nutzen und alles Verdienst dieses Buches über das Leben seiner vorangegangenen Inkarnation der Verwirklichung und spontanen Erfüllung seiner Bestrebungen und Gebete.

Matteo Pistono

Am Tag des Vollmonds im zehnten Monat des Holz-Pferd-Jahres,

dem 16. März 2014

Namensregister

Alak Gurong, Orgyen Jikdrel Chöying Dorje (1875–1932) Tibetischer Universalgelehrter; Tertön Sogyals Wohltäter in und um Jentsa und Rebkong. Er machte 1913 das Foto vom Tertön.

Amgon, Gönpo Namgyal (gest. 1865) Stammesfürst aus Nyarong, Tertön Sogyals Heimatregion. Er führte in Nyarong ein Schreckensregiment und unterwarf gewaltsam einen Großteil Osttibets.

Atrin (gest. 1922) Tertöns Sogyals treuer Assistent, der ihn mehr als 25 Jahre auf seinen Reisen begleitete und ihm diente.

Avalokiteshvara (Skrt.; tib. *Chenrezig*) ‚Der Buddha des Mitgefühls‘, der das Mitgefühl aller Buddhas verkörpert. Die Dalai Lamas gelten als Manifestationen von Avalokiteshvara, der als Stammvater des tibetischen Volkes und als Schutzgottheit ihres Landes angesehen wird.

Chenrezig *Siehe* Avalokiteshvara.

Chöpel Gyatso, Pema (1914–1959) Tertön Sogyals Enkel; ein vollständig ordinierter Mönch, der in den Regionen Nyarong und Kandze ein bekannter Lehrer war.

Dalai Lama, 13.: Thubten Gyatso (1876–1933) Das spirituelle und politische Oberhaupt Tibets (ab 1895) und ein Schüler Tertön Sogyals.

Dalai Lama, 14.: Tenzin Gyatso (geb. 1935) Reinkarnation des 13. Dalai Lama, der Tibet bis 1959 regierte und derzeit im Exil in Nordindien lebt.

Dargye Tertön Sogyals Vater.

Demo, Ngawang Lobsang Trinley Rabgye (1855–1899) Tibets Regent vor der Regierungsübernahme durch den 13. Dalai Lama im Jahr 1895; Oberhaupt des Tengyeling-Klosters; wurde aufgrund seiner Stellung als mitschuldig an einem Attentatsversuch auf den 13. Dalai Lama erklärt.

Dodrupchen, der 3.: Jikme Tenpe Nyima (1865–1926) Einer der bedeutendsten tibetischen Meister seiner Zeit; einige seiner philosophischen Abhandlungen verfasste er in Zusammenarbeit mit Tertön Sogyal. Er war der Lehrer vieler großer Lamas, unter anderem von Jamyang Khyentse Chökyi Lodrö.

Dorje Dudjom, Nanam (8. Jahrhundert) Eine der vorangegangenen Inkarnationen von Tertön Sogyal; Minister für religiöse Angelegenheiten in Tibet; ein enger Schüler von Padmasambhava und hoch verwirklichter Vajrakilaya-Praktizierender.

Drolma, Orgyen Tertön Sogyals Mutter.

Dza Choktrul Kunzang Namgyal Gelehrter Meister des Katok-Klosters; Lehrer von Tertön Sogyal; Schüler von Jamyang Khyentse Wangpo und Jamgön Kongtrul.

Jamgön Kongtrul Lodrö Thaye (1813–1899) Herausragender Meister und Tertön; Mitbegründer der (nicht-sektiererischen) Rime-Bewegung; Lehrer von Tertön Sogyal. Auch bekannt als Jamgön Kongtrul der Große, sowie als Pema Garwang.

Jamyang Khyentse Chökyi Lodrö (1893–1959) Reinkarnation von Jamyang Khyentse Wangpo; Schüler von Tertön Sogyal; er erkannte Sogyal Rinpoche als Reinkarnation von Tertön Sogyal.

Jamyang Khyentse Wangpo (1820–1892)
Herausragender Meister und Tertön; Mitbegründer der Rime- (nicht-sektie-rerischen) Bewegung; Lehrer von Tertön Sogyal. Auch bekannt als Dongak Lingpa.

Khandro Pumo (1865–1949) Tertön Sogyals spirituelle Gefährtin und ver-wirklichte Meditationsmeisterin.

Khenpo Jikme Phuntsok (1933–2004) Eine der beiden gleichzeitigen Inkar-nationen von Tertön Sogyal; er blieb in der Zeit der Kulturrevolution in Tibet und gründete später, in den 1980er Jahren, eine buddhistische Akademie in Larung; er war ein Lehrer des derzeitigen 14. Dalai Lama.

Kunzang Nyima, Tertön (1904–1958) Schüler und Assistent von Tertön Sog-yal in Golok; Enkel von Dudjom Lingpa; Neffe von Dodrupchen; Lehrer von Khenpo Jikme Phuntsok.

Lama Trime Schüler von Tertön Sogyal; er war selbst ein Tertön, dessen Terma-Enthüllungen sechs Bände füllen.

Lerab Lingpa Einer der Namen von Tertön Sogyal.

Ma Qi (1869–1931) Berühmter Kriegsherr aus den Reihen der Hui-Muslime im nordöstlichen Tibet. Tertön Sogyal hatte eine spirituelle Verbindung mit seiner Tochter, Shinya; Ma Qi hatte auch einen Sohn mit Namen Ma Bufang.

Nechung-Orakel Tibets Staatsorakel; das Orakel ist für den Schutz des Dalai Lama und die Stärkung der tibetischen Nation verantwortlich. Es übermittelt seine Prophezeiungen und Ratschläge, indem es von einem Medium Besitz ergreift, das stets ein Mönch des Nechung-Klosters ist.

Norbu Tsering (gest. 1899) Drahtzieher des vereitelten schwarzmagischen Anschlags auf den 13. Dalai im Jahr 1899; Neffe des Regenten Demo aus Tengyeling.

Nyagtrül (gest. 1899) Ein Nyarong-Yogi, der den dunklen Kräften anheimfiel und versuchte, den 13. Dalai Lama 1899 mittels schwarzer Magie zu töten. Auch bekannt als Nyarong Tulku oder Shiwa Tulku.

Nyala Pema Dündul (1816–1872) Visionär und Meditationsmeister; Tertön Sogyals erster Lehrer; 1860 errichtete er den Kalzang-Tempel; er erlangte den Regenbogenkörper. Auch bekannt als Khanyam Lingpa.

Nyoshul Lungtok Tenpe Nyima (1829–1902) Meditationsmeister und herausragender Schüler Patrul Rinpoches; der Lehrer, bei dem Tertön Sogyal seine Dzogchen-Praxis vervollkommnete.

Padmasambhava (8. Jahrhundert) Tantrischer Meister aus Indien, der den Buddhismus in Tibet einführte und im ganzen Land Schatzlehren verbarg, die zu einem späteren Zeitpunkt, wenn sie am dringendsten gebraucht wurden, enthüllt werden sollten. Auch bekannt als Guru Rinpoche.

Rigdzin Namgyal (1891–1950er Jahre) Sohn von Tertön Sogyal und Khandro Pumo.

Shinya (geb. 1888) Tochter des muslimischen Kriegsherren Ma Qi; sie half Tertön Sogyal bei der Enthüllung von Termas im Nordosten Tibets.

Sogyal Rinpoche Eine der beiden gleichzeitigen Inkarnationen Tertön Sogyals; sein Sitz ist Lerab Ling in Südfrankreich; ein Schüler von Jamyang Khyentse Chökyi Lodrö, Dilgo Khyentse Rinpoche und Dudjom Rinpoche; Autor des *Tibetischen Buchs vom Leben und vom Sterben*; Gründer und spiritueller Leiter von Rigpa International.

Sönam Thaye, Lama Einer der beiden Herzenssöhne von Nyala Pema Dündul; ein verwirklichter Yogi, der Tertön Sogyals frühe Meditationsschulung beaufsichtigte.

Tertön Rangrik Dorje (1847–1903) Einer der zwei Herzenssöhne von Nyala Pema Dündul; Begründer des Lumorap-Klosters in Nyarong; Tertön Sogyals älterer spiritueller Bruder. Auch bekannt als Kusum Lingpa.

Tertön Sogyal (1856–1926) Einer der größten Mystiker Tibets und Lehrer des 13. Dalai Lama. Sein Geburtsname, Sönam Gyalpo, bedeutet ‚König des Verdienstes‘. Der Name wurde abgekürzt zu ‚Sogyal‘. Auch bekannt als Lerab Lingpa.

Trisong Detsen, König (742–797) Der 38. König Tibets; er lud Padmasambhava nach Tibet ein.

Tsultrim Zangpo (1884–ca. 1957) Linienhalter und Biograph von Tertön Sogyal; Schüler von Dodrupchen Jikme Tenpe Nyima; Abt des Shukjung-Klosters. Auch bekannt als Tsullo.

Vajrakilaya (Skrt.) Eine zornvolle erleuchtete Gottheit, die die Aktivität aller Budddhas verkörpert und deren Praxis darauf abzielt, Hindernisse aus dem Weg zu räumen, dem Mitgefühl feindlich gesonnene Kräfte zu beseitigen und spirituelle Verschmutzung zu reinigen; er wird meist aufrecht stehend inmitten eines flammenden Infernos dargestellt, mit sechs Armen und drei Gesichtern und einen Phurba (Skrt. *kila*) schwingend, der dazu dient, das selbstzentrierte Ego zu besiegen.

Yeshe Tsogyal (8. Jahrhundert) Padmasambhavas spirituelle Gefährtin; eine verwirklichte Praktizierende, die ihm beim Verbergen der Schatzlehren half.

Zhao Erfeng (1845–1911) General der späten Qing-Ära; auch bekannt als Zhao, der Schlächter, der seine Truppen in ganz Osttibet zum Einsatz brachte. 1910 drangen sie bis Lhasa vor, wodurch sich der 13. Dalai Lama gezwungen sah, ins Exil zu fliehen.

Glossar

Alte Übersetzungsschule *Siehe* Nyingma.

Bardo (tib.) Die Zwischen- bzw. Übergangsphasen zwischen Tod und Wiedergeburt. Im weiteren Sinne bezieht sich der Begriff auf all jene Momente, in denen die Möglichkeit des Erwachens größer ist als in anderen. Man kann daher sagen, dass Bardos kontinuierlich sowohl im Leben als auch im Tod auftreten.

Barkhor (tib.) Wörtlich: mittlerer Rundweg; in Zentraltibet der Weg, auf dem man den Jokhang-Tempel in Lhasa umrundet; der Begriff bezeichnet auch das den Jokhang umgebende Stadtviertel.

Bodhichitta (Skrt.) *Bodhi* bedeutet ‚erleuchtete Essenz‘ und *chitta* bedeutet ‚Herz‘ oder ‚Geist‘, daher: „die Essenz des erleuchteten Geistes/Herzens“; der mitfühlende Wunsch, Erleuchtung zum Wohle aller Wesen zu erlangen.

Bodhisattva (Skrt.) Ein Wesen, das Bodhichitta verwirklicht hat, – den mitfühlenden Wunsch, Erleuchtung zum Wohle aller Wesen zu erlangen – und das sich aktiv dafür einsetzt, sie zu diesem Zustand zu bringen; Bodhisattvas geloben, ihren eigenen Übergang ins Nirvana aufzuschieben, bis alle anderen Wesen Erleuchtung erlangt haben.

Buddha des Mitgefühls. *Siehe* Avalokiteshvara im Namensverzeichnis.

Buddha-Natur (Skrt.: *Sugatagarbha)* Die alles durchdringende, ursprüngliche Reinheit, die allen Lebewesen innewohnt.

Chakra (Skrt.) Wörtlich: Rad; Knotenpunkt feinstofflicher Energie im Körper.

Chö (tib.) Wörtlich: durschneiden; eine Vajrayana-Praxis, die darauf abzielt, dämonische Kräfte, das heißt das selbstzentrierte Ego, zu zerstören bzw. zu ,durchschneiden'.

Dakini (Skrt.; tib.: *khandro)* Die Verkörperung erleuchteter Energie in weiblicher Form, die sich manchmal als menschliches Wesen manifestiert, zu anderen Zeiten als himmlisches Wesen, das die buddhistischen Lehren beschützt. *Siehe auch* Khandro.

Dakini-Schrift Eine symbolische Schrift, die von den Dakinis verwendet wird und nur von Schatzenthüllern (Tertöns) entschlüsselt werden kann.

Dämon (Skrt.: *Mara)* Ein böswilliger Geist; eine negative Kraft oder ein Hindernis auf dem spirituellen Pfad.

Damsi (tib.) Ein Dämon oder böser Geist, der seine Samaya-Verpflichtungen nicht eingehalten oder gebrochen hat.

Dharma (Skrt.) Die Lehren des Buddha; Wahrheit bzw. Wirklichkeit; der spirituelle Pfad.

Dzogchen (tib.) *Siehe* Große Vollkommenheit.

Dzogpachenpo (tib.) *Siehe* Große Vollkommenheit.

Einäugige Schützerin (Skrt. *Ekajati*) Eine wichtige erleuchtete Schützerin der Dzogchen-Lehren; sie wird mit nur einem Haarschopf, einem Auge und einer Brust dargestellt.

Erfahrungsorientierte Belehrung (tib. *nyongtri*) Eine Lehrmethode, die sehr direkt und praktisch ist und die wesentlichsten Elemente vermittelt, die von den Schülern unmittelbar in die Praxis umgesetzt werden können, um die Wahrheit der Belehrung unverhüllt zu erfahren; bei diesem Lehrstil werden die Belehrungen den Fortschritten des einzelnen Meditierenden entsprechend erteilt.

Erleuchtung (Skrt. *Bodhi*) Gleichbedeutend mit Buddhaschaft, der letztendlichen Vollendung des spirituellen Pfades; die vollkommene Verwirklichung der Natur des Geistes und der Erkenntnis der Wirklichkeit. *Siehe* Nirvana.

Ermächtigung (Skrt.: *Abhisheka*; tib.: *Wang*) Eine Zeremonie, ausgeführt von Meistern und Linienhaltern, mittels derer ursprüngliche Weisheit, die Kraft der Verwirklichung, in den Geist des Schülers übertragen bzw. in ihm erweckt wird; Ermächtigungen sind in der buddhistischen Tradition eine Voraussetzung für die Tantra-Praxis; manchmal auch als Einweihung oder Initiation bezeichnet.

Festopfergabe *Siehe* Tsok.

Garuda (Skrt.) Mythisches, vogelähnliches Tier, dem verschiedene Bedeutungen zugeschrieben werden; gemäß der Dzogchen-Tantras heißt es, der Garuda repräsentiere die ursprüngliche Vollkommenheit eines Wesens.

Geist (tib. *Sem*) Der gewöhnliche Geist, dessen Zustand von Unwissenheit und Verblendung gekennzeichnet ist; in den Dzogchen-Lehren unterscheidet man zwischen *Sem* und *Rigpa*.

Gelug Eine der vier Haupttraditionen des tibetischen Buddhismus und die zuletzt entstandene Neue Übersetzungs- bzw. Sarma-Schule; von Je Tsongkhapa im 15. Jahrhundert auf der Grundlage der Kadam-Tradition ins Leben gerufen. Anhänger der Gelug-Tradition werden Gelugpas genannt.

Golok Eine Region in Osttibet.

Gottheit (tib. *Yidam*) Eine Schutzgottheit oder eine auserwählte Meditationsgottheit, deren Praxis die Wurzel spiritueller Errungenschaft ist. Gottheiten können spezifische erleuchtete Qualitäten wie Mitgefühl, Weisheit oder Kraft repräsentieren, die der Praktizierende durch die yogische Praxis der Vereinigung mit der Essenz der Gottheit in sich entwickelt. Man teilt die Gottheiten oft anhand ihrer Erscheinungsform in friedvolle und zornvolle ein.

Große Vollkommenheit (Skrt. *Mahasandhi* oder *Atiyoga*; tib. *Dzogchen* oder *Dzogpachenpo*) Der älteste und direkteste Wissensstrom der buddhistischen Tradition Tibets.

Guru (Skrt.; tib. *Lama*) Wörtlich: schwer oder gewichtig an positiven Eigenschaften, umfassendem Wissen, Weisheit und Geschick. *Siehe* Lama.

Guru Yoga (Skrt.) Eine Meditationspraxis, deren Ziel es ist, den Geist des Schülers mit dem Weisheitsgeist des Lehrers (Guru) zu vereinen, der dabei oft in einer erleuchteten Form visualisiert wird.

Heruka (Skrt.) Einer der Namen für zornvolle erleuchtete Gottheiten.

Ignoranz (tib. *Ma rigpa*) Unwissenheit; verhülltes Gewahrsein; das Nichterkennen der eigenen wahren Natur, auf der alle anderen zerstörerischen Emotionen wie Anhaftung, Abneigung, Zorn, Eifersucht und Stolz basieren.

Inkarnierter Lama *Siehe* Tulku.

Jokhang-Tempel Er gilt als heiligster Tempel in Tibet; beherbergt die Jowo Rinpoche- bzw. Jowo Shakyamuni-Statue; im 7. Jahrhundert in Lhasa errichtet.

Kalzang-Tempel Von Nyala Pema Dündul 1860 in Nyarong gegründet; später Sitz von Tertön Sogyal.

Kama (tib.) Die mündliche Übertragungslinie der Nyingma; bildet zusammen mit der Terma-Linie die beiden Übertragungsarten der Sutrayana- und der Vajrayana-Lehren in der Nyingma-Schule.

Kham Ein geografisches Gebiet, auch Osttibet genannt; es liegt zwischen dem heutigen Autonomen Gebiet Tibet und der Provinz Sichuan, einigen südlichen Abschnitten der Provinz Qinghai und einem Teil der Provinz Yunnan. Traditionell wurde Kham als ‚Vier Flüsse, sechs Gebirgsketten‘ bezeichnet, da die Flüsse Ngul Chu (chin. *Salween*), Dri Chu (chin. *Yangtze*), Da Chu (chin. *Mekong*) und Dza Chu (chin. *Yalung*) allesamt in den sechs parallel verlaufenden Gebirgsketten entspringen und das Wasser durch ihre Schluchten herabströmt. Die Einwohner von Kham heißen Khampas.

Khandro (tib.; Skrt. *Dakini*) Wörtlich: Himmelsläuferin; der Name weist darauf hin, dass sie den Himmel der weiten Ausdehnung der Weisheit durchschreitet. *Khandro* wird auch oft als Titel für eine Meisterin oder die Gefährtin eines Meisters oder Yogi verwendet.

Khenpo (tib.) Ein Titel, der jemandem nach einem über zehnjährigen Studium folgender traditioneller Wissenszweige verliehen wird: buddhistische Philosophie, Logik, monastische Disziplin und Rituale. Ein Khenpo kann auch Vorsteher eines Klosters sein.

Lama (tib.) Spiritueller Lehrer; verkürzte Form des tibetischen Ausdrucks *bla ne med pa,* was ‚unübertroffen‘ oder ‚nichts geht darüber hinaus‘ bedeutet. *Siehe* Guru.

Lebenskraft (tib. *bla*) Subtile Energie innerhalb des Körpers, die das Bewusstsein unterstützt und direkt mit der Vitalität und Kraft eines Menschen verbunden ist.

Lebenskraftstein (tib. *bla rdo*) Dieser Stein verfügt über energetische Eigenschaften, die die Lebenskraft eines Menschen stärken bzw. verbessern können; einige Steine weisen diese Eigenschaften ganz natürlich auf, während andere von einem tantrischen Meister damit aufgeladen werden.

Leerheit (Skrt. *Shunyata*) Die Abwesenheit einer innewohnenden Existenz im Selbst und in allen Phänomenen.

Lhasa Hauptstadt und größte Stadt Tibets; traditionell Residenz der Dalai Lamas.

Mandala (Skrt.) Wörtlich: Zentrum und Umfeld; die heilige Umgebung und der Aufenthaltsort eines Buddha, Bodhisattva oder einer Gottheit, zusammen mit der unmittelbaren Umgebung, die vom Yogi in der tantrischen Praxis visualisiert wird. Ein Mandala kann eine zweidimensionale Darstellung des Bereichs eines Buddha oder einer Gottheit auf Stoff oder Papier sein oder eine dreidimensionale Darstellung aus Sand, Holz oder anderen Materialien. Man kann auch das gesamte Universum als Mandala darbringen; man visualisiert es dabei als reines Land und all seine Bewohner als reine Wesen.

Mani *Siehe Om Mani Padme Hung.*

Mantra (Skrt.) Heilige Silben(n), die gesprochen, gechantet oder niedergeschrieben werden, um den Geist vor Negativität und gewöhnlichen, unreinen Wahrnehmungen zu schützen; sie werden genutzt, um Meditationsgottheiten anzurufen.

Mara (Skrt.) *Siehe* Dämon.

Meditation Die Praxis des Vertrautwerdens mit dem Geist und der Wirklichkeit, wie sie ist; es wird unterschieden zwischen analytischer Meditation und kontemplativer Meditation; der analytischen Meditation widmet man sich im Rahmen des Studiums und um Qualitäten wie Liebe und Mitgefühl zu entwickeln; die kontemplative Meditation dient dazu, die letztendliche Natur des Geistes (Rigpa) zu erkennen und in der Erkenntnis dieser Natur zu verweilen, die über konzeptuelles Denken hinausgeht.

Mündliche Übertragung (Skrt. *Agama*; tibetisch *Lung*) Auch bekannt als Leseübertragung, bei der ein Meister, der die Übertragungslinie hält, die bis zum ursprünglichen Verfasser des Textes zurückreicht, einem Schüler einen tantrischen Text vorliest; sie ist sehr wichtig, damit der Segen der Linie übertragen wird und der Schüler den Text vollständig verstehen kann.

Naga (Skrt.) Schlangengleiche Geister, die unter der Erd- bzw. Wasseroberfläche leben.

Natur des Geistes *Siehe* Rigpa.

Nirvana (Skrt.) Wörtlich: ausgelöscht. Jenseits von Leiden; die Erleuchtung selbst; der Zustand des Friedens, der aus der Beendigung und vollkommenen Befriedung allen Leidens und seiner Ursachen resultiert.

Nyagar Lager in Golok, einen Tagesritt von Sertar entfernt, in dem Tertön Sogyal zusammen mit seiner Familie die letzten zwei Jahre seines Lebens verbrachte.

Nyarong Region in Osttibet, in der Tertön Sogyal geboren wurde.

Nyingma Die älteste Schule des tibetischen Buddhismus, die sich auf die bis ins späte 10. Jahrhundert erstellten, ursprünglichen Übersetzungen von Buddhas Lehren ins Tibetische gründet; manchmal auch als Alte bzw. Frühe Übersetzungsschule bekannt, im Unterschied zu den Sarma- bzw. Neuen Übersetzungsschulen (Kadam bzw. Gelug, Kagyü und Sakya).

Om Mani Padme Hung Das Sechs-Silben-Mantra von Chenresig; auch bekannt als *Mani*-Mantra.

Pandita (Skrt.) Titel für Gelehrte, die die fünf Wissenschaften gemeistert haben: Kunsthandwerk, Logik, Grammatik, Medizin und die innere Wissenschaft des Dharma.

Phurba (tib.; Skrt. *Kila*) Ein dreischneidiger Dolch mit einer Spitze, der die geschickten Mittel des Mitgefühls und die Zerstörung des selbstzentrierten Ego repräsentiert; das wichtigste Ritualwerkzeug der Meditationsgottheit Vajrakilaya.

Potala Hauptpalast und Residenz der Dalai Lamas; er wurde vom 5. Dalai Lama Mitte des 17. Jahrhunderts in Lhasa auf den Ruinen eines alten Palastes und einer Einsiedelei errichtet, die mehr als 1000 Jahre zuvor von den Königen Tibets gebaut worden waren. Bis zur chinesischen Invasion war der Großteil der tibetischen Zentralregierung im Potala untergebracht. Auch das Namgyal-Kloster befindet sich in dem riesigen, 1000 Räume umfassenden Gebäudekomplex.

Rauchopfer Rituelles Darbringen von aromatischen Pflanzen, Arzneien und Hölzern, wie Wacholder- oder Zedernholz; diese Opfergaben werden angefeuchtet und dem Feuer übergeben, um mit ihrem Rauch die äußere Umgebung von Verschmutzungen zu reinigen und die inneren Kanäle des Yogi von psychischen Knoten zu befreien; sie werden auch lokalen Gottheiten als Respektsbezeugung dargebracht, wenn man ihr Land betreten hat oder nutzen möchte.

Regenbogenkörper Auflösung des materiellen Körpers in Licht durch die Praxis des Dzogchen; äußeres Zeichen, dass ein Yogi die höchste spirituelle Errungenschaft erlangt hat.

Reinkarnation Die aufeinanderfolgenden Existenzen, die vom Geistesstrom erfahren werden, gekennzeichnet durch Geburt und Tod; auch Wiedergeburt genannt.

Retreat (engl.) Klausur, Einkehr; heute auch im Deutschen in buddhistischen Kreisen gebräuchlicher Begriff. Ursprüngliche Bedeutung im Tibetischen: Setzen einer Grenze gegenüber den Ablenkungen (A.d.R)

Rigpa (tib.) Bedeutet im Allgemeinen Intelligenz oder Gewahrsein; in der Dzogchen-Terminologie bezeichnet der Begriff die innerste, nicht-duale Natur des Geistes; unsere letztendliche Natur, die frei ist von Verblendung.

Rime (tib.) Nicht-sektiererische Bewegung, im 19. Jahrhundert in Osttibet von Jamyang Khyentse Wangpo, Jamgön Kongtrul und deren Schülern ins Leben gerufen.

Rinpoche (tib.) Wörtlich: Kostbarer; ein Ehrentitel für spirituelle Lehrer; oft wird damit auch zum Ausdruck gebracht, dass der Lehrer ein anerkannter reinkarnierter Lama ist. *Siehe* Tulku.

Sadhana (Skrt.) Ein Text mit den Anweisungen für die Rituale, Kontemplationen und Meditation, um die Qualitäten einer Gottheit vollständig in sich selbst zu entfalten.

Samaya (Skrt.) Eine Reihe von Regeln und Gelübden zwischen Schülern und Lehrern, zu denen sie sich verpflichten, wenn sie tantrische Ermächtigungen erhalten bzw. erteilen.

Samsara (Skrt.) Fortwährender Kreislauf der bedingten Existenz von Geburt und Tod, gekennzeichnet durch Leiden; die Ursache von Samsara ist das Nichterkennen der wahren Natur der Wirklichkeit.

Samye Das erste buddhistische Kloster in Tibet; errichtet in der Zeit von König Trisong Detsen (8. Jahrhundert). *Samye* bedeutet grenzenlos, im Sinne von ‚den konzeptuellen Bereich überschreitend‘.

Schützer (Skrt. *Dharmapala*) Eine Gottheit oder ein Geist mit dem Auftrag, die buddhistischen Lehren und Praktizierenden zu schützen. Einige Schützer sind Emanationen von Buddhas oder Bodhisattvas; andere sind Geister und Dämonen, die von großen Praktizierenden wie Padmasambhava unterworfen oder durch Eid gebunden wurden.

Sicht Erkenntnis der wahren Natur der Phänomene; Aufrechterhaltung der Erkenntnis der Leerheit; steht in der bekannten Dreiergruppe von Sicht, Meditation und Handlung an erster Stelle.

Stupa (Skrt.) Ein Reliquienbau, der den erleuchteten Geist der Buddhas symbolisiert. Stupas unterscheiden sich in Größe und Form, haben aber meist einen großen, viereckigen Sockel, einen runden Mittelteil und darauf einen hohen, sich nach oben hin verjüngenden Aufbau.

Tantra (Skrt.) Wörtlich: Faden oder Kontinuität. *Tantra* bezieht sich sowohl auf die Texte des Vajrayana-Buddhismus als auch auf die tantrische Tradition im Allgemeinen, die die natürliche Reinheit des Geistes lehrt. Ausgangspunkt des Tantra ist die Sicht, dass die letztendliche Errungenschaft bzw. das letztendliche Ergebnis von Anfang an in der Natur des Geistes vorhanden war und ist, jedoch von Unwissenheit verdunkelt wurde.

Tara (Skrt.; tibetisch *Drolma*) Weibliche Gottheit, verbunden mit Mitgefühl und erleuchteter Aktivität.

Terma (tib.) Ein spiritueller Schatz, der von Padmasambhava und Yeshe Tsogyal in der Erde, im Himmel, im Wasser oder im Geistesstrom bestimmter Menschen verborgen wurde. Termas werden zu einer vorherbestimmten Zeit zum Wohle der Wesen von Schatzenthüllern, die alle Inkarnationen der 25 engsten Schüler Padmasambhavas sind, wieder entdeckt bzw. enthüllt. Termas können Texte mit Sadhanas, religiösen Praktiken und spirituellen Ratschlägen sowie mit Dakini-Schrift beschriebene Papierrollen enthalten oder auch gesegnete Objekte wie Statuen, Ritualgegenstände, Medizin oder Reliquien.

Tertön (tib.) Schatzenthüller; ein Tertön enthüllt *Terma*s, die im 8. Jahrhundert in seinem bzw. ihrem Geistesstrom oder als materielle Objekte in Tibet und dem Himalaya-Gebiet von Padmasambhava und Yeshe Tsogyal verborgen wurden; Inkarnationen der 25 engsten Schüler Padmasambhavas. Siehe *Terma*.

Tibet Das Land, das geografisch aus drei Hauptprovinzen besteht: U-Tsang (Zentral- und West-Tibet), Kham (Ost-Tibet) und Amdo (Nordost-Tibet).

Torma (tib.) Rituelle Skulptur aus Teig, meist von Hand aus Butter, geröstetem Gerstenmehl und spiritueller Medizin geformt und farbig bemalt; Symbol für eine Gottheit, ein Mandala, eine Opfergabe oder eine Waffe.

Tsampa Geröstetes Gerstenmehl; tibetisches Grundnahrungsmittel.

Tsok (tib.; Skrt. *Ganachakra*) Zusammenkunft zur Feier eines tantrischen Festmahls, um Verdienst anzusammeln und Samaya-Verpflichtungen zu reinigen; Tsok wird regelmäßig praktiziert, vor allem an wichtigen Tagen des Mondmonats oder zu Glück verheißenden Anlässen.

Tulku (tib.) Wörtlich: Emanationskörper; die Reinkarnation eines vorangegangenen spirituellen Meisters, der zum Zeitpunkt seines Todes imstande war, seine nächste Wiedergeburt zu bestimmen. Im allgemeinen Sprachgebrauch bezeichnet der Begriff alle reinkarnierten Lamas; sie werden häufig auch ‚Rinpoche‘ genannt. In chinesischen Publikationen wird *Tulku* fälschlicherweise oft als ‚lebender Buddha‘ übersetzt.

Vajra (Skrt.; tibetisch *Dorje*) Ein rituelles Zepter, das Mitgefühl und geschickte Mittel symbolisiert. In Vajrayana-Ritualen repräsentiert der Vajra das männliche Prinzip und ist das Gegenstück zur Glocke, die das weibliche Prinzip und die Weisheit der Leerheit repräsentiert; der erwachte Geist ist die Einheit von geschickten Mitteln und Weisheit.

Vajrayana (Skrt.) Das Diamant- (*Vajra*) Fahrzeug (*Yana*); der tantrische Zweig des Mahayana-Buddhismus, in dem eine Vielzahl von Methoden verwendet wird, zum Beispiel Mantra-Rezitation und Visualisation von Gottheiten, und in dem der Rolle des Lehrers große Bedeutung beigemessen wird.

Vier Arten (tantrischer) Aktivität Befrieden, vermehren, anziehen und unterwerfen; tantrische Praktizierende üben sich im Kontext des Gottheiten-Yoga darin 1. Konflikte, Krankheiten und Hungersnöte zu befrieden 2. Langlebigkeit und Verdienst zu vermehren 3. günstige Umstände anzuziehen und 4. feindliche Kräfte zu unterwerfen. Hoch verwirklichte Praktizierende führen diese vier Aktivitäten zum Wohle anderer aus.

Wind (Skrt. *Prana*) Die Windenergien bzw. der psychische Wind, der durch die feinstofflichen Kanäle des psychophysischen Systems unseres Körpers strömt; gewöhnlicher ‚Wind‘ hält die Bewegung dualistischer Gedankenmuster von Unwissenheit, Hass und Begierde aufrecht; er kann durch yogische Praxis in Weisheitswind verwandelt werden.

Yogi (Skrt.; weibliche Form: *Yogini*) Jemand, der yogische Praktiken ausübt; er ist eins mit dem natürlichen Zustand. Der Begriff bezieht sich auf einen Praktizierenden, der ein bestimmtes Maß an spiritueller Verwirklichung erlangt hat.

Literaturverzeichnis

Akester, Matthew. In Vorbereitung. ‚The rJe 'bum sgang lha khang and Other Follies: rNying ma pa Ritual Architecture in the Resurgence of the Modern Tibetan State.' *Journal of the International Association of Tibetan Studies.*

Alexander, Andre. 2005. *The Temples of Lhasa: Tibetan Buddhist Architecture from the Seventh to the Twenty-first Centuries.* Serindia.

Ama Adhe. 1997. *The Voice that Remembers: A Tibetan Woman's Inspiring Story of Survival.* Wisdom Publications.

Aten Dogyaltshang. 1993. *A Historical Oration from Khams: The Ancient Recitation of Nyag Rong.* Tibetan Literature Series No. 1. Edited by Tashi Tsering. Amnye Machen Institute.

Baker, Ian. 2004. *The Heart of the World: A Journey to the Last Secret Place.* Penguin Press.

Baker, Ian. 2000. *The Dalai Lama's Secret Temple: Tantric Wall Paintings from Tibet.* Thames & Hudson.

Bell, Charles. 1987 (reprint). *Portrait of a Dalai Lama: The Life and Times of the Great Thirteenth* (1946). Wisdom Publications.

Bell, Charles. 1931. *The Religion of Tibet*. Oxford. Clarendon Press.

Brauen, Martin (editor). 2005. *Die Dalai Lamas. Tibets Reinkarnationen des Bodhisattva Avalokiteshvara*. ARNOLDSCHE.

Bshes gnyen tshul khrims [Shenyen Tsultrim]. 2001. *The Precious Ornamental Heaping of the Lhasa Monasteries*. Sichuan Nationalities Publishing House. Chengdu.

Bulag, Uradyn E. 2002. *The Mongols at China's Edge: History and the Politics of National Unity*. Rowman & Littlefield.

Bultrini, Raimondo. 2013. *The Dalai Lama and the King Demon: Tracking a Triple Murder Mystery through the Mists of Time*. Tibet House.

Byrom, Thomas. 1993. *Dhammapada: The Sayings of the Buddha*. Shambhala Publications.

Cantwell, Cathy, und Robert Mayer. 2013. ‚Representations of Padmasambhava in Early Post-Imperial Tibet.‘ *Tibet after Empire: Culture, Society and Religion between 850–1000*. Lumbini International Research Institute. Band 4.

China Tibetology. 1991. *History of Monasteries in Kandze, Kham: A Clear Mirror of Buddhism*. Band 1. China Tibetology Center Publishing House.

Chögyal Namkhai Norbu. 2012 (a). *The Lamp that Enlightens Narrow Minds: The Life and Times of a Realized Tibetan Master, Khyentse Choki Wangchuk*. Shang Shung Publications.

Chögyal Namkhai Norbu. 2012 (b). *Rainbow Body: The Life and Realization of Togden Ugyen Tendzin*. Shang Shung Publications.

Coleman, William M. IV. 2002. ‚The Uprising at Batang: Kham and Its Significance in Chinese and Tibetan History,‘ in Epstein 2002.

Da lta ba [Da Tawa]. 2005. *dGu rong tshang gi zhabs rjes*. Band 2. Xining.

Dalai Lama, Fifth (Ngawang Lobsang Gyatso). n.d. *Autobiography: Dukulai Gosang* (Lhasa edition). Volume Kha.

Dalai Lama, 14. (Tenzin Gyatso). 2008. *Die große Vollkommenheit: Dzogchen-Unterweisung zur Essenz des Tibetischen Buddhismus. Eine Sammlung von Dzogchen-Belehrungen Seiner Heiligkeit des Dalai Lama im Westen*. Theseus-Verlag.

Dalai Lama, 14. 2007. *Harmonischer Geist, vollkommenes Bewusstsein*. Lotos.

Das, Sarat Chandra. 1988 (Wiederauflage). *Journey to Lhasa and Central Tibet* (1970). Cosmo Publications.

Do Khyentse. 1997. *Autobiography of Do Khyentse Yeshe Dorje*. Sichuan Nationalities Publishing House.

Doctor, Andreas. 2005. *Tibetan Treasure Literature: Revelation, Tradition, and Accomplishment in Visionary Buddhism*. Snow Lion Publications.

Dodrupchen Jigme Tenpa‘i Nyima. 2010. *Key to the Precious Treasury: A Concise Commentary on the General Meaning of the ‚Glorious Secret Essence Tantra.‘* Übersetzer: Lama Chönam und Sangye Khandro von der Light of Berotsana Translation Group. Snow Lion Publications.

Dreyfus, George. 1998. ‚The Shuk-den Affair: History and Nature of a Quarrel.‘ *Journal of the International Association of Buddhist Studies*, Band 21, Nummer 2.

Dudjom Rinpoche. 1991. *The Nyingma School of Tibetan Buddhism: Its Fundamentals and History*. Übersetzer: Gyurme Dorje und Matthew Kapstein. Wisdom Publications.

Epstein, Lawrence (Hrsg.). 2002. *Khams pa Histories: Visions of People, Place and Authority*. PIATS 2000, Tibetan Studies: Proceedings of the Ninth Seminar of the International Association for Tibetan Studies. Brill.

Ferrari, Alfonsa. 1958. *Mk'yen Brtse's Guide to the Holy Places of Central Tibet*. Herausgeber: Luciano Petech. Istituto Italiano per il Medio ed Estremo Oriente.

Funchen Fun. 2013. *Ma Zi Zhum* (*Ma Qi Biography*). Qinghai Peoples Publishing House. Xining.

Gardner, Alexander. 2006. ,The Twenty-five Great Sites of Khams: Religious Geography, Revelation, and Nonsectarianism in Nineteenth-Century Eastern Tibet.' Doktorarbeit, University of Michigan.

Ge, T. 2008. ,Shanghai EMI – The Development of Shanghai EMI during the Modern Period.' *History Review*. (5), Seiten 26–41.

Ge, T. 2009. *Records and Modern Shanghai Social Life*. Lexicographical Publishing House. Shanghai.

Goldstein, Melvyn C. 1973. ,The Circulation of Estates in Tibet: Reincarnation, Land and Politics.' *Journal of Asian Studies,* Band 32, Nummer 3.

Goldstein, Melvyn C. 1991. *A History of Modern Tibet, 1913–1951: The Demise of the Lamaist State*. University of California Press.

Gurong Tsang. 1994. *Dgu rong sku phreng snga phyi'i rnam thar* (Gurong Gyalses Biografie). Nationalities Publishing House of Gansu.

Hartley, Lauran Ruth. 1997. ,A Socio-Historical Study of the Kingdom of the Sdedge (Derge, Kham) in the Late Nineteenth Century: Ris-Med Views of Alliance and Authority.' Magisterarbeit, Indiana University.

Ho, Dahpon David. 2008. ,The Men Who Would Not Be Amban and the One Who Would: Four Frontline Officials and Qing Tibet Policy (1905–1911).' *Modern China*, Band 34, Nummer 2, Seiten 210–246.

Humchen Chenaktsang and Yeshe Ozer Drolma. 2005. *A Collection of Histories Concerning the Ngak Mang Rebkong Monastery.* Nationalities Press. Peking.

Jacoby, Sarah H. 2007. ,Consorts and Revelation in Eastern Tibet: The Auto/ Biographical Writings of the Treasure Revealer Sera Khandro (1892–1940).' Doktorarbeit, University of Virginia.

Jagou, Fabienne. 2009. ,The Thirteenth Dalai Lama's Visit to Beijing in 1908: In Search of a New King of Chaplain-Donor Relationship.' In *Buddhism between Tibet and China.* Herausgeber: Matthew Kapstein. Wisdom Publications.

Jamgön Kongtrul. 2003. *The Autobiography of Jamgön Kongtrul: A Gem of Many Colors.* Übersetzer: Richard Barron. Snow Lion Publications.

Jamgön Kongtrul. 2012. *The Life of Jamyang Khyentse Wangpo.* Übersetzer: Matthew Akester. Shechen Publications.

Jamyang Norbu. 1986. *Warriors of Tibet: The Story of Aten and the Khampas' Fight for the Freedom of Their Country.* Wisdom Publications.

Ju Mipham Gyatso. 2000. *Kagye Namshe (dpal sgrub pa chen po bka' brgyad kyi spyi don rnam par bshad pa dngos grub snying po: Explanation of the Eight Logos).* Vorläufige englische Übersetzung von Zach Beer und Dharmachakra Translation Committee. Sichuan Nationalities Publishing House.

Ju Mipham Gyatso. n.d. *Treatise on Advice to Rulers: Specifically the King of Derge (rgyal po'i lugs kyi bstan bcos).*

Kapstein, Matthew T. 2004. ,The Strange Death of Pema the Demon Tamer.' Kapitel 6 in *The Presence of Light: Divine Radiance and Religious Experience.* University of Chicago Press.

Kawaguchi, Ekai. 1979 (Neuauflage). *Three Years in Tibet* (1909). Ratna Pustak Bhandar.

Keutsang Trulku Jamphe Yeshe. 2001. *Memoirs of Keutsang Lama: Life in Tibet after the Chinese ,Liberation.'* Paljor Publications.

Khamtrul Rinpoche. n.d. ,A Brief Biography of the Great Treasure Revealer [Tertön Sogyal] Lerab Lingpa Known as the Drop Thread of Purity, He Who Is Freed from the Cloud Covering of the Two Obscurations, Who Has Thoroughly Completed All Clear Light Appearances of Wisdom and Compassion, Who Showers the Beneficial and Blissful Rays of the Profound and Highest Secret Tantra.' Unveröffentlichtes Manuskript. Übersetzer: Acharya Nyima Tsering (Mike Gilmore). Dharamsala.

Khamtrul Rinpoche. 2009. *Memories of Lost and Hidden Lands: The Life Story of Garje Khamtrul Rinpoche.* Übersetzer: Lozang Zopa. Chime Gatsal Ling. Dharamsala.

Khenpo Namdrol. 1999. *The Practice of Vajrakilaya.* Snow Lion Publications.

Khenpo Ngawang Pelzang. 2004. *A Guide to the Words of My Perfect Teacher.* Translators: Padmakara Translation Group. Shambhala Publications.

Khenpo Sodarjey. 2001. *Biography of His Holiness Jigmey Phuntshok Dharmaraja.* Übersetzer: Arnaud Versluys. Hua Xia Cultural Publishing House.

Laird, Thomas. 2007. *Tibet – Die Geschichte eines Landes: Der Dalai Lama im Gespräch mit Thomas Laird.* Fischer Taschenbuch Verlag.

Li, John Fangjun. 2011. ,The Development of China's Music Industry during the First Half of the Twentieth Century.' *NEO: Journal for Higher Degree Research in Social Science and Humanities.*

Lipman, Jonathan. 1984. ,Ethnicity and Politics in Republican China: The Ma Family Warlords of Gansu.' *Modern China*, Band 10, Nummer 3.

Longchenpa Rabjam. 2002. *The Practice of Dzogchen*. Übersetzung und Kommentar: Tulku Thondup. Snow Lion Publications.

Lopez, Donald S. Jr. 2007. *The Madman's Middle Way: Reflections on Reality of the Tibetan Monk Gendun Chopel*. University of Chicago Press.

Lotsawa House. www.lotsawahouse.org.

Mayer, Robert. 1991. ‚Observations on the Tibetan Phurba and the Indian Kila.‘ *The Buddhist Forum*, Band 2: 163–192.

McGranahan, Carole. 2001. ‚Arrested Histories: Between Empire and Exile in Twentieth-Century Tibet.‘ Doktorarbeit, University of Michigan.

Mengele, Irmgaard. 1999. *dGe-'dun-chos-'phel: A Biography of the Twentieth-Century Tibetan Scholar*. Library of Tibetan Works and Archives. Dharamsala.

Mullin, Glenn H. 1988. *Path of the Bodhisattva Warrior: The Life and Teachings of the Thirteenth Dalai Lama*. Snow Lion Publications.

Nebesky-Wojkowitz, René de. 1993. *Oracles and Demons of Tibet: The Cult and Iconography of the Tibetan Protective Deities*. Tiwari's Pilgrims Book House.

Nechung. 2004. *An Anthology containing an exposition of the ‚Tenth Day, Fifth Month, of the Monkey year,‘ the birth anniversary of the embodiment of all buddhas of the three times, mahaguru Padmasambhava: an account of how the wish-fulfilling nirvana-granting statue retrieved as a hidden treasure by Orgyen Lerab Lingpa was conveyed to Lhasa; and a brief account of the glorious deeds of Nechung, the great Dharma protector*. Nechung Dratsang. Dharamsala.

Ngawang Senge (Sarkis Vermilyea). 2013. ‚*The Vajra Heart Essence of the Luminous Expanse: The Recitation of the Common Preliminaries.*‘ Unveröffentlichte Übersetzung.

Ngawang Zangpo. 2001. *Sacred Ground: Jamgön Kongtrul on Pilgrimage and Sacred Geography*. Snow Lion Publications.

Ngawang Zangpo. 2002. *Guru Rinpoche: His Life and Times*. Snow Lion Publications.

Noetic Sciences Institute. 2002. ‚The Rainbow Body.‘ *Institute of Noetic Sciences Review*, Nummer 59 (Mai).

Nyoshul Khenpo. 2005. *A Marvelous Garland of Rare Gems: Biographies of Masters of Awareness in the Dzogchen Lineage*. Übersetzer: Richard Barron. Padma Publications.

Orgyen Dongkawa. 2000. *The Life Story of Gurong Gyalse, Reincarnation of Mipham: A Cloud of Offerings to Delight Manjushri*. Gansu Nationalities Publishing House.

Orgyen Tobgyal Rinpoche. 1982. *The Life and Teachings of Chokgyur Lingpa*. Übersetzer: Tulku Jigmey und Erik Pema Kunsang. Rangjung Yeshe Publications.

Petech, Luciano. 1973. *Aristocracy and Government in Tibet, 1728–1959*. Istituto Italiano per il Medio ed Estremo Oriente.

Pistono, Matteo. 2008. ‚Master Scholar of Fearless Sublimity: A Biography of the Lord of the Dharma, Choje Jigme Phuntsok Rinpoche.‘ *The Fifth Anniversary of Choje Jigme Phuntsok Jungne Journal*. New Delhi.

Pistono, Matteo. 2011. *In The Shadow of the Buddha: Secret Journeys, Sacred Histories, and Spiritual Discovery in Tibet*. Dutton.

Rangjung Yeshe Wiki. www.rywiki.tsadra.org.

Ricard, Matthieu. 1996. *Das Licht Tibets. Leben und Welt des spirituellen Meisters Khyentse Rimpoche*. Aperture.

Ricard, Matthieu (Übersetzer und Herausgeber). n.d. ‚The Enlightened Vagabond: Images of Episodes in Patrul Rinpoche's Life.' Unveröffentlichtes Manuskript. Padmakara Translation Group.

Richardson, Hugh. 1984. *Tibet and Its History.* Shambhala Publications.

Rigpa. 2004. *Ein unermesslicher Segensschatz: Eine Sammlung von Gebeten an Guru Rinpoche zur Feier des Holz-Affen-Jahres 2004–2005.* Dharmakosha für Rigpa.

Rigpa International. 2000. ‚On an Island of Wish-Fulfilling Jewels.' *The Rigpa Journal.* Tertön Sogyal Trust.

Rigpa Shedra Wiki. www.rigpawiki.org.

Ringu Tulku. 2006. *The Ri-me Philosophy of Jamgön Kongtrul the Great: A Study of the Buddhist Lineages of Tibet.* Shambhala Publications.

Rockhill, William Woodville. 1891. *The Land of the Lamas: Notes of a Journey through China, Mongolia and Tibet.* The Century Company.

Ronis, Jann Michael. 2009. ‚Celibacy, Revelations, and Reincarnated Lamas: Contestation and Synthesis in the Growth of Monasticism at Katok Monastery from the Seventeenth through the Nineteenth Centuries.' Doktorarbeit, University of Virginia.

Ruegg, D. S. 1991. ‚Nchod-yon, Yon-chod and chod-gnas/yon-gnas; on the Historiography and Semantics of a Tibetan Religio-social and Religio-political Concept.' *Tibetan History and Language: Studies Dedicated to Geza Uray on His Seventieth Birthday.* University of Vienna.

Schaedler, Luc (Regisseur). 2005. *Angry Monk – eine Reise durch Tibet* (DVD).

Schaeffer, Kurtis, Matthew Kapstein, und Gray Tuttle (Hrsg.). 2013. *Sources of Tibetan Tradition.* Columbia University Press.

Shantideva. 2004. *Die Lebensführung im Geiste der Erleuchtung: Das Bodhicaryavatara.* Theseus.

Shantideva. 2005. *Der Weg des Lebens zur Erleuchtung: Das Bodhicaryavatara.* Diederichs.

Sherab Özer. 1981. ‚A History of Nyarong Gonpo Namgyal.' In Sherab Özer und Changchub Gyamtso, 1996.

Shes rab Od zer/Byang chub rgya mtsho (Sherab Ozer and Changchub Gyamtso). 1996. *A Mirror Clearly Reflecting the Buddhist Teachings: A Clear Explanation of the History of the Various Monasteries of Kardze in Kham* (*shar rgyal ba bskal bzang dgon gyi byung ba rags bsdus*). Sichuan Nationalities Publishing House. Chengdu.

Smith, E. Gene. 1970. ‚Jam mgon Kong sprul and the Nonsectarian Movement.' *Kongtrul's Encyclopedia of Indo-Tibetan Culture.* International Academy of Indian Culture. New Delhi.

Smith, E. Gene. 2001. *Among Tibetan Texts: History and Literature of the Himalayan Plateau.* Wisdom Publications.

Sogyal Rinpoche. 1990. *Dzogchen & Padmasambhava.* Rigpa Fellowship.

Sogyal Rinpoche. 2003. *Das tibetische Buch vom Leben und vom Sterben.* OW Barth/Scherz.

Sperling, Elliot. 1976. ‚The Chinese Venture in K'am, 1904–1911, and the Role of Chao Erhfeng.' *Tibet Journal,* Band 1, Nummer 2 (April/Juni), Seiten 10–36.

Stoddard, Heather. 1985. *Le Mendicant de l'Amdo.* Societé d'Ethnographie.

Stoddard, Heather. 2006. *The Great Phi gling dmag zlog of 1888.* International Association for Tibetan Studies. Bonn.

Tarthang Tulku (Herausgeber). 1995. *Masters of the Nyingma Lineage.* Crystal Mirror Series, Band 11. Zusammengestellt von: Leslie Bradburn und dem Team des Yeshe De Project. Dharma Publishing.

Tashi Tsering. 1986. ,Nag-ron mgon-po rnam-rgyal: A Nineteenth-Century Khams-pa Warrior.' In *Soundings in Tibetan Civilization: Proceedings of the 1982 Seminar of the International Association for Tibetan Studies.* Herausgeber: Barbara Nimri Aziz und Matthew Kapstein. South Asian Books.

Teichman, Eric. 2000 (Neuauflage). *Travels of a Consular Officer in Eastern Tibet: Together with a History of the Relations between China, Tibet and India (1922).* Cambridge University Press.

Terrone, Antonio. 2010. ,Bya rog prog zhu: The Raven Crest—The Life and Teachings of Bde chen 'od gsal rdo rje, Treasure Revealer of Contemporary Tibet.' Doktorarbeit, Leiden University.

Tertön Sogyal. 2013. *The Collected Treasure Revelations and Writings of Tertön Sogyal, Lerab Lingpa.* Private Veröffentlichung. Xining.

Tertön Sogyal. 1985. *The Collected Visionary Revelations and Textual Discoveries of Lerab Lingpa [Tertön Sogyal].* Veröffentlicht in Bylakuppe [Karnataka, Indien] von Pema Norbu Rinpoche, Reproduktion der Version aus der Bibliothek von Dilgo Khyentse Rinpoche, die mit den Nyarong-Druckstöcken hergestellt wurde.

Thupten Jampa Tsultrim Tendzin. 1998. *The Wondrous Garland of Precious Gems: A Brief Summary of the Ocean-like Life and Liberation of the Thirteenth Incarnation of the Incomparably Gracious Lord of the Victorious Ones, the Crowning Ornament of All Samsara and Nirvana Including the Heavens* [Biografie Seiner Heiligkeit des 13. Dalai Lama]. Sherig Parkhang.

Thupten Jinpa. 2005. *Mind Training: The Great Collection.* Wisdom Publications.

Treasury of Lives: Biographies of Himalayan Religious Masters. www.treasuryoflives.org.

Tripartite Conference between China, Britain, and Tibet. 1940. *The Boundary Question between China and Tibet: A Valuable Record of the Tripartite Conference between China, Britain, and Tibet held in India, 1913–1914*. Peking.

Tsepon Shakabpa. 1967. *Tibet: A Political History*. Yale University Press.

Tsering Shakya. 1999. *The Dragon in the Land of Snows*. Columbia University Press.

Tsong-kha-pa. 2000. *The Great Treatise on the Stages of the Path to Enlightenment [Lamrim Chenmo]*. Übersetzer: Lamrim Chenmo Translation Committee. Snow Lion Publications.

Tsultrim Zangpo. 1942. *The Secret Biography of the Great Tertön Sogyal Lerab Lingpa: The Marvelous Garland of White Lotuses*. Gedruckt mit den Holzdruckstöcken aus dem Kalzang-Tempel, Nyarong, Osttibet.

Tsultrim Zangpo. 1974 (wieder entdeckt und gedruckt). *The Secret Biography of the Great Tertön Sogyal Lerab Lingpa: The Marvelous Garland of White Lotuses*. Veröffentlicht in New Delhi von Sanje Dorje; entsprechend der Ausgabe in der Bibliothek von Dudjom Rinpoche.

Tulku Thondup. 1994. *Die verborgenen Schätze Tibets: Eine Erläuterung der Termatradition der Nyingmaschule des Buddhismus*. Theseus.

Tulku Thondup. 1996. *Masters of Meditation and Miracles: The Longchen Nyingthig Lineage of Tibetan Buddhism*. Shambhala Publications.

Tulku Thondup. 2011. *Incarnation: The History and Mysticism of the Tulku Tradition of Tibet*. Shambhala Publications.

Tulku Urgyen Rinpoche. 2005. *Blazing Splendor: The Memoirs of Tulku Urgyen Rinpoche*. Rangjung Yeshe Publications.

Tulku Urgyen Rinpoche. 2015. *Leuchtende Brillanz: Die Memoiren von Tulku Urgyen Rinpoche*. Manjughosha Edition.

Tuttle, Gray. 2005. *Tibetan Buddhists in the Making of Modern China*. Columbia University Press.

United Front. 2004 (Juni). *Qinghai Provincial Documents. Ma Family Genealogy*. Xining.

Yeshe Dorje. 2013. *The Cloud of Nectar: The Life and Liberation of Nyagla Pema Düdul*. Übersetzer: Oriol Aguilar. Shang Shung Publications.

Yeshe Tsogyal. 1978. *The Life and Liberation of Padmasambhava*. Dharma Publishing.

Yeshe Tsogyal. 2015. (Neuauflage) *Der Lotosgeborene im Land des Schnees*. VetH Verlag.

Younghusband, Sir Francis. 1910. *India and Tibet*. John Murray.

Yudra Nyingpo. 2004. *The Great Image: The Life of Vairochana the Translator*. Übersetzer: Ani Jinba Palmo. Shambhala Publications.

Yudru Tsomu. 2006. ‚Local Aspirations and National Constraints: A Case Study of Nyarong Gonpo Namgyal and His Rise to Power in Kham (1836–1865).' Doktorarbeit, Harvard University.

Zemey Tulku Lobsang Palden. 1973. *The Yellow Book: An Account of the Protective Deity Dorje Shugden, Chief Guardian of the Gelug Sect, and of the Punishments Meted Out to Religious and Lay Leaders Who Incurred His Wrath*. Delhi, India.

Interviews und Belehrungen

Ajam Rinpoche, Interviews 2001, 2007. Nyarong, Osttibet.

Ama Adhe, Interviews 2006. Dharamsala, Indien, und Washington, D.C.

Dalai Lama XIV, Interview, 2007. Washington, D.C.

Dilgo Khyentse Rinpoche, Belehrung, 19. August 1990. Prapoutel, Frankreich.

Gelek Rinpoche, Interview, 2007. Washington, D.C.

Jamphel Sherab Rinpoche, Interview, 2008. Golok, Osttibet.

Khamtrul Rinpoche, Belehrung, 12. August 1992 (a). Lerab Ling, Roqueredonde, Frankreich.

Khamtrul Rinpoche, Belehrung, 14. Januar 1992 (b). Dzogchen-Kloster, Kollegal, Indien.

Khamtrul Rinpoche, Interview, April 2008. New York City.

Khamtrul Rinpoche, Interview, Januar 2013. Dharamsala, Indien.

Khenpo Jikme Phuntsok, Belehrung, 24. August 1993. Lerab Ling, Roqueredonde, Frankreich.

Khenpo Jikme Phuntsok, Belehrung, 27. August 1993. Lerab Ling, Roqueredonde, Frankreich.

Khenpo Jikme Phuntsok, Interview, November 1999. Larung Gar, Osttibet.

Khenpo Namdrol Rinpoche, Belehrung, Mai 2007. Alameda, Kalifornien.

Lama Wangde, Interview, 2001. Nyarong, Osttibet.

Lama Wangde, Interview, 2004. Nyarong, Osttibet.

Lodi Gyari, Interview, April 2008. Washington, D.C.

Matthieu Ricard, Interview, März 2004. Kathmandu, Nepal.

Nyoshul Khenpo Rinpoche, Belehrung, 22. September 1985. Rigpa, London.

Orgyen Topgyal Rinpoche, Belehrung, 18. und 23. August 1996. Lerab Ling, Roqueredonde, Frankreich.

Sherab Özer Rinpoche, Interview, Juni 1998. Washington, D.C.

Sherab Özer Rinpoche, Belehrung, Juli 1998. Lerab Ling, Roqueredonde, Frankreich.

Tashi Tsering, Interview, Dezember 2002. Dharamsala.

Tulku Thondup, Interview, November 2007. Boston.

Anmerkungen

1   Nyala Pema Dündul (1816–1872) ist auch bekannt als Trulzhik Changchub Lingpa, Orgyen Khanyam Lingpa und Drupchen Nyida Kunze. Für eine englische Biographie siehe Yeshe Dorje, 2013.

2   Die Beschreibung von Dargyes Charakter basiert auf einem Interview mit Sherab Özer Rinpoche, 1998, sowie auf Interviews mit Ajam Rinpoche, 2001, 2007. Zu Sogyals Kindheit siehe Tsultrim Zangpo, 1942, Seite 17–22.

3   Die Geschichten über Amgon (Gonpo Namgyal Tashi) stammen aus einem Interview mit Sherab Özer Rinpoche, 1998, und aus Interviews mit Ajam Rinpoche, 2001, 2007. Siehe auch Yudru Tsomu, 2006, und Tashi Tsering, 1986.

4   Die tibetische Zentralregierung in Lhasa hielt ihren Einfluss in bestimmten Gebieten Khams mit Hilfe von Klöstern aufrecht, die ihre Interessen vertraten und vor allem Steuern für Lhasa eintrieben. Die Einflussnahme der Qing beschränkte sich darauf, zeremonielle Titel, so genannte Tusi, an die verschiedenen Könige und Anführer Osttibets zu verleihen, doch es gelang ihnen nie, wirkliche Macht auszuüben. Jeder Machtanspruch der Regierung in Lhasa kam, ähnlich dem der Qing, in Kham nur nominell und indirekt zum Tragen. In den Jahrhunderten vor Amgon hatten verschiedene dezentralisierte Königreiche und Stammesfürsten im osttibetischen Kham ein Gleichgewicht der politischen Kräfte geschaffen, auch wenn sie sich regelmäßige Schlachten lieferten. Keinem der Khampa-Könige aus Derge, Nangchen, Ling oder Chala war es jemals gelungen, seinen Einfluss über sein eigenes Reich hinaus geltend zu machen. Das riesige Gebiet von Kham

bildete eine schier unüberwindliche Pufferzone zwischen der tibetischen Regierung in Lhasa und den Qing in Peking.

5 Siehe Petech, 1973, Seite 56; Tashi Tsering, 1986, Seite 211. Amgons Tod galt auch als unheilvolles Vorzeichen für die Zukunft Tibets, so wie es Do Khyentse vorhergesagt hatte (Do Khyentse, 1997):

Wenn es Krieg unter den Teufeln gibt,

den wieselköpfigen chinesischen Schlächtern und dem rotgesichtigen Unhold

aus Nyarong [Amgon], werden sie ihren eigenen Taten entsprechend als

Sieger oder Verlierer hervorgehen.

... Es besteht kein Grund, sie zu unterstützen oder gegen sie anzugehen.

Wenn es in der Zukunft zu diesem Krieg kommt

und der chinesische Teufel den Sieg davontragen sollte,

werden die Lehren des Buddha zweifellos Schaden nehmen.

Triumphiert der Teufel aus Nyarong,

wird großes Unglück über unschuldige fühlende Wesen hereinbrechen.

Verhalte dich daher beiden gegenüber neutral.

6 Ajam Rinpoche, Interviews, 2001, 2007.

7 *Lobpreisung an Buddha Shakyamuni (rgyud chags gsum pa)*, Übersetzung mit freundlicher Genehmigung von Rigpa.

8 Khamtrul Rinpoche, Belehrungen, 1992 a), 1992 b). Garje Khamtrul Rinpoche (geb. 1927) ist ein Tertön und Dzogchen-Meister; er hat eine enge Verbindung zum 14. Dalai Lama in Dharamsala, ist Linienhalter der Schatzlehren von Tertön Sogyal und Nyala Pema Dündul und ehemaliger Ritualmeister des Namgyal-Klosters.

9 Tsultrim Zangpo, 1942, Seite 3–8. Tertön Sogyal erschien in zahlreichen früheren Inkarnationen als großer Bodhisattva und Vidyadhara, unter anderem als der Bodhisattva Vajragarbha, der die Dzogchen-Lehren, die Buddha Samantabhadra im himmlischen Akanishtha-Bereich gegeben hatte, zusammenstellte. Später erschien er als Buddha Shakyamunis Tante und Stiefmutter, Prajapati Gotami, der Begründerin des Nonnenordens; in Tibet erschien er im 8. Jahrhundert als Nanam Dorje Dudjom, im 12. Jahrhundert als Trophu Lotsawa und später als der große Rigdzin Gödemchen (1337–1408), der Begründer der Tradition der nördlichen Schätze (byang gter). Tertön Sogyal galt außerdem als Körper-Emanation

von Nanam Dorje Dudjom, als Sprach-Emanation von Vajravarahi und als Geist-Emanation von Guru Padmasambhava.

10   *Der Spiegel erstaunlicher Manifestationen (ngo mtsar 'phrul gyi me long)*; Tsultrim Zangpo, 1942, Seite 12; Belehrung von Khenpo Namdrol Rinpoche, 2007.

11   Yudra Nyingpo, 2004, Seite 85–86.

12   Es gibt viele Berichte über Padmasambhavas Leben, die von großen Gelehrten geschrieben oder von Tertöns enthüllt wurden. Zu den berühmtesten gehören *Tsullo Zanglingma (Die Zanglingma-Lebensgeschichte)*, benannt nach dem Kupfertempel in Samye, in dem sie von Nyangrel Nyima Özer als Terma entdeckt wurde; *Padme Kathang* bzw. *Tsullo Sheldrakma (Die Lebensgeschichte aus der Kristallhöhle)*, enthüllt von Orgyen Lingpa; *Kathang Serthreng (Die Chroniken der goldenen Girlande)*, entdeckt von Sangye Lingpa; *Tsullo Yikyi Munsel (Die Lebensgeschichte, die die Dunkelheit des Geistes vertreibt)* von Sokdokpa Lodrö Gyaltsen; und Patrick Gaffneys *Das Leben von Guru Padmasambhava*, Rigpa, 2004. Guru Rinpoches Leben ist auch in den Beschreibungen des geschichtlichen Hintergrunds der verschiedenen Lehrzyklen festgehalten; es gibt eine berühmte indische Version, die von Jetsün Taranatha zusammengestellt wurde, und auch in der tibetischen Bön-Tradition sind Biographien zu finden. Die Professoren Cathy Cantwell und Robert Mayer liefern eine aufschlussreiche wissenschaftliche Analyse der Geschichte Padmasambhavas in ihren *Representations of Padmasambhava in early Post-Imperial Tibet* (Cantwell und Mayer, 2013).

13   Rigpa, 2004, S. 29.

14   Yeshe Tsogyal, 1996, Seite 11. *Tantra der vollkommenen Verkörperung der unübertroffenen Natur (bla med don rdogs 'dus pa'i rgyud)*. Padmasambhavas Erscheinen in der Welt wurde nicht nur im Geheimen Mantrayana sondern auch in den Sutras prophezeit, z.B. im *Sutra der makellosen Göttin* (Yeshe Tsogyal 1996, Seite 15), in dem es heißt:

> *Die Aktivität aller Siegreichen der zehn Richtungen*
> *wird sich in einer einzigen Gestalt sammeln.*
> *Ein Buddha-Sohn, der wunderbare Verwirklichung erlangen wird,*
> *ein Meister, der die Buddha-Aktivität verkörpert,*
> *wird im Nordwesten von Uddiyana erscheinen.*

15   Gemäß dieses allgemeinen buddhistischen Ansatzes beginnt die Geschichte des historischen Buddha Shakyamuni mit seinem Erwachen vor über 2500 Jahren in dem indischen Dorf, das heute Bodhgaya genannt wird. An diesem

Ort hatte Prinz Siddhartha gelobt, nicht eher aufzustehen, bis er nicht die letztendliche Wahrheit der Wirklichkeit durchdrungen und den Ursprung des Leids verstanden hatte. In dieser Nacht sah er in tiefer Meditation, dass alles Leid eine Ursache hat und dass die Wurzel allen Leids Unwissenheit ist, ein Zustand, in dem das Licht des Gewahrseins getrübt ist. Wenn das Gewahrsein getrübt ist, sind wir uns der Tatsache nicht bewusst, dass sich die gesamte Existenz ständig im Wandel befindet und dass Emotionen letztlich zu Leid führen. Diese kontinuierliche Blindheit gegenüber der Wahrheit der Vergänglichkeit hält uns in einem endlosen Kreislauf von Leid gefangen. Doch – wie Siddhartha folgerichtig erkannte – kann, sobald man die Ursache des Leids beseitigt, entstehen keine Resultate mehr, und so ist der Kreislauf des Leids durchbrochen. Während er in Meditation verweilte, überwand Siddhartha das selbstsüchtige Ego, das sein innewohnendes Licht der Weisheit verschleierte. In der Erkenntnis, dass sich die gesamte Existenz in einem Netz von gegenseitiger Abhängigkeit und Ursache und Wirkung manifestiert, sah Siddhartha die Wirklichkeit, wie sie ist, und wurde zum ,Erwachten‘, einem Buddha. Der historische Buddha gewann bei seinem Erwachen nichts hinzu, das er nicht schon vorher gehabt hätte, sondern befreite sich stattdessen von allem, was seine innewohnende Erleuchtung verdunkelte.

16   Ju Mipham Rinpoche beschreibt dies in seinem *Kagye Namshe (dpal sgrub pa chen po bka‘ brgyad kyi spyi don rnam par bshad pa dngos grub snying po)* (Ju Mipham Gyatso, 2000). Vielen Dank an Zach Beer für seine unveröffentlichte englische Übersetzung des *Kagye Namshe*.

17   Später begannen mit Unterstützung des Königs und Padmasambhavas Segen, Gruppen von Gelehrten, die umfangreiche Sammlung buddhistischer Schriften und Kommentare der berühmten indischen Universitäten wie Nalanda und Vikramalashila zu übersetzen; es wurden philosophische Institute gegründet, in denen Mönche die inneren Wissenschaften des Bewusstseins studieren konnten, und in jedem Tal der Hochebene waren tantrische Laienpraktizierende zu finden. Auf seinen Reisen durch Tibet gewährte Padmasambhava tantrische Ermächtigungen und gab Belehrungen und Anweisungen, die es seinen Schülern ermöglichten, ihr wahres Potential vollständig zu manifestieren.

18   Tsultrim Zangpo, 1942, Seite 635.

19   Ibid., Seite 637.

20   Der Dalai Lama sagte über Padmasambhava (21. März 2004 in Dharamsala): „Es ist seiner allumfassenden Macht und Stärke zu verdanken, dass der Buddha-Dharma letztendlich in Tibet Fuß fasste und sich so entwickelte, dass alle Lehren des Buddha, einschließlich des Mantrayana, als lebendige

Tradition bewahrt wurden und bis zum heutigen Tag erhalten blieben." (Anmerkung: Mantrayana ist eine weitere Bezeichnung für den Vajrayana-Buddhismus.) Siehe Rigpa 2004, Seite 16.

21   Englische Übersetzung mit freundlicher Genehmigung von Rigpa. (rigpawiki.org).

22   Yeshe Tsogyal, 1996, Seite 164-165.

23   Ibid., Seite 183.

24   Bzgl. Sogyals Geschick im Jagen und Schießen siehe Tsultrim Zangpo, 1942, Seite 17–18; Belehrung von Nyoshul Khenpo Rinpoche, 1985; Nyoshul Khenpo, 2005, Seite 513–514; Belehrung von Khamtrul Rinpoche, 1992 a), 1992 b).

25   Tsultrim Zangpo, 1942, Seite 17.

26   Byrom, 1993, Vers 1–2, ‚Choices', Seite 1–2. Deutsche Übersetzung mit freundlicher Genehmigung von Rigpa-Übersetzungen.

27   Belehrung von Nyoshul Khenpo Rinpoche, 1985, sowie Belehrungen von Khamtrul Rinpoche, 1992 a), 1992 b).

28   Übersetzung mit freundlicher Genehmigung von Rigpa.

29   Die Geschichten vom Pilgermönch und der trächtigen Stute stammen aus einer Belehrung von Nyoshul Khenpo Rinpoche, 1985; Belehrungen von Khamtrul Rinpoche, 1992 a), 1992 b), Interview mit Khamtrul Rinpoche, 2008.

30   Auszug aus *Signs that the Common Preliminary Practices Have Penetrated the Mind*. Englische Übersetzung: Adam Pearcey. www.lotsawahouse.org/tibetan-masters/nyala-pema-dundul/signs-practice-penetrating-mind.

31   Tsultrim Zangpo, 1942, Seite 21.

32   Interview mit Ajam Rinpoche, 2001, 2007.

33   Tsultrim Zangpo, 1942, Seite 20–21.

34   Yeshe Dorje, 2013, Seite 103.

35   Tsultrim Zangpo, 1942, Seite 20–21.

36   Ibid., Seite 22. Sogyal schrieb einen Praxistext für die Löwengesichtige Dakini (*seng ge gdong ma*) nieder. Da er weder Tinte noch Papier zur Hand hatte, streute er Staub auf eine geölte Holzplanke, schrieb den Text darauf und lernte ihn anschließend auswendig.

37   Den Gipfel nennt man auch den ‚muschelfarbigen Kristallfels, der in den Himmel sticht' und Dorfbewohner erzählen den Pilgerreisenden: Allein von diesem Berg zu hören, ihn zu sehen, sich an ihn zu erinnern oder ihn zu berühren, hat die Kraft, uns zur Erkenntnis der innersten Natur zu verhelfen. Er ist auch bekannt als Lhang Lhang oder Shangdrak. Eine

englische Übersetzung von Pema Dünduls Gedicht findet sich auf http://
www.lotsawahouse.org/tibetan-masters/nyala-pema-dundul/heaven-of-
solitude: *The Heaven of Solitude*, Übersetzung ins Englische: Adam Pearcey.

38 Ajam Rinpoche, Interview, 2001; Sherab Özer, Interview, 1998. Dies ist die
Höhle, in der Pema Dündul den Schatztext mit dem Titel *Selbstbefreiung,
die den Raum umfasst (mkha' khyab rang grol)* enthüllte. Lama Sonam Thaye
übernahm die Aufgabe, ihn niederzuschreiben.

39 Bezüglich der Freskos im Kalzang-Tempel siehe Yeshe Dorje, 2013, Seite 173.

40 Lama Sonam Thaye, Chomden Dorje, war einer der beiden Herzenssöhne
bzw. Hauptschüler Nyala Pema Dünduls; der zweite war der ältere Tertön
Rangrik Dorje. Sonam Thaye war eine anerkannte Emanation von Gyalwa
Chokyang, einem der 25 Schüler Padmasambhavas. Er wurde in der
Familie Akalbu geboren und entwickelte sich zu einem Yogi, der sich in
Weiß kleidete und sein Haar in einem Knoten auf dem Scheitel trug. Er half
beim Bau des Kalzang-Tempels und übernahm die Verantwortung für viele
der Schüler Pema Dünduls, nachdem ihr Meister den Regenbogenkörper
erlangt hatte.

41 Die Übertragungslinie von Nyala Pema Dünduls Belehrungen ging an seine
zwei wichtigsten Schüler über, Tertön Rangrik Dorje aus Lumorap und
Lama Sonam Thaye; sie wurden als ‚Sonnen‘- und ‚Mond‘-Linie bezeichnet.
Die ‚Sonnen‘-Linie setzte sich fort über Tertön Rangrik Dorje bis hin zu
Minling Trichen Rinpoche, während Lama Sonam Thaye die ‚Mond‘-Linie
weitergab an Tertön Sogyal und Sempa Dorje, die Reinkarnation eines der
ersten Meister Nyala Pema Dünduls. Sempa Dorje übertrug die Lehren
auf Anye Tulku Pema Tashi. Sempa Dorjes Reinkarnation war Sherab
Özer Rinpoche (1922/23–2006), der Abt des Kalzang-Tempels. Am 12.
August 1998 führte Sherab Özer Rinpoche eine Zeremonie in Lerab Ling
in Südfrankreich durch, in der er Sogyal Rinpoche als dem Erben Tertön
Sogyals den Thron des Kalzang-Tempels anbot.

42 Aus *Advice Revealing How Our Faults Become Clear*, Englische Übersetzung:
Adam Pearcey. http://www.lotsawahouse.org/tibetan-masters/nyala-pema
-dundul/advice-on-faults.

43 Tsultrim Zangpo, 1942, Seite 22–24. Drikok liegt in der Nähe von Dzongshö
Deshek Dupe, einem heiligen Ort, umgeben von Kalksteinklippen, in
einem abschüssigen nördlichen Seitental des Dzi Chu, östlich von Ragchab
und südlich von Terlung. Jamgön Kongtrul öffnete diesen Ort, enthüllte
gemeinsam mit Chogyur Lingpa Schätze und schlug vor, dort eine
Einsiedelei zu errichten. Siehe Jamgön Kongtrul, 2012, Seite 191–192.

44 Lama Sonam Thaye gab Sogyal Belehrungen über die wichtigste Terma-
Enthüllung Tertön Longsal Nyingpos (1625–1692), dessen Name auch

der Titel des Termas ist: *klong gsal snying po (Die Vajra-Herzessenz des lichtvollen weiten Raumes)*. Vielen Dank an den Ehrwürdigen Ngawang Senge für die unveröffentlichte englische Übersetzung der *Vajra-Herzessenz des lichtvollen weiten Raumes* und seine aufschlussreichen Anmerkungen über Tertön Sogyal. Siehe auch Ronis, 2009.

45 Tsultrim Zangpo, 1942, Seite 27–29.

46 Ibid., Seite 27.

47 Ibid., Seite 24–26.

48 Ibid., Seite 28–29.

49 Ibid., Seite 35–37. Fasst man alle Übertragungen zusammen, die Sogyal von Nyala Pema Dündul in Visionen erhielt, füllen sie ungefähr einen Band. Die Wichtigsten von ihnen sind unter anderem Nyala Pema Dünduls Haupt-Terma, D*ie Selbstbefreiung, die den Raum umfasst (mkha' khyab rang grol),* ein Geist-Terma der hundert friedvollen und zornvollen Gottheiten (*zhi khro rigs brgya*) sowie Guru Drakpo (gu ru drag po). Sogyal sagte: „Sie kamen alle wie ein Geistesschatz zu mir."

50 Übersetzung ins Englische: Rigpa International, 2000.

51 Für ‚Regenbogenkörper‘ siehe Tulku Thondup, 2011, Seite 78–93; Sogyal Rinpoche, 2003, Seite 207–208.

52 Für eine allgemeine Präsentation von Termas und ihren Enthüllungen siehe Tsultrim Zangpo, 1942, Seite 638–655 und Tulku Thondup, 1986.

53 Tsultrim Zangpo, 1942, Seite 37.

54 Dieses Gebet findet sich im *Le'u Dünma* – dem *Gebet in sieben Kapiteln an Padmakara*. Siehe auch www.lotsawahouse.org/topics/leu-dunma und Ngawang Zangpo, 2002.

55 Tsultrim Zangpo, 1942, Seite 635.

56 Vajrakilaya-Liniengebet, verfasst von Tertön Sogyal. Im Kolophon heißt es: „Sogyal, der den Namen eines Tertön trägt und das große Glück besitzt, über mehrere Leben hinweg von dieser höchsten aller Yidam-Gottheiten beschützt worden zu sein, schrieb dies während einer Unterbrechung seines Retreats. Jayantu!" Übersetzung mit freundlicher Genehmigung von Rigpa.

57 Tsultrim Zangpo, 1942, Seite 40–41.

58 Yeshe Tsogyal, 1996, Seite 135.

59 Khenpo Namdrol, 1999, Seite 25. Aus Padmasambhavas ursprünglicher Übertragung der Vajrakilaya-Anweisungen entstanden drei Traditionen: ‚die Tradition des Königs‘ (durch Trisong Detsen), ‚die Jomo-Tradition‘ (durch seine tibetische Gefährtin Yeshe Tsogyal) und ‚die Nanam-Tradition‘ (durch Nanam Dorje Dudjom, Tertön Sogyals voriger Inkarnation). Die

von Tertön Sogyal enthüllten Vajrakilaya-Termas gehören – genau wie die Enthüllungen Khenpo Jikme Phuntsoks – zur Nanam-Tradition.

60 Schatzhalter, -hüter oder -Treuhänder lehren den Text selbst und/oder sorgen dafür, dass er von einem qualifizierten Meister an andere übertragen wird. Sie sind auch dafür verantwortlich, dass die Schatzbelehrung gedruckt wird – ein kostspieliges Unterfangen, für das hölzerne Druckstöcke geschnitzt und Papier und Druckerschwärze gekauft werden müssen.

61 Tsultrim Zangpo, 1942, Seite 42.

62 Siehe Ringu Tulku, 2007; Smith, 1970. Auch Dungkar Lobsang Trinle *(rigpawiki* erklärt in seinem *Overview of the Philosophical Foundations of the Different Buddhist Traditions,* was es bedeutet, ‚Rime‘ oder ‚nicht-sektiererisch‘ zu sein: „Der Ausdruck ‚nicht-sektiererische, unvorein-genommene Herangehensweise an den Dharma‘ kann auf zweierlei Weise verstanden werden. Zum einen kann es heißen, dass man anstelle einer einzigen Tradition alle Traditionen praktiziert – Sakya, Nyingma, Gelug, Kadam, etc. Dies wird als ‚allumfassende Herangehensweise an den Dharma‘ bezeichnet. Ein Beispiel für diesen Ansatz war der Große 5. Dalai Lama. Da er die Philosophien aller Traditionen praktizierte, ist man sich nicht einig, welche Sicht er tatsächlich vertrat: Die Gelugpas sagen, er vertrat eine Gelug-Sicht, wohingegen die Nyingmapas sagen, er vertrat eine Nyingma-Sicht. Wie kommt es zu dieser Unstimmigkeit? Seine gesammelten Werke enthalten zahlreiche Nyingma-, Gelug-, Kagyü-Werke, die alle die charakteristische Sichtweise der jeweiligen Tradition vertreten. Liest man daher seine Nyingma-Schriften, gewinnt man den Eindruck, dass er ein überzeugter Verfechter der Nyingma-Sicht war, liest man seine Sakya-Schriften, gewinnt man den Eindruck, dass er eindeutig die Sakya-Sicht vertrat.

Im zweiten Fall bedeutet der Ausdruck ‚nicht-sektiererische Herangehens-weise an den Dharma‘, nur *einer* Tradition zu folgen, zum Beispiel der Gelugpa-Tradition, aber andere Traditionen, wie die Nyingma-Tradition, vorurteilsfrei als authentisch anzuerkennen, sie niemals abzuwerten, anzu-fechten, zu bemängeln oder auf sie herabzusehen. Diese Haltung würde als ‚unvoreingenommene Herangehensweise an den Dharma‘ gelten." Englische Übersetzung mit freundlicher Genehmigung des Ehrwürdigen Lozang Zopa.

Als die wichtigsten Vertreter des Rime-Ansatzes betrachtet man allgemein Jamyang Khyentse Wangpo, Jamgön Kongtrul, Chogyur Lingpa und Ju Mipham Gyatso, doch neben diesen vier großen Lamas gibt es weitere, darunter den großen Dzogchen und Bön-Meister Shardza Trashi Gyaltsen (1859–1934).

63 Obwohl Khyentse eine gewisse Stellung in der Hierarchie der Sakya-Schule innehatte und Kongtrul in der schon vor dem Buddhismus in Tibet praktizierten Bön-Tradition aufgewachsen war und zu den Linienhaltern der Kagyü-Schule gehörte, waren beide Lamas in erster Linie Dzogchen-Meister.

64 Lama Wangde, Interview, 2001.

65 Tulku Thondup, 1986, Seite 154.

66 Tsultrim Zangpo, 1942, Seite 43–44. Die anderen Terma-Rollen stammten von Nangrel Nyima Özer, Guru Chowang und Chogyur Dechen Lingpa.

67 Tsultrim Zangpo, 1942, Seite 44. Tertön Sogyal sagte auch: „In dem Moment, als das erhabene große Wesen [Jamyang Khyentse Wangpo] diese Terma-Belehrung erhielt, waren alle Hindernisse für meine zukünftigen allgemeinen und besonderen Schatzenthüllungen beseitigt und meine Aktivität konnte in allen zehn Richtungen erblühen." (Tsultrim Zangpo, 1942, Seite 42). Orgyen Tobgyal Rinpoche sagte in einer Belehrung 1996: „Fünf der Schüler von Jamyang Khyentse Wangpo waren große Tertöns: Chogyur Dechen Lingpa, Lerab Lingpa [Tertön Sogyal], Bönter Tsewang Drakpa, Khamtrul Rinpoche Tenpe Nyima und der alte König von Ling, Lingtsang Gyalpo."

68 Tsultrim Zangpo, 1942, Seite 43. Außerdem sagte Khyentse zu Sogyal: „Von nun an wirst du aufgrund deiner weitreichenden Bestrebungen aus früheren Zeiten ein berühmter Tertön sein, du wirst großartige Beziehungen mit karmisch verbundenen Freunden aufnehmen und du wirst günstige Umstände für den Dharma vorfinden – all das wirst du vollbringen."

69 Ajam Rinpoche, Interview, 2001; Lama Wangde, Interviews, 2001, 2004.

70 Tsultrim Zangpo, 1942, Seite 100–130, 635.

71 Siehe Tsultrim Zangpo, 1942, Seite 105–115. Da gewöhnliche sexuelle Aktivität in erster Linie auf sinnlicher Begierde beruht, führt diese in der Regel zu einem Verlust an Lebenskraft. Die damit verbundenen yogischen Übungen kehren diesen Prozess um: Die tantrischen Praktizierenden überschreiten alle sinnlichen Begierden. Während ihrer Vereinigung bringen sowohl männliche als auch weibliche Praktizierende die grundlegende Essenz des feinstofflichen Körpers zum Schmelzen und lassen sie in den Zentralkanal tropfen; anschließend kehrt man anstelle des üblichen energieraubenden Ausströmens den Fluss der Essenzen um und zieht sie durch den Zentralkanal empor. Von dort aus wird die Lebenskraft in die abzweigenden Chakras verteilt, wodurch die Intensität der nichtkonzeptuellen Glückseligkeit gesteigert wird, was wiederum das Feuer der Weisheitsverwirklichung der Natur der Wirklichkeit verstärkt.

72 Ibid., Seite 367. Konzeptuelle Gedanken bewegen sich auf den karmischen Winden des Körpers wie ein Reiter auf einem Pferd. Tertön Sogyal war imstande, seine karmischen Winde im Zentralkanal zu sammeln und dort zu halten. So kam der Gedankenstrom zum Stillstand und machte seinem zeitlosen Gewahrsein Platz.

73 Diese Geschichte über Patrul Rinpoche im Katok-Kloster stammt aus *The Enlightened Vagabond* (Ricard, o.J.). Siehe auch *Die Worte meines vollendeten Lehrers (kun bzang bla ma'i zhal lung)*, 2001, Seite 24.

74 Diese Geschichte findet man bei Sogyal Rinpoche, 2003, Seite 194–195; Nyoshul Khenpo, 2005, Seite 241; Tulku Thondup, 1996, Seite 223–224; Ricard, o.J., *The Enlightened Vagabond*.

75 Nyoshul Khenpo, 2005, Seite 238. Als Tertön Sogyal Patrul Rinpoche schließlich begegnete, sagte der ältere Meister laut Tsultrim Zangpo, 1942, Seite 65: „Letzte Nacht hatte ich einen Traum, in dem ein Drache am Himmel ein Donnergebrüll ertönen ließ, das die gesamte Erde und den Himmel erschütterte – es war ein Zeichen dafür, dass du kommen würdest. Zu einem früheren Zeitpunkt, als ein anderer Tertön, Chogyur Lingpa, zu mir kam, hatte ich ebenfalls einen Traum; darin wurde eine Fahne vom Gipfel eines hohen Berges weit in die Ferne fortgeweht. Es sieht so aus, als hätte ich für die verschiedenen Tertöns verschiedenartige Träume." Von Patrul Rinpoche empfing Tertön Sogyal die entscheidenden Punkte des *Geheimen Essenz-Tantra (rgyud gsang ba'i ny-ing po)* und konnte schwierige Punkte mit ihm klären. Tertön Sogyal sagte: „Ich habe viele gewöhnliche und außerordentlich tiefgründige Belehrungen von Patrul Rinpoche erhalten, für den ich größte Hochachtung empfinde. Ich bin ihm sehr dankbar für die mir erwiesene Güte."

76 Dieser Vers wurde von Tertön Sogyal verfasst. Siehe Tsultrim Zangpo, 1942, Seite 130.

77 Bzgl. Tertön Sogyals Zeit bei Nyoshul Lungtok siehe Tsultrim Zangpo, 1942, Seite 47–48; Khamtrul Rinpoche, Belehrungen, 1992 (a), 1992 (b); Nyoshul Khenpo Rinpoche, Belehrung, 1985; Nyoshul Khenpo, 2005, Seite 513; Ajam Rinpoche, Interviews, 2001, 2007.

78 Nyoshul Khenpo Rinpoche, Belehrung, 1985; Khamtrul Rinpoche, Interview, 2008. Gemäß Khamtrul Rinpoche stammte der Vers, den Nyoshul Lungtok rezitierte, aus dem *Manjushri-nama-samgiti (Chanten der Namen des Manjushri)*. Nyoshul Lungtok gab Tertön Sogyal Belehrungen aus dem Longchen Nyingthig *(klong chen snying thig, Die Herzessenz der weiten Ausdehnung)*.

79 Englische Übersetzung mit freundlicher Genehmigung des Nalanda Translation Committee.

80 Yeshe Tsogyal, 1996, Seite 153-154.

81 Tsultrim Zangpo, 1942, Seite 35.

82 Tertön Sogyal und Ngakchen waren sich begegnet, als sie bei Lama Thaye studierten, und hatten manchmal gemeinsam Belehrungen und Ermächtigungen von anderen hohen Lamas empfangen, zum Beispiel das *Tantra der geheimen Essenz* vom Großen Getse von Katok. Ngakchen wurde später als Orgyen Tutop Lingpa bekannt; siehe Nyoshul Khenpo, 2005, Seite 511–512.

83 Khamtrul Rinpoche, o.J. (*A Brief Biography...*); Khamtrul Rinpoche, Interview, 2008.

84 In Khamtrul Rinpoches Biographie heißt es, Tertön Sogyal sei von Kongtrul Rinpoche gesandt worden; gemäß Ajam Rinpoche (Interview, 2001) stammte der Auftrag jedoch von Nyoshul Lungtok.

85 *Der unaufhörliche Fluss des Yoga*, ein Gebet aus dem Terma der *Scharfen Klinge der innersten Essenz*. Übersetzung mit freundlicher Genehmigung von Rigpa.

86 Nyoshul Khenpo Rinpoche, Belehrung 1985; Ajam Rinpoche, Interview, 2001. Der Phurba-Dolch wird oft auf den persönlichen Schrein gestellt und als Unterstützung für die tantrische Visualisation verwendet. Wenn die meditative Kraft des Praktizierenden den Dolch mit tiefgründigem Segen erfüllt, wird er in einigen außergewöhnlichen Fällen tatsächlich zur Gottheit, gibt Ermächtigungen und führt weitere Aktivitäten aus, wie zum Beispiel die Unterwerfung negativer Kräfte.

87 Tsultrim Zangpo, 1942, Seite 49.

88 Ibid., Seite 25. Tsultrim Zangpo schreibt auch, dass Tertön Sogyal „den Geist der Buddhas rasch verwirklichte" und „die Großartigkeit der Lehren verkörperte." Siehe auch Tsong-kha-pa, 2000, Seite 46–54.

89 Tsultrim Zangpo, 1942, Seite 55.

90 Tsultrim Zangpo, 1942, Seite 74–77.

91 Ibid., Seite 75.

92 Ibid., Seite 84.

93 Nyoshul Khenpo Rinpoche, Belehrung, 1985.

94 Tsultrim Zangpo, 1942, Seite 85–87.

95 Ibid., Seite 90–91; siehe auch Seite 632–655. Was andere Termas betrifft, schreibt Jamgön Kongtrul (2012, Seite 144) über Khyentse und Tertön Sogyal: „Es scheint, dass der wichtigste der tiefgründigen Schätze, die dieser Meister [Khyentse] in dieser Inkarnation enthüllen sollte, das *Tsasum kadü chenmo* aus dem Tsi-ki Lhakhang Tempel in Tsang Yeru war, doch

da ihm dies nicht gelang, [gibt es nur] die begleitenden Belehrungen, die Schriftrollen der *Spezifischen Vollendung bedingungsloser Glückseligkeit [Tro-tral dechen göndrup]*, die Tertön Lerab Lingpa in Katok enthüllte, den Sadhana-Zyklus der ,Acht Söhne‘ aus Tsangrong Tashi Lhatse, derer ich selbst habhaft werden konnte, und die *Einzelnen Sadhanas der acht Vidhyadharas [Rikdzin gyeki gödrup]* aus dem ,Palast der versammelten Sugatas‘ in Dzongshö, von denen keine niedergeschrieben wurde.“ Kongtrul (2003, Seite 461) merkte bezüglich dieser Enthüllungen weiter an: „Aufgrund eines Omens in meinen Träumen bat ich Lerab Lingpa [Tertön Sogyal], mir zu helfen. Der Gebieter Khyentse Rinpoche gab dem Schützer der Termas eine entsprechende Anordnung und instruierte Lerab Lingpa. Daraufhin waren Lerab Lingpa und ich in der Lage, in Pal Deʻu [Höhle in Dzongshö], gemeinsam einzelne Sadhanas für die acht indischen Vidyadharas sowie mit diesen Praktiken verbundene Samaya-Substanzen zu enthüllen. Hätte mein kostbarer Gebieter und Guru *Die vereinten Anweisungen der drei Wurzeln* enthüllt, wären diese Sadhanas ein begleitender Teil dieses Zyklus gewesen.“

96 Tsultrim Zangpo, 1942, Seite 90–93. Kongtrul hatte Khyentse gebeten, die *Sammlung der Nyingma-Tantras (rnying ma rgyud ʻbum)* und weitere Übertragungen zu geben. Was den Kommentar zum Chetsün Nyingtik *(lce btsun snying thig)* betrifft, siehe Interview mit Matthieu Ricard, 2004. Khyentse gab dem Werk den Titel *Der Kommentar zur tiefgründigen Herzensbelehrung des großen Chetsün Vimala*.

97 Tsultrim Zangpo, 1942, Seite 93–95.

98 Tsultrim Zangpo, 1942, Seite 130. Garje ist Khamtrul Rinpoches Heimatkloster. Die Garje-Region wird im Norden von Palyul, im Osten von der Tromthar-Hochebene, im Süden von Sangenrong und im Westen vom Dri-Fluss begrenzt. Siehe Khamtrul Rinpoche, 2009.

99 Der siebte Vers der ,Acht Verse des Geistestrainings‘. Siehe Thubten Jinpa, 2005, Seite 275–289.

100 Jamgön Kongtrul, 2012, Seite 106.

101 Tsultrim Zangpo, 1942, Seite 130. Hier wird darauf verwiesen, dass die Rahula-Konstellation während einer Mondfinsternis den Mond verschlingt. Der Mond symbolisiert die Weisheit, und Tertön Sogyal wird hier mit dem Mond verglichen, Rahula hingegen mit Hindernissen und Krankheiten.

102 Ibid., Seite 97–98. Nyoshul Khen Rinpoche, Belehrung, 1985, in der es auch heißt: „Jamyang Khyentse sagte voraus, dass es in Zukunft von sehr großem Nutzen ist, wenn sie seine geheime Gefährtin wird, da sie die Manifestation von Vajravarahi ist.“

103 Ibid., Seite 100–101.

104 Khamtrul Rinpoche, Interview, 2008.

105 Nyoshul Khenpo Rinpoche, Belehrung, 1985.

106 Übersetzung mit freundlicher Genehmigung von Rigpa.

107 Tsultrim Zangpo (1942, Seite 101) schreibt, dass nach ihrer Rückkehr in Tromthar eine ähnliche Zeremonie als Zeichen der spirituellen Vermählung von Tertön Sogyal mit Khandro Pumo stattfand.

108 Tsultrim Zangpo, 1942, Seite 130–133. Tertön Sogyal hatte gerade mehrere Termas enthüllt, darunter einen fünfspeichigen Vajra und einen Zyklus von Avalokiteshvara-Belehrungen, verbunden mit einer kleinen Khasarpani-Statue. Die Statue hatte er Nyoshul Lungtok geschenkt.

109 Der Ursprung dieser Lama-Wohltäter-Verbindung in Tibet geht auf das 13. Jahrhundert zurück, als Dschingis Khans mongolische Nachfahren, insbesondere seine Enkel Prinz Göden und später Kublai Khan, über die größten Ländereien der Weltgeschichte herrschten, die sich von Südchina und Korea über ganz Zentralasien bis zum heutigen Russland, Iran und Osteuropa erstreckten. 1240 lud Kublai Khan einen führenden religiösen Hierarchen aus Tibet an seinen Yuan-Hof ein und machte den tibetischen Buddhismus im Folgenden zur Staatsreligion des mongolischen Reiches. So begann die Lama-Wohltäter-Verbindung. Im 14. bis 16. Jahrhundert herrschte wenig Kontakt zwischen Tibet und den chinesischen Ming-Herrschern, doch die Lama-Wohltäter-Verbindung blieb bestehen. 1644 begründeten die eingedrungenen Mandschuren die Qing-Dynastie und stürzten die chinesischen Ming-Herrscher. Die Qing-Dynastie regierte China bis 1911. In den letzten Jahren der Qing-Herrschaft waren das Leben des 13. Dalai Lama und die Existenz Tibets als unabhängige Nation bedroht. Doch sowohl der 13. Dalai Lama als auch Tibet überlebten die Qing. In der mongolischen Yuan-, der chinesischen Ming- und der Qing-Periode der Mandschuren bis hin zu den Anfängen der Republik im frühen 20. Jahrhundert gaben tibetisch-buddhistische Oberhäupter diesen ausländischen Wohltätern Belehrungen, tantrische Ermächtigungen und Segnungen, die ihrerseits im Gegenzug wirtschaftliche und militärische Unterstützung gewährten und der religiösen Hierarchie kaiserliche Titel verliehen. Es war eine Beziehung, von der beide Seiten profitierten. Siehe auch Tuttle, 2005, Ruegg, 1991, Jagou, 2009.

110 Der Titel ‚Dalai Lama' wurde 1578 mit dieser Linie verknüpft, als der mongolische Herrscher Altan Khan Sonam Gyatso den Titel zum ersten Mal verlieh. Rückwirkend wurden auch beide Vorgänger von Sonam Gyatso als Dalai Lama betitelt, was Sonam Gyatso zum 3. Dalai Lama machte.

111 Der Große 5. Dalai Lama studierte unter zwei weiteren Dzogchen-Meistern. Der erste war Khonton Paljor Lhundrub, der als Inkarnation des großen

Übersetzers Kawa Paltsek betrachtet wird. Sein ursprünglicher Name ist Sonam Namgyal, und er ist auch als Phabongka Paljor Lhundrub bekannt, weil er der Abt des oberhalb des Sera-Klosters gelegenen Phabongka-Retreat-Zentrums war. Nach außen hin war er ein Gelugpa, doch in Wirklichkeit war er ein großer Dzogchen-Praktizierender. Der andere wichtige Dzogchen-Meister war Menlungpa (bzw. Draktsampa) Lochok Dorje, eine Inkarnation des großen Pandita Vimalamitra. Er praktizierte gemäß Rigdzin Gödemchens und Legden Dudjom Dorjes Tradition der Nördlichen Schätze.

112 Der 3. Dalai Lama traf nicht auf einen karmisch verbundenen Tertön, dennoch waren seine spirituellen Aktivitäten umfangreich.

113 Tsultrim Zangpo, 1942, Seite 136.

114 Aus Tertön Sogyals persönlichen Aufzeichnungen, nachdem er Chetsun Nyingtik-Belehrungen von Jamyang Khyentse Wangpo erhalten hatte; englische Übersetzung mit freundlicher Genehmigung von David Christensen. Tertön Sogyal schloss die Abhandlung mit dem bescheidenen Kolophon ab: „Ich, der ich den Terma-Namen Lerab Lingpa trage, der Geringste in den Rängen der vielen gelehrten und machtvollen Schüler meines Meisters [Khyentse Wangpo], schrieb diese Anmerkungen aus den Schlüsselpunkten der tiefgründigen Lehren nieder, auf der Grundlage dessen, was ich verstanden habe. Möge es durch und durch tugendhaft sein."

115 Für die Prophezeiungen und das Zusammentreffen siehe Tsultrim Zangpo, 1942, Seite 134–136.

116 Siehe auch Thupten Jampa Tsultrim Tendzin, 1998, Seite 194–198 und 582–583 sowie Stoddard, 2006.

117 Tsultrim Zangpo, 1942, Seite 134–135. Tertön Sogyal wohnte im Schlafgemach des 5. Dalai Lama im Potala-Palast, wo er Avalokiteshvara- und Tara-Schätze von Schriftrollen abschrieb und einen Schatztext entschlüsselte, den er auf dem Weg nach Lhasa entdeckt hatte, nachdem ihn eine lokale Gottheit aufgefordert hatte, in den ‚Geheimen Dakini-See' zu tauchen. Tertön Sogyal hielt sich auch im Schreinraum der ‚16-Arhats' auf dem Dach des Jokhang-Tempels auf, wo er einige der Praxistexte aus dem Avalokiteshvara-Schatz entschlüsselte, den er in Gonjo entdeckt hatte.

118 Ibid., Seite 242–243. Abgesehen vom Sektierertum galt jegliche Einflussnahme auf den Dalai Lama von außerhalb der Kreise, die von den Beamten streng überwacht wurden, als Bedrohung für die wirtschaftliche Kontrolle, die sie dank der großen Ländereien der Klöster, der Fronarbeit und der Steuern, die sie eintrieben, ausübten.

119 Nyoshul Khenpo Rinpoche, Belehrung, 1985, Interview mit Khamtrul Rinpoche, 1992 (a), 2008.

120 Zu den Terma-Enthüllungen des 13. Dalai Lama gehörte die *gling bzhi 'khor ba*-Liturgie sowie Je Tsongkhapas Hut und Robe.

121 Tsultrim Zangpo, 1942, Seite 157. Bevor Padmasambhava die ‚Wunsch erfüllende Statue des Guru, deren Anblick befreit' (*sku tshab mthong grol yid bzhin nor bu*) verbarg, füllte er sie mit drei Knochenreliquien des Buddha und Substanzen wie Haar und Bodhichitta-Pillen anderer großer Dzogchen-Meister – darunter Prahevajra, Shri Singha, Manjushrimitra, Jnanasutra – sowie mit anderen Substanzen, die er auf wundersame Weise gesammelt hatte. Tertön Sogyal zitierte Padmasambhavas weitere Worte (ibid., Seite 158–159) wie folgt: „Was ist der Nutzen daraus, diese Statue in den Jokhang zu stellen, Opfergaben vor ihr darzubringen und in ihrer Präsenz zu meditieren? Du wirst mit Sicherheit in einem reinen Land wiedergeboren werden, und in Tibet werden alle Wesen und das Land Glück und Wohlergehen genießen, und der Dharma wird nicht schwächer werden sondern gedeihen, und es wird verhindern, dass die Jowo-Statue des Buddha Shakyamuni in die Unterwelt mitgenommen wird. Wenn du sie nur ein einziges Mal mit Hingabe anschaust, wird deine Verwirklichung innerhalb von sieben Lebenszeiten der meinen gleichkommen, und mit einer einzigen Niederwerfung wirst du bald ein Vidyadhara sein; wenn du an mich glaubst, solltest du dieser Statue daher Opfergaben darbringen, und du wirst Vollendung erlangen."

122 Tsultrim Zangpo, 1942, Seite 148–149.

123 Nyoshul Khenpo 2005, Seite 244.

124 Tsultrim Zangpo, 1942, Seite 148. Nyoshul Lungtok übertrug die *Mündliche Übertragungslinie der Nyingmapas (rnying ma bka' ma)*. Tulku Thondup (1996, Seite 225) schreibt: „Sein ganzes Leben hindurch teilte [Nyoshul Lungtok] Paltrüls [Patruls] Belehrungen mit allen, die zu ihm kamen, und nach seinem 50. Lebensjahr gab er vermehrt die Lehren des Dzogpa Chenpo. Allerdings übertrug er, genau wie Paltrül Rinpoche, kaum jemals Ermächtigungen."

125 Bzgl. der Enthüllung der Statue siehe Tsultrim Zangpo, 1942, Seite 146–153.

126 Rigpa 2004, Seite 244–245. Der letzte Vers aus Kapitel sieben des *Sampa Lhundrupma: Das Gebet an Guru Rinpoche, das alle Wünsche spontan erfüllt (bsam pa lhun grub ma)*.

127 Tsultrim Zangpo, 1942, Seite 187–188.

128 Nechung 2004, Seite 23–26. Englische Übersetzung mit freundlicher Genehmigung von Adam Pearcey. Im Praxistext des *Guru Yoga des tiefgründigen Pfades (zab lam bla ma'i rnal 'byor)* heißt es abschließend: „Für diesen tiefgründigen Schatz von Orgyen Tertön Sogyal hat der große

Dharma-König Nechung vorhergesagt, dass das Siegel der Geheimhaltung im Eisen-Hasen [1891] aufgehoben werden sollte."

129 Tsultrim Zangpo, 1942, Seite 163–164.

130 Ibid., Seite 139. Lama Wangde erzählte dem Autor, dass Tertön Sogyal und Khandro Pumo einen zweiten Sohn hatten, der im Säuglingsalter starb; Tsultrim Zangpo (1942) berichtet jedoch nichts davon. Nyoshul Khen Rinpoche schreibt (2005, S. 514), dass Tertön Sogyal einen weiteren Sohn hatte, Adin Peltsa Lodrö. Tromge Tulku Khachö Dechen Dorje, der in der Nähe des Yachen-Gar in Osttibet lebt, ist Adin Peltsa Lodrös Sohn und ein Linienhalter der Tertön Sogyal-Termas. Bei Tsultrim Zangpo wird Adin Peltsa Lodrö nicht erwähnt.

131 Nechung, 2004. Einige Quellen betrachten Bantahor als ein Gebiet in der jetzigen Provinz Gansu.

132 Dieser Mönch, Orgyen Trinley Chöphel, war der ranghöchste inkarnierte Lama des Nechung-Klosters.

133 Nechung, 2004; Khamtrul Rinpoche, Interviews, 2008, 2013.

134 Von da an führten acht Mönche des Nechung-Klosters am zehnten Tag jedes Mondmonats ein rituelles Festopfer vor der Guru-Statue aus, und der Dalai Lama sandte jeweils einen weißen Seidenschal. In jedem Affenjahr wurde die Guru-Statue für ein rituelles Festopfer und Gebete zum Nechung-Kloster getragen; zu diesem Anlass versammelten sich auch die Medien weiterer Orakel, die von der tibetischen Regierung konsultiert wurden, und fielen in Trance.

135 Tertön Rangrik war eine Emanation von Terdak Lingpa aus Mindroling. Tertön Rangrik hatte eine enge Beziehung zum 13. Dalai Lama, wenn auch nicht im selben Ausmaß wie Tertön Sogyal. Der 13. Dalai Lama war der Förderer des Lumorap-Klosters, das Tertön Rangrik erbaut hatte. Tertön Rangrik Dorjes Enkel, Gyurme Dechen Chokdrup, wurde Mindrolings neunter Thronhalter.

136 Interview mit Lodi Gyari Rinpoche, 2008. Lodi Gyari Rinpoche (geb. 1949), auch Gyari Gyaltsen genannt, wurde in Nyarong in Tibet geboren und als die Reinkarnation von Khenchen Aten Jampal Dewe Nyima aus Lumorap erkannt. Er war der Sonderbeauftragte Seiner Heiligkeit des Dalai Lama und wichtigster Führer der Verhandlungen mit der chinesischen Regierung. Er lebt zur Zeit in der Nähe von Washington, D.C.

137 Einer der Minister in Thanglas himmlischem Hofstaat ist Kawalurig, ‚Gipfel ewigen Schnees‘, der in Nord-Nyarong weilt.

138 Jamgön Kongtrul, 2003, Seite 217–219, 249–250 und 393. Kongtrul nannte Tertön Sogyal den ‚Tertön aus Dzarkha‘.

139 Tsultrim Zangpo, 1942, Seite 190. *Die scharfe Klinge,* zu der ein Zyklus von Terma-Belehrungen sowie materielle Schätze gehören, wurde fünf Schülern von Guru Rinpoche überantwortet – Kharchen Palgyi Wangchuk, Langchen Palgyi Senge, Nubchen Sangye Yeshe, Dorje Dudjom und Shübu Palgyi Senge – doch die Umstände wollten es so, dass das Terma letztendlich von Tertön Sogyal, der Emanation von Nanam Dorje Dudjom, enthüllt wurde.

140 Tsultrim Zangpo, 1942, Seite 215–217.

141 Tsultrim Zangpo, 1942, Seite 191. Siehe auch der 14. Dalai Lama, 2007, Seite 253–265. Khamtrul Rinpoche (Interview, 2008) beschreibt die *Scharfe Klinge* wie folgt: „Was wir hier haben, ist die Belehrung von Guru Padmasambhava selbst. Sie wurde von Jamgön Kongtrul Lodrö Thaye enthüllt, der die Inkarnation des großen Übersetzers Vairocana war. Sie wurde von Tertön Sogyal Lerab Lingpa entschlüsselt, der die Inkarnation von Nanam Dorje Dudjom war. Es handelt sich hier also um ein Terma, das vom Großen Guru, dem Großen Übersetzer und dem Großen Schüler mit vereinten Kräften zu Tage gebracht wurde und den Segen aller drei in sich birgt. Das ist das Terma, das wir hier vor uns haben, *Die scharfe Klinge der innersten Essenz.*

142 Aus dem Wunschgebet der *Scharfen Klinge der innersten Essenz.* Übersetzung mit freundlicher Genehmigung von Rigpa.

143 Thupten Jampa, 1998, Seite 691.

144 Ibid., Seite 691.

145 Tsultrim Zangpo, 1942, Seite 221.

146 Ajam Rinpoche, Interview, 2001.

147 Damit ist die *Tiefste Herzessenz des Vajrakilaya* gemeint. Khenpo Jikme Phuntsok sagte am 27. August 1993, die drei wichtigsten Vajrakilaya-Termas von Tertön Sogyal seien das sehr umfangreiche *Yang Sang Tröpa (Der geheimste zornvolle Vajrakilaya);* das mittellange *Yang Nying Pudri (Die scharfe Klinge der innersten Essenz)* sowie die kürzeste der drei, *Yang Zab Nyingpo (Die tiefste Herzessenz des Vajrakilaya).*

148 Thupten Jampa, 1998, Seite 582–583; auch Akester (wird demnächst veröffentlicht) weist darauf hin, dass es sich beim Namen Tertön Padma Lingpa „offensichtlich um einen Alias (gTer ming) für einen der höchsten Würdenträger des Gelugpa-Ordens handelt, den neunten ʿPhags pa lha-Inkarnation *mKhas grub ngag dbang blo bzang ʾjigs med bstan paʾi rgyal mtshan* [Ngawang Lobsang Jigme Tenpai Gyaltsen] (1849–1900).“

149 Tsultrim Zangpo, 1942, Seite 233; Thupten Jampa, 1998, Seite 225–226.

150 Übersetzung mit freundlicher Genehmigung von Rigpa.

151 Akester (wird demnächst veröffentlicht) gibt einen Überblick über Seite 231–233 aus Tsultrim Zangpo, 1942: „Die *Nyi ma'i 'od phreng [Girlande des Sonnenlichts]*-Prophezeiung verlangte den Bau einiger Tempel nach geomantischen Prinzipien, darunter je einen in jedem der drei ‚Chos skor‘ bzw. königlichen Tempelanlagen des Yar lung Dharmarajas (lHa sa, bSam yas und Khra 'brug, um die rGya 'dre zu unterdrücken), die jeweils Guru Padma gewidmet sein sollten, sowie zwei Gruppierungen von fünf Tempeln, eine oberhalb gTsang gi Sil ma thang, am Fuße der westlichen Seite des Jo mo Kha rag (des heiligen Berges an der Grenze von dBus und gTsang, um die Dam sri zu unterdrücken), und die andere oberhalb von Khams kyi Sha ba thang (in lHang brag in Nyag rong, um die 'Phung 'dre zu unterdrücken). Bei seiner Ankunft in lHa sa überbrachte gTer ston bSod rgyal [Tertön Sogyal} seine Enthüllungen pflichtgemäß Seiner Heiligkeit, der großes Interesse an der Prophezeiung zeigte und sie eigenhändig niederschrieb, so wie der gTer ston sie ihm vorlas, woraufhin er (unterstützt von gNas chung und seinem offiziellen Tutor Gling rin po che) die notwendigen Bauten in Auftrag gab, deren Konstruktion im folgenden Jahr begann. In der Mitte der Tempel, die der Parikrama-Anlage (Bar skor), einer der drei großen Chos skor-Anlagen, hinzugefügt wurden, standen jeweils die Statuen von Guru Padmasambhava, Guru drag po und Seng gdong ma, umgeben von 100 000 Tonfiguren von Padmasambhava. Die fünf Tempel in Sil ma thang enthielten Buddha-Statuen und 5000 Schriftbände." Siehe auch Thupten Jampa, 1998, Seite 225–226.

152 Übersetzung mit freundlicher Genehmigung von Rigpa; entnommen aus einem Heft, das anlässlich des Besuchs Seiner Heiligkeit des Dalai Lama in Lerab Ling im September 2000 herausgegeben wurde.

153 Die Schilderung des vereitelten Attentats basiert auf mündlichen Berichten aus Nyarong und auf Interviews mit Sherab Özer Rinpoche und Lama Wangde (die mittlerweile verstorben sind) mit Khamtrul Rinpoche, Tashi Tsering und Lodi Gyari Rinpoche. Auch Gelek Rinpoche hat mir großzügig Auskunft erteilt. Siehe auch Tsultrim Zangpo, 1942, Seite 243–245; Thupten Jampa, 1998, Seite 239–242. Englische Quellen, in denen der Attentatsversuch erwähnt wird, sind Goldstein, 1991, Seite 42–43; Kawaguchi, 1979, Seite 374–382; Tsepon Shakabpa, 1967, Seite 195–196. Matthew Akester hat mich auf tibetische Quellen hingewiesen, unter anderem auf H*or khang bSod nams dal 'bar, Ram pa rNam rgyal dbang phyug and bShad sgrva dGa' ldan dpal 'byor in Bod kyi lo rgyus rig gnas dpyad gzhi'i rgyu cha bdams bsgrigs*, Band 8, und Blo bzang rgya mtsho, Band 19. Mullin (1988, Seite 37, 40–45) behauptet fälschlicherweise, bei Tertön Sogyal und Lerab Lingpa handele es sich um zwei unterschiedliche Personen; Lerab Lingpa war jedoch lediglich ein weiterer Name Tertön Sogyals.

154 Tsepon Shakabpa, 1967, Seite 195–196.

155 Lama Wangde, Interview, 2004.

156 Sherab Özer und Changchub Gyamtso, 1996, Seite 30–31.

157 Tsultrim Zangpo, 1942, Seite 254. Adam Pearcey weist auf www. lotsawahouse.org/tibetan-masters/terton-sogyal/biography auf Khenpo Ngawang Pelzangs Biographie hin, die erwähnt, dass Nyoshul Lungtok Tertön Sogyal in dieser Zeit ausführliche Belehrungen zu den vorbereitenden Praktiken gab. Khenpo Ngawang Pelzang war selbst anwesend und machte sich während der Belehrungen Notizen, aus denen sein berühmtes Werk *A Guide to the Words of My Perfect Teacher (kunzang lama'i shyalung zindri)* entstand. Siehe Khenpo Ngawang Pelzang, 2004.

158 Übersetzung mit freundlicher Genehmigung von Rigpa, 2004; aus dem *Gebet in sieben Kapiteln an Padmakara (le'u bdun ma)*, S. 88-89.

159 Tsultrim Zangpo, 1942, Seite 255–256.

160 Für die Enthüllung des ausführlichen *Tendrel Nyesel-Textes (rten 'brel nyes sel gyi gdams pa zab mo)* siehe Tsultrim Zangpo, 1942, Seite 255–266. Tendrel bedeutet ‚wechselseitige Abhängigkeit'. *Nye* bedeutet ‚etwas, das fehlgeschlagen ist' oder ‚ungünstig verläuft'; *sel* bedeutet, diese ungünstigen Umstände ‚zu entfernen' oder ‚zu beseitigen'.

161 Übersetzung mit freundlicher Genehmigung von Rigpa. Verse aus der Tendrel Nyesel-Enthüllung, im Abschnitt *Die Dakini-Geheimschrift: Die Methode, bei der Luft verwendet wird.*

162 Übersetzung mit freundlicher Genehmigung von Rigpa. Verse aus der mittellangen Tendrel Nyesel-Praxis *(nyes sel gyi cho ga 'bring po).*

163 Übersetzung mit freundlicher Genehmigung von Rigpa. Die Verse stammen aus der kurzen Tendrel Nyesel-Praxis *(rten 'brel nyes sel gyi don bsdu).*

164 Nyoshul Khenpo, 2005, Seite 245.

165 Ibid., Seite 238.

166 Tsultrim Zangpo, 1942, Seite 220–222; Thupten Jampa, 1998, Seite 194–198 und 283.

167 Tsultrim Zangpo, 1942, Seite 275–279.

168 Sperling, 1976; Wim Van Spengen, „Frontier History of Southern Kham", und William M. Coleman IV, „The Uprising at Batang", in Epstein, 2002.

169 Ibid., Seite 283.

170 Tsultrim Zangpo, 1942, Seite 285; Prophezeiung von Shiba Lingpa, Chökyi Gyalpo Garwang Rigdzin (1524–1588).

171 Tsultrim Zangpo, 1942, Seite 341.

172 Die zuverlässigste englische Quelle über den Ursprung Dogyals (Dorje Shugdens) ist Dreyfus, 1998. Siehe auch Bultrini, 2013. Der Große 5. Dalai Lama schrieb in seiner Biographie (Dalai Lama, 5., ohne Datum, Band Kha, Blatt 239): „Er wird als Dogyal bezeichnet, weil er ein Gyalpo (arroganter, königsgleicher Dämon) aus Dol Chumig Karmo ist. Gyalpo ist eine Klasse von Geistern, die Unfrieden stiften. Da Shugden zu dieser Gruppe gehört, nennt man ihn auch Gyalchen (den großen Gyalpo), einen aus entarteten Gebeten hervorgegangenen, äußerst heimtückischen Geist (damsi), der den Lehren des Buddha und den fühlenden Wesen schadet."

173 Bultrini, 2013, Seite 271.

174 Teichman, 2000, Seite 36–37. Siehe auch Epstein, 2002, und Ho, 2008. Der Beiname ‚Zhao, der Schlächter' für Zhao Erfeng (in Pinyin-Umschrift: Zhao Tufu) entstand circa 1904, als er angeblich 3000 unschuldige Menschen im Kreis Gulin niedermetzeln ließ. Siehe Zeng Guoqing, Qingdai Zangshi Yanjiu (*Studies of Tibetan history during the Qing dynasty*) (Lhasa: Xizang Renmin Chubanshe, 1999), zitiert in Ho, 2008.

175 Drei-Mächte-Verhandlungen zwischen China, Großbritannien und Tibet 1914. Siehe auch Sperling, 1976, Seite 87.

176 Tsultrim Zangpo, 1942, Seite 286.

177 Die Handlung des Bezwingens, sei es mit dem Schwert Zhaos, des Schlächters, oder dem Dolch Tertön Sogyals, scheint sich zu gleichen, da beide einen Gegner beseitigen; der entscheidende Unterschied liegt jedoch in der jeweiligen Motivation. Die Motivation des Schlächters Zhao war die gewaltsame Eroberung und die Bereitschaft, jedem Leid zuzufügen, der ihn daran hinderte. Tertön Sogyal war ein Krieger anderer Art: Seine Motivation war es, derartiger Gewalttätigkeit und Aggression zuvorzukommen, damit der Angreifer kein negatives Karma für sich selbst schafft und kein anderer zu Schaden kommt. In Tertön Sogyals Motivation und Handlungen war nicht die Spur von Wut zu finden, es war lediglich sein zornvolles Mitgefühl, das dadurch an Intensität gewann.

178 Tsultrim Zangpo, 1942, Seite 242.

179 Ibid., Seite 291. Siehe auch Khamtrul Rinpoche, 2009, und Baker, 2004.

180 Für eine weitere Erörterung verborgener Gebiete siehe Tsultrim Zangpo, 1942, Seite 293–300.

181 Zhao war ein Imperialist, der wusste, dass er den Einfluss der Mönche und des Buddhismus auf die tibetische Bevölkerung unterbinden musste. Zhaos Planung sah daher unter anderem vor: 1) Ernennung chinesischer Beamter, die lokale Amtsinhaber ersetzen sollten 2) Ausbildung zusätzlicher Soldaten, um die Sicherheit zu gewährleisten, 3) Ansiedlung

chinesischer Einwanderer, die das Land bestellen sollten, 4) Eröffnung von Minen und Abbau der Mineralvorkommen in Tibet, 5) Einführung von Handelsaktivitäten, die das Problem des Erwerbs und Transports von Gütern aus Grenzgebieten lösen sollten, und 6) eine bessere Ausbildung der Bevölkerung, um die ‚barbarischen Bräuche' der Tibeter abzuschaffen und sie zu zivilisieren. Siehe Sperling, 1976, Seite 76–77.

182 Lama Wangde, Interview, 2003.

183 Tsultrim Zangpo, 1942, Seite 321–325.

184 Ibid., Seite 328–336.

185 Jamgön Kongtrul, 2012, Seite 16.

186 Tsultrim Zangpo, 1942, Seite 355. Der 5. Dzogchen Rinpoche, Thubten Chökyi Dorje, gewährte die Ermächtigungen der *Schatzkammer kostbarer Termas (rin chen gter mdzod)*; die damit verbundenen Übertragungen und Anweisungen gab Gemang Choktrul.

187 Tsultrim Zangpo, 1942, Seite 356–365.

188 Tsultrim Zangpo, 1942, Seite 392–393. Mein Dank geht an Matthew Akester für die ursprüngliche englische Übersetzung.

189 Richardson, 1984, Seite 99. Siehe auch Tsepon Shakabpa, 1967, Seite 228; British Parliamentary Documents; FO 535/13, *Further Correspondence Respecting the Affairs of Thibet;* ‚Government of India to Viscount Morley', Anlage 1 in Nr. 37 (3. März 1910): 27.

190 Tsultrim Zangpo, 1942, Seite 411–413.

191 Teichman, 2000, Seite 36, erwähnt seinen Tod. Tsultrim Zangpo, 1942, Seite 170, schreibt: Als Tertön Sogyal über den Tod unterrichtet wurde, sagte er, Zhao Erfeng sei im reinen Land des Karma Heruka wiedergeboren worden.

192 Tsepon Shakabpa, 1967, Seite 246–248.

193 Die Angehörigen des Wangchen Bum-Stammes rivalisierten mit den anderen beiden großen Golok-Stämmen, Akyong Bum und Padma Bum.

194 Tulku Thondup, 1996, Seite 237.

195 *Der Weg des Bodhisattvas (Bodhicharya-avatara)*, Nyoshul Khenpo, 2005, Seite 324; Tulku Thondup, 1996, Seite 206.

196 Nyoshul Khenpo 2005, Seite 325; Tulku Thondup, Interview, 2007; Tulku Thondup, 1996, Seite 242. Zu den wenigen Besuchern, die eingelassen wurden, um Belehrungen zu empfangen, gehörten Tertön Sogyal, Rigdzin Chenpo aus Dorje Drak, Katok Situ, Jamyang Khyentse Chökyi Lodrö, Garwa Tertön Long-yang, Terthang Choktrul, Tsultrim Zangpo und Sera Ringtreng.

197 Tulku Thondup, 1996, Seite 242–243.

198 Tsultrim Zangpo, 1942, Seite 456.

199 Ibid., Seite 412.

200 Ibid., Seite 415. Siehe auch Ju Miphams Kagye Namshe (Ju Mipham Gyatso,2000).

201 Ibid., Seite 466–476. Siehe auch Dilgo Khyentse Rinpoche, Belehrung, 1990.

202 Tsultrim Zangpo, 1942, Seite 469–472. Siehe auch Ju Miphams Kagye Namshe (Ju Mipham Gyatso, 2000).

203 Siehe Lipman, 1984.

204 Lama Wangde, Interview, 2001; Khamtrul Rinpoche, Interview, 2008.

205 Eine kurze Biografie von Alak Gurong, Orgyen Jikdrel Chöying Dorje (1875–1932), auch bekannt als Gurong Tsang, findet man in Schaeffer, 2013, Seite 711–714. Alak Gurong gab der französischen Forscherin Alexandra David-Néel bei ihren Begegnungen in Amdo und Peking einige Erklärungen zum tibetischen Mystizismus. Als sie sich trafen, hatte David-Néel um Dzogchen-Belehrungen gebeten. Gen Pema Wangyal aus Washington, D.C., untersucht derzeit die kulturellen Verbindungen zwischen den tibetischen, Hui-, Salar-, mongolischen, Monguor- und Han-chinesischen Volksstämmen, die Ende des 19. und Anfang des 20. Jahrhunderts im Nordosten Tibets lebten. Sein Schwerpunkt liegt dabei auf dem Leben bekannter Persönlichkeiten wie Alak Gurong, Tertön Sogyal, Dodrupchen Rinpoche, Lap Chamgon, der Ma-Familie und anderen.

206 *Tantra der geheimen Essenz (Guhyagarbha-Tantra; ryud gsang ba'I snying po).*

207 Zu dieser Zeit begegnete der damals noch jugendliche Gelehrte und Dichter Gendün Chöphel Tertön Sogyal. Der Junge besuchte mit seiner Mutter eine von Tertön Sogyals öffentlichen Avalokiteshvara-Ermächtigungen, um seinen Segen zu empfangen. Tertön Sogyals ernste und gleichzeitig zutiefst beeindruckende Präsenz erschreckte Gendün Chöphel anfänglich: der Anblick seines Gesichts mit dem dunklen Teint, den ausgeprägten Wangenknochen und den verfilzten Haarsträhnen, die mit einer roten Schnur zu einer Krone hochgebunden waren. Während der Ermächtigung sah Tertön Sogyal Gendün Chöphel in der Menge sitzen und befahl: „Bringt diesen Jungen zu mir". Als sie einander gegenüberstanden, bat Gendün Chöphel Tertön Sogyal, seinen vor kurzem verstorbenen Vater durch die Stadien zwischen Tod und der nächsten Wiedergeburt zu leiten. Sanft nahm Tertön Sogyal die Hände des Jungen in seine und versprach ihm, dies zu tun. Dann forderte er ihn auf, am folgenden Tag mit seiner Mutter wiederzukommen. Tertön Sogyal erteilte ihnen eine Ermächtigung und legte Gendün Chöphel ein Schutzamulett um. Er eröffnete der Mutter, dass

ihr Sohn ein inkarnierter Lama aus der Nyingma-Tradition war und dass er Padmasambhavas Belehrungen studieren solle, „doch wahrscheinlich werden ihn die Gelugpas für sich beanspruchen." Jahre später, als Gendün Chöphel von einer Indienreise mit fortschrittlichen Ideen heimkehrte, die er in seinem Bezirk umsetzen wollte, wurde er von engstirnigen tibetischen Regierungsbeamten in Lhasa der Volksverhetzung bezichtigt und ins Gefängnis geworfen. Siehe Mengele, 1999. Siehe auch Stoddard, 1985; Schaedler, 2005; und Lopez, 2007.

208 Das kleine Lager Mandigar, das oberhalb des Gelben Flusses im Drakkar Nankar-Gebiet in Jentsa lag, war in der Vergangenheit von Je Tsongkhapas Lehrer, dem großen Kadam-Meister Choje Dondrub Rinchen, gesegnet worden, als dieser sich in den Höhlen entlang des Flusses und im Shachung-Tempel im Retreat befand.

209 Die Entstehungsgeschichte des Fotos habe ich aus Erzählungen des verstorbenen Gurong Gyalse (Alak Gurongs Sohn) zusammengestellt, die ich von Humchen Chenaktsang in Xining gehört habe, sowie aus Berichten von Alak Sertar in Rebkong und Khamtrul Rinpoche in Dharamsala. Siehe auch Orgyen Dongkawa, 2000. Mein Dank gilt außerdem Gen Pema Wangyal in Washington, D.C., Gray Tuttle und Matthew Kapstein für ihre Unterstützung bei meinen Nachforschungen über Alak Gurong. Weitere Informationen und Fotos von Alak Gurong und seiner Familie findet man bei Da lta ba, 2005, Gurong Tsang, 1994, sowie Humchen Chenaktsang und Yeshe Özer Drolma, 2005.

210 Li Dan (1871–1938) entstammte einer traditionellen Chan-buddhistischen Aristokratenfamilie aus Hunan. Wie Ma Rong – ein Schüler von Li Dan, der für das Amt für kulturgeschichtliche Forschung in Qinghai tätig war – berichtete, war Li Dans Großvater Gouverneur von Yunnan-Guijo und ein hoch angesehener Gelehrter, dessen Kalligrafien in ganz China begehrt waren. Dieses Talent hatte Li Dan von ihm geerbt. Li Dan wurde nach Gansu geschickt (zu jener Zeit war Qinghai Teil des größeren Gansu) und begegnete dort Ma Qi. Da sie beide ähnliche politische Ansichten vertraten, empfanden sie sofort Respekt füreinander. Ma Qi bewunderte Li Dan für seine Freundlichkeit, seinen Sanftmut, sein fundiertes spirituelles und politisches Wissen und seine verlässlichen Ratschläge. Li Dan seinerseits bewunderte Ma Qi für seine Offenheit und Freimütigkeit. Ma Qi machte Li Dan zu seinem engsten Berater. Li Dan riet Ma Qi: „Um Qinghai zu kontrollieren, musst du dich mit den Tibetern und Mongolen gut stellen." Auf Anraten von Li Dan initiierte Ma Qi eine Opferzeremonie für die Gebieter des Kokonor-Sees, die später jährlich abgehalten und von den Tibetern wie den Mongolen sehr geschätzt wurde. Als in Peking die Nachricht eintraf, dass Ma Qi sehr gute Beziehungen zu den Einheimischen pflegte, brachte ihm das großes

Lob ein und schließlich die Ernennung zum Gouverneur von Qinghai. Ma Qi suchte weiterhin in allen Angelegenheiten Li Dans Rat, egal ob es sich um militärische, bildungs- oder wachstumspolitische Fragen handelte. Li Dan hatte eine enge Beziehung zu Alak Gurong aus Jentsa und Lap Chamgon aus Yushu, einem bekannten Gelug-Lama. Schon kurz nach seiner Ankunft in Qinghai übersetzte Li Dan Tsongkhapas *Lobpreisung des abhängigen Entstehens (rten 'brel bstod pa)* und Mipham Rinpoches *Abhandlung über die Ratschläge für Herrschende: insbesondere für den König von Derge (rgyal po'i lugs kyi bstal bcos)*. Li Dans tibetischer Name war Dame Dorje (Ichloser Vajra). 1920 gründete er im alten Tempel in Xining das ‚Tibetische Forschungszentrum von Xining', an dem im Laufe der Zeit viele Gelehrte ausgebildet wurden; darüber hinaus verfasste er eine tibetische Grammatik, ein tibetisch-chinesisches Wörterbuch, ein Buch über tibetische Medizin und Kräuterheilkunde sowie Abhandlungen über den Abhidharma, die Paramitas, Madhyamaka und tibetische Sprichwörter. Li Dan sollte später Einfluss auf die chinesische Außenpolitik nehmen, unter anderem auf Chinas Ablehnung der Simla-Konvention. Li Dan empfahl, harmonische Beziehungen zum 13. Dalai Lama zu unterhalten, und stand Geshe Sherab Gyatso nahe, einem tibetischen Lama, der, nachdem er bei der politischen Führungsriege in Lhasa in Ungnade gefallen war, mit der Nationalistischen Regierung der Republik China zusammenarbeitete und später auch mit der Kommunistischen Volksrepublik China. Mein Dank gilt Gen Pema Wangyal für seine Unterstützung in Xining und Washington, D.C. Eine Biografie von Ma Qi findet man bei Funchen Fun, 2013.

211 Siehe Hartley, 1997, für Kommentare zu Mipham Rinpoches Werk. Mipham Rinpoche führte sieben Bestandteile einer politischen Organisation auf: der König, die Beamten und Minister des Königs, das Land oder die ländlichen Regionen, die befestigten urbanen Bereiche, der Staatsschatz, die Armee und ausländische Alliierte.

212 Bulag (2002, Seite 41–44) argumentiert, dass Ma Qi die tibetisch-buddhistischen Ritualopfer für die Land- und Wassergeister am Kokonor-See nur ausführte, um der tibetischen und mongolischen Vorstellungswelt entgegenzukommen: „Kontrolle der Tibeter und Mongolen im Auftrag der Zentrale [der neuen republikanischen Regierung] war für ihn ausgesprochen wichtig, um seine Macht aufrecht zu erhalten."

213 Die mündliche Geschichte der Tonaufnahme stammt aus Interviews mit Khamtrul Rinpoche, 2008, 2013. Die Tonaufnahme von Tertön Sogyal ist bisher nicht gefunden worden. Nach Angaben von Ge, 2009, Seite 48, wurde die erste Grammophon-Aufnahme in China 1903 in Shanghai gemacht; die Aufnahme von Tertön Sogyal soll 1914 gemacht worden sein.

214 Tsultrim Zangpo, 1942, Seite 555–556. Als Tertön Sogyal sich zuvor in Achung Namdzong aufhielt, war ihm die Einäugige Schützerin erschienen und hatte ihm mitgeteilt, dass sein Enkel den Segen des großen Meisters Ju Mipham Rinpoche in sich tragen werde. Rigdzin Namgyals Frau, Sonam Drolma – die Mutter des Kindes – stammte aus dem Horshul Choyu-Klan in Golok.

215 Ibid., Seite 522.

216 Tertön Sogyal bat Dodrupchen Rinpoche, den Kommentar zu verfassen, den Schlüssel zum kostbaren Schatz: ein kurzer Kommentar zur allgemeinen Bedeutung des ‚Tantras der glorreichen geheimen Essenz' (mdzod kyi lde mig). Siehe Dodrupchen Jikme Tenpa'i Nyima, 2010.

217 Tulku Thondup, 2007; siehe auch Tulku Thondup, 1996, Seite 243–244. Tulku Thondup, 1986, 4. Teil, enthält eine vollständige Übersetzung von Dodrupchens *Ozean der Wunder: eine kurze und klare Erläuterung der Übertragung der Termas (las a'phro gter brgyud kyi rnam bshad nyung gsal ngo mtshar rgya tso)*.

218 Tsultrim Zangpo, 1942, Seite 486, 499. Tertön Sogyal gab sowohl die Ermächtigungen aus der nördlichen Schatztradition (*gshin rje and rig 'dzin gdung sgrub*) als auch jene für die äußeren Praktiken aus seinen eigenen Enthüllungen. Das Shukjung-Kloster wurde vom 1. Dodrupchen, Jikme Trinle Özer (1745–1821), etabliert.

219 Tulku Thondup, 1996, Seite 213–214, 248.

220 Tsultrim Zangpo, 1942, Seite 496. Der Hauptfokus sollte auf dem Jonang Jodrup (*sbyor drug*) liegen, der sechsfachen yogischen Kalachakra-Praxis. Dieser Tempel befindet sich wahrscheinlich an dem Ort, an dem Choklung Repa Damtsik Dorje im 18. Jahrhundert eine Einsiedelei gegründet hatte; wie Nyoshul Khenpo (2005, Seite 409) schreibt: „Repa Damtsik Dorje ... verbrachte eine lange Zeit in Golok, wo er sich der Schüler in diesen nördlichen Bereichen annahm; er gründete auch eine Einsiedelei, die später von Tertön Sogyal Rinpoche wieder aufgebaut wurde."

221 Tulku Thondup schreibt, dass die Praxis aufrechterhalten wurde, bis in den 1950ern Stammeskämpfe ausbrachen und alle das Kriegsgebiet verließen; der Tempel wurde Anfang der 1960er Jahre zerstört.

222 Tsultrim Zangpo, 1942, Seite 523.

223 Shantideva, 1997, Kapitel 10, Vers 55.

224 Der Text von Tertön Sogyals Belehrung, der dieser Erzählung zugrunde liegt, befindet sich in Sogyal Rinpoches persönlicher Bibliothek.

225 Es war, wie Nyoshul Khenpo auf Seite xxx seines Werkes *Marvelous Garland of Rare Gems* (2005) in Bezug auf ‚die Übertragung der Verwirklichung

dieses letztendlichen Weisheitsgeists vom Meister auf den Schüler'
schreibt: „...dies geschieht nicht für jeden gewöhnlichen Menschen. Eine
Anzahl von Umständen müssen für die Interaktion zwischen Meister und
Schüler zusammenkommen: zum einen die authentischen Lehren bzw.
Kernanweisungen, dann der Meister, der den authentischen Segen der Linie
hält, sowie der Schüler, der authentisches Vertrauen und Hingabe besitzt.
Wenn diese drei ‚Authentischen' zusammentreffen, kann die Erkenntnis
des Dzogpachenpo, der Großen Vollkommenheit, im Geistesstrom des
Schülers erwachen."

226 Tsultrim Zangpo, 1942, Seite 493.

227 Zu Dodrupchens Segen aus der Ferne siehe Tulku Thondup, 1996, Seite 248;
Nyoshul Khenpo, 2005, Seite 327.

228 Tsultrim Zangpo, 1942, Seite 509–519.

229 Khenpo Jikme Phuntsok, Belehrung, 1993. Nyoshul Khenpo (2005, Seite
325) schreibt darüber hinaus, Jamyang Khyentse Wangpo habe prophezeit:
Sollte Dodrupchen „nach Zentraltibet gehen, wird das nicht nur für die
Lehren und die Wesen von Nutzen sein, sondern auch Hindernisse für sein
eigenes Leben beseitigen. Allerdings haben sich die günstigen Umstände
für eine solche Reise nicht eingestellt."

230 Tsultrim Zangpo, 1942, Seite 519–520.

231 Gemäß Chögyal Namkhai Norbu 2012 (b), Seite 25, erhielt Tertön Sogyal
im Herbst 1917 von Adzom Drugpa Rinpoche *Die direkte Enthüllung von
Samantabhadras Geist (kun bzang dgongs pa zang thal).*

232 Tsultrim Zangpo, 1942, Seite 580–582. Die Prophezeiung erhielt Tertön
Sogyal von der Dakini Mandarava, die ihm in Gestalt der Weißen
Vajravarahi erschien.

233 Ibid., Seite 568–569. *Die Namen der 1002 Buddhas dieses glücklichen
Zeitalters (sangs rgyas stong rtsa gnyis).*

234 Ibid., Seite 584.

235 Kurze Zeit später gewährte er Khandro Pumo, seinem Sohn Rigdzin
Namgyal, Tsullo und Atrin die Ermächtigungen und Übertragungen
von *yongs rdzogs 'dus pa, phur pa rgya chen rol pa,* sowie die kurzen und
mittleren Versionen von *rten 'brel nyes sel.* Jamgön Kongtrul hatte Chökyi
Lodrö als eine Inkarnation von Jamyang Khyentse Wangpo erkannt. Es
gab noch andere Inkarnationen von Körper, Sprache, Geist, Qualitäten
und Aktivitäten des großen Khyentse Wangpo, doch es war Chökyi
Lodrö, der letztendlich in Dzongsar inthronisiert wurde und das Werk
seines Vorgängers im größten Maße weiterführte. Khyentse Chökyi Lodrö
erkannte den Sohn der Lakar-Familie in Trehor, Sonam Gyaltsen, als eine

Inkarnation von Tertön Sogyal. Sonam Gyaltsen wurde später als Sogyal Rinpoche bekannt, der Begründer von Rigpa und Autor des *Tibetischen Buchs vom Leben und vom Sterben* (Sogyal Rinpoche, 2003).

236 Aus der kurzen Tendrel Nyesel-Praxis. Übersetzung mit freundlicher Genehmigung von Rigpa.

237 Nyoshul Khenpo (2005, Seite 300) schreibt: „Terchen Lerab Lingpa [Tertön Sogyal] übertrug ihm [Chökyi Lodrö] den Zyklus *Der Herzenstropfen der Freiheit: die natürliche Freiheit der erleuchteten Absicht* und auch seine eigenen tiefgründigen Termas, einschließlich des Vajrakilaya-Zyklus, die drei Ebenen – äußere, innere und geheime – des *Beseitigens von Fehlern in der gegenseitigen Abhängigkeit*. Zudem gab er ihm die Ermächtigungen und Belehrungen zum *Herzenstropfen von Chetsun [Chetsuns Herzessenz]* und autorisierte ihn, all diese Termas weiterzugeben."

238 Khenpo Jikme Phuntsok, Belehrung, 24. August 1993.

239 Tsultrim Zangpo, 1942, Seite 585. Tertön Sogyal bestätigte, dass Atrin in einem reinen Bereich wiedergeboren wurde.

240 Zemey Tulku, 1973

241 Übersetzung mit freundlicher Genehmigung von Rigpa. Vers aus *na rak skong bshags (Die niederen Bereiche bis in ihre Tiefen leeren).*

242 Tsultrim Zangpo, 1942, Seite 574.

243 Ibid., Seite 575.

244 Ibid., Seite 579.

245 Ibid., Seite 625.

246 Tsultrim Zangpo, 1942, Seite 586–588.

247 Der tibetische Titel der *Vollständigen Sammlung der Belehrungen* lautet *ka yongs rdzogs bde 'dus.*

248 Tsultrim Zangpo, 1942, Seite 603.

249 Ibid., Seite 603 und 626.

250 Tsultrim Zangpo, 1942, Seite 630.

251 Kunzang Nyima (1904–1958), auch bekannt als Sungtrul Rinpoche oder Nuden Dorje, war der Enkel und die Sprachemanation von Traktung Dudjom Lingpa. Siehe Nyoshul Khenpo, 2005, Seite 515–516.

252 Übersetzung mit freundlicher Genehmigung von Adam Pearcey.

253 Tsultrim Zangpo, 1942, Seite 630.

254 Übersetzung mit freundlicher Genehmigung von Rigpa.

255 Tsultrim Zangpo,1942, Seite 541.

256 Tulku Thondup, Interview, 2007.

257 Jamphel Sherab Rinpoche, Interview, 2008. Tashe Lama, Lama Gendün, Wupho Lodi und Yumtrul Dorje Gyamtso begleiteten Tertön Sogyal und eskortierten ihn zu seinem Wohnsitz in der obersten Etage des dreistöckigen Nubzor-Tempels. Der Name Nubzor, auch bekannt als Nubzur oder Nizok, leitet sich von einem in Golok ansässigen Stamm her.

258 Übersetzung mit freundlicher Genehmigung von Rigpa.

259 Tsultrim Zangpo, 1942, Seite 718–719.

260 Übersetzung mit freundlicher Genehmigung von Rigpa; aus der kurzen *Tendrel Nyesel*-Praxis.

261 Zu den fünf Weisheiten siehe Sogyal Rinpoche, 2003, Seite 191, und Khenpo Ngawang Palzang, 2004, Seite 104–105.

262 Siehe Pistono, 2011, Seite 200–218.

263 Gurong Tsangs Inkarnation, Orgyen Tenzin aus der Jentsa-Siedlung in Nordosttibet, hat vor kurzem Tertön Sogyals gesammelte Terma-Enthüllungen und unveröffentlichte Schriften in 24 Bänden herausgegeben; siehe Tertön Sogyal, 2013.

264 Siehe Tsering Shakyas Biographie des 13. Dalai Lama in Brauen, 2005, Seite 136–161.

265 Tsultrim Zangpo, 1942, Seite 621; Keutsang Trulku Jamphe Yeshe, 2001, Seite 256.

266 Dilgo Khyentse Rinpoche, Belehrung, 1990.

267 Dalai Lama, Interview, 2007.

268 Ama Adhe, 1997, Seite 108–113.

269 In einer anderen Prophezeiung, die in Tertön Sogyals Hayagriva-Schatzenthüllung zu finden ist, heißt es:

Lerab Lingpa, jener mit unendlichen Aktivitäten,

wird im nächsten Leben in Jakhyung und Taktsang geboren werden;

der erste wird ein Verhalten an den Tag legen, das schwer einzuschätzen ist,

und allen seinen Segen gewähren, die mit ihm in Kontakt kommen,

sei die Begegnung positiv oder negativ.

Es heißt, dass Ju Mipham Rinpoches Bruder, der in Jakhyung Namdzong geboren wurde, eine Inkarnation Tertön Sogyals war. Und was die zweite Inkarnation aus Taktsang betrifft, die in der Prophezeiung des Hayagriva-Termas erwähnt wird, schreibt Pistono (2001, Seite 234): „Dilgo Khyentse Rinpoche erzählte eine Geschichte über den Meditationsmeister Sonam Zangpo, dem in den 1960ern auf einer Reise zum Dugsta-Tempel in Bhutan eine philosophische Lehrrede des Mönches Gendün Rinchen aus dem berühmten Tigernest in die Hände fiel. Sonam Zangpo war verblüfft, wie sehr Stil und Inhalt des Textes den Schriften Tertön Sogyals ähnelten, dem Sonam Zangpo einige Jahrzehnte zuvor in Osttibet begegnet war. Sonam Zangpo bat darum, Gendün Rinchen zu ihm zu bringen, und man sagt, dass er ihn zu diesem Zeitpunkt als eine von drei Inkarnationen Tertön Sogyals erkannt habe. Gendun Rinchen, auch Geshe Drakpukpa genannt, wurde im selben Jahr geboren, in dem Tertön Sogyal verstorben war. Er war der 69. Träger des Titels ‚Je Khenpo' und damit Oberhaupt des Buddhismus in Bhutan. Gemäß Dilgo Khyentse Rinpoches Version heißt es, dass unter den drei Reinkarnationen Tertön Sogyals einer ein strikter Mönch sein würde (Khenpo Jikme Phuntsok), einer ein gelehrter Einsiedler (Gendun Rinchen) und einer ein Yogi mit unkonventioneller ‚verrückter Weisheit' (Sogyal Rinpoche)." Siehe auch Nyoshul Khenpo, 2005, Seite 514.

270 Siehe Khenpo Jikme Phuntsok, Belehrung, 27. August 1993. *Die Tathagata-Praxis der Drolö-Versammlung* heißt auf tibetisch *gro lod bde gshegs 'dus pa.*

Über den Autor

M atteo Pistono ist Schriftsteller, Fotograf und Praktizierender des tibetischen Buddhismus. Zehn Jahre war er in Tibet und im Himalaya-
Gebiet unterwegs und brachte von seinen Reisen eindringliche Berichte und
Fotos von chinesischen Menschenrechtsverletzungen mit in den Westen, die
bereits in sein Buch *In the Shadow of the Buddha* (Dutton 2011) eingeflossen
sind. Pistonos Dokumentationen seiner kulturellen, politischen und spirituellen Eindrücke sind in folgenden Medien erschienen: *The Washington Post,*
BBCs *In-Pictures, The Global Post, Men's Journal, Kyoto Journal* und *HIMAL
South Asia.* Er ist Gründer von Nekorpa (www.nekorpa.org), einer gemein-
nützigen Stiftung zum weltweiten Schutz heiliger Pilgerstätten, ist Mitglied
des Exekutivrats des International Network of Engaged Buddhists sowie Vor-
standsmitglied der Rigpa Fellowship und der Conservancy for Tibetan Art
and Culture. Pistono und seine Frau Monica leben abwechselnd in Wyoming,
Washington, D.C. und in Asien.

www.matteopistono.com

Bildnachweis